AUSSENSEITER ZWISCHEN
MITTELALTER UND NEUZEIT

STUDIES
IN MEDIEVAL AND
REFORMATION THOUGHT

EDITED BY

HEIKO A. OBERMAN, Tucson, Arizona

IN COOPERATION WITH

THOMAS A. BRADY, Jr., Berkeley, California
E. JANE DEMPSEY DOUGLASS, Princeton, New Jersey
JÜRGEN MIETHKE, Heidelberg
M. E. H. NICOLETTE MOUT, Leiden
ANDREW PETTEGREE, St. Andrews
MANFRED SCHULZE, Wuppertal
DAVID C. STEINMETZ, Durham, North Carolina

VOLUME LXI

NORBERT FISCHER und MARION KOBELT-GROCH (HRSG.)

AUSSENSEITER ZWISCHEN
MITTELALTER UND NEUZEIT

AUSSENSEITER ZWISCHEN MITTELALTER UND NEUZEIT

FESTSCHRIFT FÜR HANS-JÜRGEN GOERTZ ZUM 60. GEBURTSTAG

HERAUSGEGEBEN VON

NORBERT FISCHER

UND

MARION KOBELT-GROCH

BRILL
LEIDEN · NEW YORK · KÖLN
1997

This book is printed on acid-free paper.

Library of Congress Cataloging-in-Publication Data

Außenseiter zwischen Mittelalter und Neuzeit : Festschrift für Hans
    -Jürgen Goertz zum 60. Geburtstag / herausgegeben von Norbert
Fischer und Marion Kobelt-Groch.
        p.   cm. — (Studies in medieval and Reformation thought, ISSN
    0585-6914 ; v. 61)
    Includes index.
    ISBN 9004104984 (cloth : alk. paper)
    1. Europe—Church history—843-1517.   2. Reformation—Europe.
3. Europe—Church history—17th century.   4. Anabaptists—Europe-
-History.   5. Marginality, Social—Europe—History.   6. Marginality,
Social—Religious aspects—Christianity—History of doctrines-
-Middle Ages, 600-1500.   7. Marginality, Social—Religious aspects-
-Christianity—History of doctrines—16th century.   8. Marginality,
Social—Religious aspects—Christianity—History of doctrines—17th
century.   9. Europe—Social conditions—To 1492.   10. Europe—Social
conditions—16th century.   11. Europe—Social conditions—17th
century.   I. Goertz, Hans-Jürgen.   II. Fischer, Norbert, 1957– .
III. Kobelt-Groch, Marion.   IV. Series.
BR307.A97   1997
943'.03—dc21   96–54890
                                                                                    CIP

Die Deutsche Bibliothek - CIP-Einheitsaufnahme

Außenseiter zwischen Mittelalter und Neuzeit : Festschrift für
Hans-Jürgen Goertz zum 60. Geburtstag / hrsg. von Norbert
Fischer und Marion Kobelt-Groch.– Leiden ; New York ; Köln
: Brill, 1997
    (Studies in medieval and reformation thought ; Vol. 61)
    ISBN 90–04–10498–4
    NE: Fischer, Nobert [Hrsg.]; Goertz, Hans-Jürgen: Festschrift; GT

ISSN 0585-6914
ISBN 90 04 10498 4

PRINTED IN THE NETHERLANDS

INHALT

VORWORT

HANS-JÜRGEN GOERTZ ZUM 60. GEBURTSTAG

Im Jahr 1967 erschien bei E. J. Brill ein Buch mit dem Titel *Innere und äussere Ordnung in der Theologie Thomas Müntzers*. Es stammte aus der Feder eines jungen Theologen, dessen wissenschaftliche Karriere, ohne daß er sie angestrebt hätte, mit dieser Publikation ihren Anfang nahm. Prof. Dr. Heiko A. Oberman hatte von dem Manuskript einer Göttinger Dissertation über Thomas Müntzer gehört und nahm sie als Band 2 in die gerade von ihm eröffnete Reihe *Studies in the History of Christian Thought* auf. Eine Investition, die sich gelohnt hat.

Hans-Jürgen Goertz wurde Dozent am Institut für Sozial- und Wirtschaftsgeschichte der Universität Hamburg, später Professor, Aufsätze und Bücher entstanden. Längst hatte er sich über Thomas Müntzer hinaus anderen Themen zugewandt, ohne den radikalen Streiter jemals völlig aus den Augen zu verlieren. Die beiden gehören zusammen. Zum 500. Geburtstag dieser schwierigen Gestalt, die nicht nur in der Theologiegeschichte, sondern ebenso in der Sozialgeschichte verwurzelt ist, erschien *Thomas Müntzer. Mystiker, Apokalyptiker, Revolutionär* (1989), ein biographischer Essay, der bald auch ins Englische und Japanische übersetzt wurde.

Mit dem 1975 herausgegebenen Sammelband *Umstrittenes Täufertum 1525-1975* wurde ein Trend aufgenommen und eine neue Ära der Täuferforschung eingeläutet. Die von der älteren Richtung vertretene Vorstellung eines in sich geschlossenen Täufertums wich der Erkenntnis, daß es sich um unterschiedliche Bewegungen gehandelt hat, die im Auseinandersetzungsgeflecht der frühen Reformationszeit entstanden waren. Auf der Grundlage dieses revisionistischen Täuferbildes erschien 1980 eine Gesamtdarstellung über *Die Täufer* (2. Aufl. 1988, engl. 1996). Ob *Pfaffenhaß und groß Geschrei* (1987) oder auch die herausgegebenen Bände *Radikale Reformatoren* (1978, engl. 1982) und *Alles gehört allen* (1984), es sind Bücher, die leben. Sie lassen all jene mit ihren Ideen, Visionen und Sehnsüchten zu Wort kommen, die oft achtlos übergangen oder nur selten aus eigenem Recht dargestellt wurden. Ebenso gehen diese Bücher auf das soziale Milieu ein, das Radikalität, Nonkonformität und Außenseiterexistenz entstehen läßt - ein kreatives und zerstörerisches Milieu zugleich. Daß „Goertz mit seinen Forschungen zur Reformation insgesamt ein lebhaftes Echo gefunden" hat

(Peter Blickle), ist unbestritten. Seine Thesen werden diskutiert, zuletzt das Phänomen des Antiklerikalismus, auf das er, unbekümmert um den Vorwurf einseitiger Akzentuierung, die Aufmerksamkeit gelenkt hat. Einige neuere Untersuchungen wurden kürzlich zu einem Bändchen über *Antiklerikalismus und Reformation* (1995) zusammengestellt.

Zwischen dem ersten Müntzer-Buch und den vorerst letzten größeren Publikationen über *Religiöse Bewegungen in der Frühen Neuzeit* (1993) und *Umgang mit Geschichte* (1995), eine Einführung in die Geschichtstheorie, liegen fast dreißig Jahre. Prof. Oberman war so freundlich, seine zweite, auf die frühe Neuzeit ausgerichtete Reihe *Studies in Medieval and Reformation Thought*, für ein Buch zu öffnen, das diesmal nicht von Hans-Jürgen Goertz geschrieben, sondern ihm zum 60. Geburtstag gewidmet ist. Für das freundliche Entgegenkommen und die gute Zusammenarbeit danken wir Prof. Oberman und dem Verlag E. J. Brill sehr. Freunde, Kollegen und Schüler, die Prof. Goertz auf seinem wissenschaftlichen Weg begleiteten, auch die er begleitet oder betreut hat, haben das Buch gestaltet. Mit seinen locker verknüpften Beiträgen bietet es neben theoretischen Überlegungen und forschungsgeschichtlichen Analysen ein Kaleidoskop historischer Existenzen, die Grenzen überschritten und aus unterschiedlichen Gründen vorübergehend oder für immer zu Außenseitern wurden.

Der Schlüsselbegriff, um den die Beiträge dieser Festschrift kreisen, ist die „Grenze". Grenzen werden gezogen, überschritten oder überwunden, sie werden verletzt, wie sie umgekehrt auch Anlaß zum Scheitern, ja, zum Martyrium werden können. Auf der Grenze schließlich werden Erfahrungen gesammelt, die zu neuen Einsichten führen - sowohl in der Frühen Neuzeit als auch im wissenschaftlichen Umgang mit dieser Zeit. Was in diesem Buch zusammengetragen wurde, sind Variationen zu einem Thema, das Hans-Jürgen Goertz im Gespräch mit uns auf autobiographische Weise erörtert hat. Er hat das Symbol aufgegriffen, das Paul Tillich einst nutzte, um seine intellektuelle Situation zu erläutern: ein Symbol, das wie kein anderes geeignet ist, die wissenschaftlichen und existentiellen Dimensionen der Erkenntnis anzudeuten, die auch von Hans-Jürgen Goertz miteinander verbunden werden.

Ohne Hilfe ging es nicht. Wir danken Frau Elke Fuchs und Frau Sabine Todt für die Reinschrift der Beiträge, Frau Helga Stachow und Frau Simone Kiefer für Übersetzungsarbeiten.

Hamburg, im September 1996   Norbert Fischer, Marion Kobelt-Groch

I.

ÜBER GRENZEN

Ein Gespräch der Herausgeber mit Hans-Jürgen Goertz

Seit einiger Zeit hängt das Porträt Paul Tillichs in Ihrem Arbeitszimmer am Allende-Platz - neben dem bekannten, modern verfremdeten Kupferstich Thomas Müntzers. Ihre Beziehung zu Müntzer ist bekannt, und wir werden später darauf noch zurückkommen, aber warum Tillich?

Tillich war, seit ich in seinen Büchern zu lesen begann, mein Ideal von einem Gelehrten in moderner Zeit - und je mehr ich Gelegenheit erhalte, selber auf meinen eigenen Weg als Hochschullehrer zurückzuschauen, um so deutlicher werden mir die Konturen dieses Ideals: unerreichbar und anziehend zugleich. Vielleicht werde ich irgendwann einmal auch über Tillich schreiben, vorerst aber halte ich nur intime Zwiesprache mit ihm. Er treibt mich an, wenn ich zögere, Grenzen zu überschreiten, und er weist mich in die Schranken, wenn ich übermütig werde.

Wann begannen Sie sich für Tillich zu interessieren: bereits im Studium oder erst, als Sie den Wechsel von der Theologie zur Historischen Sozialwissenschaft vollzogen, so wie Tillich einst von der Systematischen Theologie zur Sozialphilosophie gewechselt war?

Nicht während des Studiums, leider. Damals wußten wir von ihm nur wenig. Bekannt war vielleicht sein Name, der jedoch kaum eine Rolle spielte. Tillich war der erste nicht-jüdische Hochschullehrer, der Deutschland 1933 verlassen mußte. Er wurde in New York an der *Columbia University* und am *Union Theological Seminary* aufgenommen und scherte aus der Entwicklung der deutschen Theologie aus. Seine Art, Theologie zu treiben, war übrigens schon damals nicht *comme il faut*: im Gespräch mit Kunst, Philosophie und Politik, auf einer Wellenlänge mit intellektueller Avantgarde. Soviel er in der Neuen Welt an seinem Denken verändern mußte - beispielsweise sein Verhältnis zum Sozialismus - eigensinnig blieb er immer. Was mich an ihm interessierte, war die Tatsache, daß er in seine Rede von Gott den modernen Menschen mehr einbezog, als andere es taten. Er kannte seine Entwurzelung und Zerrissenheit, seine Fragen und Sehnsüchte - und das half mir im Pfarramt, das ich zunächst für einige Jahre ausübte. Tillich half mir, die Realitätsferne des theologischen Studiums allmählich zu überwinden. Allerdings gab er mir auch das gute Gewissen, die Grenzen der Gemeinde überschreiten zu dürfen, den Weg in die ökumenische Bewegung und schließlich in die Wissenschaft zu suchen. "Auf der Grenze" - in diesem Begriff fand Tillich kurz nach der Emigration bereits sein autobiographisches Symbol: zwischen Theologie und Philosophie, zwischen Sozialismus und Christentum, zwischen alter und neuer Welt, Heimat und Fremde - und zuletzt unterhielt er sich mit buddhistischen Mönchen in den Klöstern Japans. Er bewegte sich zwischen den Religionen. An Tillich zu denken, heißt, in eine Atmosphäre einzutreten, die ohne intellektuelle Enge ist.

Tillich hat seinen Standort also "auf der Grenze" bezogen. Er besaß die Übersicht, war ungebunden und frei, vielleicht aber auch unentschlossen und einsam. Wer sich in einem Grenzland bewegt, befindet sich nicht selten auf unwegsamem, exterritorialem Gelände. War Tillich nicht eher ein Heimatloser geworden, der sich vom Allzumenschlichen entfremdet hatte und über den Dingen schwebte?

Das könnte man meinen, wenn man seine schmucklose, prägnant-abstrahierende Sprache auf sich wirken läßt. Aber Tillich sah es anders. Nicht über den Wolken schwebte er, wo die Freiheit angeblich "grenzenlos sein wird". Er versenkte sich vielmehr in die Tiefe der eigenen religiösen Traditionen und gelangte dort an einen Punkt, wie er schrieb, "an dem die Religion als solche ihre Wichtigkeit verliert und das, worauf sie hinweist, durch ihre Partikularität hindurchbricht, geistige Freiheit schafft und mit ihr eine Vision des Göttlichen, das in allen Formen des Lebens und der Kultur gegenwärtig ist." *Auf der Grenze* - hier hat Tillich den Ort gefunden, der ihn mehr sehen läßt als Orte diesseits oder jenseits aller möglichen Grenzen. Deshalb meinte er auch, daß die Grenze "der eigentlich fruchtbare Ort der Erkenntnis" sei.

Wenn jemand so unbeirrbar davon überzeugt ist, den optimalen Standort der Erkenntnis im Grenzland gefunden zu haben, dann könnte es durchaus reizvoll sein, ihm in dieses Land zu folgen. Vielleicht haben Sie das ja getan. War es möglich, Tillichs Gedanken von der Grenze für Ihre eigene akademische Vergangenheit zu nutzen?

Es ist sicherlich vermessen, mir das autobiographische Symbol Tillichs anzueignen. Aber es hilft mir, mich selber zu "erklären": meine Übergänge beispielsweise vom Amt in der Hamburger Mennonitengemeinde zur Tätigkeit eines Wissenschaftlichen Assistenten am Ökumenischen Institut der Universität Heidelberg und weiter zur Sozial- und Wirtschaftsgeschichte an der Universität Hamburg, weg von der Theologie und hin zur Geschichte. Tillich wäre mißverstanden, wollte ich mit ihm allein das Überschreiten der beruflichen und fachwissenschaftlichen Grenzen rechtfertigen, die Unrast bei der Suche nach beruflicher Erfüllung. So etwas hätte er nicht gerechtfertigt. Nicht die rastlose Respektlosigkeit vor den Grenzen war seine Eigenart, sondern umgekehrt: der Respekt vor der Grenze, denn nicht auf der jeweils anderen Seite wurde ihm neue Erkenntnis zuteil, sondern im Verweilen auf der Grenze, im Grenzgebiet. So habe ich meine religiöse Identität nicht hinter mir gelassen, als ich das Pfarramt aufgab und die theologische Fakultät verließ. Ich habe sie "mitgenommen" und reflektiere sie weiterhin. Im Sommersemester 1986 hatte mich die Theologische Fakultät der Universität Bern zu einer Gastprofessur eingeladen, und es hat mir keinerlei Schwierigkeiten bereitet, seit 1974 für eine Weile wieder unter Theologen zu sein. Im Gegenteil, ich habe diesen Grenzgang genossen, nicht nur die Berge des Berner Oberlandes, Eiger, Mönch und Jungfrau, die bei klarem Wetter in den Hörsaal hineingrüßten, nicht nur die Spaziergänge und Gespräche mit Peter Blickle und seiner Entourage im Historischen Seminar, sondern vor allem auch, mich neuen theologischen Fragen auszusetzen, die andere Antworten als in Hamburg verlangten. So entstand im Hinüber und Herüber mein Buch über die sozialen Bewegungen in der Reformationszeit: *Pfaffenhaß und groß Geschrei*, ein Buch auf der Grenze zwischen Kirchen- und Sozialgeschichte. Für die Theologen zuviel Sozialgeschichte, wie ich hörte, für die Historiker zuviel Theologie. Auf der Grenze kann man es schwerlich allen recht tun.

Hinter dem pfiffigen Titel verbirgt sich ein Stück wissenschaftlicher Pionierarbeit. Gemeint ist die Antiklerikalismus-These, die mit Ihrem Namen verbunden ist und in der Forschung lebhaft diskutiert wird. Könnten Sie kurz erläutern, was es mit dieser These auf sich hat und inwieweit auch sie vom Geist des Grenzganges inspiriert ist?

Im Zentrum steht der Klerus, der im Mittelalter alle geistliche Autorität in sich vereinigte. Er war der Mittler des Heils für die Laien. "Außerhalb der Kirche kein Heil", das hieß auch: ohne den Klerus kein Heil. Aber zugleich übte der Klerus ebenfalls weltliche Herrschaft aus: Herrschaft im politischen Sinn, ebenso wie Ausübung von Macht, die in alle zwischenmenschlichen Beziehungen eindringt. Sakralität und Profanität: in beiden Bereichen war der Klerus zu Hause. Er stand, um unser Symbol zu nutzen, auf der Grenze zwischen Sakralem und Profanem. Mehr noch: Er war die Personifikation dieser Grenze selbst. Dies jedoch zumindest im Bewußtsein vieler Zeitgenossen nicht in einem positiven, sondern, je mehr wir uns der Reformationszeit nähern, in einem negativen Sinn. Der Klerus half nicht, diese Grenze zu

überwinden, sondern befestigte sie. Außerdem war unter Laien das Bewußtsein gewachsen, daß der Klerus sich vom Idealbild des *homo religiosus* weit
entfernt habe und aufgrund seiner Verwicklungen in profane Geschäfte
nicht mehr in der Lage sei, wirklich für ihr Heil zu sorgen. Die Grenze, die
zwischen "geistlich" und "weltlich" gezogen wurde, bedeutete, daß den Lai-
en das Heil, nach dem sie verlangten, vorenthalten wurde. Sie bedeutete
auch, daß die Trennung der Stände das Gemeinwesen belastete und zu zer-
stören drohte. Dagegen setzten die Laien sich zur Wehr und leiteten einen
Prozeß ein, der als Übergang von der Priester- zur Laienkultur bezeichnet
wurde: eine Grenzüberschreitung.

Die Laien ahnten also, daß etwas im Schwange war, die bestehenden Gren-
zen zwischen "geistlich" und "weltlich" ihre Funktion nicht mehr erfüllten
und nach Veränderung drängten. Ihre kirchenhistorischen Kritiker, die sich
der Reformation von einer anderen Warte her nähern, würden hier vermut-
lich nachhaken. War die Reformation - so könnte ihr Einwand lauten - nicht
ein geistlicher Vorgang und alles andere nur eine Begleiterscheinung?

Gewiß war die Reformation ein geistlicher Vorgang. Das habe ich auch
niemals in Zweifel gezogen. Aber sie war auch ein gesellschaftlicher Vorgang. Beide Vorgänge fanden ihren Ausdruck im Angriff auf den Klerus.
Gegenüber der spätmittelalterlichen Kleruskritik, die den Klerus noch zur
Umkehr bewegen wollte, hatte sich der Angriff jetzt radikalisiert. Der Klerus sollte abgeschafft, sein Stand aufgelöst werden - und das war schließlich
auch ein ganz handfestes Ergebnis der Reformation, schwer zu glauben, daß
es sich dabei nur um ein Abfallprodukt reformatorischer Auseinandersetzungen gehandelt haben soll. Niemand sollte mehr zwischen Sakralität und
Profanität stehen und das Heil vermitteln. Reformatorische Predigt und antiklerikale Agitation verschmolzen miteinander. Genaugenommen waren es
also nicht zwei Vorgänge, sondern ein einziger Vorgang von großer Kom-
plexität, dessen Analyse nach einer kombinierten Betrachtungsweise aus
Theologie und Sozialgeschichte verlangt.

Das klingt plausibel. Aber wie stellen Sie sich dieses Zusammenspiel von
Theologie und Sozialgeschichte konkret vor? Erschließt sich der geistliche
Aspekt dem theologischen und der gesellschaftliche dem sozialgeschichtli-
chen Blick, so daß es schon in Ordnung ist, wenn sowohl theologisch ver-
pflichtete Kirchenhistoriker als auch Sozialhistoriker arbeitsteilig an der
Reformationsgeschichte arbeiten?

Es ist überhaupt nichts dagegen einzuwenden, daß die Reformationsgeschichte eine Arbeitsgemeinschaft von Theologen, Kirchen- und Sozialhi-

storikern geworden ist. Ganz im Gegenteil. Es ist aber nicht so, daß die geistliche Seite des Phänomens theologisch und die weltliche Seite sozialgeschichtlich untersucht werden könne, der Theologie womöglich die dominante und der Sozialgeschichte die untergeordnete, dienende Rolle zugeschrieben würde. Nein, es ist ein Erkenntnisverfahren aus einem Stück. Das muß ganz deutlich gesagt werden: Die Reformation ist ein historisches Geschehen, und das kombinierte Erkenntnisverfahren, das ich meine, muß ein geschichtswissenschaftliches Verfahren sein. Es geht nicht darum, einen geistlichen Vorgang an und für sich aufzuhellen, sondern einen geistlichen Vorgang, wie er historisch Gestalt angenommen hat. Nur wenn die Theologie sich in die Aufgabe fügt, ein *historisches* Phänomen aufhellen zu helfen, leistet sie einen Beitrag zur Reformationsgeschichte. Es ist ihr freilich unbenommen, sich aus dem kombinierten Erkenntnisverfahren herauszulösen und zu erörtern, was der eine oder andere Gedanke aus der Reformationszeit theologisch zu bedeuten habe. Doch das wäre kein Beitrag mehr zur historischen Analyse. Solche Einsichten könnten zwar nützlich sein, auch für den Historiker, aber sie müßten in das erwähnte geschichtswissenschaftliche Erkenntnisverfahren zurückgeführt werden, das die Grenze - Theologie im Übergang zur Sozialgeschichte und Sozialgeschichte im Übergang zur Theologie - respektiert. Hier ist der "eigentlich fruchtbare Ort der Erkenntnis". Die Grenze fügt paradoxerweise zusammen, was gelegentlich getrennt wurde.

Eigentlich müßte sich dieser Gedanke grenzüberschreitender Erkenntnis auch auf eine historische Persönlichkeit wie Thomas Müntzer anwenden lassen. Er ist doch das beste Beispiel dafür, wie ein Individuum durch einseitige, ideologisch begrenzte Versuche der Annäherung bis zur Unkenntlichkeit deformiert werden kann. Sie haben sich des radikalen Reformators schon früh angenommen. Mehr noch, Thomas Müntzer ist für Sie geradezu ein Weggefährte geworden, der Ihre wissenschaftliche Karriere begleitet hat. Zunächst haben Sie sich mit ihm in Ihrer Dissertation von 1964 beschäftigt. Wie kamen Sie auf Müntzer?

In der zweiten Hälfte meines Studiums habe ich mich mit dem Problem auseinandersetzen müssen, daß ich einerseits der mennonitischen Glaubenstradition entstamme und andererseits meine Ausbildung an einer evangelisch-theologischen Fakultät erhielt, vor allem in Göttingen. Ich war von der neueren Theologie fasziniert: vom Programm der Entmythologisierung und von systematischen Theologen, die aus der Enge einer konfessionalistisch-lutherischen Theologie ausgebrochen waren und eine Vermittlung zwischen protestantischem Bekenntnis und dem Geist der Moderne suchten. Dazu gehörte Wolfgang Trillhaas, bei dem ich meine Dissertation schreiben durfte.

Für einen Studenten eine verwirrende, schwindelerregende Faszination. Zugleich stand ich unter dem Eindruck junger nordamerikanischer Theologen, die mit starkem Selbstbewußtsein das pazifistische Erbe der Täufer in die theologischen Gespräche einbrachten, die in dem evangelischen Bruderschaftskreis um Martin Niemöller, Ernst Wolf, Gustav Heinemann und Helmut Gollwitzer geführt wurden, in der Prager Friedenskonferenz und in den Diskussionen um die Wiederbewaffnung Deutschlands, auch um die Zerstörungskraft der Atombombe. Ich spürte: für ein Täuferthema als Dissertation durfte ich mich nicht entscheiden - da wäre die Gefahr apologetischer Parteinahme zu groß gewesen. Und von einem in der lutherischen Tradition stehenden Thema wollte ich mich nicht vereinnahmen lassen. So fiel mein Augenmerk auf Thomas Müntzer. Er war der große Gegenspieler Luthers, und, wie man es damals sah, ein Theologe, der von den Täufern abgelehnt wurde. Das richtige Thema für einen Betrachter, der erst noch zu sich selbst finden mußte.

Thomas Nipperdey bemerkte einst zu Ihrer Dissertation, die ja 1967 im Druck erschien, daß es sich um ein "analytisch-formal beachtliches gelehrtes Buch" handle ...

Haben Sie's bemerkt? In Nipperdeys Schmeichelei steckt eine kritische Bosheit. Er war ganz und gar nicht vom Inhalt meiner These überzeugt, daß Müntzer - vorbei an Luther - die Glut mystischer Tradition zu revolutionärem Feuer entfacht habe. Wir haben in Göttingen gelegentlich darüber gesprochen, wenn wir uns trafen, um das einzige dort vorhandene Exemplar des müntzerschen Briefwechsels miteinander auszutauschen. Einmal hatte ich ihn versetzt - und er hat stundenlang in meiner Studentenbude auf "Müntzer" gewartet. So sehr war er hinter ihm her.

Was konkret hat Sie an Müntzer interessiert, an dieser extremen Gestalt, die Kopf und Kragen riskierte und schließlich ihr Leben verlor?

Müntzer ist eine extreme Gestalt - gar keine Frage. Er hat den Nonkonformismus, der jedem reformatorischen Gedanken zugrunde liegt, bis an jene Grenze vorangetrieben, da er in "materielle Gewalt" umschlug. Er wollte die Seele des Menschen einem "Purgatorium" unterziehen, ausbrennen und läutern, die Ordnung des Einvernehmens zwischen Gott und Mensch wiederherstellen, und er hat, metaphorisch gesprochen, die Welt in Brand gesteckt. Anzukündigen, daß die Schwertgewalt dem gemeinen Volk übergeben, das Volk frei und nur noch Gott der Herr darüber sein werde, war ein Angriff auf die bestehende Herrschaftsordnung. Hier wurden die Grenzen dessen durchbrochen, was damals noch geduldet werden konnte: Volkssou-

veränität *avant la lettre*. Wie Müntzer die Realitätsrelevanz der Theologie
begründete, die Überwindung schlechter Realität, das hat mich interessiert.
Und es war nicht leicht, dahinter zu kommen, wie aus der Tradition der *vita
contemplativa* eine so extreme Form der *vita activa* werden konnte.

*Gehen wir noch einen Schritt weiter. So wie Sie über Müntzer sprechen,
scheint sich hinter der Beschäftigung mit ihm doch mehr als ein theologie-
geschichtliches Exerzitium zu verbergen. Hat Müntzer Ihnen geholfen, einen
eigenen Standort zwischen den Konfessionen zu finden?*

Ich hatte es nicht gleich gemerkt, aber als am Ende der sechziger Jahre
Konzepte einer Theologie der Revolution in der ökumenischen Bewegung
entwickelt und diskutiert wurden, wußte ich, daß Müntzer mir geholfen
hatte, den Anschluß an die relevanten Diskussionen einer ökumenisch ausgerichteten Sozialethik zu finden. Weder Nipperdey noch ich, die wir beide
nach der theologischen Begründung der Revolution bei Müntzer suchten,
sind der Versuchung erlegen, diesen Revolutionär zu aktualisieren. Dennoch
haben sich unsere Wege nach der Beschäftigung mit Müntzer getrennt: der
eine ging (zumindest hochschulpolitisch) nach rechts und der andere nach
links. Es war weniger ein Standort, den ich fand, als vielmehr eine Richtung, in die ich mich fortan bewegte. Noch war meine Untersuchung eine
rein systematisch-theologische bzw. ideengeschichtliche Arbeit, aber mir
wurde klar, daß Gott-Mensch-Beziehungen zugleich Mensch-Welt-
Beziehungen sind. "Innere und äußere Ordnung", so lautete ja der Titel
meiner Dissertation, standen in "Korrelation" zueinander, um es mit einem
Begriff zu sagen, den ich später bei Tillich fand. Wie immer man diese Korrelation versteht, Tillich verstand sie anders als Müntzer: wichtig war mir
die Einsicht in die Notwendigkeit, diese Korrelation im Zentrum jeder
theologischen Bemühung zu verankern. Müntzer wurde aus der Tradition
protestantischer Theologie verdrängt. Tillich holte ihn übrigens im ersten
Band seiner *Systematischen Theologie*, wenn auch nur mit einigen Sätzen
und von wenigen bemerkt, wieder zurück. Müntzer gehört, wie Tillich sagte,
zu denjenigen, die sich ein Verständnis von mystischer, am Unbedingten
partizipierender Erfahrung bewahrt hatten, und hat ein Wort mitzureden,
wenn Erfahrung nicht als Quelle, sondern als Medium göttlicher Offenba-
rungserkenntnis verstanden wird, eine Unterscheidung, die bei Müntzer
wohl nicht ganz klar gedacht ist. Ein weites Feld tat sich mir auf - mehr
Aufbruch als Standort.

*Sie sind Müntzer treu geblieben. Immer wieder haben Sie sich mit ihm be-
schäftigt, zuletzt in Ihrem Buch „Mystiker, Apokalyptiker, Revolutionär",
das Sie zum Müntzer-Jubiläum 1989 schrieben. Zwischen Ihrer Dissertation*

und diesem Werk liegen 25 Jahre, die gewiß Ihre Spuren hinterlassen ha-
ben. Was hat sich an Ihrer Interpretation im Laufe der Zeit geändert?

Daß ich bei Müntzer blieb, hat einen einfachen Grund. Meine Arbeit, die
Heiko A. Oberman in seine Reihe *History of Christian Thought* bei E. J.
Brill in Leiden aufgenommen hatte (ohne seine Initiative wäre sie vergessen
worden), wurde freundlich und kritisch diskutiert - nicht nur kurz und heftig, sondern über die Jahre hinweg. Die Mystik-These fand Resonanz, in
Siegfried Bräuers wichtigen Studien etwa, kritische Resonanz kam auch von
Gottfried Seebaß, bedeutsam wurde die These schließlich für Tom Scotts
Müntzer-Buch. Scott hat übrigens dafür gesorgt, daß mein neuer "Müntzer"
in einer englischen Ausgabe erschienen ist. Der Mystik-Ansatz hat auch geholfen, neue Interpretationswege zum oberdeutschen Täufertum zu finden,
in den Untersuchungen James M. Stayers und Werner O. Packulls. Bearg-
wöhnt wurde die Mystik-These von den marxistischen Reformationshistori-
kern in der Deutschen Demokratischen Republik, aber sie diskutierten sie,
und ich wurde in die Gespräche zwischen Ost und West zur *Theorie der*
frühbürgerlichen Revolution einbezogen. Über die Jahre hinweg war es interessant zu sehen, wie sich vieles zu verändern begann. Am Anfang bemerkte Max Steinmetz, der Nestor der Reformationsforschung in Leipzig
und Müntzer-Spezialist, auf ruppige Weise: Welch ein Buch! 115 Seiten
Theologie und nur 35 Seiten Soziales und Politisches! So könne man Müntzer überhaupt nicht verstehen. Auf dem Internationalen Müntzerkongreß
1989 in Halle nahm mich der greise Historiker - er war schon fast erblindet -
in der Wandelhalle der Universität beiseite und meinte, inzwischen habe
sich viel verändert, ob ich wüßte, daß er sich mit der Theologieinterpretation
Müntzers sehr stark meiner Prozentmarke angenähert habe? Müntzers revolutionäres Handeln wurde in der Tat, das war die neue Parole allgemein, von
der Theologie her begriffen. In guter Laune hatten Gerhard Brendler, der
das offizielle Müntzer-Buch schreiben sollte, und ich schon vorher in einem
Leipziger Weinlokal beschlossen, das Jubiläumsbuch gemeinsam zu verfas-
sen. Es kam nicht dazu. Der Gedanke war zu übermütig - aber er war auf
einmal denkbar geworden. Bald erschien das Müntzer-Buch von Günter
Vogler bei Reclam, ebenfalls vermittelnd, ein Buch, das mir gefiel. Sehen
Sie, diese akademischen und teilweise freundschaftlichen Beziehungen, die
sich anbahnten, haben mich an Müntzer festhalten lassen - die ganzen Jahre
hindurch, freilich auch das Schöpferisch-Eigenwillige, das Schwerdurch-
schaubare seiner Texte, die Faszination, die von seiner Gestalt ausgeht.

Gut, es mag für Sie viele Gründe gegeben haben, sich immer wieder mit
Müntzer zu befassen. Aber wir fragten nach Veränderungen in Ihrer Per-
spektive, nach neuen Akzenten in Ihrem Blick auf Müntzer ...

Gut, daß Sie nachhaken. Zunächst habe ich die Mystik-These durch einen apokalyptischen Akzent erweitert. Beides läßt sich miteinander vermitteln: das Innerlich-Ekstatische mit dem Äußerlich-Exaltierten. Ernst Bloch hatte die Art, wie Müntzer Mystik und Apokalyptik miteinander verband, in seinem kräftigen, philosophisch-utopischen Müntzer-Buch von 1921 bereits nachgestaltet: mehr Bloch als Müntzer, aber grandios. Das ist das eine. Das andere ist, daß ich den Denkansatz Müntzers, auch seine Aufnahme spätmittelalterlicher Traditionen, jetzt aus seiner eigenen Erfahrungssituation heraus zu begreifen versuchte, nicht aus den langwirkenden, den Menschen unbewußt bestimmenden gesellschaftlichen Strukturen (wie in der marxistischen Geschichtsschreibung), sondern aus den erfahrbaren, sehr konkreten Eigentümlichkeiten der Situation. Folgt man den Zeichen, die Müntzer in seinen Texten selber setzt, so stößt man immer wieder auf die Invektive gegen den Klerus bzw. das antiklerikale Argument. Die Front, gegen die er andenkt und agitiert, ist klar, und die Dualismen sind es nicht minder: Pfaffe oder Laie, arm oder reich, verdammt oder auserwählt. Um dieser antiklerikalen Situation einen Ausdruck zu geben, bieten sich Argumente und Schlagwörter aus der Mystik und Apokalyptik an, die ein hohes Maß an Plausibilität vermitteln. Diese konkrete Situation gibt Müntzers Gedanken Form und Stoßrichtung. Wird diese Situation als unerträglich empfunden, müssen die Gedanken, die er denkt oder die er von woanders übernimmt, so sein, daß sie dazu beitragen, die Situation zu begreifen und ihre Unerträglichkeit zu überwinden. Was Max Steinmetz einst von der prophetischen Apokalyptik sagte, gilt auch von der Mystik: Beide kennen sie keine Grenzen. Solche Gedanken müssen radikal sein. Manches Mal will mir scheinen, daß ich das neue Müntzer-Buch gegen den letzten Satz meiner eigenen Dissertation geschrieben habe. Obwohl Müntzer spätmittelalterliches Gedankengut aufnahm, war er kein "Verweser einer alten Zeit". Nein, er war Revolutionär in *seiner* Zeit.

Wenn im Zusammenhang mit Müntzer von Mystik und Apokalyptik die Rede ist, so klingt das recht theologisch. Hingegen weckt die Vorstellung vom Revolutionär in bewegter Zeit ganz andere Assoziationen. Liegen hier möglicherweise die Wurzeln für Ihre Hinwendung zur Sozialgeschichte?

Auch dabei hat die Müntzerforschung mir geholfen. Hier erschloß sich mir die Reformationsgeschichte von ihren religiösen und sozialen Bewegungen her, die mit ihrer Radikalität ihre Zeit für eine Weile in Atem hielten. Neben Müntzer waren Karlstadt und die Täufer, aber auch Bauern und Handwerker an dem Aufruhr von 1525 beteiligt. Ein weites Feld der Sozialgeschichte tat sich auf, forschungsgeschichtlich tief durchfurcht, ein Feld kontroverser Interpretationen, auch gegenseitig stark abgeschotteter Forschungsgebiete. Die Grenzen waren fest gezogen und bewacht, niemand traute sich so recht, sie zu überschreiten. Der Spezialist des Bauernkrieges kannte sich nicht in der Täuferforschung aus und der Müntzer-Fachmann nicht bei Karlstadt und den Täufern. Das ist seltsam, denn alle Bewegungen der radikalen Reformation selber waren grenzüberschreitende Bewegungen: von Dorpat bis Trient, von Straßburg bis Krakau, geographische Grenzen wurden auch zwischen den Bewegungen überschritten, von reformatorischen zu radikalreformatorischen, vom Lager der aufständischen Bauern zu pazifistischen Täufern, von Täufern zu Spiritualisten und Antitrinitariern, von Mystik zu Apokalyptik und revolutionärer Militanz, von Gewalttätigkeit zu friedfertigem Quietismus. Alles ist hier in Bewegung. Und mir wurde bald klar, daß diese Fluktuation von Radikalität theologie- und ideengeschichtlich kaum zu erfassen sei und hier nur eine Kombination von ideen- und sozialgeschichtlicher Betrachtungsweise weiterhelfen könnte.

Welches war denn nun der konkrete Anlaß, sich auch institutionell der Sozialgeschichte zuzuwenden?

In Heidelberg habe ich an einer Habilitationsschrift über das Geistproblem in der Theologie der zwanziger Jahre gearbeitet (bei Erich Schaeder, Karl Barth und Paul Tillich). Ich wollte herausfinden, wie das pneumatologische Defizit, die Domestikation des göttlichen Geistwirkens, in der Tradition der großen Konfessionen - anders als in radikalreformatorischer Tradition - zu erklären sei und ob sich mit der Neubesinnung der Theologie im und nach dem Ersten Weltkrieg hier grundlegend etwas geändert habe. Am Ende dieser Arbeit stellte sich heraus, daß ich mich in Heidelberg in Systematischer Theologie nur hätte habilitieren können, wenn ich zu einem Konfessionswechsel zur evangelischen Landeskirche bereit gewesen wäre. So waren die Verträge zwischen Kirche und Staat, und ihren Forderungen wollte ich mich nicht beugen. Was mir blieb, war, einen Fakultätswechsel anzustreben - und dabei halfen mir Müntzer und das weite Feld, das er mir eröffnete, ebenfalls das Täufertum, dessen genauerem Studium ich mich schon in Heidelberg zugewandt hatte. Von der Habilitationsschrift rettete ich einen Teil und veröffentlichte ihn bei Vandenhoeck & Ruprecht in Göttingen, eine Studie, die erste Arbeit überhaupt zur *Theozentrischen Theologie* Erich Schaeders. Der Fakultätswechsel gelang mir, nachdem wir nach Hamburg zurückgezogen waren, bald *par hazard*, wie Max Weber zur Rekrutierung des Hochschullehrernachwuchses gern sagte. Unterstützt wurde ich dabei vor allem von Dietrich Hilger und Ernst Schepansky, die am damaligen Seminar für Sozialwissenschaften lehrten. Leider leben diese Kollegen nicht mehr.

Sie haben es zwar bereits angedeutet, aber es wäre doch gut, wenn sie noch ein wenig ausführlicher die Eigenart Ihrer sozialgeschichtlichen Betrachtungsweise erläutern könnten.

Mir geht es darum, einen sozialgeschichtlichen Ansatz zur Geltung zu bringen, in dem es nicht heißt, daß Sozialgeschichte „history with the politics left out" sei (Trevelyan) - und ich möchte ergänzen: auch nicht „with the ideas left out". Mir geht es um die Verklammerung von Ideen, in diesem Fall vor allem religiösen Ideen, mit sozialen Strukturen ebenso wie mit politischem Handeln. Diese drei Bereiche werden durch die Situation miteinander vermittelt, in der sie erfahren werden. Sie ist der "Sitz im Leben" der Ideen, die Menschen haben oder die ihnen zuwachsen, die sie auswählen und sortieren. Sie gibt ihnen Form und Richtung. Eine solche Vermittlungssituation beispielsweise ist der Antiklerikalismus. Er ist es für Müntzer genauso wie für die Täufer, für die Bewegungen des "gemeinen Mannes" um 1525 genauso wie für die Reformatoren und ihre Anhänger allgemein. Wenn ich das noch sagen darf: Damit habe ich die Probleme der frühen Reformationszeit nicht auf *ein* Phänomen reduziert, wie ich gelegentlich verstanden wurde, sondern gerade umgekehrt. Reduktion hieße Einengung und Begrenzung, der Antiklerikalismus, zum Erklärungsmodell gestaltet, bringt vielmehr die einzelnen Bereiche, die in sich abgegrenzt wurden, miteinander in Beziehung, so daß sie sich entgrenzen und füreinander durchlässig werden. So kann dieses Modell dafür genutzt werden zu zeigen, wie unterschiedlich einzelne Gestalten und Bewegungen auf die klerikal belastete Situation reagiert haben: Müntzer anders als Luther, Zwingli anders als die Täufer, die aufständischen Bauern anders als die Reichsstände, die Spiritualisten schließlich anders als die Humanisten. Für alle aber war der Klerus ein Schlüsselproblem.

Sie haben eben die Täufer erwähnt, die neben Thomas Müntzer eine zentrale Rolle in Ihrer wissenschaftlichen Arbeit spielen. Ihr Name wird oft mit einer revisionistischen Täuferforschung in Verbindung gebracht. Vielleicht könnten Sie diesen neuen Deutungsversuch, der das bislang gültige Täuferbild bis in seine Grundfesten erschütterte, kurz skizzieren. Hat dieses revisionistische Täuferbild etwas mit Ihrem sozialgeschichtlichen Ansatz zu tun?

Grundsätzlich schon, auch wenn dieser Ansatz sich erst langsam ausbildete und den Charakter einer kleinen Theorie annahm. Wichtig war zunächst, daß meine Instinkte für eine wissenschaftliche Beschäftigung mit dem Täufertum zu einem Zeitpunkt erwachten, als *Anabaptism. A social history* von Claus-Peter Clasen und *Anabaptists and the Sword* von James M. Stayer gerade erschienen waren. Das war 1972. Diese neuen Forschungen, die das freikirchlich-idealisierte, rein religiös interpretierte Täufertum, die normativen Ursprünge einer geographisch weitausholenden radikalen Religiosität, überwanden, hatten ihre Schatten bereits vorausgeworfen. Dies wirkte anziehend. Wichtig waren für mich auch die Gespräche, die ich mit Klaus Deppermann geführt habe, der damals gerade an seiner Habilitationsschrift über Melchior Hoffman arbeitete. Stundenlang haben wir zusammengesessen, einmal in Freiburg, das andere Mal in Heidelberg. Dieser Historiker, der leider so früh gestorben ist, hat mehr von der Theologie des Laienprädikanten verstanden als alle Theologen, die vor ihm über Hoffman schrieben. Entscheidend war schließlich die Begegnung mit James Stayer. Er hat am deutlichsten Flagge gezeigt und eine Revision der traditionellen Täuferforschung eingeleitet. Zwischen uns hat sich spontan ein produktives Einvernehmen eingestellt. Er war noch dabei, mit einer selbstkritisch angewandten ideengeschichtlichen Methode die Strukturen eines polygenetischen Täufertums freizulegen. Ich habe versucht, ihn darin zu bestärken und ihn auf einen sozialgeschichtlichen Pfad zu locken. Aus diesen ersten Kontakten ging die Konzeption des Sammelwerkes *Umstrittenes Täufertum* (1975) hervor, das mit Stayers programmatisch angelegtem Aufsatz über *Die Anfänge des Täufertums im reformierten Kongregationalismus* die Wende in der Täuferforschung dokumentierte. Der Titel des Sammelwerkes, das ich bei Vandenhoeck & Ruprecht herausbrachte und das bald eine zweite Auflage erlebte, fiel uns in einer schwülen Sommernacht am Ufer der Elbe ein, als Stayer uns das erste Mal in Blankenese besuchte: es war im August 1974. Dieser Besuch begründete eine akademische Freundschaft, die bis heute andauert und sich im Geben und Nehmen, in kritischer Begleitung und aufmunternder Unterstützung bewährt hat. Zuletzt hat James Stayer mein Antiklerikalismus-Konzept auf der großen Tagung der Reformationshistoriker in Washington 1990 verteidigt. Für den deutschen Sprachraum habe ich mit meinem Buch über *Die Täufer* im C. H. Beck Verlag 1980 - die zweite Auflage erschien acht Jahre später - einen Überblick über die täuferischen Bewegungen im Übergang von einer ideen- zu einer sozialgeschichtlichen Deutung vorgelegt. Ohne die revisionistischen Impulse, die mir Stayer vermittelt hat, wäre dieses Buch nicht entstanden.

Was hat Sie an den Täufern so stark interessiert? Waren es eher einzelne Denk- und Verhaltensweisen, oder reizte Sie die Grundhaltung an sich, aus der heraus diese Menschen dachten und handelten?

Es ist die Grundhaltung. Die Täufer verbreiteten sich nicht nur räumlich über alle Grenzen Zentraleuropas hinweg, sie überschritten auch zeitlich die Grenzen von der Gegenwart zur Zukunft. Sie nahmen vorweg, was sich in der Realität, unter der sie litten, so noch nicht zeigen wollte: ein Leben in

Brüderlichkeit. Dies geschah nicht immer auf so spektakuläre Weise wie im Täuferreich zu Münster, wo gute Absichten in schlechte Folgen umgeschlagen waren, auch nicht immer so innovativ wie im Fall der kommunitären Bruderhöfe in Mähren, sondern ganz einfach und selbstverständlich. "Nichts ist menschlicher", hat Ernst Bloch gesagt, "als zu überschreiten, was ist". So meinten es auch die Täufer einst. Sie umschlossen einen Kern, der eine Utopie enthielt. Wie sie darauf kamen, welche Gestalt diese Utopie annahm und welche Konsequenzen sie nach sich zog: das hat mich interessiert. Der Kern, von dem ich sprach, ist ein Überschuß an Leben. Für die Täufer war dieser Überschuß ein Reservoir an Kraft, um sogar das Martyrium ertragen zu können. Der Widerstand, den sie leisteten, und das Martyrium, das sie bereitwillig auf sich nahmen, wurzelten in diesem utopischen Überschuß an Leben: unverfügbar, wie die Gnade, die Luther wiederentdeckt hatte, und voller realistischer Konsequenz.

Sie haben gerade Bloch zitiert: "Nichts ist menschlicher als zu überschreiten, was ist" - eine Maxime, nach der schon die Täufer einst dachten und lebten, die sich aber genausogut auf Ihre eigene wissenschaftliche Laufbahn anwenden ließe. Es sieht sogar so aus, als hätten Sie bereits wieder einen befreienden Schritt getan. Gemeint ist Ihre derzeitige Auseinandersetzung mit der Geschichtstheorie. In Ihren Seminaren haben Sie - für deutsche Historiker noch immer ungewöhnlich - die Aufmerksamkeit auf "postmoderne" Denker in Frankreich und Nordamerika gelenkt. Auch hier haben Sie Grenzen Ihrer eigenen Disziplin überschritten und sich für den Umgang von Nichthistorikern mit Geschichte interessiert. Wie kamen Sie dazu? Folgten Sie eher dem Zwang, up to date sein zu wollen, oder entsprang Ihr Interesse an den Franzosen und Amerikanern dem Bedürfnis, die eigene Arbeit an Problemen der Frühen Neuzeit weiter theoretisch zu klären?

Faßt man Geschichtstheorie als Reflexion historiographischer Praxis auf, dürfte selbstverständlich sein, daß die eigene Forschung auch geschichtstheoretisch begleitet wird. Und dabei kann sich überraschenderweise eine Einsicht in die Affinitäten der eigenen Arbeit zu philosophischen Trends der Gegenwart einstellen. Ein wenig kokettieren auch Historiker mit dem Zeitgeist, der angeblich durch sie hindurch Geschichte treibt. Wichtiger war mir jedoch etwas anderes. Seit Jahren habe ich mich bemüht, die Reformation als Interaktion heterogener Bewegungen, Gestalten und Kräfte zu begreifen und der lutherzentrierten Betrachtungsweise des Gesamtgeschehens entgegenzuarbeiten. Heterogenität ist nun beispielsweise das Schlüsselwort Lyotards. Die Wirklichkeit wird von dem Blick befreit, der alles vereinheitlicht wahrnimmt. Sie wird in ihrer Vielgestaltigkeit begriffen. Heterogenität herauszustellen, so bin ich von Peter Engelmann belehrt worden, sei ein primä-

res Anliegen der Moderne, das durch die rationalisierende Gleichschaltung
von Erkenntnissubjekt (Vernunft, die allen gemeinsam ist) und Erkennt-
nisobjekt (Wirklichkeit, die ihren Ursprung in der Vernunft hat) aus dem
Blick geraten sei und jetzt durch "Dekonstruktion" der modernen Denkstruk-
turen und ihrer Erzeugnisse im einzelnen wiederholt werden muß. So gesehen löst die Postmoderne nicht die Moderne ab, sondern nimmt ihr ur-
sprüngliches Anliegen wieder auf. Sie geht den Weg in die Moderne noch
einmal - nur anders. Postmoderne als Vormoderne - ein interessantes Para-
dox. Dem Historiker reformatorischer Bewegungen hilft eine solche Sicht
sehr. Er findet neue Argumente, um die Heterogenität reformatorischer Bewegungen nicht als Zerfallserscheinungen spätmittelalterlicher Kultur zu
deuten, sondern als Experimentierfeld neuzeitlicher Möglichkeiten, die Welt
zu sehen und zu gestalten. Die Bewegungsheterogenität der Reformationszeit zeigt sich auf einmal in aller Deutlichkeit als Vormoderne, d. h. nicht
als Distanz, sondern als Übergang zur Moderne.

*Weist nicht in eine ähnliche Richtung auch der Begriff Derridas von der
"différance", d. h. von der Verschiedenheit der Phänomene?*

Ja, Sie haben recht. Derrida hat die Verschiedenheit der Phänomene so stark
herausgearbeitet, daß dabei auch die bisher "Ausgegrenzten", die sonst nur
als Störung des Normalen, des eigentlich Gleichen, wahrgenommen wurden,
auf einmal Beachtung fanden. Solche Gedanken sind für meine Beschäftigung mit den Nonkonformisten der Frühen Neuzeit nützlich. Sie bestärken
mich in der Annahme, ihnen ein Mitspracherecht einzuräumen, wenn es
gilt, die Gesellschaft ihrer Tage zur Darstellung zu bringen, sie wichtiger zu
nehmen, als es ihre Minderheitenzahl eigentlich zuläßt. Hier gibt es auch
Affinitäten zu Michel Foucault, der die Aufmerksamkeit auf die Disziplinie-
rung von Randgruppen, "ewigen Dissidenten", gelenkt hat. Ja, nicht nur das.
Er hat das moderne Staatsverständnis gelegentlich auf die mittelalterliche
Pastoral zurückgeführt, auf die Begegnung zwischen dem Priester und dem
Laien, in der es darum gegangen sei, den Menschen "regierbar" zu machen.
Diese Begegnung wird nicht als Ausübung repressiver Herrschaft verstan-
den, sondern als eine Machtbeziehung, in der die Freiheit zum Widerstand
mitgedacht wird. Foucault sagt es nicht in der Terminologie, die mir ver-
traut ist, aber es geht darum: Der Klerikalismus impliziert den Antiklerikalismus. Wie sehr ich mich in der Brunnenstube der Moderne bewege, ist mir
erst durch die Beschäftigung mit dem bizarren Franzosen bewußt geworden.
Leider erst, als die letzte Korrekturfahne meines kleinen Bändchens über
Antiklerikalismus und Reformation (1995) schon wieder beim Drucker war.
Es ist nicht so, daß der "postmoderne" Blick mir einen Zugang zu den Bewegungen der Reformationszeit eröffnet, ja, mich angeregt hätte, diese Zeit

als "bewegte Epoche" zu deuten. Nein, wohl aber hilft mir dieser Blick, die Probleme schärfer zu sehen und meine Arbeit noch entschiedener aus der Enge kirchen- bzw. konfessionsgeschichtlicher Forschung ins weitere Feld der Gesellschaftsgeschichte hinauszuführen.

Ihre Seminare werden von Studierenden aus sehr verschiedenen Disziplinen als kreatives Forum für Diskussionen geschätzt. Ist diese Form der Seminargestaltung für Sie "Programm", oder ergibt sie sich zwangsläufig aus der in Ihrem wissenschaftlichen Werdegang verwurzelten Interdisziplinarität?

Eigene Seminarveranstaltungen einzuschätzen, ist nicht leicht. Einiges ist tatsächlich "Programm". Aber vor allem ist es so, daß die Bedingungen an unserem Institut für mich besonders günstig sind. Die Prüfungsordnungen "schicken" uns zahlreiche Studierende aus anderen Disziplinen in die Seminare - und es macht Spaß zu sehen, wie Volkswirte, Soziologen, Kunsthistoriker und Politologen, Literaturwissenschaftler, Ethnologen und Sozial- und Wirtschaftshistoriker miteinander ins Gespräch zu kommen versuchen. Ich brauche die Vielfalt der Aspekte im Umgang mit dem historischen Stoff überhaupt nicht zu "programmieren", sie wird mitgebracht. Im Seminar muß sie nur verstärkt, präzisiert und in ein Gesamtverständnis überführt werden. Solche Gespräche sind lebendig, und hier springt der Funke schnell über. Manches Mal kann es "auf der Grenze" auch sehr humorvoll sein, kurzweilig ist es allemal. Das macht vielleicht die Kreativität aus, von der Sie sprachen.

Gelegentlich geben sie der Neigung nach, zu polemisieren, zu polarisieren und Sachverhalte auf eine provozierende Weise auf den Punkt zu bringen. Schaffen Sie damit nicht Fronten und ziehen Sie nicht Grenzen, anstatt sie zu überwinden?

Der Wissenschaftler ist nur selten ein irenischer Typ. Sein Metier führt ihn in Streit und Widerstreit, treibt ihn an Grenzen. Da wächst ihm Erkenntnis zu. Aber auch nur da erkennen wir unsere eigenen Grenzen, Grenzen, die andere uns setzen. Wir haben also gute Gründe, unsere akademischen Gegner zu pflegen. Ich liebe sie nicht, aber ich respektiere sie. Darüber können Sie auch bei Pierre Bourdieu etwas lesen: "Jeder Soziologe sollte schon aus Eigeninteresse auf seine Widersacher hören - da es in deren Interesse liegt, das zu sehen, was er nicht sieht: eben die Grenzen seiner Sicht, die sich ihm definitionsgemäß entziehen." Es ist also nicht so, daß mein polemisches Naturell der eigenen Strategie widerspricht, Grenzen überwinden zu wollen, ganz und gar nicht, es ist anders: sich der eigenen Grenzen bewußt zu werden, setzt Kräfte frei, etwas gegen Grenzen tun oder sie als Orte erweiternder Erkenntnis betreten zu können.

Viele Studierende kennen das signierte Plakat von Bruno Bruni, das außer dem Tillich-Porträt und dem Kupferstich Müntzers in Ihrem Arbeitszimmer hing. Brunis Figur eines Verzweifelten, versteckt in Mantel und Hut, eingeschlafen über einem Bistrotisch nach durchzechter Nacht, kennzeichnet eine existentielle und zugleich sehr private Situation. Auch bei Ihnen waren einzelne Stufen der Erkenntnis, des wissenschaftlichen Werdeganges immer auch mit Entscheidungen über den privaten Lebensweg verbunden. Welche Rolle spielt die wissenschaftliche Arbeit für Ihre persönliche Entwicklung?

Also, das Bruni-Plakat hat wenig mit meiner eigenen Situation zu tun. Es hat zahlreiche Kandidaten getröstet, die unter diesem Plakat geprüft wurden. Sie waren nicht die einzigen, die sich elend fühlten. Einige hat es vielleicht aber auch davon überzeugt, daß es Situationen im Leben gibt, die unerträglicher sind als akademische Prüfungen. Lassen Sie mich, um Ihre Frage zu beantworten, noch einmal auf Tillich zurückkommen. Sein Symbol von der Grenze, auf der Erkenntnis zu gewinnen ist, wird von ihm selber nicht verabsolutiert, als ob damit schon alles gewonnen wäre. Unser Erkenntnisort ist die Grenze, das ist wahr, aber Grenze setzt voraus, daß es Unbegrenztes gibt, - sonst würde nichts als begrenzt wahrgenommen werden. Es ist immer nur das "Begrenzte" und "Bedingte", das wir von uns aus erkennen, auch wenn wir auf der Grenze stehen. Solche Erkenntnis bleibt vorläufig, in ihr fällt noch nicht die letzte Entscheidung über meine Existenz - und wie sollte ich im Vorläufigen aufgehen wollen? Nicht das "Bedingte", sondern das "Unbedingte" geht mich wirklich an. Mit ihm stehe und falle ich. Tillich sieht darin ein Symbol für Gott. Er vermeidet die üblichen, anthropomorphen Gottesbilder und spricht von dem, "was mich unbedingt angeht", nicht abseits und jenseits des Bedingten, sondern im Bedingten - wenn die Grenze sich öffnet.

II.

Zwischen Mittelalter und Neuzeit

WIE WIRD MAN AUSSENSEITER?
EIN- UND AUSGRENZUNG IM FRÜHNEUZEITLICHEN DEUTSCHLAND

Bob Scribner (Cambridge/Mass.)

1.

In letzter Zeit hat die deutsche Geschichtsschreibung sich zunehmend dem Phänomen „Außenseiter im Mittelalter und in der Frühen Neuzeit" zugewandt. Früher galt dieses Thema als eine Randerscheinung, mit der sich ein seriöser Historiker kaum abgab. Es wurde Lokalhistorikern oder Volkskundlern überlassen: als historisches Kuriosum für ein Publikum, das sich an Exotischem und Pikareskem erbaute. Die neuere Sozialgeschichte hat aber im letzten Jahrzehnt zu einem Meinungsumschwung geführt. „Außenseiter" wurden zu einer ernstzunehmenden Sozialkategorie und rückten zu einem würdigen Objekt historischer Forschung auf.[1] Deutsche Historiker sind allerdings überraschend langsam auf dieses Thema gekommen, obwohl sich Georg Fischer schon in den dreißiger Jahren unseres Jahrhunderts mit „Außenseitern" als einer identifizierbaren Sozialschicht befaßt hatte. Hier hätten weitere Untersuchungen folgen müssen. In Frankreich wurde dieses Thema erst in den siebziger und achtziger Jahren im Anschluß an ältere Untersuchungen von Bronislav Geremek und Frantisek Graus erneut aufgegriffen und bald zu einem festen Bestandteil der *nouvelle histoire* in der Schule der *Annales*. Auch die britische Geschichtswissenschaft machte auf Außenseiter in Gestalt der „German underworld" in den späten achtziger Jahren aufmerksam, fast zeitgleich mit einem neuerwachten Interesse in Deutschland.[2] Wenn sich die ältere deutsche Geschichtsschreibung über-

---

[1] In dem Buch von Bernd Roeck, *Außenseiter, Randgruppen, Minderheiten*, Göttingen 1993, spiegelt sich das Interesse genauso wider wie in anderen neuen Veröffentlichungen: Bernd-Ulrich Hergemöller (Hg.), *Randgruppen der spätmittelalterlichen Gesellschaft. Ein Hand- und Studienbuch*, Warendorf 1990, 2. Auflage schon 1994; Bernhard Kirchgässner, Fritz Reuter (Hg.), *Städtische Randgruppen und Minderheiten* (Stadt in der Geschichte 13), Sigmaringen 1986; Franz Irsigler/Arnold Lasotta, *Bettler und Gaukler, Dirnen und Henker. Randgruppen und Außenseiter in Köln 1300-1600*, Köln 1984, Taschenbuchausgabe 1989. Einen Überblick über neuere Monographien zu einzelnen Außenseiter-Gruppen bietet Robert Jütte, *Mythos Außenseiter. Neuerscheinungen zur Geschichte der sozialen Randgruppen im vorindustriellen Europa*, in: *Ius commune. Zeitschrift für Europäische Rechtsgeschichte* 21 (1994), S. 241-266.

haupt mit „Außenseitern" befaßte, dann geschah das zumeist in der Form
einer einfachen Beschreibung des Phänomens, während die neueren Untersuchungen das Thema höchst analytisch behandeln und Außenseiter in ihrem jeweiligen Verhältnis zur umliegenden Gesellschaft zu erfassen versuchen. Außenseiter wurden vor allem als Menschen verstanden, die gewollt
oder ungewollt von den sozialen Normen abwichen.[3]

Dagegen sind die Außenseiter, die im Mittelpunkt des neueren Interesses
stehen, ganz spezifische Gruppen: darunter religiöse und ethnische Gruppen
wie Juden, Zigeuner und religiöse Sekten, stigmatisierte Gruppen wie Leprakranke, Geisteskranke oder Schwerbehinderte (nach Bernd Roeck die
„Kranken an Körper und Geist"), asoziale Gruppen wie Bettler, Vaganten
und kriminelle Unterschichten, dazu „imaginäre Außenseiter" wie Hexen.
Zweierlei fällt an der neuen Diskussion auf: einerseits die Ungenauigkeit,
mit der die Gruppen kategorial erfaßt werden, andererseits die Anwendung
moderner sozialwissenschaftlicher Begriffe und Theorien zum besseren
analytischen Verständnis des Außenseiterphänomens. Die Analyse wird jedoch zunehmend differenzierter durchgeführt, wobei anthropologische Begriffe wie „Tabu" oder Theorien des abweichenden Verhaltens und der
Kriminalisierung zugrundegelegt werden.[4] Dabei wurde wenig darüber
nachgedacht, inwieweit solche sehr stark auf Verhältnisse der modernen Gesellschaft zugeschnittenen Theorien auf das späte Mittelalter und die Frühe
Neuzeit übertragbar sind, ganz zu schweigen von der analytischen Zuläng-
lichkeit   der   Theorien   selbst.[5]   Begriffe   wie   „Randgruppen"   und

---

[2] Bronislaw Geremek, *Les marginaux parisiens aux XIVe et XVe siècles*, Paris 1976, erschien
1971 zuerst in polnischer Sprache; der bahnbrechende Aufsatz von Frantisek Graus, *Randgruppen
der städtischen Gesellschaft im Spätmittelalter*, in: *Zeitschrift für historische Forschung* 8
(1981), S. 385-437 stützte sich auf Forschungen zwischen 1940 und 1960 über tschechische Unterschichten; zum Interesse der „Annales"-Schule s. Jean-Claude Schmitt, *L'histoire des marginaux*,
in: *La nouvelle histoire*, dir. par Jacques Le Goff, Roger Chartier, Jacques Revel, Paris 1978, S.
344-369; zur britischen Forschung, darin enthalten auch neueste deutsche Untersuchungen: Richard
J. Evans (ed.), *The German Underworld. Deviants and Outcasts in German History*, London
1988. Der bahnbrechende Aufsatz von Georg Fischer, *Die Einzelgänger*, in: *Mitteldeutsche Blätter
für Volkskunde* 8 (1933), S. 37-45 wird unten ausführlicher diskutiert.
[3] So z.B. Wolfgang Hartung, *Gesellschaftliche Randgruppen im Spätmittelalter. Phänomen
und Begriff*, in: Kirchgässner/ Reuter, *Städtische Randgruppen und Minderheiten* (wie Anm. 1), S.
49-114, bes. S. 50, der Randgruppen als „Personen, die Eigenschaften und Verhaltensweisen erkennen lassen, welche von den Normen der Gesellschaft abweichen" definiert.
[4] Besonders begriffsanalytisch subtil: Hartung, *Gesellschaftliche Randgruppen* (wie Anm. 3);
Bernd-Ulrich Hergemöller, *Randgruppen der spätmittelalterlichen Gesellschaft. Einheit und
Vielfalt*, in: ders., *Randgruppen der spätmittelalterlichen Gesellschaft* (wie Anm. 1), S. 1-51.
[5] Wie inadäquat und problematisch viele der gängigen Theorien wirken, vor allem die aus der
Soziologie der Devianz entstandenen Ansätze, dazu siehe Colin Sumner, *The Sociology of Deviance. An Obituary*, Buckingham 1994; zu der (etwas veralteten) amerikanischen „History of Crime"
s. Hermann Romer, *„Abweichendes Verhalten" oder „soziale Kontrolle". Gedanken zum Konzept der History of Crime and Criminal Justice in der US-amerikanischen Forschung*, in: *Ius
Commune 21* (1994), S. 331-356. Zur Soziologie der Devianz allgemein: S. Manfred Brusten, Jürgen Hohmeier (Hg.), *Stigmatisierung. Zur Produktion gesellschaftlicher Randgruppen*, 2 Bde.,

„Minoritäten" klingen eher modern als historisch und verraten ein auf unterprivilegierte und unterdrückte Unterschichten der Neuzeit ausgerichtetes Interesse, das allerdings die Aufmerksamkeit auch auf historische Unterschichten lenkt. Die Ungenauigkeit der bisherigen Kategorisierung ist von großer Bedeutung für eine historische Analyse, da die zumeist verwendeten Kategorien erstaunlich heterogene Gruppen umfassen. Dies gilt sowohl für den von Bernd Roeck gebrauchten Begriff der „imaginären Randgruppen" als Sammelbegriff für „Hexen" (d.h. die als Hexen Beschuldigten) als auch für die vierfache Kategorisierung Bernd-Ulrich Hergemöllers, der zwischen „Unehrlichen", „körperlich Andersartigen", ethnisch-religiösen Gruppen und „Dämonisierten" unterscheidet. Hergemöller selbst erkennt das Problem, wenn er zugibt, die Juden könnten als Angehörige von drei der vorgeschlagenen Kategorien angesehen werden. Wenn wir außerdem die spätmittelalterliche Neigung in Betracht ziehen, die Juden durch physiognomische Gesichtszüge zu identifizieren, könnten die Juden auch der vierten Gruppierung zugeordnet werden.[6] Ein ähnliches Problem der Klassifizierung finden wir in der Unterscheidung von „latenten" und offenkundigen Außenseitern, wobei es unklar bleibt, worin die Eigenschaft der Latenz besteht oder wie eine Gruppe sich vom latenten zum offenkundigen Außenseitertum entwickkelt.[7]

Hier wird keine Auseinandersetzung mit der Kritik an der neuesten Literatur zum Thema „Außenseiter" beabsichtigt, auch nicht ein verbessertes Verständnis der Außenseiter im Rahmen der Soziologie der Devianz beansprucht. Der Ausgangspunkt ist ein etwas anderer und läßt sich allgemein als anthropologisch beschreiben. Es geht um eine ethnographische Fragestellung, um das Außenseiter-Werden, also um Prozesse der Art und Weise damaliger Klassifizierung. Die Voraussetzungen der Untersuchung lassen sich knapp beschreiben. Im Spätmittelalter und in der Frühen Neuzeit besteht „Deutschland" aus kleineren Gemeinschaften, die sich mit einer zum größten Teil als feindlich angesehenen Umwelt konfrontiert fühlten. Ein Gefühl der Einheit und Zusammengehörigkeit, wie mehrere Untersuchungen der Sozialanthropologie erwiesen haben, hing prinzipiell von Eingrenzungen und Abgrenzungen ab, wodurch Zugehörigkeit und Nicht-Zugehörigkeit definiert und aufrechterhalten wurden. Ein- und Ausgrenzungen waren komplex vernetzt, wodurch verschiedene Sorten von Außenseitern geschaffen

---

Darmstadt 1975; und aus der Sicht der emanzipatorischen Soziologie der 70er Jahre (Devianz als Widerstand) der Überblick bei Hilde von Balluseck, *Abweichende Verhaltensweisen und gesellschaftliche Normensysteme. Eine soziologische Interpretation psychischer, rechtlicher und politischer Abweichung*, Phil.Diss, Universität Bremen 1979.

[6] Roeck, *Außenseiter* (wie Anm. 1), S. 8; Hergemöller, *Randgruppen* (wie Anm. 4), S. 2-5, 23; dazu die treffende Kritik von Jütte, *Mythos Außenseiter* (wie Anm. 1).

[7] Hergemöller, *Randgruppen* (wie Anm. 4), S. 16; Jütte, *Mythos Außenseiter* (wie Anm. 1), S. 242.

wurden, die durch ihren Gegensatz zur gesamten Gesellschaft identitätsstiftend und identitätsfördernd wirkten. Die Vielfalt der Ein- und Ausgrenzungen stellt ein Problem der Analyse dar, wie auch ihre Uneinheitlichkeit und zeitliche Veränderbarkeit. Die Definition der Ein- und Abgrenzung unterlag also einem komplexen Prozeß der Zeitverschiebung und Umwertung. Ältere Formen der Abgrenzung überlebten die Umstände, die sie hervorgerufen hatten oder wurden völlig neu gedeutet. Neue Formen der Abgrenzung entstanden, fanden aber noch immer ihren Ausdruck in alten Kategorien. Demzufolge war die Wahrnehmung von Außenseitern zu jedem Zeitpunkt vielschichtig und fließend. Es ist also die Aufgabe der historischen Analyse, eine Ordnung in diesem Wirrwarr zu erkennen.[8]

Betrachten wir zuerst eine quellennahe Kategorie, die auf grundlegende Probleme der Definition und des Verstehens einer vergangenen Zeit hinweist: die sog. „Unehrlichen". Die Vielfalt der Gruppen, die dieser Kategorie im Mittelalter und in der Frühen Neuzeit zugeordnet wurden, ist verblüffend und widersetzt sich jeder kohärenten Analyse. Als „unehrlich" galten: ethnische und religiöse Gruppen wie Juden, Zigeuner und „Heiden" (Sorben und Wenden sind meist gemeint); Berufe, die mit dem Abtragen von Toten, Aas oder anderem unsauberen Material zu tun hatten, also Totengräber, Henker, Abdecker, Schinder, Kloakenreiniger, Gassenkehrer oder Kaminfeger; Berufe, die als unanständig galten, weil sie mit körperlicher Reinigung und körperlichen Ausscheidungen zu tun hatten, also Bader, Bademägde, Barbiere, die oft in Verbindung mit Prostituierten gebracht wurden; asoziale Berufe, die die Betreffenden vom gemeinschaftlichen Leben absonderten, also Schäfer, Hirten, Feldhüter; einige von Berufswegen immer als vagierend angesehene Gruppen wie fahrende Spielleute oder Musikanten; schließlich eine Reihe von Gewerben wie Töpfer, Gerber, Kesselflicker und Weber, deren Status als „Unehrliche" rätselhaft erscheint. Die wissenschaftliche Forschung hat bisher den marginalen Status solcher Leute nur bemerkt oder beschrieben, sie konnte aber die Richtlinien der Klassifizierung nicht erklären.

---

[8] Über sozioanthropologische Untersuchungen zum Thema „Gemeinschaften" („communities", „little communities") s. Anthony Cohen, *The Symbolic Construction of Community*, London 1985; Juliet Du Boulay, *Portrait of a Greek Mountain Village*, Cambridge 1974; Alan Macfarlane, *Reconstructing Historical Communities*, Cambridge 1977; einige bahnbrechende historische Untersuchungen: Edoardo Grendi, *The Political System of a Community in Liguria: Cervo in the late Sixteenth and early Seventeenth Centuries*, in: *Microhistory and the Lost Peoples of Europe*, ed. Edward Muir, Guido Ruggiero 1991, S. 119-158; Artur E.Imhof, *Die verlorenen Welten. Alltagsbewältigung durch unsere Vorfahren und weshalb wir uns heute so schwer damit tun*, München 1984; Rignor Frimannslund, *The Old Norwegian Peasant Community III: Farm Community and Neighbourhood Community*, in: *Scandinavian Economic History Review* 4 (1956), S. 62-81; David W. Sabean, *Power in the Blood. Village Discourse and Popular Culture in Early Modern Germany*, Cambridge 1984; Pier Paolo Viazzo, *Upland communities. Environment, population and social structure in the Alps since the sixteenth century*, Cambridge 1989.

Auch die Anwendung von Begriffen wie „Tabu" hat wenig zur Klärung beigetragen.[9]

Georg Fischer wies die Meinung zurück, daß es überhaupt unmöglich sei,
diese Klassifizierung rational zu verstehen, da sie irrational entstanden sei.
Er schlug eine dreifache Einteilung der Unehrlichen vor. Die erste Gruppe
„wird gebildet aus den Angehörigen gewisser, meist unsauberer oder unlau-
terer Gewerbe- und Handelszweige (Müller, Schäfer, Gerber, Bader, Barbiere, usw.)"; die zweite schloß Leute wie Schinder und Henker ein, „die von
öffentlichen rechtlichen Körperschaften ... zur Verrichtung niederer und für
verwerflich gehaltener Dienste bestellt sind ... Ihre Tätigkeit zwingt sie
vielfach zum Umherziehen, trotzdem sind sie aber nicht ohne Ortsfestigkeit". Zur dritten Gruppe, „die sich aus den eigentlichen Entwurzelten und
im sozialen Gefüge überflüssigen oder doch wenigstens entbehrlichen Elementen zusammensetzt",[10] gehörten Leute wie Landstreicher und Fahrende.
Dabei versuchte Fischer, eine Korrelation zwischen Unehrlichkeit und dem
jeweiligen Grad der Zugehörigkeit (oder sogar der Nützlichkeit) zur Umwelt
einerseits oder der Abgrenzung von der Umwelt andererseits herzustellen.
Wir würden heute „Gemeinschaft" statt „Umwelt" sagen, aber ganz klar
hatte er einen wichtigen Unterschied zwischen „Außenseiter innerhalb" und

---

[9] Der einzige moderne, obwohl in vielerlei Hinsicht mangelhafte Überblick bei Werner
Danckert, *Unehrliche Leute. Die verfemten Berufe*, Bern/München 1963, 2.Auflage 1979. Von der
älteren Literatur ist Theodor Hampe, *Die fahrenden Leute in der deutschen Vergangenheit*, Leipzig 1902, erwähnenswert. Eine informative Untersuchung einiger unehrlicher Berufe bietet Rudolf
Wissell, *Des alten Handwerks Recht und Gewohnheit*, 2. Auflage, 5 Bde., Berlin 1971, 1974, Bd.
1, S. 145-273. Knappe, aber wertvolle Erörterungen in Ernst Schubert, *Mobilität ohne Chance: Die
Ausgrenzung des fahrenden Volkes*, in: Winfried Schulze (Hg.), *Ständische Gesellschaft und soziale Mobilität*, München 1988, S. 113-164, hier S. 118-124. Hierzu auch Richard van Dülmen,
Der infame Mensch. Unehrliche Arbeit und soziale Ausgrenzung in der Frühen Neuzeit, in: ders.
(Hg.), *Kulturforschung II*, Frankfurt/M. 1993, S. 106-140, 312-315 (Anm.). Jutta Nowosadtko,
Scharfrichter und Abdecker. Der Alltag zweier unehrlicher Berufe in der Frühen Neuzeit, Paderborn 1994, nähert sich dem Problem nach modernen sozialhistorischen Ansätzen, äußert sich knapp
und kritisch zu den vier Hauptinterpretationsrichtungen (rechtsgeschichtlich, psychologisch, sakral-
magisch und rationalistisch) und bietet eine Analyse auf der Grundlage des „Sozialsystems des Be-
rufskreises" an. Hergemöller, *Randgruppen* (wie Anm. 1), S. 113-115, hegt Zweifel an der Taug-
lichkeit des Begriffs.

[10] Georg Fischer, *Die Einzelgänger. Struktur, Weltbild und Lebensform asozialer Gruppen im
Gefüge der alten Volksordnung*, in: ders., *Volk und Geschichte*, Kulmbach 1962, S. 243, 247-248.
Dennoch bleiben die Kategorien Fischers unklar und sogar verwirrend, denn einige Seiten zuvor
hatte er etwas andere Klassifizierungsprinzipien in Anlehnung an Kategorien aus dem 18. Jh. vorge-
schlagen. Zuerst unterschied er zwischen Leuten mit großer „Unehrlichkeit", d.h. wesentlich asozialen Gruppen, und denjenigen mit „kleiner Unehrlichkeit". Diese zweite Kategorie unterteilte er erneut in drei weitere Gruppen: „gewisse Staats- und Gemeindediener, die Angehörigen der Unterhal-
tungsgewerbe und die Vertreter einzelner weiterer Gewerbe- und Handelszweige" (S. 244). Dann
brachte er eine dreifache Typologie „je nach dem Grade und der Dauer der Umweltfremdheit und
der Stärke der eigenen Zusammenschlußtendenzen" ein, um mit der inneren Struktur der Gruppen
fertig zu werden: 1. auf Führercharisma gegründete Herrschaftsverbände; 2. auf Blutverwandtschaft
und Verschwägerung beruhende Familienverbände; 3. aus Gleichheit der „ständischen" Zugehörigkeit oder der „Klassenlage" entstehende Interessenverbände (S. 244f.).

„Außenseiter außerhalb" der Gemeinschaft wahrgenommen, wobei letztere durch ihre „Umweltfremdheit" (in moderner Fachsprache „Entfremdung von der Gemeinschaft") gekennzeichnet waren. Die Anregung Fischers hat bisher nur gelegentlich Aufmerksamkeit in der wissenschaftlichen Diskussion gefunden, und eine Untersuchung über die Anwendbarkeit seiner Begriffe steht noch aus.[11] Rudolf Wissel ging das Problem in völlig anderer Weise an, indem er vorschlug, die Kategorie „ehrlos" fast mit „rechtlos" gleichzusetzen, obwohl auch dieser Vorschlag bislang keine allgemeine Zustimmung gefunden hat.[12] Jedoch bieten die Beiträge von Fischer und Wissel zwei suggestive, wenn auch unterschiedliche Ausgangspunkte, mit deren Hilfe wir das Problem Außenseiter beginnen können zu definieren: durch die Rolle des Rechts und durch das Verhältnis Außenseiter-Gemeinschaft.

2.

Fangen wir mit dem Recht an. Die Bedeutung der rechtlichen Definitionen von Außenseitern scheint eine überproportionale Rolle zu spielen, da die meisten überlieferten Quellen Rechtsquellen sind. Frühere Generationen hatten Rechtsdefinitionen als realitätsstiftend vor allem auf sozialer Ebene betrachtet. Heute sehen wir die soziale Rolle des Rechts etwas anders. Das Recht schuf einerseits eine ordnungswahrende Struktur für den Alltag, andererseits stellte es eine Vergegenständlichung von komplexen wirtschaftlichen und sozialen Prozessen dar, die sich in Rechtssatzungen niederschlugen. Wenn auch die Unehrlichkeit aus einem Mangel an Rechtsstatus resultierte und „unehrlich" und „rechtlos" synonyme Begriffe waren, konnte man zu diesem zugeschriebenen sozialen Zustand über verschiedene Wege gelangen. Wenn z. B. die Unfreiheit als Folge minimaler oder fehlender Rechte die Bezeichnung der „Unehrlichkeit" mit sich brachte, war die Unfreiheit selbst die Folge unterschiedlicher Umstände. Man konnte Unfreiheit durch Abstammung erben, sie aber auch durch „Ergebung" (als Zwang oder Eroberung) oder durch Heirat mit einem unfreien Menschen erwerben. Derjenige wurde unfrei, der sich für ein Jahr und einen Tag an einem Ort aufhielt, wo es nur Unfreie gab, oder man wurde unfrei aufgrund einer Strafe, wenn z. B. ein Wergeld als Schadensersatz für Unrecht an Gut, Leib oder Ehre anderen nicht gezahlt werden konnte. Wissel war der Meinung, die „unehrlichen Gewerbe" seien früher von Unfreien ausgeübt worden, so daß

---

[11] Die Kategorien Fischers wurden lediglich von Karl-Siegfried Kramer in seinem Artikel über „Ehrliche/unehrliche Gewerbe", in: *Handwörterbuch zur deutschen Rechtsgeschichte*, Bd. 1, Berlin 1971, Sp. 855-58, bes. Sp. 855, übernommen.

[12] Wissell, *Handwerk* (wie Anm. 9), Bd. 1, S. 146; dazu Hergemöller, *Randgruppen* (wie Anm. 4), S. 2, der meint, „die Begriffe 'rechtlos' und 'unehrlich' sind nicht synonym, greifen aber ineinander ein".

die Bezeichnung später an allen haften blieb, die diese Gewerbe ausübten.[13] Die Entstehung der Verbindung unfrei-unehrlich kann wohl nicht mehr aufgeklärt werden. Viel interessanter ist, daß die Bezeichnung „unehrlich" als Mittel eingesetzt wurde, soziale Unterschiede und Differenzierungen aufrechtzuerhalten. Jeder Stand entwickelte seine charakteristischen Begriffe von Recht und Ehre, so daß der Abstieg von einem hohen zu einem niedrigeren Stand Verlust an Recht und Ehre bedeutete und dementsprechend entehrend wirkte.[14] Der Unterschied zwischen Freien und Unfreien war nur der radikalste dieser Art und ein kontinuierliches Konfliktpotential, vor allem im Bauernkrieg von 1524-26, aber auch durch die ganze deutsche Geschichte hindurch bis zur Bauernbefreiung.

Von besonderem Interesse sind jene Rechtsbestimmungen, die den Zünften dazu dienten, bestimmte Personen als unehrlich auszuschließen. Grob gesehen, waren es Leute unehrlicher Abstammung und unehelich Geborene. Das zweite Kriterium wurzelte nicht in frühmittelalterlichen Rechtstraditionen, sondern war eine Erfindung des 13. und 14. Jahrhunderts und setzte ein moralisches Urteil voraus. Das heißt, man wurde unehrlich durch biologischen Zufall, und Kinder wurden wegen der Sünde ihrer Eltern bestraft. In einigen Bestimmungen finden wir Hinweise, daß man gewisse Gruppen im Auge hatte, die schon als randständig galten. Die Wiener Goldschmiede bestanden z.B. bereits 1367 darauf, „das niemant under uns chaines pfaffen sun noch schergen [= Büttel] sun noch chainen pankcharten [= Bastard] das handwerich nicht lernen sol."[15] Der gleiche, überwiegend moralische Unterton zeigt sich in Streitfällen, wo Kinder zwar von verheirateten Eltern, aber „zu früh" geboren wurden, was so weit getrieben werden konnte, wie im Falle der Hildesheimer Buchbinderzunft, die 1677 einen Lehrling ablehnte, weil seine Großmutter vorzeitig niedergekommen war.[16] Das Wesen und die Entwicklung der Zunftehre stehen hier nicht zur Diskussion, aber sie hat ganz klar dazu beigetragen, Außenseiter zu schaffen, und dabei spielte die moralische Angst vor Verunreinigung der Ehre wohl eine bedeutende Rolle. Dies zeigt ein Beispiel aus Grunberg im Jahr 1656. Die Tuchmacherzunft zwang einen Lehrling, das Gewerbe niederzulegen, weil seine Mutter von einem Landsknecht während des Dreißigjährigen Krieges vergewaltigt worden war, obwohl feststand, daß die Frau vorher und nachher ein untadeliges

---

[13] Wissell, *Handwerk* (wie Anm. 9), Bd. 1, S. 146-147.

[14] Wissell, *Handwerk* (wie Anm. 9), Bd. 1, S. 146.

[15] Zitiert in Wissell, *Handwerk* (wie Anm. 9), Bd. 1, S. 241; s. auch zur Unehelichkeit S. 240-254.

[16] Roeck, *Außenseiter* (wie Anm. 1), S. 117; Schubert, *Mobilität ohne Chance* (wie Anm. 9), S. 123 (das Hildesheimer Beispiel).

Leben geführt hatte.[17] Einen weiteren, wenn auch ungenauen Hinweis finden wir in der vom 14. bis ins 18. Jahrhundert andauernden Sorge der Zünfte, die Ehre eines Meisters könne durch die Unkeuschheit seiner Frau verunreinigt werden.[18] Die spätmittelalterlichen Zünfte, vor allem die norddeutschen Ämter, Gilden und Innungen, haben die Unehrlichkeit nicht nur ausgeweitet und auf verschiedene mißachtete Berufe ausgedehnt, sondern auch die Unehelichen mit den Unehrlichen zusammengeworfen.[19]

Neben rein moralischen Erwägungen spielen zweifellos auch wirtschaftliche Faktoren bei der Ausgrenzung von Gewerben bzw. Gewerbezweigen eine Rolle, wenn z. B. Zünfte diejenigen ausschlossen, die ihr Gewerbemonopol gefährdeten oder die Qualität des Produkts hätten kompromitieren können, sei es auch nur, um den Kreis der Zunftberechtigten möglichst klein zu halten. Die Stettiner Kannengießer behaupteten 1534, die Kesselflicker seien unehrlich, und die Fuldaer Lohgerber verboten jedem Aufnahme in die Zunft, der selbst oder dessen Eltern „schelmig [= verwest] fyche geschint", was sich augenscheinlich gegen die Fischer richtete, die mit ihnen wohl um den Zugang zur städtischen Wasserversorgung konkurrierten.[20] Die Unehrlichkeit der Weber und Leineweber ist vielleicht darauf zurückzuführen, daß diese Gewerbe ursprünglich von Unfreien oder von Frauen bzw. als Nebengewerbe von Bauern oder Tagelöhnern betrieben worden waren. Jedoch versuchten städtische Weber, die mittlerweile zu einem ehrlichen Gewerbe geworden waren, im 15. und 16. Jahrhundert zweifellos aus wirtschaftlichen Gründen, Land- oder Gauweber als „unehrlich" aus der Konkurrenz auszuschließen. Die Stadtweber beharrten darauf, obwohl die städtische Obrigkeit seit langem darauf abzielte, angesiedelte Landweber als Bürger aufzunehmen und die erlangte Bürgerschaft als Grundlage für die bürgerliche Ehre festzulegen.[21]

---

[17] Wissell, *Handwerk* (wie Anm. 9), Bd. 1, S. 162. Das Problem der Angst wurde von Graus, *Randgruppen* (wie Anm. 2), S. 414, und Hartung, *Gesellschaftliche Randgruppen* (wie Anm. 3), S. 72, angesprochen, ohne dabei allzuviel zu erklären.

[18] Wissell, *Handwerk* (wie Anm. 9), Bd. 1, S. 254-273.

[19] Schubert, *Mobilität ohne Chancen* (wie Anm. 9), S. 122.

[20] Die Beispiele bei Wissel, *Handwerk* (wie Anm. 9), Bd. 1, S. 148 und S. 150; vgl. auch Schubert, *Mobilität ohne Chancen* (wie Anm. 9), S. 122.

[21] Das schließt nicht eine Überlagerung mit anderen Vorstellungen aus, daß z.B. Weber auch im Verdacht standen, zu betrügen oder daß Webhäuser als frivole und sündhafte Orte galten, vgl. Hartung, *Gesellschaftliche Randgruppen* (wie Anm. 3), S. 72-73; zur Konkurrenz der Stadt- und Landweber s. Claus-Peter Clasen, *Die Augsburger Weber. Leistungen und Krisen des Textilgewerbes um 1600*, Augsburg 1981, S. 134-136; Barbara Fitzinger, *Ulm. Eine Stadt zwischen Reformation und Dreißigjährigem Krieg*, Phil. Diss., München 1992, S. 354-355. Hartung, *Gesellschaftliche Randgruppen* (wie Anm. 3), S. 72-73 erweckt den Eindruck, als ob die Weber ein rein ländliches Handwerk gewesen seien, obwohl städtische Weberinnungen schon Mitte des 15. Jhs. in Sachsen bezeugt sind (Fritz Maschner, *Die Chemnitzer Weberei in ihrer Entwicklung bis zur Gegenwart*, Chemnitz 1917, S. 10). In Augsburg gab es seit dem 14. Jh. eine städtische Weberzunft; Clasen, *Augsburger Weber* (wie Anm. 21), S. 70.

Die tiefgehende Divergenz zwischen obrigkeitlicher Politik und kollektiv-körperschaftlicher Meinung über die Unehrlichkeit der Weber läßt sich am Beispiel der sächsischen Leineweber erkennen. Kurfürst Friedrich von Sachsen erklärte schon 1456 als Dank für geleisteten Kriegsdienst („umb ihrer getreuer und annehmenden dienst willen, die sie uns in vergangenen leiuffen in feltzugen und anderen williglich und rüstig gethan haben"), die Leineweber seien als zunftwürdig zu betrachten. Es bedurfte jedoch massiver Anwendung obrigkeitlichen Willens, um die Anordnung auch durchzusetzen. Vertreter der Zünfte mußten 1458 vor dem Kurfürsten erscheinen und wurden mit einem Strafgeld von 1000 Gulden wegen weiteren Ungehorsams in dieser Sache bedroht. Falls ein Zunftmitglied diese erstaunliche Summe nicht hätte aufbringen können, haftete die Zunft dafür. Um den Stadtobrigkeiten einen Anreiz zur Kooperation zu geben, durften sie auch für ihre eigene Kasse eine zusätzliche Geldstrafe erheben. Trotzdem mußten Kurfürst Ernst und Herzog Albrecht auf Fürbitte der Leineweber von Chemnitz und anderer Städte die Anordnung 1477 noch einmal bekräftigen. Jedenfalls blieb Sachsen längere Zeit eine Ausnahme im Reich, und erst die Polizeiordnung von 1548 versuchte, die Unehrlichkeit der Weber auf breiterer Ebene abzuschaffen.[22] Ein weiterer interessanter Konfliktfall zwischen obrigkeitlicher und öffentlicher Meinung zeigt sich am Beispiel der Schäfer, die die Reichspolizeiordnungen von 1548 und 1577 für ehrlich und zunftfähig erklärten. Dennoch mußte die Ehrlichkeit der Schäfer ausdrücklich betont werden, wie dies in österreichischen Verordnungen von 1659 und 1669 sowie einem Privilegium Kaiser Leopolds aus dem Jahr 1704 geschah. Die Verordnungen schrieben die Beharrlichkeit in dieser Sache „des gemeinen Pöbels Irrwahn" zu und unterstrichen dabei den Unterschied zwischen populärer und obrigkeitlicher Bewertung der Sache.[23]

Der notwendigerweise kurze Blick auf das noch umstrittene Problem der Unehrlichkeit verweist jedoch auf einige besonders informative Aspekte der Frage, wie man Außenseiter wird. Der Prozeß der Klassifizierung hat seine Wurzeln in lang etablierten kulturellen Voraussetzungen, egal, ob sie sich in rechtlichen Bestimmungen oder kollektiven Meinungen niederschlugen. Er schloß sowohl Fragen des sozialen Status und der Ehre als auch die Selbstwahrnehmung und wirtschaftliche Anliegen von engeren Interessenverbänden ein. Dabei wirkte auch eine „Volksmeinung" mit, die sich unter anderen Kriterien und einem anderen Entwicklungsrhythmus als dem obrigkeitlichen fortpflanzte. Solche Fragen der unterschiedlichen Sozialklassifizierung und Bewertung finden wir in noch ausgeprägterer Form, wenn wir uns dem Thema „Ausgrenzung aus der Gemeinschaft" zuwenden.

---

[22] Wissell, *Handwerk* (wie Anm. 9), Bd. 1, S. 168-172 und S. 176, Anm. 116; Maschner, *Weberei* (wie Anm. 21), S. 10-11.
[23] Wissell, *Handwerk* (wie Anm. 9), Bd. 1, S. 174-175.

3.

Wer sich mit „Gemeinschaft" auseinandersetzt, ist durch den heutigen historischen Diskurs gezwungen, hauptsächlich von „Gemeinde" zu reden, denn die Gemeinde - ob Landgemeinde oder Stadtgemeinde - ist als soziale Basiseinheit des Mittelalters und der Frühen Neuzeit verstanden worden. Es geht also bei den Außenseitern vor allem um Ausgrenzung aus der Gemeinde. Die Gemeinde als historische Erscheinung könnte man unter dreierlei Aspekten betrachten. Die erste Betrachtungsweise betrifft die engste Auffassung, „Gemeinde" als Rechtsverband, wodurch nur diejenigen, die vollberechtigte Mitglieder des Rechtsverbandes waren, die Gemeinde bildeten. Die zweite Betrachtungsweise bezieht sich auf die Gemeinde als Gesamtheit der Ortsansässigen, auf alle, die in der Gemeinde wohnhaft waren. Bei der dritten Betrachtungsweise handelt es sich um die sakrale Gemeinschaft, die alle einschloß, die zur christlichen Gemeinschaft gehörten.

Gemeinde als Rechtsverband, worauf sich der rechtlich-politische Begriff des „gemeinen Mannes" im städtischen und ländlichen Bereich gründet, war sicher eine eingeschränkte Erscheinung, denn es wurden meist nur verheiratete Haushaltsherren zugelassen, was beinahe 80% der Bevölkerung ausschloß: Frauen, Kinder, unverheiratete Männer, Knechte, Dienstmägde und dgl. Dazu ist in diesem Kontext nur zu bemerken, daß dadurch eine ganze Klasse sozio-ökonomischer Außenseiter, vor allem auf dem Lande—Kleinbauern, Kotter oder Besitzlose—geschaffen wurde. Nutznießung des Gemeindeeigentums—Wasser, Wald, Weide—hing von voller Mitgliedschaft im Rechtsverband ab, so daß Kleinbauern, Kotter und Besitzlose über einen minderwertigen Status innerhalb der Gemeinde der Ortsansässigen verfügten. Diese Ausgrenzung bildete in der Frühen Neuzeit die Grundlage für ein andauerndes Konfliktpotential und geriet im Bauernkrieg 1524-26 an vielen Orten Süddeutschlands in den Brennpunkt des Geschehens.[24] Nur nach zähem Kampf hatten die Kleinbauern Zugang zum Gemeindeeigentum erlangt, während die Gemeinde entschieden und mit großen Anstrengungen der Sache entgegenwirkte. In einigen Teilen Bayerns war eine Mitgliedschaft in der Gemeinde strikt vom Vollbesitz eines Bauernhofes abhängig und eine Unterteilung der Höfe streng verboten. Die Angst am Ende der Frühen Neuzeit, die Besitzlosen könnten dem Gemeindeeigentum Schaden zufügen, führte dazu, daß Tagelöhnern und anderen Besitzlosen verboten wurde, eine Kuh oder eine Ziege zu halten, denn man befürchtete, sie wür-

---

[24] Zu den verschiedenen Auffassungen von Gemeinschaft/Gemeinde s. Bob Scribner, *Communities and the Nature of Power*, in: ders. (Hg.), *Germany. A New Social and Economic History*, Bd. 1 (1450-1630), London 1996, S. 291-325; zu Konflikten beim Zugang zum Gemeindeeigentum s. David W. Sabean, *Landbesitz und Gesellschaft am Vorabend des Bauernkriegs*, Stuttgart 1972, bes. S. 102-104.

den die Tiere im Winter nicht füttern können und deshalb auf die Gemeinde weide treiben, was als Diebstahl an der Gemeinde betrachtet wurde.[25] Nur durch massiven Eingriff der staatlichen Obrigkeit, die eigentlich das eigene fiskalische Interesse im Auge hatte, wurde diese Ausgrenzung durchbrochen. In Ansbach wurden z.b. allen erwachsenen Männern von der Obrigkeit das Recht eingeräumt, an der Gemeindeversammlung teilzunehmen; oder man zwang im Bistum Würzburg die Gemeinde, Nichtmitgliedern den Zugang zur Allmende zu gestatten.[26]

Die zweite Betrachtungsweise, Gemeinde als Gesamtheit der Ortsansässigen, bringt eine komplizierte Reihe von Ausgrenzungen mit sich. Die meisten Dörfer waren durch das Bewußtsein einer endogamen Gemeinschaft gekennzeichnet, die durch vernetzte Verwandtschaftsverbindungen geschaffen wurde. Einheiratende Fremde behielten lange Zeit den Status des Außenseiters, und die Charivari hatte sogar die Funktion, eine Heirat zwischen einem Fremden und einem Einheimischen, vor allem einem einheimischen Mädchen, zu verhindern. Die vor allem wirtschaftliche Absicht solcher Abgrenzungen kam ganz klar in einer Verordnung der Walliser Gemeinde Törbel zum Ausdruck. Darin heißt es, daß nur eingeborene Hausherren in der Gemeinde vollberechtigt seien und Anrecht auf Nutznießung des Gemeindeeigentums hätten, aber kein Fremder, der eine Frau des Dorfes geheiratet hatte.[27] Man findet in städtischer Gesetzgebung den gleichen Begriff des „Fremden", also des „auslenders". Dies beweist, wie eng die Grenze der gemeinschaftlichen Zugehörigkeit, der Heimat gezogen wurde, so daß das „Ausland" fast an der Grenze der Dorfmark oder Stadtmark anfing.[28] „Außenseiter außerhalb" waren desto leichter zu identifizieren, wenn es um Leute ging, die keine Wurzeln in der Gemeinde hatten, was sich im städtischen Mißtrauen gegen Wandergesellen oder mobile Arbeitslose oder im bäuerlichen Verdacht gegen alle Fahrenden ausdrückte. Diese relativ simple Matrix von Zugehörigkeit und Nicht-Zugehörigkeit wurde jedoch mit einem Netz der Zugehörigkeit, der Blutsverwandtschaft und der affinen Verwandtschaft überzogen, das sich weit über die Grenzen der Gemeinde erstreckte. Die wichtige Grenze schied hier Verwandte bzw. Affine und andere Dorfbewohner.[29]

---

[25] Manfred Hofmann, *Die Dorfverfassung im Obermaingebiet*, in: *Jahrbuch für fränkische Landesforschung* 6-7 (1941), S. 140-196, bes. S. 152; Anton Schmid, *Gemeinschafts- und Gemeinschaftsrechte im altbayrisch-schwäbischen Gebiet*, in: *Zeitschrift für bayerische Landesgeschichte* 4 (1931), S. 377-398, bes. S. 371-372, 378.

[26] Hofmann, *Dorfverfassung* (wie Anm. 25), S. 161; Rudolf Endres, *Absolutistische Entwicklungen in fränkischen Territorien im Spiegel der Dorfordnungen*, in: *Jahrbuch für Regionalgeschichte* 16/II (1989), S. 81-93, bes. S. 86, 93.

[27] Robert. M. Netting, *Balancing of an Alp*, Cambridge 1981, S. 60.

[28] Zur städtischen Auffassung über „auslender" s. Roeck, *Außenseiter* (wie Anm. 1), S. 81.

[29] David W. Sabean, *Power in the Blood. Popular Culture and Village Discourse in Early Modern Germany*, Cambridge 1984, S. 31-32.

Es gab also eine komplexe Kalkulation der Zugehörigkeit, wonach ein Mensch verschiedene Grade des Außenseitertums in seiner Beziehung zu verschiedenen Einwohnern einer bestimmten Gemeinde aufweisen konnte. Hier heben sich zwei Gruppen als klassische „Außenseiter innerhalb" einer Gemeinde hervor: die Armen und die Bediensteten, vor allem weibliche Bedienstete. Das allgemeine Mißtrauen gegenüber vagierenden Armen erstreckte sich auch auf den einheimischen Armen, so daß man zu Recht von einer obrigkeitlichen Stigmatisierung der Armen insgesamt während der Frühen Neuzeit spricht.[30] Das gleiche galt für mobile Arbeitskräfte, z. B. Bedienstete, die oft jährlich in Dienst genommen wurden, die aber immer bereit waren, ihre Stelle sofort zu verlassen und auf der Landstraße weiterzuziehen. Solche Leute befanden sich immer an der Armutsgrenze und wurden dementsprechend betrachtet. Bediensteten, wie vielen Kategorien der Armen, haftete etwas Verrufenes an, das sie als mutmaßliche Missetäter bei Delikten wie Unzucht oder Kindsmord in Verdacht brachte. Die gleiche Klassifizierung des internen moralischen Außenseiters wurde auf junge Männer angewandt, die, ob verheiratet oder nicht, tranken, spielten oder sich auf andere Weise unlauter verhielten. Verschwendung wurde im 16. Jahrhundert in vielen Dörfern Württembergs zum Merkmal des moralischen Außenseiters und in einigen Ämtern machte dieses Vergehen bis zu 20 % aller Anklagen aus.[31] Verdacht gegen die Armen und die moralisch Schwachen hegten Obrigkeit und Dorfbewohner gemeinsam, wobei die zuletzt Genannten den Armen besonders leicht Böswilligkeit unterstellten und sie als „inneren Feind" aussonderten.[32]

Die Einstellung zu anderen Menschen, die auch als „Außenseiter innerhalb" galten, waren entschieden ambivalent, vor allem im Falle des Klerus. Die zunehmende Professionalisierung des Klerus aller Konfessionen im Deutschland der Frühen Neuzeit schuf eine soziale und geistige Kluft zwischen Pfarrer und Pfarrvolk. Nach der Reformation fungierten die ländlichen Geistlichen als Staatsbeamte, die überwiegend aus städtischen Schichten stammten. Der Pfarrer konnte sicherlich ein Netz persönlicher Beziehungen zu den Pfarrkindern durch Patenschaft aufbauen, aber sowohl er als auch seine Frau kamen von außerhalb des Dorfes, und auch seine Kinder verheirateten sich außerhalb.[33] Durch ihre Ausbildung wurde den Pfarrern

---

[30] Siehe Roeck, *Außenseiter* (wie Anm. 1), S. 66-68.

[31] Urfehden wegen Verschwendung machten in sechs untersuchten Ämtern Württembergs zwischen 9 % und 20 % der ausgestellten Urfehden aus (Robert Scribner, *Mobility: Voluntary or Enforced: Vagrants in Württemberg in the Sixteenth Century*, in: Gerhard Jaritz, Albert Müller (Hg.), *Migration in der Feudalgesellschaft*, Frankfurt/Main 1988, S. 65-88, bes. S. 74).

[32] Sabean, *Power in the Blood* (wie Anm. 29), S. 32.

[33] Den neuesten Überblick über die Herkunft der protestantischen Pfarrer bietet Bruce Tolley, *Pastors and Parishioners in Württemberg during the Late Reformation 1581-1621*, Stanford 1995, bes. S. 6 und die dort zit. Literatur.

die Notwendigkeit der sozialen Distanz zu den Pfarrkindern eingeprägt, vor allem was Volksglauben und Volksbelustigung anging.[34] In dieser Hinsicht wurde seitens der Obrigkeit erwartet, daß die Pfarrer sich als Agenten einer andauernden Reformation der Gesellschaft betätigten, was daher leicht zu Schelte, Einmischung und moralischem Hochmut führte, so daß die Pfarrer als klerikale Tyrannen erschienen. Auch wenn solche Beschwerden nicht auf alle Pfarrer, wohl nur auf eine gewisse Minderheit zutrafen, so brachte die überall schlechte wirtschaftliche Lage der Pfarrer auf dem Land sie leicht in Konkurrenz zu den eigenen Pfarrkindern um die knappen Ressourcen im Dorf—wieder Wald, Weide und Wasser—und löste im Alltag erbitterte Konflikte aus. Aus solchen Auseinandersetzungen entstanden neue Formen des Antiklerikalismus, wodurch der Pfarrer als jemand behandelt wurde, der mitten in der Gemeinde wohnte, ihr aber nicht angehörte.[35] Die Lage wurde noch dadurch erschwert, daß Pfarrer in einigen Teilen Deutschlands keinen Bauernhof besitzen durften, so daß sie nicht Mitglieder der Gemeinde werden konnten. Sie wurden nicht nur von Dorfeliten, sondern auch von der weiteren Gemeinde als Außenseiter betrachtet. Wenn Pfarrer anstrebten, bestimmte, außerhalb der Gemeinde verordnete Normen, z.B. das Verbot der Zauberei, der Spinnstuben oder des vorehelichen Sexualverkehrs, durchzusetzen, stießen sie bei der Gemeinde auf Feindseligkeit und wurden entschieden zu Außenseitern im Dorf, zu „wohl geplagten Priestern".[36] Es überrascht nicht, daß Konflikte entstanden, wenn Pfarrgemeinden es als ihr evangelisches Recht beanspruchten, den eigenen Pfarrer aus den Einheimischen, d.h. einen „Insider", zu wählen, was die Obrigkeit abwertend als

---

[34] Tolley, *Pastors and Parishioners* (wie Anm. 33), S. 24-42, sieht in der quasi-monastischen Disziplin, der langen Lateinausbildung, der konsequenten Verschiebung der Eheschließung und Gründung eines eigenen Haushalts wesentliche Merkmale, die die Pfarrer von normalen Württembergern distanzierten.

[35] Zum „Antiklerikalismus" s. Hans-Jürgen Goertz, *Pfaffenhaß und groß Geschrei. Die reformatorischen Bewegungen in Deutschland 1517-1529*, München 1987, und neuerdings ders., *Antiklerikalismus und Reformation. Sozialgeschichtliche Untersuchungen*, Göttingen 1995. Im weiteren Kontext wird der Begriff diskutiert in: Peter A. Dykema/Heiko A. Oberman (Hg.), *Anticlericalism in Late Medieval and Early Modern Europe*, Leiden 1993. Jedoch wird das Thema kaum im Zusammenhang mit „Außenseitertum" behandelt, hier bedarf es weiterer Untersuchungen.

[36] Zu diesem Themenkomplex s. Tolley, *Pastors and Parishioners* (wie Anm. 33), S. 44-63; Karl Wegert, *Popular Culture, Crime and Social Control in 18th-Century Württemberg*, Stuttgart 1994, S. 37, der die ähnliche Lage der Schulmeister betont; C. Scott Dixon, *Rural Resistance. The Lutheran Pastor and the Territorial Church in Brandenburg Ansbach-Kulmbach 1528-1603*, in: Andrew Pettegree (Hg.), *The Reformation of the Parishes. The Ministry and the Reformation in Town and Country*, Manchester 1993, S. 85-112; R.W. Scribner, *Pastoral Care and the Reformation in Germany*, in: James Kirk (Hg.), *Humanism and Reform: The Church in Europe, England and Scotland 1400-1643*, Oxford 1991, S. 77-79; Hans-Christoph Rublack, „*Der wohlgeplagte Priester". Vom Selbstverständnis lutherischer Geistlicher im Zeitalter der Orthodoxie*, in: *Zeitschrift für historische Forschung* 16 (1989), S. 1-30; ders., „*Success and Failure of the Reformation": Popular Apologies from the Seventeenth and Eighteenth Centuries*, in: Andrew Fix, Susan Karant-Nunn (Hg.), *Germania illustrata: Essays on Early Modern Germany*, Kirksville, Mo., 1992, S. 141-165.

Wunsch beschreibt, „einen guten Kumpel beim Essen und Trinken oder einen frommen antinomischen Honigprediger" als Pfarrer zu haben.[37]

Der Pfarrer hatte als Autoritätsfigur, der jedoch manchmal die Akzeptanz seitens der Gemeinde fehlte, viel gemeinsam mit dem wenig beneidenswerten Dorfbeamten, der vom Dorfherrn eingesetzt und nicht von der Gemeinde gewählt wurde. Wenn ein Schultheiß oder Vogt in dieser Weise als Vertreter von Interessen außerhalb der Gemeinde oder sogar des eigenen Interesses angesehen wurde, zog er genausoviel Feindseligkeit auf sich wie der unbeliebte Pfarrer. Dies ist ein klassisches Dilemma solcher „middlemen" gewesen, die zwischen externer Macht und lokalen Interessen vermittelten: je mehr sie die Interessen der einen Seite vertraten, desto mehr liefen sie Gefahr, sich den Unwillen der anderen und unter gewissen Umständen sogar beider zuzuziehen. Ihre Lage, am Rande zwischen zwei Statusbereichen, der sozialen Beziehungen und der Machtverhältnisse, war also ständig ambivalent. Dies brachte ein Stigma der Nicht-Zugehörigkeit und Gefährdung in Konfliktsituationen mit sich. Dennoch waren die Pfarrer von den Machtverhältnissen her betrachtet, wesentlich besser gestellt als andere Personen, die besonders ambivalent zwischen zwei Bereichen vermittelten: wie Heil- und Zauberkundige zwischen dem Natürlichen und Übernatürlichen, worüber später noch zu sprechen sein wird. Die Ambivalenz der Heil- und Zauberkundigen besteht aus ihrer Fähigkeit zu helfen oder zu schaden. Jedoch wurden sie von Dorfinsassen in mancher Hinsicht positiver als vom Pfarrer oder Dorfbeamten betrachtet, die von Amts wegen verpflichtet waren, die Tätigkeit solcher Leute zu unterbinden. Durch eine komplizierte Dynamik konnten diese klassischen „Außenseiter innerhalb" zu bestimmten Zeiten und unter gewissen Umständen als radikale Bedrohung der Gemeinde angesehen werden, wodurch ihr Status als Außenseiter sogar lebensgefährlich wurde. Auf diese Dynamik kann hier nicht weiter eingegangen werden, zu bemerken bleibt nur, daß die ambivalente Rolle der „middlemen von Amts wegen" viel dazu beitrug, daß sich die Feindschaft gegenüber Heil- und Zauberkundigen zuspitzte, so daß zwei unterschiedliche, wenn auch strukturell gleiche Formen des Außenseitertums sich kreuzten und die Dynamik der Ausgrenzung erschwerten.

Im Zusammenhang mit dem Klerus bzw. den Zauberkundigen haben wir schon ansatzweise die dritte Betrachtungsweise von Gemeinde gestreift, d.h. die sakrale Gemeinschaft oder die Gesamtheit der gläubigen Christen. Die sakrale Gemeinschaft schloß alle in der Pfarrgemeinde wohnenden Christgläubigen ein. Eine Pfarrgemeinde wurde sehr oft aus zwei oder mehreren Dorfgemeinden gebildet, obwohl sich am Ende des Mittelalters klar der Trend abzeichnete, die eigene Pfarrkirche im Dorf zu haben und Pfarrge-

---

[37] So die Äußerung anläßlich eines Streits 1568 im sächsischen Rinkleben (Scribner, *Pastoral Care* [wie Anm. 36], S. 96).

meinde und ortsansässige Gemeinde gleichdeckend zu gestalten. Auch ganz kleine Gemeinden erhoben Anspruch auf die eigene Pfarrkirche. Hier finden wir eine ausgeprägte Einstellung zur Gemeinschaft, die eine besondere Reihe von Ausgrenzungen mit sich brachte. Selbstverständlich galten Nichtchristen wie Juden oder Heiden als Außenseiter dieses Gemeinwesens, auch Ungläubige und radikal Heterodoxe. Noch interessanter ist das zugrundeliegende Kriterium der Ortsansässigkeit, denn hier fand ein Grundbegriff der mittelalterlichen und frühneuzeitlichen Gesellschaft seinen Ausdruck und wurde zum bewährten Mittel, Außenseiter zu identifizieren und auszugrenzen. Die Kirche machte ihre seelsorgerische Leistung von der Zugehörigkeit zur ortsfesten Kirchengemeinde abhängig. Wer sich außerhalb befand, d.h. keinen festen Wohnsitz hatte, stand auch außerhalb kirchlicher Disziplin und Obhut. Solche Leute konnten kein ordentliches Christenleben führen und schienen vom Heil weit entfernt zu sein. Diese Einstellung betraf vor allem die fahrenden Spielleute des Mittelalters, die bis ins 15. Jahrhundert vom Empfang der Kommunion ausgeschlossen worden waren. Sie wurden erst am Ende des Jahrhunderts durch die Stiftung von Spielleute-Bruderschaften in das kirchliche Leben einigermaßen integriert, wenn auch nur unter strikten Bedingungen. Sie mußten jährlich am Gründungsort der Bruderschaft erscheinen, und die Kirche erkannte nur die Körperschaft und nicht die einzelnen Mitglieder an. Man durfte das Sakrament nur unter bestimmten Bedingungen empfangen. Der Bischof von Basel bestimmte z. B., daß ihnen die Kommunion nur einmal im Jahr, zu Ostern, gespendet werden sollte und die Spielleute sich vierzehn Tage vorher und nachher ihres Berufs zu enthalten hatten. Ähnliche Bestimmungen erließ der Bischof von Straßburg im Jahr 1508.[38] Das Prinzip der Ortsfestigkeit an einer Pfarrgemeinde wurde natürlich auf unterschiedliche Weise durchbrochen, vor allem durch das Wallfahrtswesen und durch die Entstehung der Bettelorden. Jedoch blieb das Wallfahren als liminale Tätigkeit durchaus randständig, vor allem als steigende Kritik am Wallfahrtsleben laut wurde und sich auch die Bettelorden im Laufe der Zeit einigermaßen dem Prinzip der Ortsfestigkeit anpaßten. Fahrende Mendikanten wurden auch als randständig betrachtet.

Innerhalb der sakralen Gemeinschaft gab es eine noch engere Definition der Christgemeinschaft, nämlich die sakramentale Gemeinschaft, die alle umfaßte, die berechtigt waren, das Sakrament zu empfangen. Ausgeschlossen wurden sowohl alle Kinder, die ihre erste Kommunion nicht empfangen

---

[38] Zu Basel s. Wissell, *Handwerk* (wie Anm. 9), Bd. 2, S. 130; Danckert, *Unehrliche Leute* (wie Anm. 9), S. 261, erwähnt die Verordnung des Bistums Straßburg vom Jahr 1508, in Anlehnung an Theodor Hampe, *Die fahrenden Leute in der deutschen Vergangenheit*, Leipzig 1902, S. 92; zur allgemeinen Haltung der Kirche gegenüber mittelalterlichen Spielleuten, s. Wolfgang Hartung, *Die Spielleute. Eine Randgruppe in der Gesellschaft des Mittelalters*, Wiesbaden 1982, S. 30-32. Auf das 12. und 13. Jh. bezieht sich Antonie Schreier-Hornung, *Spielleute, Fahrende, Außenseiter: Künstler der mittelalterlichen Welt*, Göppingen 1981.

hatten, als auch alle unter dem kirchlichen Bann Stehenden, offenkundige
Sünder und moralisch Berüchtigte. Diese engere Gemeinschaft konnte unter
Umständen, vor allem, wenn die moralischen Bedingungen strikt aufrechterhalten worden waren, als eine Oligarchie der Frommen vorkommen. Dies
geschah an vielen Orten als Folge der Reformation und ihrer Beschäftigung
mit Zucht und Ordnung, obwohl die Durchsetzung selten von der Gemeinde
getragen wurde. In Dithmarschen wurde die sakramentale Gemeinde aus
denjenigen gebildet, die des Abendmahlsempfangs für würdig gehalten wurden. Die Gemeinde versammelte sich monatlich auf dem Kirchhof und
richtete über Lebensführung und moralische Vergehen, also über Eingrenzung und Ausgrenzung von Mitgliedern. Eine ähnliche kollektive Diszipli-
nierung der Gemeinde sollte in Konstanz eingerichtet werden. Alle Bürger
wurden verpflichtet, turnusgemäß jede Woche als offizielle Angeber der
Zuchtherren zu dienen, was in der Bürgerschaft besonders unbeliebt war.[39]
Es war öfters der Fall, vor allem im Dorf, daß die Ausgrenzung aus der sa-
kramentalen Gemeinde vom Pfarrer ausging. Dies geschah nach der Reformation nur noch selten durch den Kirchenbann, der für Protestanten ein besonders sensibler Punkt war. Weit entfernt von der Gemeinde blieb der Kirchenbann allmählich Kirchenbehörden wie Konsistorium oder Kirchenkon-
vent vorbehalten. Dennoch war es dem Pfarrer möglich, durch Beschuldigung namentlich bekannter oder identifizierbarer Leute von der Kanzel herab das gleiche Ziel zu erreichen. Weil das Abendmahl nach protestantischer
Meinung als Ausdruck sozialer Harmonie galt, wurden alle in Feindschaft
mit ihren Nachbarn stehenden Pfarrkinder automatisch vom Abendmahl
ausgeschlossen. Auch wurde das Prinzip von vielen Menschen in dem Maße
internalisiert, daß sie sich vom Abendmahl fernhielten, also eine Art Selbst-
Ausgrenzung praktizierten.[40]
Damit kommen wir zu einem besonders wichtigen Aspekt bei der Schaffung von Außenseitern, der Selbst-Ausgrenzung. Leicht faßbar wird dieser
Prozeß am Beispiel der Täufer oder anderer religiös Radikaler, die auf einer
freiwilligen Kirchenmitgliedschaft beharrten und sich deshalb von der
Amts- oder Staatskirche zugunsten einer „Kirche der Gläubigen" absonderten. Selbst-Ausgrenzung war aber auch als Protestaktion eines einzelnen
denkbar, wie im Falle von Ursula Fladin aus Dürrenthal in Sachsen. Fladin,
die im Streit mit dem Pfarrer lag, weigerte sich, zwei Jahre lang (1581-83)
zur Kirche zu gehen. Der Pfarrer hatte sie wegen Umgangs mit Zauberei
schon 1581 gerügt, und obwohl sie Buße getan hatte, zeigte sie keine Reue,

---

[39] Wolfgang Dobras, *Konstanz zur Zeit der Reformation*, in: Martin Burkhart/Wolfgang Do-
bras/Wolfgang Zimmermann, *Konstanz in der frühen Neuzeit*, Konstanz 1991, S. 91.

[40] Darauf machte aufmerksam David Sabean, *Communion and Community. The Refusal to at-
tend the Lord's Supper in the Sixteenth Century*, in: ders., *Power in the Blood* (wie Anm. 29), S.
37-60.

weshalb der Pfarrer ihr das Abendmahl verweigerte. Als einzige Form des Protests blieb ihr, den Kirchgang gänzlich zu verweigern. Hinter diesem relativ einfachen Beispiel von Widerspenstigkeit verbargen sich zahlreiche Konfliktebenen, die im Zusammenspiel zur Anklage führten, Ursula Fladin sei der allerschlimmste Außenseiter der Christengemeinde, eine Hexe.[41] Unklar bleibt, ob Fladin in den Augen der Gemeinde zur Außenseiterin wurde, denn der Status des freiwilligen Außenseiters mußte nicht zwangsläufig zur Mißbilligung durch die Gemeinde führen oder dazu, daß man ausgestoßen wurde. Dies wird am Beispiel der Täufer deutlich, denen seit Ende der zwanziger Jahre des 16. Jahrhunderts Unsägliches wie Weibergemeinschaft und Gütergemeinschaft vorgeworfen worden war. Viele Dorfgemeinden in Württemberg, Hessen und in der Rheinpfalz waren dennoch bereit, bei den Täufern ein Auge zuzudrücken. In Dörfern um Basel vereinbarten die Einwohner sogar, die ortsansässigen Täufer in Ruhe zu lassen.[42]

Zuletzt bleibt die besonders wichtige Ausgrenzung zwischen den Lebenden und den Toten zu erwähnen. Im vormodernen Zeitalter waren die Toten eine immer allgegenwärtige Sozialgruppe, fast eine Altersgruppe, die die Gemeinde über die Grenze zwischen Diesseits und Jenseits hinaus ausdehnte. Entgegen Behauptungen, die Reformation habe das Verhältnis zwischen den Lebenden und den Toten radikal zerstört, spielten die Toten auch weiterhin eine aktive Rolle bei den Lebenden. Für eine unproblematische Beziehung war die rituelle Trennung der beiden Zustände wichtig, um keine Anomalie entstehen zu lassen, durch die der Gestorbene zu einem „gefährlichen Toten" hätte werden können. Die „gefährlichen Toten" waren die Randgruppe par excellence, denn ihre Randständigkeit war ontologisch. Auch im Tod blieb die Eingrenzung in die Gemeinschaft der Christgläubigen oder andererseits Ausgrenzung aus ihr äußerst wichtig, was dadurch bewiesen wird, daß Selbstmördern und reuelosen Ketzern eine christliche Beerdigung versagt wurde. Wie liminale Tote entstanden, ist bekannt. Es handelt sich entweder um unzeitig Gestorbene (ungetaufte Kinder, aber auch Menschen, die ohne Beichte gestorben waren) oder Individuen, die wegen irgendeines Delikts oder einer moralischen Schwäche dazu verurteilt waren, als Geist oder Poltergeist zu wandern. Noch schlimmer waren die „Nachzehrer", wiederkehrende Tote, die aufgrund einer Art ontologischen Unfalls (Beerdigung ohne richtige Trennungsriten) den Lebenden gefährlich wurden, weil sie sie zu sich ins Grab nachholen konnten. Nachzehrer bzw.

---

[41] Der Fall wird diskutiert bei Bob Scribner, *Witchcraft and Judgement in Reformation Germany*, in: *History Today* 40 (April 1990), S. 13-15.

[42] Zur Etikettierung der Täufer s. Robert W. Scribner, *Konkrete Utopien. Die Täufer und der vormoderne Kommunismus*, in: *Mennonitische Geschichtsblätter* 50 (1993), S. 7-46, bes. S. 7-14; zur Toleranz den Täufern gegenüber s. Claus-Peter Clasen, *Anabaptism. A Social History 1525-1618. Switzerland, Austria, Moravia, South and Central Germany*, Ithaca und London, S. 412-414.

Wiederkehrer waren im Volksglauben des Mittelalters allgegenwärtig, wurden aber seit Mitte des 16. Jahrhunderts zur wachsenden Gefahr. Den Protestanten fehlten die Schutzmittel der Katholiken (Exorzismus, apotropäische Segnungen), und obwohl protestantische Obrigkeiten sich bemühten, die Grenzen zwischen Lebenden und Toten festzumachen, wurden sie immer wieder vom Problem der Wiederkehrer, Nachzehrer, Geister und Poltergeister geplagt. Noch 1723 wurden Dorfbewohner in der Nähe von Böblingen so hart von dem rastlosen Geist eines verstorbenen Gemeindemitgliedes geplagt, daß sie die Obrigkeit dringend ersuchten, einzugreifen.[43] Die gefährlichen und unruhigen Toten liefern also ein Musterbeispiel für „Außenseiter innerhalb". Und diejenigen, die die Fähigkeit besaßen, zwischen Diesseits und Jenseits zu vermitteln, wurden als liminale Personen noch problematischer, wenn es um die Toten ging. Wie Carlo Ginzburg meint, war es sehr leicht, solche Menschen der Hexerei zu beschuldigen. Die sakrale Randständigkeit, die sowohl an Heiligen als auch an Hexen haftete, wirkte beängstigender, wenn es um die gefährlichen Toten ging.[44]

Zusammenfassend kann festgehalten werden, daß die Ausgrenzung von Außenseitern durch die Gemeinde kompliziert und sogar multidimensional war. Abweichler sind genau so oft intern, von der Dorfgemeinde, als von außen, durch die Obrigkeit, geschaffen worden. Weder der Staat noch die Amtskirche hatte eine Monopolstellung bei der Festlegung von Normen oder bei der Definition abweichenden Verhaltens.[45] Diese Wahrnehmung ist für eine Diskussion über Prozesse der Stigmatisierung, der Dämonisierung oder der Etikettierung grundlegend, die meist in Zusammenhang mit der Entstehung und Absonderung von Randständigen erwähnt werden. Darauf kommen wir im letzten Abschnitt zurück. Zuerst müssen wir noch einige Überlegungen zur Frage der Selbst-Ausgrenzung, zum freiwilligen Außenseiter-Werden anschließen, denn bisher haben wir stillschweigend vorausgesetzt, wie fast die gesamte Literatur zu diesem Thema annimmt, daß Außenseiter hauptsächlich Opfer der Diskriminierung von anderen gewesen seien. Es gab jedoch besonders viele Möglichkeiten, Außenseiter durch freie Wahl zu

---

[43] Zur problematischen Abgrenzung der Lebenden von den Toten s. Bob Scribner, *Symbolising boundaries: Defining Social Space in the Daily Life of Early Modern Germany*, in: Gertrud Blaschitz, Helmut Hundsbichler, Gerhard Jaritz, Elisabeth Vavra (Hg.), *Symbole des Alltags, Alltag der Symbole*. Festschrift für Harry Kühnel zum 65. Geburtstag, Graz 1992, S. 821-841, bes. S. 831-836; ders., *The Impact of the Reformation on Daily Life*, in: *Mensch und Objekt im Mittelalter und in der frühen Neuzeit*, Wien 1990, S. 315-343, bes. S. 334-40; Craig M. Koslovsky, *Death and Ritual in Reformation Germany*, University of Michigan Ph.D. diss., 1994; zu Nachzehrern und Wiedergängern s. Jean-Claude Schmitt, *Les revenants. Les vivants et les morts dans la societe medievale*, Paris 1994; Thomas Schürmann, *Nachzehrerglauben in Mitteleuropa*, Marburg 1990. Das Beispiel aus Böblingen 1723 in: Wegert, *Popular Culture* (wie Anm. 36), S. 58.

[44] Trotz problematischer Argumente und zweifelhafter Methodologie ist Carlo Ginzburg, *Hexensabbat*, Berlin 1990, in dieser Hinsicht besonders aufschlußreich.

[45] Wegert, *Popular Culture* (wie Anm. 36), S. 11-13.

werden. Der Zustand des Außenseitertums war auch in vielen Fällen nicht immer permanent, sondern nur vorübergehend.

4.

Man vergißt leicht, daß das Außenseiter-Sein nicht immer ein dauerhafter Zustand war. Im Mittelalter und in der Frühen Neuzeit wurden viele freiwillig und nur vorübergehend zu Außenseitern. Die „fahrenden Leute" waren wohl die bekannteste Gruppe der nicht Ortsansässigen und galten daher schlechthin als Außenseiter, obwohl der größte Teil nur zeitweilig auf den Straßen war. Ich meine die Wallfahrer, die das Straßenbild der vorreformatorischen Zeit und auch noch nach der Reformation in katholisch gebliebenen Teilen Deutschlands bestimmten. Eine zweite Gruppe vorübergehender Außenseiter gehört mehr ins Mittelalter. Es handelt sich um arbeitslose Kleriker, ihre Nachfolger im 15. und 16. Jahrhundert, vagierende Studenten und um Mönche, die im Zuge der Reformation ihr Kloster verließen (ein fast völlig unerforschtes Thema). Dazu kamen Wandergesellen, als Wanderjahre sich bei den Zünften allmählich durchzusetzen begannen.[46] Als vorübergehende Fahrende, mindestens der Absicht nach, sind auch die unterschiedlichsten mobilen Arbeitskräfte in die Betrachtung einzuschließen: Saisonarbeiter, arbeitslose Weber, Dienstknechte und vor allem Dienstmädchen, die eine neue Stelle suchten, außerdem entlassene Kriegsknechte („Gartknechte"), die im 16. und 17. Jahrhundert ein wachsendes Problem darstellten. Etwas anders und vielleicht in geringerer Zahl waren Kriegsvertriebene unterwegs und Menschen, die vor Pestepidemien flohen. Als zeitweilige Außenseiter können auch Menschen gelten, die zu den Täufergemeinden nach Mähren zogen, und Emigranten wie die *conversos*, die Deutschland angeblich auf dem Weg nach Venedig, in Wirklichkeit aber als Auswanderer ins Osmanenreich, durchreisten, wo sie unter toleranten Bedingungen wieder als Juden zu leben hofften. Es wäre sicher falsch, alle diese Menschen mit den Kriminellen unter den „fahrenden Leuten", den sog. Gaunern, gleichzusetzen. Zu dieser Kategorie gehörten Geächtete, Verbannte, Diebe, Schwindler, falsche Bettler und Prostituierte. Wenn die Obrigkeiten auch der festen Überzeugung waren, es sei nur ein kleiner Schritt von der Kategorie der vorübergehenden Fahrenden zu der der Gauner, so konnte sie dennoch nicht auf die mobilen Arbeitskräfte verzichten; Wandergesellen waren zu tolerieren, und in katholischen Ländern waren Pilger sogar eine ideologische Notwendigkeit. Fahrende Leute waren unverzichtbar für die Gesell-

---

[46] Beispiele entlaufener Mönche bei Johannes Schilling, *Gewesene Mönche. Lebensgeschichten in der Reformation*, München 1990 (Schriften des historischen Kollegs, Vorträge 26); nach Wissell, *Handwerk* (wie Anm. 9), S. 302, setzte die Wanderpflicht für Zunftgesellen um die Mitte des 15. Jhs. ein.

schaft, wie Ernst Schubert bemerkt, und Mobilität allein charakterisierte
keine soziale Gruppe. Vielleicht kamen deshalb zunehmend Bettler und
Gauner als gefährliche Fahrende ins Gespräch, wobei sich die Bettler wahrscheinlich aus den Reihen der vorübergehenden Fahrenden rekrutierten.[47]

Hier lagen die Schranken zwischen einem annehmbaren oder zumindest
tolerierten Status als zeitweiliger Fahrender und dem permanenten Status
des Gauners und (falschen) Bettlers ganz nah an der Grenze zwischen einer
ortsansässigen und einer vagierenden und deshalb unkontrollierbaren Bevölkerung. Dies sieht man klar an den Fällen, wo Vertreter vagierender Berufe ihr Wanderleben aufgaben und seßhaft wurden. Allmählich verloren sie
ihre Randständigkeit und überquerten die Grenze ins bürgerliche Leben.
Dies geschah nicht nur mit Webern, die in Städten siedelten, zunftfähig
wurden und Bürgerrecht erwarben, sondern auch mit Messerschleifern und
Kesselflickern. Auch Meistersinger fanden vom fahrenden zum seßhaften
Beruf und wurden sogar zum Inbegriff des bürgerlichen Anstands. Im Laufe
des 16. Jahrhunderts kamen auch Spielleute, Pfeifer, Trompeter und
Trommler hinzu, die in den städtischen Dienst oder am Fürstenhof bzw. von
Adligen aufgenommen wurden. Sie büßten ihre Unehrlichkeit allmählich
ein, nachdem ihre Berufe als ortsfest anerkannt wurden.[48] Dies geschah vor
der Reformation zum Teil auch mit Prostituierten, denn die Frauen in städtischen Bordellen waren mindestens „Außenseiter innerhalb" des städtischen
Gesellschaftsgefüges, und in Städten, wo sie eine rituelle Rolle (z.B. bei
Reinigungsritualen) zugeteilt bekamen, sind sie als „integrierte Außenseiter"
zu betrachten.[49] Der Wandel von einer mobilen zur ortsfesten Gruppe hing
wohl mit der Entwicklung vom mittelalterlichen zum frühneuzeitlichen
Staat zusammen. Wenn fehlender Schutz und Schirm einer Herrschaft als
ein Merkmal randständiger Gruppen galt, war dies im Mittelalter nicht an
Ortsfestigkeit gebunden. In der Frühen Neuzeit hingegen lag es im Interesse
des werdenden Territorialstaats, seine Untertanen mindestens räumlich zu
integrieren, weshalb eine stets aus wirtschaftlichen und strukturellen Grün-

---

[47] Zur Kategorisierung der „fahrenden Leute" s. Schubert, *Mobilität ohne Chance* (wie Anm.
9), S. 124-129, bes. S. 124, 128; Ernst Schubert, *Arme Leute, Bettler und Gauner im Franken des
18. Jhs.*, Neustadt a. d. Aisch 1983; Robert Jütte, *Abbild und soziale Wirklichkeit des Bettlers- und
Gaunertums zu Beginn der Neuzeit*, Köln/Wien 1988. Zu den conversos s. Kaspar von Greyerz,
*Portuguese conversos on the upper Rhine and the converso Community of Sixteenth-Century
Europe*, in: Social History 14 (1989), S. 59-82.

[48] Danckert, *Unehrliche Leute* (wie Anm. 9), S. 252-258; Hampe, *Fahrende Leute* (wie Anm.
38), S. 55-56.

[49] Zur Integration von Prostituierten s. Peter Schuster, *Das Frauenhaus. Städtische Bordelle in
Deutschland (1350-1600)*, Paderborn 1992, S. 135-153, bes. S. 138; zu ihren rituellen Rollen, z.B.
dem Hurenumzug in Leipzig oder der Vertreibung der Prostituierten aus Augsburg am Gallustag als
Reinigungsritualien s. Robert W. Scribner, *Popular Culture and Popular Movements in Reformation Germany*, London 1986, S. 3.

den mobile Bevölkerung als äußerst problematisch und als kaum zu bewältigendes Problem empfunden wurde.[50]
Die Grenzen waren also fließend, die Möglichkeiten des zeitweiligen Außenseitertums größer, als wir heute ahnen. Wenn wir Studenten, Wandergesellen, Pilger und Arbeitssuchende zusammen betrachten, haben wir es mit einer erheblichen Proportion der Gesamtbevölkerung zu tun. Wie das zeitweilige Außenseiterleben verlief, erfahren wir aus den aufschlußreichen Selbstbiographien von Thomas Platter und Johannes Butzbach, beide später angesehene Biedermänner. Platters Autobiographie zeigt, wie Wanderstudenten sich von anderen Vaganten fernhielten und auch über eigene Sitten, eine eigene Sprache und die eigene Kameraderie verfügten. Natürlich war es sehr leicht, die Grenze zur Kriminalität zu überschreiten, denn auf den Straßen stand man dem Gaunerleben etwas näher als dem bürgerlichen Anstand - dies gehörte zur Liminalität des fahrenden Lebens. Butzbach erzählte, wie er als zehnjähriger Schüler auf dem Weg nach Kadan in Böhmen von einem älteren Schüler in Obhut genommen wurde. Er sollte aus der Erfahrung des Älteren lernen, wie man als Bacchant überlebt, und als Belohnung dafür dem Kommilitonen als „Dienstknecht" zur Verfügung stehen. Dazu gehörte z. B., für seinen „Meister" zu betteln, denn das ersparte dem Älteren die Mühe, und außerdem wurden Almosen einem Zehnjährigen williger gespendet, was schon als Praxis falscher Bettler galt. Platter wurde von seinem älteren Kommilitonen ein Gaunerstreich beigebracht. Er zog mit einem Tuch, dem Gemeinbesitz der Schülergruppe, um und erbettelte Geld, weil er sich aus dem Tuch angeblich einen Winterrock machen lassen wollte. Das so erworbene Geld wurde unter der Gruppe aufgeteilt und der Trick in einer anderen Stadt wiederholt. (Es war gefährlich, den Streich am selben Ort zu wiederholen: Platter hatte ihn zweimal in Ulm versucht, wurde aber von einem früheren Almosenspender erkannt und verprügelt).[51]
Aus diesen und anderen Gründen waren fahrende Schüler und Studenten in den Ruf von Schwindlern gelangt. Studenten nutzten ihren Ruf als Lateinkundige, die Zugang zu Geheimwissen hatten, um eine Reihe magischer Künste vorzutäuschen, was von Beeinflussung des Wetters durch Zauber-

---

[50] Zu fehlendem Schutz und Schirm s. Hartung, *Gesellschaftliche Randgruppen*, (wie Anm. 3), S. 52; zur Mobilität als normalem Zustand in der Frühen Neuzeit s. Schubert, *Mobilität ohne Chance* (wie Anm. 9), S. 124; zur Mobilität als obrigkeitlichem Problem s. Robert W. Scribner, *Police and the Territorial State in Sixteenth-century Württemberg*, in: *Politics and Society in Reformation Europe*, hg. von Tom Scott, E.I. Kouri, London 1987, S. 103-120; ders., *Mobility: Voluntary or Enforced? Vagrants in Württemberg in the Sixteenth Century*, in: *Migration in der Feudalgesellschaft*, hg. von G. Jaritz, A. Müller, Frankfurt/Main 1988, S. 65-88.

[51] Johannes Butzbach, *Odeporion: eine Autobiographie aus dem Jahre 1506*, Einl., Übersetz. und Kommentar v. Andreas Beriger, Weinheim 1991, S. 149, S. 177ff.; Thomas Platter, *Selbstbiographie*, in: *Thomas und Felix Platter. Zur Sittengeschichte des XVI. Jhds.*, bearb. von Heinrich Boos, Leipzig 1878, S. 14-34, zu seiner Wanderung nach Schlesien und zurück; über das Tuch, S. 26-27.

sprüche über Schatzgräberei bis zur Alchemie reichte. Fahrende Kleriker behaupteten, ihre Meßbücher seien Zauberbücher, woraus apotropäische Worte wie ein Psalm oder Worte aus dem Johannesevangelium als Schutz gegen Unheil vorgelesen werden konnten.[52] Es wird deutlich, warum alle Moralisten damals im Wanderleben eine Schule der Sünde sahen und warum sie meinten, daß das zeitweilige Wandern heilsgefährdend sei. Aus den gleichen Gründen äußerte sich Luther besonders kritisch gegen Wallfahrten, denn man erlerne dadurch nur die Sitten und die Moral des Gaunerlebens. Geiler von Kaisersberg beschrieb sehr lebendig, wie der Pilger, wenn sein Geld erst weg war, zunächst zu betteln anfing und dann die Verordnung gegen fahrende Bettler zu umgehen lernte. Auf diese Weise wurde er zum Gauner.[53] Nach diesen und ähnlichen Äußerungen zu urteilen, waren die Risiken des vorübergehenden Außenseitertums besonders groß. Warum wurde es also von vielen riskiert? Für viele (z. B. Studenten oder Handwerksgesellen) war das ein Lebensabschnitt, für andere (z. B. auswandernde Täufer) war es eine Frage der ideologischen Wahl. Wirtschaftliche Not spielte eine Rolle bei Saisonarbeitern oder mobilen Arbeitskräften, während bei den Dienstmädchen eine Mischung aus Lebensabschnitt und wirtschaftlicher Not zu spüren ist, hatten die meisten doch immer die Hoffnung gehabt, zu heiraten und in einer Familie seßhaft zu werden. In solchen Fällen sind Menschen nicht passive Objekte einer Etikettierung, aber auch nicht ganz freiwillig Außenseiter geworden. Das erschwert die einfache Anwendung von Begriffen wie Etikettierung, Stigmatisierung oder Dämonisierung, wozu die neueste Literatur neigt. Außenseiter-Werden ist keine zugeschriebene Kondition, die man annimmt wie einen übergeworfenen Schleier. Vielmehr ist es das Resultat einer Interaktion, entstanden aus strukturell zwingenden Bedingungen und einem sich im Laufe der Zeit wandelnden Leben, also einer Dialektik von Definition und Selbst-Definition.

5.

Versuchen wir zusammenzufassen. Wir haben eine breite Palette von Außenseitern gesehen, von denen nicht alle sofort als Randständige im Sinne der Theorie des abweichenden Verhaltens zu verstehen sind. Wie verhielten sich also Außenseitertum und Randständigkeit zueinander? Zuerst sind einige allgemeine Erwägungen in Betracht zu ziehen.

---

[52] Jütte, *Abbild und soziale Wirklichkeit* (wie Anm. 1), S. 79-81, 98. Solche Tricks wurden noch im 16. und 17. Jh. angewandt.

[53] D. Martin Luther, Werke. *Kritische Gesamtausgabe*, Bd. 6, Weimar 1888, S. 437, Z. 35-36: „Daher kummen zso viel betler, die durch solch wallen untzehlich buberey treyben, die betteln on not leren gewonenn"; Geiler zitiert aus seiner „Christenlich Bilgerschafft zum ewigen Vatterland" in: Hampe, *Fahrende Leute* (wie Anm. 38), S. 66.

1. Außenseiter-Sein ist kein einseitiges Phänomen. Es entwickelte sich aus einem komplexen Netz situationsbedingter Klassifizierungen, die ihrerseits aus dem Zusammenwirken mehrfacher Ein- und Ausgrenzungen entstanden. Einige Klassifizierungen sind bedeutsamer als andere gewesen, weil sie die davon Betroffenen radikaler von sozialen, wirtschaftlichen rechtlichen und geistlichen Vorteilen ausschlossen, was zunehmend „fremden Bettlern" widerfuhr. Solche Leute wurden dann zum Extremfall der „Randständigkeit", sie wurden im modernen Sprachgebrauch entprivilegiert. Es wäre aber irreführend zu glauben, eine so radikale Situation der Randständigkeit wäre unfreiwillig erreicht worden. Einige soziale Rollen brachten radikale Randständigkeit automatisch mit sich und wurden freiwillig von denjenigen gewählt, die sich dazu berufen fühlten. Wir können Heilige, Asketen, Propheten und vor allem die radikalen Täufer dazu zählen.

2. Der Status der Randständigkeit traf nicht nur pauschal auf klassische Randgruppen wie Juden, Zigeuner, fremde Bettler, Leprakranke, Gauner usw. zu. Im frühneuzeitlichen Deutschland gab es verschiedene Sorten der Randständigkeit und vor allem auch eine veränderbare Qualität des Status der Randständigkeit. Randständigkeit war sowohl als zugeschriebener als auch als freiwilliger Zustand fließend. Es gab gesellschaftlich akzeptable sowie gesellschaftlich stigmatisierte Formen. Der Unterschied zwischen akzeptabler und stigmatisierter Randständigkeit war weder gleichbleibend noch einheitlich. Der Grad der Toleranz oder Intoleranz des „Anders-Seins" war von Umständen abhängig: unter veränderten Umständen konnte Intoleranz aus Toleranz werden und umgekehrt.

3. Trotz der Versuchung, den Prozeß der Stigmatisierung monolithisch, von oben nach unten, von der Obrigkeit auf passive Untertanen herab wirkend sehen zu wollen,[54] war die Realität der Sache viel komplexer und differenzierter. Das Stigma wurde oft von unten, von der Gemeinde oder von einer Zunft hergeleitet, während sich die Obrigkeit gegenüber dem angehängten Stigma entweder gleichgültig oder feindlich verhielt. Die radikale und lebensgefährdende Natur der Stigmatisierung blieb durch diesen Prozeß mehr oder weniger unberührt, denn dem einzelnen Menschen war es egal, ob er Opfer von Staatszwang oder Volkswut wurde. Natürlich spielte der soziale Rang des Stigmatisierten auf der Skala von oben nach unten eine Rolle, denn der als Trunkenbold berüchtigte Pfarrer oder der als korrupt verpönte Beamte hatten immer bessere Überlebenschancen als die von der Gemeinde als Hexe beschuldigte Witwe. Hier war sehr viel von verwandtschaftlichen und nachbarschaftlichen Verbindungen abhängig; die Auswir-

---

[54] Nach Hartung, *Gesellschaftliche Randgruppen* (wie Anm. 3), S. 103 und 107, wurden „gesellschaftliche Randgruppen von der Gesellschaft 'produziert' und dauernd auf 'ihre' Rolle verwiesen ... Randgruppen sind also von der jeweiligen Gesellschaft nicht nur definiert, sondern geradezu als ihr Produkt zu betrachten."

kung des Stigmas hing also von Machtverhältnissen und Machtspielen ab, nicht aber das Stigma selbst. Und unter Umständen kamen der betrunkene Pfarrer oder der korrupte Beamte ebensowenig heil davon wie die angeschuldigte Witwe.

4. Randständigkeit und Außenseitertum waren vom zeitlichen Verlauf her gesehen nicht eindimensional. Eine Obrigkeit konnte ein Stigma entstehen lassen, aber ihm nicht aktiv nachgehen, obwohl das Stigma etwas später und mit anderer Deutung möglicherweise in die volkstümliche Meinung überging, eine Entwicklung, die auch umgekehrt verlaufen konnte. Die mehr oder weniger harmlose Etikettierung (auch die Selbst-Etikettierung) einer Gruppe konnte später von anderen aufgegriffen und in weniger harmloser Weise angewendet werden.

5. Der Begriff von Randgruppen im Sinne von Personen, die eine spezifische, ob selbst-definierte oder von anderen zugeschriebene Gruppenidentität aufweisen, ist für das Verständnis von Randständigkeit weniger bedeutsam als die Frage, warum einige Formen der Randständigkeit zu gewissen Zeiten als furchterregend und bedrohlich empfunden wurden. Wesentlich ist also nicht nur die Frage, warum eine Gruppe randständig wurde, sondern auch, warum gerade diese Form der Randständigkeit aus vielen anderen möglichen Formen zu eben diesem Zeitpunkt hervorgehoben worden war.

Der letzte Punkt bringt uns zu einer wichtigen Erwägung. Nicht alle Außenseiter, auch nicht diejenigen, die als am radikalsten ausgegrenzt oder verpönt galten, wurden zu allen Zeiten oder im gleichen Maß als bedrohlich empfunden. Sicher galten in Deutschland Homosexuelle das ganze Mittelalter und die Frühe Neuzeit hindurch als verpönte Kategorie des „Anders-Seins", sie sind im kollektiven Bewußtsein aber nicht so präsent, wie sie es augenscheinlich in Venedig oder Florenz waren.[55] Auch wurden nicht alle Kategorien des „Anders-Seins" nach dem gleichen Grad der Ausgrenzung gemessen: Menschen, die ein verschwenderisches oder ausschweifendes Leben führten, wurden als Gefahr für die moralische Gesundheit ihrer Gemeinde empfunden, sie gefährdeten aber nicht den Frieden oder die Sicherheit, wie Räuberbanden, organisierte Brandstifter oder Gartknechte dies taten, auch nicht wie Ketzer die ideologische Geschlossenheit der Gesellschaft. Hier haben wir es mit unterschiedlichen Arten der Klassifizierung zu tun. Einige wurden als sozial dysfunktional angesehen - ausschweifend Lebende wie Ehebrecher oder Unzüchtige, weil sie eine Bedrohung für Patriarchat und Erbschaft darstellten; andere wurden als wirtschaftlich dysfunktional betrachtet - Bettler und Verschwender, weil sie Kosten zur Unterstützung ihrer Familien auf die öffentliche Armenfürsorge abwälzten. Einige

---

[55] Gerd Schwerhoff, *Köln im Kreuzverhör. Kriminalität, Herrschaft und Gesellschaft in einer frühneuzeitlichen Stadt*, Bonn/Berlin 1991, S. 401, faßt die spärlichen Hinweise auf dieses Delikt in Köln, Nördlingen und Augsburg zusammen und zieht Vergleiche zur Lage in Italien.

wie Vaganten und Gartknechte wurden als Abweichende empfunden, weil
sie als entwurzelt und deshalb als außerhalb obrigkeitlicher Kontrolle ste-
hend betrachtet wurden; noch andere wurden, wie der Klerus, der der geistlichen Gerichtsbarkeit unterworfen war, als sozial-rechtliche Anomalie
empfunden.[56]

Das Problem lautet also: Warum war oder wurde gerade der eine Typ zu
einem bestimmten Zeitpunkt besonders auffällig in den Vordergrund gerückt? Warum wurde er besonders der Stigmatisierung und Verfolgung ausgesetzt? Die Fragen sind nicht leicht zu beantworten, auch nicht mit einem
bloßen Hinweis auf Krisen, wie viele Historiker dies tun, denn was heißt
Krise? Es handelt sich hierbei um eine nicht minder strittige Frage. Die gängigen Parolen „Etikettierung" und „Stigmatisierung" bzw. „Dämonisierung"
sind auch nicht als unproblematische Begriffe bzw. Prozesse zu handhaben
und bedürfen noch einer tiefergehenden Untersuchung als bisher in der
Fachliteratur geschehen ist. Ich möchte deshalb nur mit einem Vorschlag
schließen, wie der Prozeß der radikalen Ausgrenzung bis zur Verfolgung in
einigen, mir gutbekannten Bereichen verlaufen ist.

Erstens brachte Klassifizierung als „Anders-Sein" bloß durch die Definition eine Art Stigmatisierung mit sich und führte zu einem gewissen Grad
an Intoleranz oder am besten bedingter Toleranz. Wenn aber Außenseiter
einmal im allgemeinen Diskurs identifiziert waren, wurden sie naturgemäß
zu Verdächtigen und Objekten der Angst und Feindseligkeit. Sie wurden also in Krisenzeiten oder Momenten steigender Angst und Unsicherheit zu
potentiellen Sündenböcken, wenn Erklärungen für den Krisen- oder
Angstzustand gesucht und Gegenmaßnahmen als dringend notwendig empfunden wurden. Stigmatisierung wurde dann intensiviert, wenn sie an einen
Prozeß der Diagnose und Erklärung bzw. Deutung gekoppelt wurde, d. h.
wenn eine spezifische Kategorie in kausalen Zusammenhang mit einer bestimmten Bedrohung gebracht und in ideologisch kohärenter Weise ausgelegt werden konnte. Wir sehen am Beispiel der vielen Brandstiftungen, die
sich überall in Deutschland zwischen 1540 und 1550 ereigneten, wie eine
solche Diagnose verlief. Es wurde zuerst festgestellt, Vaganten seien dafür
verantwortlich, denn jeder wußte schon, Brandlegung gehörte zum Wesen
des Vaganten. Dies wurde dann noch gesteigert, indem die Brandstiftung
wandernden Banden von „Mordbrennern", also vagierenden Brandstiftern
zugeschrieben wurden, die fast auf allen Straßen im deutschen Reich unterwegs sein sollten. Ideologische Kohärenz schuf man, indem die Taten der

---

[56] S. Lyndal Roper, *The Holy Household. Women and Morals in Reformation Augsburg*, Oxford 1989, bes. Kap. 2-3; Thomas Fischer, *Städtische Armut und Armenfürsorge im 15. und 16.
Jahrhundert*, Göttingen 1979, S. 141-159; Robert W. Scribner, *Mobility: Voluntary or Enforced?
Vagrants in Württemberg in the Sixteenth Century*, in: *Migration in der Feudalgesellschaft*, hg.
von Gerhard Jaritz, Alfred Müller, Frankfurt/Main 1988, S. 65-88, und die Literatur zum Antiklerikalismus in Anm. 35.

angeblichen Mordbrenner als eine von Hintermännern angezettelte Verschwörung verstanden wurden: ob vom Papst gegen die protestantischen Städte Deutschlands oder vom Erzfeind des Kaisers, d. h. dem König von Frankreich, oder sogar vom Glaubensfeind aller Christen, dem Türken.[57] Eine ähnliche Stufe der ideologischen Kohärenz nehmen wir bei Hexenanklagen wahr, wenn man über den Verdacht des Schadenszaubers zu einer Verschwörung Satans überging.

In solchen Fällen führten Diagnose und Deutung zu einer tiefergreifenden Form der Intoleranz, zu einem von der Theorie des abweichenden Verhaltens sogenannten „moralischen Kreuzzug", d. h. zu einer gezielten Kampagne gegen die eben durch Diagnose entdeckte und erst ideologisch wahrgenommene Bedrohung. Unter gewissen Umständen führte dies sogar zu einer, wenn auch nur kurzfristigen oder manchmal auch ausgedehnten, „moralischen Panik". Weitere Schritte, andere Bedingungen waren aber erforderlich, um diese Entwicklung in eine regelrechte Verfolgung zu verwandeln: ein systematisches Verfahren mit Inanspruchnahme von Recht und Institutionen in Zusammenhang mit gesteigerter Gewaltanwendung oder zumindest Verletzung der persönlichen Freiheit (Eingrenzung der freien Beweglichkeit von Einzelnen oder Gruppen, Inquisition, Überwachung, Einkerkerung, Bestrafung).[58] Auf dieser Ebene können wir dann zu Recht von Stigmatisierung und Dämonisierung sprechen. Zum Schluß läßt sich sagen, die Frage „Wie wird man Außenseiter?" ist nicht so einfach zu beantworten, wie manchmal in der neuesten Literatur behauptet wird. Sie birgt viele Fragen in sich, denen im Rahmen einer weiteren Untersuchung nachgegangen werden könnte. Der Versuch, diese anscheinend einfache Frage etwas zu entwirren, hat hoffentlich zum besseren Verständnis dieses noch gründlicher zu untersuchenden Themas beigetragen.

---

[57] Das Beispiel wird diskutiert in Bob Scribner, *The Mordbrenner Fear in Sixteenth-century Germany: Political Paranoia or the Revenge of the Outcast?* in: Richard J. Evans (Hg.): *The German Underworld. Deviants and Outcasts in German History*, London 1988, S. 29-56.

[58] Zu „moralischen Paniken", wenn auch einer zu wenig reflektierten Anwendung auf Hexenverfolgung, s. Erich Goode/Nachman Ben-Yehuda, *Moral Panics. The Social Construction of Deviance*, Oxford 1994, S. 114-84.

DER „OBERRHEINISCHE REVOLUTIONÄR" UND VORDERÖSTERREICH.
REFORMVORSTELLUNGEN ZWISCHEN REICH UND TERRITORIUM

Tom Scott (Liverpool)

Zu den markantesten und umstrittensten Reformschriften des ausgehenden
Mittelalters gehört das „Buchli der hundert Capiteln" des sogenannten
„Oberrheinischen Revolutionärs". Die neueren Forschungen Klaus Lauter-
bachs haben inzwischen wesentliche Erkenntnisse zum geistig-religiösen
Milieu und zum Verfasser der anonymen Schrift beigetragen. Auf der
Grundlage eines wyclifitisch geprägten Reformbiblizismus entwickelte der
„Oberrheinische Revolutionär" Zukunftsvorstellungen, die auf die Stärkung
des geschwächten Kaisertums durch Besinnung auf christlich-biblische Leitvorstellungen abzielten.[1] Das Herz seines geläuterten Reiches bildete das Elsaß—hier als Kürzel für das gesamte Oberrheingebiet „von Bingen bis Basel" verstanden—, wo der Verfasser selber beheimatet war und von dem er
geradezu ein Traumbild zeichnete. Das Elsaß wird als irdisches Paradies im
Herzen Europas gepriesen, dessen Reichtum an Menschen, Städten, Boden-
schätzen und Landwirtschaft wie ein Füllhorn überquillt:

> „Witer so ist zu verston, das vnder allen climata ist kein fruchtbares mit stet-
> ten und lutten den das achte, das ist das schonest Elsas, als vil alles des genug,
> das der mensch leben sol. Der boden ist gulden. Wo man das ertrich weschet
> in dem Rin, do find man das best gold. Die berg vmb das Elsas sind vol silbers
> vnd edels gestein, vil stett vnd schlos vol mit strittbaren luten besetzt, schone
> frucht, gut win vnd korn, fleisch vnd fisch."[2]

Über dieses gesegnete Land ist eine Heuschreckenplage hereingebrochen:
Die überzähligen geistlichen Herren in des Reiches Pfaffengasse richten mit
ihrer „beschwerung" unter den Landsleuten großen Schaden und „misbruch"
an, was gegen das natürliche Recht verstößt.[3] Der gemeine Mann wird nicht

---

[1] Klaus H. Lauterbach, *Geschichtsverständnis, Zeitdidaxe und Reformgedanke an der Wende
zum sechzehnten Jahrhundert. Das oberrheinische „Buchli der hundert Capiteln" im Kontext
des spätmittelalterlichen Reformbiblizismus* (=Forschungen zur oberrheinischen Landesgeschichte,
Bd. 33), Freiburg/Brsg., München 1985.

[2] Annelore Franke/Gerhard Zschäbitz (Hg.), *Das Buch der hundert Kapitel und der vierzig
Statuten des sogenannten Oberrheinischen Revolutionärs* (=Leipziger Übersetzungen und Abhandlungen zum Mittelalter, Reihe A Bd. 4), Berlin 1967, S. 229.

[3] Ebd., S. 220, 293, 323. Zum antiklerikalen Affekt vgl. Hans-Jürgen Goertz, *Pfaffenhaß und
groß Geschrei. Die reformatorischen Bewegungen in Deutschland*, München 1987.

nur vom Klerus unterdrückt, sondern ist auch von weltlichen Herren rechtlicher Willkür ausgesetzt. Enthält das „Buchli" über Floskeln wie
„Rosengarten" oder „Garten Europas" hinaus ansonsten selten konkrete Angaben zur oberrheinischen Landeskunde, so führt der Verfasser doch fünf
Fälle von Rechtsbeugung zur Veranschaulichung seiner Anklage auf:

> „Ist es nit erbermlich zw scriben, das man den armen man in sim huß soll fo-
> hen, sunder sach turnen vnd schetzen, so in vil orten vmb den Schwartzen
> Wald ist geschehen als noch die von Brunligen clagen, des glichen Muntzin-
> gen vnd andri als Triberger? Al clagende, wie die von Nuwenburg, die ein
> landvogt nam den burgenmeister mitt den retten vnd furt sy gon Ensheim,
> desglichen fier zu Brisach etc. Alle, so sy clagen vnd, wie sy sagen, rechtloß
> sindt verbliben..."[4]

An diesem Beschwerdekatalog fällt auf, daß die Opfer ausnahmslos Untertanen Vorderösterreichs waren, das unter habsburgischer Herrschaft stand.
Zieht man ferner in Betracht, daß sich die Vorfälle offenbar zu Lebzeiten
des Verfassers ereigneten bzw. noch weiterschwelten, so drängt sich die
Vermutung auf, daß der „Oberrheinische Revolutionär" über persönliche
Kenntnisse jüngerer oder schwebender vorderösterreichischer Rechtsfälle
verfügte. Daraus ergeben sich wichtige Indizien zur Verfasserfrage.
    In einer äußerst peniblen Beweisführung hat uns Klaus Lauterbach den
elsässischen Adligen und einstigen kaiserlichen Hofrat Maximilians, Mathias Wurm von Geudertheim, als Verfasser des „Buchli" nahegelegt.[5] Trotz
vereinzelter Einwände[6] gegen diese Zuschreibung ist an Lauterbachs Deutung m. E. kaum zu rütteln. Wenn es darum geht, Mathias Wurms Stellung
zu Vorderösterreich zu erörtern, fällt ins Gewicht, daß er 1492 von Maximilian zwar als Landschreiber nach Ensisheim berufen wurde, den Posten wegen der hinhaltenden Taktik des damaligen Landvogts, Kaspar Freiherr von

---

[4] Franke/Zschäbitz, *Buch der hundert Kapitel* (wie Anm. 2), S. 245. Auf den Konnex zu den
Bundschuhaufständen am Oberrhein, die 1493 in verschärfter Form einsetzten, weisen sowohl dies.,
Buch der hundert Kapitel, S. 245 Anm. 12, als auch Lauterbach, *Geschichtsverständnis* (wie
Anm. 1), S. 286 und S. 212 Anm. 661, hin, obgleich die namentlichen Rechtsbrüche an dieser Stelle
eher städtische Beschwerden widerspiegeln. Vgl. unten, Anm. 22.
[5] Ders., *Geschichtsverständnis* (wie Anm. 1), S. 284-98; ders., *Der „Oberrheinische Revolutionär" und Mathias Wurm von Geudertheim. Neue Untersuchen zur Verfasserfrage*, in: *Deutsches Archiv für Erforschung des Mittelalters*, Bd. 45, 1989, S. 109-72.
[6] Klaus Graf, *Aspekte zum Regionalismus in Schwaben und am Oberrhein im Spätmittelalter*,
in: (Kurt Andermann Hg.), *Historiographie am Oberrhein im späten Mittelalter und in der frühen
Neuzeit* (=Oberrheinische Studien, Bd. 7), Sigmaringen 1988, S. 182. Zu Grafs Bedenken vgl.
Lauterbach, „Oberrheinischer Revolutionär" (wie Anm. 5), S. 122, Anm. 73; S. 158, Anm. 240.
Unlängst hat Graf seine Bedenken wiederholt: „Wurm war nun einmal - anders als der Oberrheiner -
kein graduierter Jurist." Klaus Graf, *Das „Land" Schwaben im späten Mittelalter*, in: Peter Mo-
raw (Hg.), *Regionale Identität und soziale Gruppen im deutschen Mittelalter* (=Zeitschrift für
Historische Forschung, Beiheft 14), Berlin 1992, S. 136, Anm. 40. Vgl. dagegen Lauterbachs Fe-
stellung, „daß Wurm...die nötigen juristischen Mindestanforderungen erfüllt haben muß". Lauterbach, „Oberrheinischer Revolutionär" (wie Anm. 5), S. 149 und Anm. 204.

Mörsberg, jedoch nie antreten konnte.[7] Im „Buchli" schreibt der Verfasser selber dazu:

> „Desglichen han ich zu Wurms in der samlung [Reichstag 1495] aller fursten vnd des richs botten gebetten, mir zu gunnen, die stummen sund abzustellen. So will ich der K. M. altag tusend rintschi gulden in die kammern liefern vnd wel das mit gottlichen geschribnen rechten thon... Vnd gab die meinung, wie es muglich wer, herr Berchtolden [von Henneberg], einem erzbischoff [zu Mainz] verzeichnet. Der gab mir ein geschrift an den landvogt. Der ließ mich zum funften mol gon Einsen kumen, sunder etlich abscheid ston. Doch zulest lies ich ab mit mym nochreysen, wenn ich sach, das kein gewaltiger geneigt wer, den rechten weg [zu gehen]..."[8]

Dennoch erhielten Wurm und Mörsberg infolge des Wormser Reichstags 1495 vom Kaiser gemeinsam den Auftrag, den Gemeinen Pfennig von den oberrheinischen Reichsständen und den vorderösterreichischen Landständen einzusammeln.[9] Deshalb verhandelte Wurm mit den Landständen in Ensisheim; außerdem bereiste er anderthalb Jahre lang die Reichsstände am Oberrhein. In beiden Fällen mag er die Beschwerden des gemeinen Mannes aus erster Hand kennengelernt haben.[10] Nach Erledigung dieses Auftrages diente Wurm noch einige Jahre dem Kaiser am Hof, wo er für die Belange Vorderösterreichs zuständig war.[11] Danach kühlte sich die Begeisterung Wurms, der seine Reformideen noch zu Worms leidenschaftlich verfochten hatte, für Maximilian als einen potentiellen Reformkaiser und neuen Weltherrscher vollends ab, da sein auserkorener Held mit durchgehenden Reformen zugunsten des Reichsverbandes nie Ernst gemacht hatte.

Daraus ergeben sich zwei Fragenkomplexe, deren Analyse Wurms Reformpläne und sein Verhältnis zu Kaiser und Reich zu erhellen vermag. Zunächst wird den geschilderten Rechtsverletzungen auf vorderösterreichischem Gebiet nachgegangen, um festzustellen, inwieweit Wurm über deren Gründe Bescheid wußte und welche Konsequenzen er daraus zog. Besonders wird dabei die Haltung der Ensisheimer Regierung zu den Vorfällen geprüft. Sodann wird an Wurms Laufbahn in kaiserlichen Diensten erörtert, wie er sich zur Verwaltung der Vorlande verhielt, wo sich territorial-dynastische und reichslehnsrechtliche Herrschaft der Habsburger überschnitten bzw. untrennbar miteinander verbunden waren. Im Anschluß an diese Analyse wird schließlich darüber reflektiert, ob Wurms reichspolitische Vorstellun-

---

[7] *Ebd.*, S. 153.
[8] Franke/Zschäbitz, *Buch der hundert Kapitel* (wie Anm. 2), S. 204-205.
[9] *Deutsche Reichstagsakten, mittlere Reihe*, Bd. 5: Wormser Reichstag 1495, Bd. 1/2, hrsg. von Heinz Angermeier, Göttingen 1981, S.1218-22 (Nr. 1663); Lauterbach, *Geschichtsverständnis*, S. 298. In der Einleitung zum Regest wird irrtümlicherweise allein von einer Bereisung der elsässischen Reichsstände gesprochen.
[10] *Ebd.*, S. 294.
[11] *Ebd.*, S. 288ff.

gen, die alle Hoffnungen in den Kaiser setzten, mit seiner Erfahrung von der Verfassungswirklichkeit am Oberrhein in Einklang zu bringen sind.

1.

Bei den knappen Hinweisen auf Gewalttaten gegen vorderösterreichische Untertanen springen die Verhaftung von Neuenburger und Breisacher Stadträten und deren Entführung durch den Landvogt nach Ensisheim besonders ins Auge. Die Vorfälle scheinen unmittelbar an die Willkürherrschaft des Landvogts Peter von Hagenbach anzuknüpfen, als 1469 bis 1474 mehrere habsburgische Territorien am Oberrhein an Burgund verpfändet waren. Mit der Hinrichtung Hagenbachs vor dem Breisacher Stadttor fand sein Regiment ein jähes Ende. Bekanntlich hatte Hagenbach 1473 den Bürgermeister von Neuenburg, Ludwig Sigelmann, auf einer Hochzeit im Elsaß festgenommen und in hartem Gewahrsam in Ensisheim gehalten. Der Grund für dieses gewaltsame Vorgehen lag in Hagenbachs Bestreben, sich der damals nicht an Burgund verpfändeten breisgauischen Landstadt zu bemächtigen, deren ausgedehnte Gemarkung am linken Ufer des Rheins wiederholt Anlaß zu Streitigkeiten mit den angrenzenden elsässischen Dörfern gegeben hatte.[12] Im Falle Breisachs machte der Landvogt aus seiner Absicht keinen Hehl, die Stadt in die Knie zu zwingen, hausten doch in den letzten Monaten der Pfandherrschaft burgundische Söldner in ihr so wüst, daß die Bevölkerung zum verzweifelten Handstreich gegen Hagenbach aufgebracht wurde.[13]

Es sprechen jedoch ziemliche Bedenken gegen eine Verbindung der im „Buchli" beklagten Vorfälle mit den Ereignissen der burgundischen Jahre. Wollte Mathias Wurm die Schreckensherrschaft Burgunds mahnend in Erinnerung rufen, hätte er wohl die Greueltat erwähnen müssen, die Hagenbach, um die benachbarte Reichsstadt Mülhausen 1473 einzuschüchtern, an den Bürgern der kleinen Landstadt Thann beging, von denen er dreißig zur Hinrichtung auf den Rathausplatz führen ließ, auch wenn zum Schluß nur vier dem Henker tatsächlich übergeben wurden.[14] Ferner ist einzuwenden, daß die bei Hagenbachs Verhör erhobenen Anklagepunkte eine Verhaftung

---

[12] Franz Joseph Mone (Hg.), *Quellensammlung der badischen Landesgeschichte*, Bd. 3, Karlsruhe 1863, S. 214f; Wilhelm Vischer/Heinrich Boos (Hg.), *Basler Chroniken*, Bd. 2: *Johannis Knebel capellani ecclesiae Basiliensis diarium*, Leipzig 1880, S. 62-64; Konstantin Schäfer, *Neuenburg. Die Geschichte einer preisgegebenen Stadt*, Neuenburg 1963, S. 108-110.

[13] Hildburg Brauer-Gramm, *Der Landvogt Peter von Hagenbach. Die burgundische Herrschaft am Oberrhein 1469-1474* (=Göttinger Bausteine zur Geschichtswissenschaft, Bd. 27), Göttingen 1957, S. 285ff; Günther Haselier, *Geschichte der Stadt Breisach am Rhein*, Bd. 1/1, Breisach 1969, S. 223ff.

[14] Brauer-Gramm, *Hagenbach* (wie Anm. 13), S. 235ff.; Haselier, *Breisach* (wie Anm. 13), S. 231ff.

und Entführung der vier Breisacher Räte nicht erwähnen.[15] In dem ohnehin nicht rechtmäßig gehandhabten Verfahren bemühten sich die Richter, Hagenbach möglichst rasch abzuurteilen; es hätte daher keinen Sinn gehabt, einen so gravierenden Rechtsbruch zu verschweigen.

Bald nach dem Ende der burgundischen Herrschaft wurde jedoch 1476 zu Neuenburg ein neuer Streit um die Gefangennahme eines Knechts vom Zaun gebrochen. Der inzwischen wieder amtierende vorderösterreichische Landvogt—damals Wilhelm von Rappoltstein d.Ä.—forderte dessen Herausgabe, um den Knecht in Ensisheim persönlich zu verhören und zu strafen (sein Delikt ist nicht überliefert). Nach zweimaliger Aufforderung an den Rat, der sich hartnäckig weigerte, ließ der Landvogt mehrere Räte wegen Meineids gegenüber ihrer Treuepflicht zu Österreich in Haft setzten. Der Fall zog unter den benachbarten breisgauischen Städten immer weitere Kreise. Ende Mai 1476 teilte Freiburg der Stadt Villingen mit, daß der Landvogt zwar alle Räte bis auf zwei wieder freigelassen habe, doch sei einer davon verurteilt und des Landes verwiesen worden, weil er im Rat behauptet haben soll, die Affäre reiche zu einem Aufstand (gegen die Landesherrschaft).[16] Ende des Jahres legte der Freiburger Rat beim Ensisheimer Regiment für den Verbannten Fürbitte ein, er möge seinem Gesuch stattgeben, sich in Freiburg niederzulassen.[17] Ob diese Ereignisse dem Verfasser des „Buchli" bekannt waren, ist nicht mehr zu ermitteln; ihr Ablauf paßt indessen besser zu Wurms Schilderung als die Querelen um Hagenbach, es sei denn, Wurm habe die Verhaftung des Bürgermeisters 1473 und der Räte drei Jahre später zu einem einzigen Vorgang verschmolzen.

Von einem weiteren Vorfall zu Neuenburg im Jahre 1491 weiß Sebastian Münster in seiner „Cosmographey" zu berichten:

„Anno 1491 erstund ein auffrhur in dieser Statt eins Burgermeisters halb/der vormahls von den 24. berechtigt/vnd von den Ehren erkannt/durch Hertzog Sigmunden wider restituiert vnd vber etliche zeit wider in Rhat genommen/auch zu Burgermeister gesetzt/das zu grossem vnfrieden erreicht. Dann er vnderstund sich zu rechen an denen die yhn vorhin von Ehren gebracht hatten. Es ward die Statt in ihr selb zertrennt/etliche hatten es mit dem Burgermeister/die andern waren wider jhn. In summa es kam dahin daß der Landvogt von Einßheim mit list vnd gewalt den Schultheissen fieng/vnd gefengklichen

---

[15] Hermann Heimpel, *Das Verfahren gegen Peter von Hagenbach zu Breisach (1474)*. Ein Beitrag zur Geschichte des deutschen Strafprozesses, in: *Zeitschrift für die Geschichte des Oberrheins*, N.F. Bd. 51, 1942, S. 321-357, hier S. 326-327. Zum Prozeß vgl. neuerdings Claudius Sieber-Lehmann, *Eine bislang unbekannte Beschreibung des Prozesses gegen Peter von Hagenbach*, in: *Basler Zeitschrift für Geschichte und Altertumskunde*, Bd. 93, 1993, S. 141-154.

[16] *Stadtarchiv Freiburg*, B 5 IX, Bd. 4/10, Bl. 8v.

[17] *Ebd.*, Bl. 28r.

hinweg furht/ vnd jn berechtiget/da kam grosse klag wider jhn/aber er starb in der Gefengknuß vor außtrag der Sachen."[18]

Die Schilderung des Ablaufs scheint hier durchaus mit den knappen Hinweisen bei Wurm konform zu gehen, entspricht aber keineswegs seiner Intention. Will man Münsters Darstellung nämlich Glauben schenken, so handelte es sich weniger um einen gewaltsamen Eingriff des Landvogts in den Machtbereich des Neuenburger Rats als um eine Präventivaktion, um die Stadt vor weiteren Zerwürfnissen zu bewahren. Die Beschwerden richteten sich ja gegen den Schultheißen, nicht gegen den Landvogt, obwohl er „List und Gewalt" angewendet hatte. Wegen der schütteren Quellenlage sind ebenfalls keine Aussagen zur Gefangennahme der Breisacher Räte möglich.

Über Bräunlingen und Triberg sind wir hingegen besser informiert. Den österreichischen Vorposten Bräunlingen in der südlichen Baar, von fürstenbergischem Gebiet umgeben, hatte Erzherzog Sigmund von Tirol 1460 wider den Willen seines Vetters, des Kaisers Friedrich III., an Graf Heinrich VI. von Fürstenberg verpfändet. Sofort ließ dieser alle Einwohner dem Hause Fürstenberg schwören. Damit gab er sich offenbar nicht zufrieden, denn den späteren Beschwerden der Stadt zufolge wollte er die Bräunlinger zu Leibeigenen degradieren. Im Spätsommer 1489 nämlich, als die Frage der Pfandschaft akut wurde infolge der kaiserlichen Ächtung von Sigmunds (sogenannten „bösen') Räten, darunter nun Graf Heinrich VII. von Fürstenberg, der seinen kinderlosen Vetter Heinrich VI. beerben sollte, zog die gesamte männliche Bevölkerung aus der Stadt und suchte Zuflucht in Villingen. Daraufhin schickte Fürstenberg eine Reiterschar nach Bräunlingen, um sämtliche bewegliche Güter zu beschlagnahmen. Ein durch den Schwäbischen Bund vermittelter Schiedsspruch brachte den Bräunlingern keine nennenswerte Entlastung—sie durften unbehelligt heimkehren, doch ohne Anspruch auf Entschädigung für ihren erlittenen Schaden—, bis sich König Maximilian 1490 in den Konflikt einschaltete, da er an einer baldigen Rücklösung der Pfandschaft interessiert war. Dazu ermächtigte er die Stadt, die benötigte Kaufsumme durch Anleihen aufzunehmen, die Bräunlingen mit bemerkenswerter Eile vornehmlich in Freiburg und Villingen aufbringen konnte. Dafür gewährte der König so lange Steuerfreiheit, bis die entstandene Schuld getilgt war. So konnte Bräunlingen 1492 endlich unter österreichische Hoheit zurückkehren.[19]

---

[18] Sebastian Münster, *Cosmographey*, Basel 1550, Bl. 795. Herrn Klaus Lauterbach danke ich für den Hinweis auf diesen Passus.

[19] Siegmund Riezler (Hg.), *Fürstenbergisches Urkundenbuch*, 7 Bde., Tübingen 1877-91, Bd. 4, S. 93-99, S. 144-146 (Nr. 106, 107, 154); Johannes Baptist Hornung, *Geschichte der Stadt Bräunlingen*, Bräunlingen 1964, S. 213-224; Eugen Balzer, *Historische Grundlagen*, in: Hermann Sernatinger, *„Anno 1489". Ein Festspiel aus Bräunlingens Vergangenheit*, Stuttgart 1905, S. IX-XXIII.

Die Angaben bei Wurm sind zu dürftig, um eine direkte Verbindung zu Bräunlingens Streitigkeiten mit Fürstenberg herzustellen. Der Auszug der Bräunlinger nach Villingen und die Beschlagnahme ihrer Güter sind nicht mit gewaltsamer Verhaftung und unrechtmäßigen Geldbußen zu verwechseln. Wurm will übrigens ferner wissen, daß die Rechtsbrüche in Bräunlingen noch andauerten, obgleich nach Ablösung der Pfandschaft keine weiteren Streitfälle—abgesehen von den üblichen Bannstreitigkeiten—in den Quellen vorkommen. Für Bräunlingen nahm schließlich der erbitterte Konflikt mit Fürstenberg einen vom österreichischen Landesherrn herbeigeführten glücklichen Ausgang, der so nicht recht in das von Wurm gezeichnete Bild vom ständig unterdrückten gemeinen Mann paßt. Spätestens hier stellt sich also die Frage, ob es Mathias Wurm überhaupt auf die genaue Wiedergabe von tatsächlichen Vorfällen ankam, oder ob wir es nicht vielmehr mit einer Geschichtsklitterung zu tun haben, die zur Hervorhebung eines allgemeinen Zustandes der Rechtlosigkeit diente. Mit dem tradierten Bild vom „Oberrheinischen Revolutionär" als historischem Stümper und konfusem Visionär haben Klaus Lauterbachs Nachforschungen jedoch grundsätzlich aufgeräumt. Durch seine Karriere im habsburgischen Dienst war Wurm über die politische Lage am Oberrhein wenigstens zeitweise sehr gut informiert. Er mag sogar—dies ist aber ungewiß, da er sein Amt in Ensisheim nie antrat—Kenntnisse von Rechtsstreitigkeiten besessen haben, die zur Schlichtung an die vorderösterreichische Regierung verwiesen wurden.

Im Falle Tribergs zeichnete sich immerhin seit 1488 ernsthafter Widerstand seitens der Untertanen der österreichischen Kameralherrschaft im Schwarzwald gegen ihre Pfandinhaber, die Herren von Lichtenfels, ab. Ausgelöst wurden die Irrungen, die einen reichhaltigen archivalischen Niederschlag gefunden haben, durch die Bemühungen Wilhelms von Lichtenfels, die mehrfach gesteigerte Pfandsumme, zu der er die nötigen Gelder vorgestreckt hatte, durch Abgabenerhöhungen und überhöhte Gerichtsbußen auf die Untertanen umzulegen. Bereits 1493 kam es zu einer Gerichtsverhandlung in Ensisheim, die für die Triberger ungünstig ausfiel, so daß sie ihre verstärkten Beschwerden zwei Jahre später als Kameraluntertanen dem König als Landesherrn in Innsbruck direkt vortrugen. Ihre Klagen richteten sich vornehmlich gegen die Entrichtung von Leibfällen und anderen Gebühren, die sie als Leibeigene gebrandmarkt hätten, behaupteten sie doch, „frey herrschafft leüt" zu sein. Zudem protestierten sie gegen willkürliche Handhabung des Rechts: Der Obervogt Wilhelm von Lichtenfels setze die Untertanen wegen kleinerer Delikte gefangen oder werfe gar Unschuldige ins Gefängnis und lasse sie nur gegen eine Geldstrafe wieder frei. Obgleich Hans von Landau Wilhelm von Lichtenfels 1501 als Pfandherrn ablöste, beließ er dessen Sohn als Obervogt im Amt. Damit entschärfte sich die Lage in den folgenden Jahren keineswegs, sondern führte zu weiteren Unruhen, die

1504 ein vorläufiges Ende fanden. Der Widerstand der Triberger setzte sich ungebrochen bis in den Bauernkrieg hinein fort.[20]

Die Triberger Beschwerden decken sich also zu einem erheblichen Teil mit Wurms Schilderung; außerdem waren sowohl die vorder- als auch die oberösterreichische Regierung über die Klagen der Herrschaftsleute hinreichend unterrichtet. Im Gegensatz zu den Bräunlingern, deren Lage für den König von außenpolitischer bzw. dynastisch-territorialer Tragweite war, konnten die Triberger mit Unterstützung von landesherrlicher Seite kaum rechnen. Der 1495er Schiedsspruch in Innsbruck hatte die Ansprüche der Pfandherren weitgehend anerkannt, obschon sie sich als Kameraluntertanen des Schutzes ihres unmittelbaren Landesherrn hätten sicher wähnen dürfen. Österreich betrachtete den Fall Triberg offenbar als interne Angelegenheit und zeigte sich erst zögerlich bereit, gegen Wilhelm von Lichtenfels als Pfandherrn, bei dem Maximilian ja in der Kreide stand, einzuschreiten.

Über den letzten Fall, den der „Oberrheinische Revolutionär" anspricht, liegen keine Quellen vor. Ob es in Munzingen zu heftigem Widerstand gegen den Dorfherrn, die Familie von Kageneck, gekommen ist, wie er für das benachbarte Dorf Lehen gegen Gabriel von Bollschweil ausführlich belegt ist, muß dahingestellt bleiben. Doch haben die Anschuldigungen gegen willkürliche Herrschaftsausübung bereits Albert Rosenkranz, den Herausgeber der Bundschuh-Akten, aufhorchen lassen, der darin eine Parallele zu den Beschwerden des Lehener Bundschuhs 1513 erblicken wollte.[21] Nimmt man die weiteren verstreuten Äußerungen des „Oberrheinischen Revolutionärs" zur verfahrenen Rechtslage am Oberrhein hinzu, so lassen sich in der Tat auffallende Parallelen zum Programm des Lehener Bundschuhs konstatieren, wie sie Klaus Lauterbach kürzlich dargelegt hat.[22] Der Verfasser selber läßt keinen Zweifel daran, daß es zu einem Aufstand kommen wird, wenn der Unterdrückung des gemeinen Mannes nicht Einhalt geboten werde:

> „Ich sag, wenn wir den sent [die von Wurm vorgesehene neue Gerichtsbarkeit]
> nit halten, so sag ich vch, das der gemein man in dem Schwartzwald wirt...den
> pflegel oder howen hinlegen vnd die yssen rutten in die hend nemmen, dem

---

[20] Claudia Ulbrich, *Bäuerlicher Widerstand in Triberg*, in: Peter Blickle (Hg.), *Aufruhr und Empörung? Studien zum bäuerlichen Widerstand im Alten Reich*, München 1980, S.152-60. Zu den von ihr zitierten Quellen vgl. ferner Stadtarchiv Freiburg, C 1 Fremde Orte: Triberg 23 (1501-1722) und 23a (1505).

[21] Albert Rosenkranz (Hg.), *Der Bundschuh. Die Erhebungen des südwestdeutschen Bauernstandes in den Jahren 1493-1517*, Bd. 2: Quellen (=Schriften des wissenschaftlichen Instituts der Elsaß-Lothringer im Reich, Bd. 12/2), Heidelberg 1927, S. 193-194, Anm. d.

[22] Lauterbach, *Geschichtsverständnis* (wie Anm. 1), S. 212, Anm. 661. Wurm legt seiner Zukunftsvision indes das Prinzip des Gemeinen Nutzens zugrunde, das in den Bundschuhbeschwerden keine Entsprechung findet. *Ebd.*, S. 216.

vbermut vnd [= keinen] bystand ze tun vnd das wort gottes zu einem verant-
wurten geben ...“[23]

Insgesamt bleibt also der Eindruck bestehen, daß Mathias Wurm für die Beschwerden des gemeinen Mannes in Vorderösterreich Verständnis zeigte
und das gewaltsame Verhalten des Landvogts bzw. die abweisende Haltung
der Ensisheimer Regierung verdeckt bloßstellen wollte. Um dies näher zu
prüfen, müssen wir uns Wurms Karriere und seinen Beziehungen zu den-
vorderösterreichischen Machtträgern seiner Tage zuwenden.

2.

Mit dem Gedanken, das Reich auf der Grundlage eines blühenden Elsasses
bzw. Oberrheins zu erneuern, trug sich Mathias Wurm nicht alleine. Anfang
der 1490er Jahre arbeitete der damalige vorderösterreichische Landvogt
Kaspar von Mörsberg, der aus einem sundgauischen Geschlecht stammte,
das seit Generationen zu den eifrigsten Parteigängern der Habsburger zählte,
und den Kaiser Friedrich III. 1488 in den Ritterstand erhoben hatte,[24] einen
ähnlichen Plan aus. Auch er sollte eine Stärkung der dynastischen Position
des Kaiserhauses am Oberrhein zur Folge haben. Mörsberg kam es dabei vor
allem darauf an, dem landsässigen Adel die führende Rolle im neuen habsburgischen Untertanenverband zu sichern, der aus einer Mischung von dynastischer Territorialstaatlichkeit im Sundgau und Breisgau einerseits und
der Behauptung und Erweiterung der kaiserlichen Lehnsherrlichkeit gegenüber den Reichsständen andererseits bestehen sollte. Damit, so versprach
sich Mörsberg,

> „...sin K. M. im gehorsamen macht einen pfalzgroffen ein bischoff von Stroß-
> burg, ein stat von stroßburg, ein margroffen von baden vnd macht vß den sel-
> ben landen Elsaß, Sundgov vnd brisgov vnd mit dem Swartzwald ein landt, do
> ich acht, einem mechtigen kunigenrich wol zu verglichen ist. Wan die also zu
> samen brocht wurden, das vnngezwifelt dem heiligen Rich vnd dem huß ost-
> reich zu einem merglichen vnd hohen vffgang dienen vnd kumen wurd vnd loß
> mich beduncken, das man vil mechtiger kung finden solt, die da macht der
> kungrich glich nit haben, als die land an macht vnd mit aller fruchtbarkeit also
> sind.“[25]

---

[23] Franke/Zschäbitz, *Buch der hundert Kapitel* (wie Anm. 2), S. 466; Lauterbach, *Geschichtsverständnis* (wie Anm. 1), S. 209.
[24] Dieter Mertens, *Reich und Elsaß zur Zeit Maximilians I. Untersuchungen zur Idee und
Landesgeschichte im Südwesten des Reiches am Ausgang des Mittelalters*. Habil. Freiburg im
Breisgau 1977, S.164-72, insbes. S. 168; Lauterbach, „*Oberrheinischer Revolutionär*“ (wie Anm.
5), S. 156-157.
[25] Mertens, *Reich und Elsaß* (wie Anm. 24), S. 224 (zitiert nach: Tiroler Landesarchiv, Innsbruck, *Maximiliana XIV*, Bl. 2r.).

Mörsbergs Entwurf, wäre er je in die Tat umgesetzt worden, hätte die habsburgische Vormachtstellung am Oberrhein wesentlich gefestigt. Er bietet
daher auffallende Parallelen zu Wurms Vision eines vom Elsaß ausgehenden
erneuerten Kaisertums. Doch hat die jüngere Forschung mit Recht darauf
hingewiesen, daß der Landvogt und der einstige kaiserliche Rat von einer
ganz unterschiedlichen Programmatik ausgingen. Während Kaspar von
Mörsberg die Grundlagen einer konsolidierten österreichischen Hausmacht
am Oberrhein schaffen wollte, dachte Mathias Wurm nicht dynastisch, sondern vom Hintergrund der Reichsreform her, die der Kaiser, gestützt auf die
historisch-prophetische Rolle des Elsasses, aufgerufen wurde selber voranzu-
treiben. Rein machtpolitischen Überlegungen stand also eine biblisch-
ethisch erhöhte Reformvorstellung gegenüber.[26] Der „Oberrheinische Revolutionär" ging ja mit Maximilians Politik am Oberrhein scharf ins Gericht,
weil er habsburgisch-dynastische Ziele verfolgte, anstatt eine übergreifende
Reichsreform anzustreben.[27]

Der Hinweis auf eine ideologische Diskrepanz zwischen den Verfechtern
einer Hausmachts- und einer Reichspolitik am Oberrhein darf freilich nicht
den Blick dafür versperren, daß Mathias Wurm allen Grund gehabt hätte,
den Führungsstil und Machtanspruch Kaspars von Mörsberg auch sachlich
zu bemängeln. Mörsberg, der im Dienste seines Landesherrn kaum weniger
„burgundisch" dachte als sein unseliger Vorgänger Peter von Hagenbach
(beide übrigens sundgauische Karrieristen), legte bei seinem Umgang mit
den vorderösterreichischen Landständen, vorab mit den Städten, ein so ge-
bieterisches Auftreten an den Tag, daß er bald deren Widerwillen erntete.
Ein hervorragendes Beispiel seiner Herrschsucht liefern seine angespannten
Beziehungen zu Freiburg im Breisgau, die mit der Ratswahl 1489 begannen.
Wie in der städtischen Verfassung von 1392 vorgesehen, fand sich der gerade erst ernannte Landvogt Mitte Juni in Freiburg ein, um der Wahl beizu-
wohnen. Er wurde allerdings von sechs anstatt von den in der Verfassung
vorgeschriebenen zwei Ensisheimer Hofräten begleitet,[28] was einem demon-
strativen Auftritt gleichkam. Nach Unterweisung in die städtischen Privilegien gab der Rat mit dem Hinweis nach, im darauffolgenden Jahr wisse der
Landvogt nunmehr Bescheid. Dem hielt Mörsberg entgegen:

> „Er wer schuldig, vnnserm gnedigen herrn siner gnaden oberkeit zu behalten;
> was siner gnad darinn zuließ, möcht er lyden. Dauor hatt er gelutert, die
> saczung stünd vff zweyen, daby möcht sin gnad wol me haben. Also wölt er
> die saczung verston."[29]

---

[26] Ders., *Reich und Elsaß* (wie Anm. 24), S. 225; Lauterbach, *„Oberrheinischer Revolutionär"* (wie Anm. 5), S. 156-157.

[27] *Ebd.*, S.120; vgl. Mertens, *Reich und Elsaß* (wie Anm. 24), S. 208-214.

[28] Johann Heinrich Schreiber (Hg.), *Urkundenbuch der Stadt Freiburg im Breisgau*, Bd. 2/1,
Freiburg im Breisgau 1829, S. 89 (Nr. 341).

[29] *Stadtarchiv Freiburg*, B 5 Ia, Bd. 2, Bl. 58r.

Am anderen Morgen in der Frühe nach der Wahl des Bürgermeisters, doch vor der Wahl der Ratsmitglieder, erkundigte sich der Landvogt nach dem Wahlmodus für den Obristzunftmeister, d. h. den Vorsteher der Zünfte und Kommandanten der städtischen Miliz. Ihm wurde dargelegt, daß im Vorjahr der damals amtierende Landvogt, Lazarus von Andlau, und der Landschreiber in die Wahl des Obristzunftmeisters nach altem Herkommen durch die zwölf Zunftmeister eingewilligt hätten. Daraufhin las Mörsberg eine erzherzögliche Instruktion vom 18. Mai 1489 vor, derzufolge Sigmund die Nachsicht des Amtsvorgängers, der ohne sein Wissen gehandelt habe, mißbilligte und anordnete, daß die Wahl durch den alten Rat in Anwesenheit der vorderösterreichischen Hofräte zu erfolgen habe.[30] Der Rat zeigte sich durch diese erst jüngst getroffene Anweisung überrumpelt und verweigerte seine Zustimmung, da der Erlaß den Zünften gar nicht erst verkündet worden war. Stattdessen wollte er beim Erzherzog vorstellig werden, um ihn vor den Nachteilen einer Gängelung der Zünfte, die der Stadt so sehr zum Vorteil gereicht hätten, zu warnen. Erst nach Mittag ließ der Landvogt wissen, er würde ohne endgültige Regelung der Obristzunftmeisterwahl zur Ratsbesetzung schreiten.[31]

Aus dieser Pattsituation zog der Landvogt nunmehr Konsequenzen. In den nächsten Jahren ließ er den Freiburger Rat seinen Unwillen spüren. Der Ratsschreiber und spätere Universitätsprofessor Dr. Ulrich Zasius faßte das aggressive Gebaren des Landvogts in seinem zwischen 1494 und 1496 konzipierten „Untreuebuch" unter der Rubrik „Unfruntlichheit her Caspar von Morspergs, landvogts" zusammen.[32] Im folgenden seien lediglich die gravierendsten Reibungspunkte aufgeführt. In Freiburgs Rechtsstreit mit Konrad von Kranznau, dem Dorfherrn zu Oberschaffhausen am Kaiserstuhl, der die Frau des dortigen Ausbürgervogts gefangengesetzt hatte,[33] ergriff Mörsberg für den Adligen Partei, um der Stadt gegenüber ein Exempel zu statuieren:

> „Item in der sach Crantznow hat er vil herter und strenger, denn gegen eim ersamen rat sin solt, geredt. Wir sien fravel, verachtind inn als landvogt, habind inn nit fur ein landvogt, und wir sollen wissen, das es im misfall, werd und well nit liden, das wir also uber die lut fallind, mit vil andern unfruntlichen herten worten, und er welle machen, das man inn fur landvogt halten muss."[34]

---

[30] *Ebd.*, Bl. 58r-58v; die Abschrift der Anweisung *ebd.*, Bl. 59r.
[31] *Ebd.*, Bl. 58v.
[32] *Stadtarchiv Freiburg*, B 5 III c 10, Bl. 5r-7r.
[33] *Stadtarchiv Freiburg*, B 5 XI, Bd. 5/5, Bl. 18v.
[34] *Stadtarchiv Freiburg*, B 5 III c 10, Bl. 5r. Als Gegenmaßnahme hatte der Rat eine Reiterschar in das Dorf geschickt, um eine Handvoll von Kranznaus Bauern gefangenzunehmen. Der Rechtsstreit wird ausführlich geschildert in: *Stadtarchiv Freiburg*, B I 2, Bl. 14r ff.: „Conradts von Craneznow handel, anfang und end".

Wichtige städtische Anliegen an König Maximilian auszurichten, hat er trotz mehrmaliger Aufforderung bewußt unterlassen. Das Gesuch des Rats, die in Freiburg stationierten, vom König aufgebotenen fremden Söldner (die „wälsche Garde") für ihren Unterhalt mit einem Umgeld zu belegen, hat er abgeschlagen. Dabei wetterte er: „Item er was so zornig, das er vor zorn zitret, und redt, vier oder funff stiessen die kopff zu samen, und was die rieten, das musd sin."[35]

Er hat den Rat vorsätzlich geschmäht und in die Schranken weisen wollen: 'Item er hat ein rat in so kleiner achtung, wenn er fur rat kompt und etwas anbringen wil, so lat er des landvogts underschriber, etwe den pfennigmeister von Tann, mit im in rat gon, da sitzen und zu horen."[36]

Bei der umstrittenen Wahl des Schuhmacherzunftmeisters Kaspar Rotenkopf in den Rat 1496 hat er hinter dem Rücken des Rats die Zunft zu einem neuen Wahlgang zusammengerufen. Auf die energischen Proteste des Rats erwiderte er: „Es stund im zu, und meindt, die gmeind het im mer gesworn dann ein rat." Verärgert wies der Rat diese Behauptung zurück: „Das gmeinlich nit zu zelassen ist, dann solt ein landvogt macht haben, die zunfft zebesameln vnd volk zu wegen ze bringen hinder eim rat, wenn er welt, das wer vnnser g. herschaft und der stat sorgklich und swar, denn die loff sind unglich."[37]

In Anlehnung an den 1489 geschaffenen Präzedenzfall wohnte er den jährlichen Ratswahlen mit mehreren nicht standesgemäßen Begleitern bei: „Aber diser landvogt nimpt oft drÿ, vier, funf mit im und dennocht zu ziten schriber, dinstlut und unachtbar personen, die er zu im setzt, das ein mercklich verachtung gegen eim rat ist."[38]

Diese ausführliche Schilderung der Freiburger Beschwerden steht stellvertretend für die vorsätzliche Bevormundung des Landvogts gegenüber den vorderösterreichischen Territorialstädten. Sie paßt durchaus zu der in seinem Verfassungsentwurf für den Oberrhein vorgegebenen Linie, wonach dem Adel die Führungsrolle zugesprochen, den Städten dagegen in einer städtereichen und wirtschaftlich blühenden Region jedes Wort in Abrede gestellt wurde. Mit seiner aristokratischen Gesinnung sah Kaspar von Mörsberg (dabei seinem Landesherrn nicht unähnlich) in den Städten allenfalls Objekte für eine ausbeuterische Steuerpolitik.

---

[35] *Stadtarchiv Freiburg*, B 5 III c 10, Bl. 5v.

[36] *Ebd.*, Bl. 6r.

[37] *Ebd.*, Bl. 6v. Zu Rotenkopf vgl. Tom Scott, *Freiburg and the Breisgau. Town-Country Relations in the Age of Reformation and Peasants" War*, Oxford 1986, S.148-149. Zu seiner Beteiligung am sogenannten „Walzenmüller-Aufstand" 1492 vgl. *ebd.*, S.144-146; ferner ders., *Der „Walzenmüller-Aufstand" 1492. Bürgeropposition und städtische Finanzen im spätmittelalterlichen Freiburg im Breisgau*, in: *Zeitschrift des Breisgau-Geschichtsvereins („Schau-ins-Land")*, Bd. 106, 1987, S. 69-93.

[38] Stadtarchiv Freiburg, B 5 III c 10, Bl. 6v.

Zwischen Mörsbergs Haltung als Verfechter eines rigiden Obrigkeitsdenkens und den Vorstellungen des „Oberrheinischen Revolutionärs" als Verteidiger des gemeinen Mannes klafft also eine Lücke. Anhand der Freiburger Beschwerden, die Wurm durchaus zu Ohren gekommen sein mögen, wäre man geneigt zu glauben, er habe mit seiner Rüge für den anonymen Landvogt Mörsberg selber anvisieren wollen, rechnet man seine gewaltsame Verhaftung des Neuenburger Schultheißen 1491 noch hinzu. Müssen solche Überlegungen reine Mutmaßung bleiben, so ist doch nicht zu verkennen, daß Wurm in seiner Lobrede auf das fruchtbare Elsaß die Vielzahl und den Reichtum seiner Städte preist. Obgleich er gemeinhin die Lage der Städte nur am Rande streift, erscheint seine Anteilnahme am Schicksal der vorderösterreichischen Landstädte plausibel. Offensichtlich will er ihnen eine positivere Rolle im habsburgischen Untertanenverband zubilligen und sie nicht zu bloßen Empfängern oder gar Opfern von herrschaftlichen Dekreten degradieren. Zwar gestand der Verfasser des „Buchli" dem Adel ein ausgesprochen politisches Gewicht in der neuen Reichsverfassung zu—hierin scheint er mit Mörsberg konform zu gehen—, doch sah er es dabei vornehmlich auf den niederen Adel, insbesondere auf die Ritterschaft, ab, die dem Kaiser in der Funktion unparteiischer Richter und streitbarer Heeresführer zur Seite stehen sollte.[39] Die offenkundige Städtefeindlichkeit Kaspars von Mörsberg findet in den Reformvorstellungen Wurms zumindest keinen Widerhall.

3.

Die Gründe, die Mörsberg dazu veranlaßten, sich Maximilians Aufforderung zu widersetzen und Wurms Anstellung in der Ensisheimer Kanzlei abzulehnen, liegen im dunkeln. Aus einem Schreiben vom Jahre 1494 geht lediglich hervor, daß der Landvogt Wurm für ungeeignet hielt, obgleich er wohl wußte, daß sich Mathias Wurm als engagierter Befürworter eines erneuerten Kaisertums auf Reichstagen profiliert hatte.[40] Lauterbach weist auf die Diskrepanz in den politischen Vorstellungen der beiden Männer hin; sicherlich liefen Wurms Bemühungen um die Einbindung aller Reichsmitglieder in die neue Reichsverfassung den Bestrebungen Mörsbergs entgegen, zugunsten habsburgischer Hausinteressen am Ober- und Mittelrhein die Macht der Kurpfalz zu schmälern.[41] Als weiteres Moment darf der soeben geschilderte Gegensatz in ihrer Auffassung vom gerechten Umgang mit den vorderösterreichischen Untertanen, vor allem dem dritten Landstand, wohl

---

[39] Franke/Zschäbitz, *Buch der hundert Kapitel* (wie Anm. 2), S. 251-254; Lauterbach, *„Oberrheinischer Revolutionär"* (wie Anm. 5), S. 157.
[40] *Ebd.*, S. 153.
[41] *Ebd.*, S. 157.

hinzugerechnet werden. Daß die kühlen Beziehungen zwischen beiden Königsdienern mehr von sachlichen als persönlichen Motiven bestimmt waren, verrät Maximilians Beschluß, Mörsberg und Wurm 1495 gemeinsam als Eintreiber des Gemeinen Pfennigs am Oberrhein zu ernennen. In den entsprechenden Verhandlungen mit den vorderösterreichischen Landständen sollte sich Mathias Wurm freilich von einer ganz anderen Seite zeigen.

Kurz nach Neujahr 1496 wurden die drei Landstände von Prälaten, Adel, Städten und Landschaften nach Ensisheim berufen, um die königlichen Erlasse für ein Truppenaufgebot gegen Frankreich und für die Erhebung des Gemeinen Pfennigs entgegenzunehmen.[42] Die Gesandten wollten wie üblich die Angelegenheit nur unter Rückverweisung an ihre Obrigkeiten beraten, doch gaben die breisgauischen Städte bereits zu verstehen, sie würden die geforderten 1500 Mann nicht stellen, während sie wegen des Gemeinen Pfennigs hinhaltend antworteten. Nachdem eine Bedenkzeit gewährt wurde, nutzte Freiburg die Frist dazu, die Städte des Breisgaus und Schwarzwalds—wohl einschließlich der vier Waldstädte am Rhein, die der Landvogt beim Landtag getrennt befragt und sogar zu den sundgauischen Ständen geschlagen hatte[43]—sowie die Einungsmeister auf dem Schwarzwald zu einer gemeinsamen Beratung zu versammeln. Dabei trugen die Gesandten ihre grundsätzlichen Bedenken vor:

> „Der gmein pfennig der von k. Mt. landvogt und secretari furgehept, ist in vil weg ermessen unnd statt daruff menicherley sorg. Fur eins, das der nit gmeinlich im rich uffgehept, sonder durch vil des richs gespert werd. Fur das ander, so mag gesorgt werden, das diser gmein pfennig villicht ordenlich nit furgang noch verwendt werd, als fur gehept ist."[44]

Die Städte meinten außerdem, sie sollten als Landstädte weniger zahlen als die Reichsstädte. Wenn die Steuer auf alle Reichsstände in gleicher Weise umgelegt würde, wären sie bereit, den Gemeinen Pfennig zu zahlen. Daran knüpften sie freilich einen weiteren Vorbehalt an, indem sie verlangten, daß der von den Ständen erbrachte Erlös wiederum im Lande zur Tilgung von Schulden und zur Ablösung von Pfändern behalten werden sollte.

Beim zweiten Landtag, auf dem die Stände mit Vollmachten zu erscheinen hatten, wurden die Gesandten jeder Stadt nicht mit einer Stimme als Landstand, sondern einzeln der Reihe nach aufgefordert, ihr Votum abzugeben. Einhellig sagten sie jedoch den Wortlaut des vereinbarten Beschlusses her. Über diese gemeinsame Front zeigte sich der Landvogt sichtlich erbost und kündigte weitere Verhandlungen an. Bei einem kurz darauffolgenden

---

[42] Die Verhandlungen über den Gemeinen Pfennig wurden von Ulrich Zasius in seinem „Geschichtbuch" aufgezeichnet unter der Rubrik „Was des gmeinen pfennigs halb gehandelt, erraten unnd abgeredt ist". *Stadtarchiv Freiburg*, B I 2, Bl. 70v-84r.

[43] *Ebd.*, Bl. 71v.

[44] *Ebd.*, Bl. 81r.

Teillandtag des Breisgaus, der zur Erörterung der „wälschen Garde" am 28. März in Freiburg zusammentrat, stellte sich heraus, daß die Prälaten und der Adel des Breisgaus inzwischen ebenfalls gleichlautende Repliken abgefaßt hatten. Diese, so ließ der Landvogt durchblicken, seien dem König zu Ohren gekommen, der sie so aufgefaßt habe, als würde sich der Breisgau weigern, den Gemeinen Pfennig schlechthin zu zahlen. Wer ihren eigentlichen Standpunkt so verdreht dargestellt haben könnte, war den Städten schnell klar:

> „Solich iro und unnser [d.h. der Städte] antwort, was der k. Mt. also ruch angebracht (was ein gross vermeinen, Mathias Wurm der secretari hets ton) uff meinung, das Brisgow hett den gmeinen pfennig gantz abgeslagen, deshalb die k. Mt. entsetzt was, und tett gar ein ungnadig schrifft an die landschafft, die uff den obgemelten mentag offennlich gelesen ward."[45]

Sie versuchten demnach unter Bekundung ihrer prinzipiellen Zahlungsbereitschaft, die Wogen zu glätten. Der Landvogt beteuerte seinerseits, er selber habe die Antwort des Adels unverfälscht an den König gelangen lassen: „inn verwundert och selbs, wer dis ungnadig schrifft usgepracht het, deshalb, wie obstat, ein einhelliger argwon uff Mathias Wurm fiel, der da sass und das hort, dis unwarlichen furtrags."[46] Nach weiteren Beratungen willigten die drei Stände in die Erhebung des Gemeinen Pfennigs letztlich ein.

Auffällig ist die zwielichtige Rolle, die der Sekretär Mathias Wurm bei diesen Verhandlungen spielte. Schon der Umstand, daß die Stände ihn, wie es scheint, vorsätzlich verdächtigen, läßt erkennen, daß er nicht als Vertrauensperson galt. Auch Mörsberg mißfiel offenbar der vermeintliche Alleingang des königlichen Sekretärs: Er fühlte sich wohl brüskiert oder hintergangen und in seiner Amtshoheit beeinträchtigt. Vielleicht wurde Wurm zu Unrecht beschuldigt; es fällt auf, daß die Stände nicht den Landvogt selber im Auge hatten, der sich bei ihnen alles andere als beliebt gemacht hatte. Beim Adel hatte er angesichts seines Reformentwurfs ohnehin am allerwenigsten Anlaß, ihn hinters Licht zu führen. Betrachtet man aber Wurms Haltung im Kontext seiner Reichsreformvorstellungen, so ergibt sich eine mögliche Erklärung für seine Intervention beim König. Im „Buchli" legt Wurm seine Pläne für eine Reichsbesteuerung ausführlich dar. Deren Basis sollte der Zehnt oder vielmehr die Untz bilden, d.h. fünf Prozent des Ertrags, den alle Reichsuntertanen ohne Standesunterschiede von ihrer Arbeit zu erbringen hatten. Die Beträge sollten die Pfarrer über die eigens dazu einzurichtenden „Kästen" einziehen, davon einen Teil zum Unterhalt der Pfarrei zurückbehalten und den Rest an den Kaiser abführen.[47] Im Prin-

---

[45] *Ebd.*, Bl. 82r.
[46] *Ebd.*, Bl. 82v.
[47] Franke/Zschäbitz, *Buch der hundert Kapitel* (wie Anm. 2), S. 473-474, S. 527-528; Lauterbach, *Geschichtsverständnis* (wie Anm. 1), S. 236-37.

zip—bei offenkundiger Abweichung in der Sammelpraxis—läßt sich dieser
Entwurf mit dem Gemeinen Pfennig durchaus vergleichen. Vor diesem
Hintergrund mag Wurm die hinhaltende Taktik der landesherrlichen Untertanen des Königs am Oberrhein—geradezu im Herzen des zukünftigen Reiches—als besondere Gefährdung seiner Reformvision betrachtet haben, da
sich die Erhebung einer Reichssteuer von den Reichsständen allemal
schwieriger gestalten würde als von den habsburgischen Landständen, die
sich dem König als Landesherrn ohnehin fügen mußten.

Für Wurm hatten sich alle Teilinteressen dem übergreifenden Reichs-
interesse unterzuordnen. Den Oberrhein vorrangig als Spielfeld habsburgischer Territorialpolitik anzusehen, wie es Kaspar von Mörsberg tat, lag
Wurm fern. Als Kern des Reiches durften die österreichischen Vorlande am
Oberrhein vielmehr allein unter reichspolitischem Aspekt betrachtet werden.
Folgerichtig konnten die Bedenken der vorderösterreichischen Stände wegen
einer vermeintlich übermäßigen bzw. ungerecht verteilten Besteuerung nur
zweitrangig sein. Damit wird nicht in Abrede gestellt, daß sich Wurm mit
echtem Mitgefühl für das Schicksal des gemeinen Mannes eingesetzt hat.[48]
Nur versprach er sich offenbar von einer neuen Reichsverfassung die Verwirklichung einer Rechtsordnung, die dessen Beschwernisse aus der Welt
räumen würde. Also müßte den vorderösterreichischen Landständen die
Notwendigkeit einer Reichsbesteuerung einleuchten, ohne die die ersehnte
Rechtsordnung gar nicht erst herzustellen wäre. Damit wird freilich aber-
mals unter Beweis gestellt, wie schwer es sämtlichen Verfassern von Re-
formplänen des ausgehenden Mittelalters fiel—nicht nur dem des
„Oberrheinischen Revolutionärs"—, die Öffentlichkeit von den Vorzügen
des Reiches als eines tragfähigen Rechtsverbandes gegenüber den sich her-
ausbildenden Landesherrschaften zu überzeugen. Vorderösterreich erwies
sich gerade in der frühen Neuzeit gegenüber dem Hause Habsburg als bemerkenswert loyal (im Gegensatz zu den innerösterreichischen Herzogtü-
mern). Diese Treue galt allerdings in erster Linie der Dynastie und der Landesherrschaft, nicht dem Kaisertum; ein ausgeprägtes „Reichs'bewußtsein
unter den vorderösterreichischen Untertanen am Oberrhein, wie die frühere
Forschung gelegentlich wahrzunehmen glaubte, sucht man wohl verge-
bens.[49] Dafür zeichnete sich bereits im fünfzehnten Jahrhundert eine wach-

---

[48] Der Umstand, daß er nach Erledigung dieses Auftrages seinen Dienst beim König mit vorge-
schobenen Gründen abrupt quittierte, mag darauf hindeuten, daß Wurm seine Sympathien für den
gemeinen Mann mit seiner Eidespflicht zur Eintreibung des Gemeinen Pfennigs immer weniger in
Einklang bringen konnte. Vgl. Lauterbach, „Oberrheinischer Revolutionär" (wie Anm. 5), S. 155-
156 und Anm. 233.

[49] Vielfach wird in der Literatur darauf hingewiesen, daß der Lehener Bundschuh die Herrschaft
von Papst und Kaiser ausdrücklich anerkannte. Dabei wird freilich übersehen, daß dieser Leitsatz
Joß Fritz lediglich als Werbeparole diente; in den Forderungen der Teilnehmer kommt er nirgends
vor. Ferner ist zu beachten, daß in der allgemeinen Bundschuhverschwörung vier Jahre später, die ja

sende Solidarität unter den Landständen ab, die gegenüber dem noch stief-
mütterlich geführten Ensisheimer Regiment behauptet und erweitert werden
konnte. Dabei entfalteten vornehmlich die breisgauischen Landstände unter
Führung von Freiburg eine rege politische Tätigkeit, die von der Zeit her-
rühren mag, als der Breisgau als einziges vorderösterreichisches Land am
Oberrhein nicht an Burgund verpfändet wurde.[50] Das selbstbewußte Auftreten der breisgauischen Stände bei den Verhandlungen über den Gemeinen
Pfennig hat Mathias Wurm wohl unterschätzt oder als Zeichen von Unbot-
mäßigkeit verkannt. Wäre er Mitglied der vorderösterreichischen Kanzlei
geworden, hätte Wurm die Gewichtsverteilung zwischen Regierung und
Landständen aus erster Hand kennenlernen können. Diese Einsicht wurde
ihm jedoch verwehrt, so daß er durch die Haltung der Landstände sein
Hauptziel einer allgemeinen Rücksteuer vereitelt sah. Wenn man den
„Oberrheinischen Revolutionär" überhaupt einer realitätsfremden Gesinnung bezichtigen will—ein abschließendes Urteil über die Persönlichkeit
und Vision Mathias Wurms bleibt der geplanten Edition des „Buchli" von
Klaus Lauterbach vorbehalten—, so wäre sie im fehlenden Gespür für die
politischen Gegebenheiten des von ihm doch so liebevoll gezeichneten
Oberrheins zu orten, der unter habsburgischem Vorzeichen in ein kaum zu
lösendes Spannungsverhältnis zwischen Territorium und Reich eingebunden
war. Doch dachte Mathias Wurm nicht politisch-dialektisch, sondern sen-
dungsbewußt. Er war von den historisch-prophetischen Traditionen des
Oberrheins eingenommen, nach denen das Reich durch den Friedenskaiser
einem neuen Zeitalter entgegengeführt werden sollte.

---

das gesamte Oberrheingebiet unter einem Vorzeichen vereinigen sollte, sämtliche Hinweise auf
Papst und Kaiser entfielen.
[50] Vgl. Scott, *Freiburg and the Breisgau* (wie Anm. 37), S. 24-25; Dieter Speck, *Die vorderösterreichischen Landstände. Entstehung, Entwicklung und Ausbildung bis 1595/1602*, 2 Bde.
(=Veröffentlichungen aus dem Archiv der Stadt Freiburg im Breisgau, Bd. 29), Freiburg/Würzburg
1994.

URTEILEN ÜBER DEN GLAUBEN.
DIE RELIGIONSGESPRÄCHE
IN KAUFBEUREN UND MEMMINGEN 1525

Peter Blickle (Bern)

„Reformatorische Ideen und Absichten hatten nur eine Chance, in einem autonomen Gemeinwesen verwirklicht zu werden, wenn es ihnen gelang, das städtische Machtzentrum zu erobern. Das konnte auf zweierlei Weise geschehen: einmal, indem sie von Beratern oder Mitgliedern des Rates ins Gespräch gebracht wurden, oder zum anderen, indem sie im Anschluß an Predigt und Propaganda von der Bevölkerung so vehement vertreten wurden, daß der Rat sich gezwungen sah, eine Entscheidung für oder gegen die Reformation herbeizuführen, wollte er den Frieden in der Stadt nicht aufs Spiel setzen."[1] Für Hans-Jürgen Goertz gehört das zu den Bedingungen, damit die Reformation in die Reichsstädte eindringen konnte. Nicht Rat *oder* Bevölkerung, setzt er präzisierend hinzu, waren für den Erfolg der Reformation verantwortlich, denn „die Alternative 'Ratsreformation' oder 'Gemeindereformation' hat es nur selten gegeben", vielmehr waren Rat *und* Gemeinde „am Durchsetzungsprozeß der Reformation beteiligt".[2]

Diese umsichtige und behutsame Formulierung dürfte sicher Zustimmung finden, wie Goertz mit seinen Forschungen zur Reformation insgesamt ein lebhaftes Echo gefunden hat. Die folgenden Überlegungen sollen dazu dienen, den Prozeß der Durchsetzung der Reformation in zwei Städten noch genauer zu erfassen. Sie stützen sich auf erst kürzlich bekannt gewordenes Quellenmaterial zu den Religionsgesprächen in den Reichsstädten Kaufbeuren und Memmingen im Januar 1525[3] und analysieren die Ereignisse mit Hilfe der städtischen Verfassungen.

---

[1] Hans-Jürgen Goertz, *Pfaffenhaß und groß Geschrei. Die reformatorischen Bewegungen in Deutschland 1517-1529*, München 1987, S. 159.

[2] Goertz, *Pfaffenhaß* (wie Anm. 1), S. 160.

[3] Durch Hinweise in den Reformationsakten im Stadtarchiv Memmingen bin ich 1990 auf die Bestände im Evangelischen Kirchenarchiv Kaufbeuren aufmerksam geworden. Sie waren ausgesprochen ergiebig zur Rekonstruktion der in Memmingen disputierten Thesen, die vordem nicht bekannt waren. Das Material habe ich, soweit es Memmingen betrifft, in einem Beitrag „Memmingen - ein Zentrum der Reformation" ausgewertet und Ende 1990 abgeschlossen. Es liegt als Manuskript für eine geplante Stadtgeschichte von Memmingen heute im dortigen Kulturamt. Mittlerweile sind dankenswerterweise die einschlägigen Quellen ediert worden von Thomas Pfundner (Hg.), *Das Memminger und Kaufbeurer Religionsgespräch von 1525. Eine Quellenveröffentlichung mit ei-*

Religionsgespräche, „Disputationen", wie sie seit der Mitte der 1520er Jahre hießen, waren ein häufig angewandtes Verfahren, um in den konfessionell zerstrittenen Städten Eintracht und Frieden wiederherzustellen. Diese Veranstaltungen haben alle als Vorbild die Zürcher Disputation von 1523, wo so „etwas wie eine Erfindung gemacht wurde".[4] Denn bislang waren Disputationen über theologische Fragen außerhalb der Universitäten und unter Laien ganz unüblich. Für Zürich hat man davon gesprochen, die Einführung der Reformation sei durch das Verfahren eine Entscheidung der „Laiengemeinde" gewesen.[5] Der Rat habe in diesem Fall ein *ius pacificandi* in Anspruch genommen, das in einer anhaltenden Konfliktsituation zum *ius iudicandi* fortgeschrieben worden sei. Bei allen Disputationen ging es um „Entscheidung", und unter diesem Entscheidungsdruck wurde die Disputation zur „Gerichtsverhandlung"[6]. Dieses Urteil von Heiko A. Oberman markiert eine neue Qualität in der Bewertung der Zürcher Disputation.[7] An den beiden Städten Memmingen und Kaufbeuren läßt es sich empirisch prüfen, möglicherweise auch modifizieren.

1.

„Vnnd ist auff den tag Epiphaniae verstört vnd abgethon worden alle christenliche ordnungen Loblich vnd fleißigelich vns büsher gebraucht und gehalten."[8] So urteilt Jakob Megerich, der Pfarrer an Unser Frauen, ein tapferer Verteidiger des alten Glaubens für die einen, ein Ignorant und ewig Gestriger für die anderen, über das Ergebnis des Religionsgesprächs in der Stadt Memmingen, das am Dreikönigstag 1525 zu Ende ging.[9] Megerich,

---

nem Überblick, in: Memminger Geschichtsblätter, Jahresheft 1991/92, Memmingen 1993, S. 23-65.

[4] Bernd Moeller, *Zwinglis Disputationen. Studien zu den Anfängen der Kirchenbildung und des Synodalwesens im Protestantismus*, in: Zeitschrift der Savigny-Stiftung für Rechtsgeschichte, Kanonistische Abteilung 56 (1970), S. 275-324; 60 (1974), S. 213-364; das Zitat 60 (1974), S. 304.

[5] Leonhard von Muralt, *Stadtgemeinde und Reformation der Schweiz*, in: Zeitschrift für Schweizerische Geschichte 10 (1930), S. 349-384, hier S. 365.

[6] Heiko A. Oberman, *Werden und Wertung der Reformation. Vom Wegestreit zum Glaubenskampf*, 2. Aufl., Tübingen 1979, S. 248.

[7] Oberman begründet den gerichtsförmigen Charakter damit, daß das Verfahren „in der seit jeher üblichen Form der Konfrontation oder des Verhörs 'gegen einandern' [stattgefunden habe], um zu ermitteln, welche der beiden streitenden Parteien sich als die guten Bürger, d.h. dem Rat gegenüber 'als gehorsam erweisen' [würde]". *Ebd.*

[8] Julius Miedel, *Zur Memminger Reformationsgeschichte*, in: Beiträge zur bayerischen Kirchengeschichte 1 (1895), S. 171-179, hier S. 174.

[9] Die Memminger Disputation und ihre Vorgeschichte werden behandelt bei Johann Georg Schelhorn, *Kurtze Reformations-Historie der Kayserlichen Freyen Reichs-Stadt Memmingen*, Memmingen 1730, S. 61-76. - Eugen Rohling, *Die Reichsstadt Memmingen in der Zeit der evangelischen Volksbewegung*, München 1864, S. 112-116. - Franz Ludwig Baumann, *Geschichte des Allgäus*, 3. Bde., Kempten 1895 [Nachdruck Aalen 1973], S. 342-345. - Friedrich Zoepfl, *Das Bi-

einer der wenigen Standhaften, die sich der Dynamik, dem Sog, dem Modischen der Reformation in Memmingen immer entgegengestellt hatten, war der Katalysator, der die Polarisierung zwischen Altgläubigen und Neugläubigen durch seine kirchentreue Haltung bewirkt hatte. Beleidigungen, Belästigungen und Kränkungen hatte er schon seit geraumer Zeit hinnehmen müssen.

Die religiöse Unruhe hatte Christoph Schappeler in die Stadt gebracht, der 1513 auf die Predigerstelle an der Pfarrkirche St. Martin berufen worden war.[10] „Man sey nit schuldig, den zechenden zu geben bey einer todsind", soll er Ende 1523 gepredigt haben.[11] Das hatte zur Folge, daß es in Memmingen im Juni 1524 zu massiven Auseinandersetzungen um den Zehnten kam, ja Bauern in den Memminger Dörfern Steinheim und Woringen und Bürger in der Stadt verweigerten den Zehnten. Der Rat jedoch forderte mit unmißverständlicher Deutlichkeit, der Zehnt sei zu entrichten.[12] Die letzten Renitenten wurden am 11. Juli aufs Rathaus bestellt. Schließlich fanden sich alle bereit, ihre Abgaben zu leisten, lediglich Hans Heltzlin, ein Bäckermeister, weigerte sich und wollte gerichtlich klären lassen, ob er den Zehnt bezahlen müsse.[13] Der Rat nahm ihn daraufhin gefangen, und damit begann das beeindruckende Schauspiel einer außerordentlichen Gemeindeversammlung. Wie ein Lauffeuer muß sich die Nachricht von der Verhaftung des Bäckermeisters in der Stadt verbreitet haben; aus allen Gassen liefen die Bürger auf den Markt und bekundeten ihre Empörung. „Ist die gemain [...] auffrurig vnd bewegt worden vnd haben sich also ye mer vnd mer gehaufft vnd zusamen gethan bis schier etlich hundert auf dem marckt zu eynander komen sein", heißt es im Bericht des Ratsschreibers.[14] Doch die Spontaneität des Auflaufs fand rasch in geordnete Bahnen. Ein Ausschuß wurde gebildet,

---

stum Augsburg und seine Bischöfe im Reformationsjahrhundert (Geschichte des Bistums Augsburg und seiner Bischöfe 2), München-Augsburg 1969, S. 47f. - Wolfgang Schlenck, Die Reichsstadt Memmingen und die Reformation, in: Memminger Geschichtsblätter, Jahresheft 1968, Memmingen 1969, S. 41ff. - Martin Brecht, Der theologische Hintergrund der Zwölf Artikel der Bauernschaft in Schwaben von 1525. Christoph Schappelers und Sebastian Lotzers Beitrag zum Bauernkrieg, in: Zeitschrift für Kirchengeschichte 85 (1974), S. 174-208, hier S. 183ff. - Barbara Kroemer, Die Einführung der Reformation in Memmingen. Über die Bedeutung ihrer sozialen, wirtschaftlichen und politischen Folgen (Memminger Geschichtsblätter, Jahresheft 1980), Memmingen 1981, S. 102-108.

[10] Grundlegend die Arbeit von Kroemer, Reformation (wie Anm. 9). - Eine knappe, jüngere zusammenfassende Darstellung bei Peter Frieß, Die Außenpolitik der Reichsstadt Memmingen in der Reformationszeit (1517-1555) (Memminger Forschungen 4), Memmingen 1993, S. 41-50.

[11] Franz Ludwig Baumann (Hg.), Akten zur Geschichte des deutschen Bauernkrieges aus Oberschwaben, Freiburg im Breisgau 1877, S. 1 Nr. 2.- Vgl. auch Gunter Zimmermann, Die Antwort der Reformatoren auf die Zehntenfrage (Europäische Hochschulschriften III,164), Frankfurt a.M., Bern 1982, S. 99, und Brecht, Hintergrund der Zwölf Artikel (wie Anm. 9), S. 181ff.

[12] Für den ereignisgeschichtlichen Rahmen zusammenfassend Schlenck, Reformation (wie Anm. 9), S. 39ff.

[13] Kroemer, Reformation (wie Anm. 9), S. 94.

[14] StaAM (Stadtarchiv Memmingen) 341/1, S. 12.

und zwar organisiert nach einzelnen Zünften. Die Bürger brachten damit zum Ausdruck, daß sie sich als Gemeindeversammlung verstanden, möglicherweise als Gerichtsversammlung, die das „Urteil" der Inhaftierung Heltzlins zu akzeptieren nicht bereit war. Mit einer Beschwerdeschrift wurde ein zwölfköpfiger Ausschuß zum Rat geschickt, um zu verhandeln.[15]

Heltzlin sei sofort freizulassen, forderten die delegierten Bürger. Auch „wer Ir ernstlich bit vnd beger, das eyn Rath hinfuro kein mer der sich zu Recht erput fencklich annemen vnd den das Recht gedeihen lassen", ausgenommen Malefizsachen. Weiter solle der Rat dafür sorgen, daß „das wort Gottes hell, lautter vnd clar on eynich menschlich Zusatz offenlich gepredigt wurd, nit allain in der pfarr bei sant Martin sonder auch in Unser Frawen pfarr vnd anderen kirchen". In Streitigkeiten um kirchliche Abgaben habe sich der Rat hinkünftig nicht mehr einzumischen, vielmehr soll das „der gemain man mit dem pfarrer vnd pfaffen" selbst ausmachen. Und schließlich solle der Rat verbieten, Schappeler von den Altgläubigen schmähen und beleidigen zu lassen. „Wa aber vnder inen [...] wer, er lust oder begierd het etwas mit im [Schappeler, P.B.] zu disputieren, das er dann das, wie ir doctor der prediger offt begert vnd sich vilmals erpotten het, an ortten enden vnd mit der maß vnd gestalt thet, wie sichs das gepurt."

Am 13. Juli beriet man im Rat über die Forderungen des Gemeindeausschusses, über alle Maßen lebhaft und kontrovers. Solide Mehrheiten für einen Ratsbeschluß ließen sich nicht beschaffen. Sechs von zwölf Zünften unterstützten den Antrag des Ausschusses.[16] Die Pattsituation war gegeben. Der Rat entschied nichts, es war ja auch nichts konkret zu entscheiden. Die Gemeinde mußte sich gestärkt fühlen, zumal Heltzlin sofort aus der Gefangenschaft entlassen wurde. Unter solchen Umständen konnte und mußte die Reformation ihren Fortgang nehmen.

Am Vorabend des Nikolausfestes, am 5. Dezember 1524, reichte Christoph Schappeler den Gläubigen in der Martinskirche zum erstenmal das Abendmahl in beiderlei Gestalt als Brot und Wein.[17] Das galt in vielen Städten als endgültiger Bruch mit dem Ritus der Kirche. Die Pfarrei St. Martin hatte damit symbolisch und demonstrativ den Schritt ins Lager der Reformatoren getan.

Am Weihnachtstag 1524 schließlich nahmen die Dinge den zu erwartenden dramatischen Lauf, der in Memmingen zur offiziellen Einführung der Reformation führen sollte. Was im Juli 1524 die Menge vor dem Rathaus stürmisch verlangt hatte und der Gemeindeausschuß in sein Verhandlungs-

---

[15] Der Vorgang wird breit berichtet in einem Bericht des Stadtschreibers für den Rat (überliefert in einer Konzeptfassung) vom 13. Juli 1524. StaAM (wie Anm. 14) 341/1. Danach die folgenden Zitate aus der Beschwerdeschrift; Ebd. S. 14ff.

[16] Kroemer, *Reformation* (wie Anm. 9), S. 97.

[17] Miedel, *Reformationsgeschichte* (wie Anm. 8), S. 171.

papier mit dem Rat schrieb, wurde Ende des Jahres verwirklicht - das Religionsgespräch, die Disputation.

„Unser Frauen" war die Pfarrei im Quartier der Armen, vor allem Weber wohnten dort in größerer Zahl.[18] Schon im November 1524 setzten sich die Frauen lautstark für die neuen Riten ein. Der Rat hingegen meinte, wer wolle, könne die Gottesdienste in St. Martin besuchen. „Etlichen bürgerin auss unser frawen pfarr ist gesagt worden, das sy fridlich seien, und wo sy mangel in ainer kirchen haben, sollen sy zu sant Martin geen."[19] Offensichtlich verschärften die Vorgänge in St. Martin den Druck auf den Pfarrer von Unser Frauen, denn jetzt verlangte eine Gesandtschaft der Pfarrgemeinde vom Rat, auch an der Frauenkirche solle das Abendmahl in beiderlei Gestalt gereicht werden und wenn Megerich dies verweigere, solle er sich in einer Disputation verteidigen.[20]

> Zum Eklat kam es am Weihnachtsfest. „So ich herab bin khomen zu St. Jeörgen altar", berichtet Pfarrer Megerich, „hat sich ein gros murmlen erhebt von den luterischen weyb vnnd man, darnach groß auffruhr vnnd auffgeläufft ist worden. Vnd mich inn die Sacristey geiagt vnnd getrüben mit großer ungestümigkhait daselb mit uil Schmechworten gelestert vnd gescholten, mit fäusten geschlagen, ann mein hubt vnd auff die Schultern, mich auch mit den füeßen an mein seiten vnd auff die huff gestoßen, mit steinen Zu mir inn die Sacristei geworffen, die gläßer zerrißen vnnd erschlagen, die bildtlin an den taflen gebrochen, die ampln erworffen. Kertzen auff dem altar abgebrochen vnnd hinweg getragen, Sollich vnfuhr vnnd gewalt von 4 büs 6 getrüben vnnd gehalten. Vnnd wo Hanns Keller der burgermaister vnnd 6 der Räthe nit khommen, so were ich in der Sacrystei erschlagen worden."[21] Megerichs Befürchtung war so unbegründet nicht, denn selbst der Rat ließ Erkundigungen einziehen „über die, so den pfarrer zu unser frawn eerstechen wellen."[22]

Nach den Vorfällen in der Kirche nahm der Bürgermeister den bedrohten Megerich in seinem Haus auf und ließ ihn gewissermaßen unter Polizeischutz stellen. Sie „haben mich", fährt Megerich in seinem Bericht fort,

> „mit gewalt gefängelich aus meiner Küerchen füert, selb dritt prüester, der mainung, man solte mich die nacht inn den Diebsthurn gelegt vnd behalten han: aber der Burgermaister hat vnns in sein haus vnnd gewarsamkhait füeren lassen, vns Ehrlich vnd redlich gehalten, doch mit 2 Statknechten lassen hüeten vnd wol bewaren, büß an St. steffanns tag vmb die 11. stundt, darnach mit

---

[18] Kroemer, *Reformation* (wie Anm. 9), S. 102.

[19] Zitiert *Ebd.*, S. 103.

[20] Nach Einträgen im Ratsprotokoll vom 16. 12. 1524. Vgl. Kroemer, *Reformation* (wie Anm. 9), S. 102. Für die Spannungen zwischen den beiden Pfarreien vgl. Schelhorn, *Reformations-Historie* (wie Anm. 9), S. 38f. und Schlenck, *Reformation* (wie Anm. 9), S. 34f.

[21] Die Quelle ist abgedruckt bei Miedel, *Reformationsgeschichte* (wie Anm. 8), S. 172. - Zur komplizierten Überlieferungsgeschichte des Stücks *Ebd.*

[22] Kroemer, *Reformation* (wie Anm. 9), S. 103.

vnns gehandlet büs inn die 12. stundt, wie wir vns in dem hanndel weiter
würden halten, mit disputieren vnd anderen Sachen."[23]

Mit den Vorgängen in der Frauenkirche an Weihnachten war entschieden,
daß das Religionsgespräch nicht mehr hinauszuschieben war. Weil

> „... sich ain Zeitlangher zwischen gaistlichen vnd weltlichen alhie In vnser
> Statt gros Irrung gehalten also das yeder tail vermaint hat das heilig euangeli-
> um nach sein verstand außzuelägen vnd des andern tails mainung zueverach-
> ten. desshalb ainander ketzerei vnd ander schmachwort angehengkt, dardurch
> das gemains volck In Zwifel gefiert alles zue verletzung der selen vnd ere gots
> vnd verer daruff auffru(o)rn entstanden sein mochten", beruft sich der Rat auf
> seine Ordnungs- und Friedenspflicht: „Solhs zue fu(o)rkumen sein wir als die
> oberkait schuldig vnd verursacht worden si zue baiden tailn in solher Irrung
> gutlich zuverhörn."[24]

Der Memminger Rat entschied sich für das Religionsgespräch, in „der
vnzweyffenlichen hoffnung der allmechtige got wer durch seinen hayligen
gaist vnder vnd in denen, so in seinem namen versamlet seind, also wirken
[...] damit wir gemainlich der warn gotlich erkantnus geweist, vnd bei im
nach disem zeit ewiglich leben werden".[25] Am 2. Januar 1525 wurde es eröffnet, in Anwesenheit von allen Geistlichen und den vier Doktoren der
Stadt, einem Juristen und drei Stadtärzten, sowie allen Ratsherren; hinzu
kamen „auß yeder Zunft ainer alls vonn ainer gemain wegen vnnd sein in
yeder Zunft durch ain freie Wal dartzuerwellt worden".[26] Rat und Gemeinde
sollten die Religionsfragen entscheiden. Die Religionsparteien wurden einem „Verhör" unterzogen, wie es in den Akten mehrfach heißt, und so
konnte das Ergebnis nur ein von der Gemeinde und dem Rat gefälltes
„Urteil" sein.

Der Disputation lagen als Diskussionsgrundlage Thesen von Schappeler
zugrunde.[27] In ihnen wurde die Auffassung vertreten, die Messe sei weder
ein Opfer noch ein gutes Werk, sondern eine Gedächtnisfeier für die Vergebung der Sünden durch Christus, und daraus folge auch, daß das Abendmahl
in beiderlei Gestalt auszuteilen sei. Die katholische Auffassung von der
heilsvermittelnden Funktion der Priester wird ersetzt durch das Priestertum

---

[23] Miedel, *Reformationsgeschichte* (wie Anm. 8), S. 173.
[24] *StaAM* (wie Anm. 14) 341/5. „*Instrucion der disputaz halb*". [2. Januar] 1525. Vgl. auch
KAK (Evangelisches Kirchenarchiv Kaufbeuren), Anlage 102/7, S. 1f.
[25] Zitiert bei Kroemer, *Reformation* (wie Anm. 9), S. 106.
[26] *KAK* (wie Anm. 24), Anlage 102/7, S. 13. Die Zusammensetzung wird in der Literatur nicht
ganz widerspruchsfrei wiedergegeben. Vgl. Kroemer, *Reformation* (wie Anm. 9), S. 106 und die
dort verzeichnete Literatur.
[27] Die Thesen und weitere Begleitakten im *KAK* (wie Anm. 24), Anlage 102/7.

aller Gläubigen. Beichte, Heiligenverehrung und Fegefeuer werden verworfen und der biblischen Begründung des Zehnten widersprochen.[28]

Schappeler hat seine theologischen Überzeugungen in weiteren 25 Artikeln noch ausführlich begründet und ergänzt. Sie kennt man nur in einer Nachschrift oder Überarbeitung seines Kontrahenten Megerich,[29] doch angesichts der Tatsache, daß sie zu den sieben Disputationsartikeln sehr gut passen, kann an einem vergleichsweise korrekten Referat Megerichs kaum begründet gezweifelt werden. Die Argumente gegen die Messe und die Heiligenverehrung werden teils wiederholt, teils vertieft, die Auffassung vom allgemeinen Priestertum wird um die Konsequenz bereichert, „mönch vnnd nonnen sollen Vermögen aus ihren Clöstern lauffen ain annder Zu mann vnnd weyb nemen".[30] Abgelehnt werden die Sakramente der Ölung, gemeint sind vermutlich die Firmung, die Priesterweihe und die Sterbesakramente. Gänzlich neu und möglicherweise von Megerich interpoliert, ist die im 16. Artikel formulierte Auffassung, „mann Solle hinfüro nichts mehr vmb den Babst, Büschoff Kayßer vnd anndere Obrigkhait geben, dan alls uil ainer will vnnd im gefelt". In die ansonsten subtile Wiedergabe der Schappelerschen Positionen bricht dann doch die subjektive Betroffenheit Megerichs ein:

> „It[em] obgemelter Christoff Schappeler halt sich für Babst, Büschoff Kayßer vnnd burgermeister vnd wie er ein Ding macht vnnd haben will, mueß es geschehen, dichtet tag vnd nacht nach vnfridt, vnd wie er Zu wegen möge Bringen, das mann die Würdigen Prüesterschafft vertreyb vnd todtschlag: vnd last nit nach, büs er seine hendt würt weschen, in dem blut der Würdigen prüester, Gott der seye daruor, vnd behüet vns vor seinen bößen vnd falschen Anschlägen. Amen."[31]

---

[28] Der wichtige Text hat folgenden Wortlaut „[1] Die getrungen orenbeicht, so biß her getrungenlich gehalten, den pfaffen gethon, halten wir mit von no(e)tten sein, besonders die zu got trewllich geschickt zu(o)r seligkait oder hail not sein, [2] Anruffung der Mutter vnd hayligen gottes mit kirchlichem pracht achten wir nicht, [3] Den Zehendt auß göttlichen REchten yetzvnd zu geben waist das new gesatz nichtz zu sagen, [4] Die mess das Nachtmal (risti genant, ist kain opfer noch gu(o)t werck, sonder ain widergedechtnus, der gewissen verhayßung, der verzeychnung der sunde, vnd got vns gemacht, vnd durch den tod seines ainigen sons bestatt, [5] Wir wissen aus der geschrifft von kainem fegkfeuer zesagen, [6] Das haylig sacrament des altars sol ganz vnd nit halb, in baiderlay gestalt, bey dem wort vnd pot (risti, allen cristen so das begeren mittailt werden, [7] Ain ainigs gaistlich priesterthum mit glichem opfer vnd ampt, nit zwaierlay, als die papisten halten, ist allen cristglaubigen gemain". *KAK* (wie Anm. 24), Anlage 102/7, S. 26f. Die Artikel hat Schappeler während der Disputation aufgrund von Einwänden noch breiter begründet; dieser Text in *KAK* (wie Anm. 24), Anlage 102/7, S. 37-49. - Die Texte jetzt auch in der Edition von *Pfundner*, Religionsgespräch (wie Anm. 3), S. 36 [Kurzfassung] und S. 38-42 [Langfassung].

[29] Druck bei Miedel, *Reformationsgeschichte* (wie Anm. 8), S. 175ff. - Möglicherweise haben Schelhorn noch die Schappelerschen Originale vorgelegen. Vgl. Johann Georg Schelhorn, *Amoenitates Literariae*, 5. Bd., Fraankfurt a.M.-Leipzig 1726, S. 324. Die Analyse der 25 Artikel führte Schelhorn zu der Überzeugung, daß eine theologische Nähe zu Zwingli bestand.

[30] Miedel, *Reformationsgeschichte* (wie Anm. 8), S. 177.

[31] *Ebd.*, S. 176; dort auch das vorherige Zitat.

Die Disputation verlief erwartungsgemäß äußerst zäh und lustlos. Megerich
wollte überhaupt in keinen theologischen Disput eintreten, vielleicht klug
geworden durch die Erfahrung, daß Argumente angesichts der vorherr-
schenden Stimmung für die Neugläubigen ohnehin nicht verfangen würden.
Denn in keiner anderen Stadt war der Ausgang solcher Disputationen je
fraglich gewesen. Seine Mitstreiter verweigerten sich mit dem Argument,
ein Religionsgespräch „gehoer den Concilia vnd den Vniversiteten zu",[32]
andere bemängelten die fehlenden Belegstellen aus der Heiligen Schrift. Als
sie schließlich von Schappeler nachgetragen worden waren, wurden am
vierten Tag der Disputation die altgläubigen Geistlichen einzeln um Stellungnahmen ersucht, doch „vnder allen priestern ist kainer gewest der ettwas darwider furzupringen gehapt, sonder haben das alles ain Rat heinange-
setzt vnd beuolhen, wie er das mache, dapei wellen sy pleiben vnd dem
nachkomen."[33] Damit war die Disputation, ohne daß eine solche in Wahrheit stattgefunden hätte, beendet. Der Rat fand für den Ausgang eine durchaus euphemistische Umschreibung des Sachverhalts: man sei „der sach so
wol ains" worden, und „war es nit zu spat im tag gewest, sy alle mitainann-
der zu morgen geessen haben wellen."[34] Der altkirchliche Ritus wurde eingestellt, eine Kirchenordnung versprach der Rat auszuarbeiten und zu verab-
schieden, sobald Stellungnahmen eingeholt worden wären.[35]

2.

„Zuverhietung aufrur emperung totschlag Blutvergiessen und ewigem, verderben" lud der Rat der Reichsstadt Kaufbeuren die Geistlichkeit der Stadt
für den 30. Januar zu einem „frundtlichen gespręch", wie er mehrfach sagte,
aufs Rathaus.[36] Es galt, den Frieden in der Stadt zu sichern und zu festigen,
es galt aber auch, die Gemeinde vor Verderben zu bewahren, also ihr Seelenheil zu gewährleisten.

Wie an Weihnachten in Memmingen, so war es um das Dreikönigsfest
1525 in Kaufbeuren zu Gewaltsamkeiten gegenüber dem altgläubigen Pfar-

---

[32] *KAK* (wie Anm. 24), Anlage 102/7, S. 7.
[33] *Ebd.*, S. 10.
[34] *Ebd.*, S. 12.
[35] Zwei Juristen (Dr. Rehlinger und Dr. Peutinger) und zwei Theologen (Konrad Sam von Ulm
und Urbanus Rhegius von Augsburg) wurden von Memmingen um Gutachten gebeten. Die Juristen
äußerten sich erwartungsgemäß vorsichtig, auch Rhegius, ansonsten ein streitbarer Reformationsan-
hänger, hielt sich seltsam bedeckt, lediglich Sam gutachtete ganz im Sinne Schappelers und seiner
Freunde. Die Gutachten sind abgedruckt bei Schelhorn, *Reformations-Historie* (wie Anm. 9), S.
67f., 71-76.
[36] Die einschlägigen Akten bei Pfundner, *Religionsgespräch* (wie Anm. 3), S. 43-62, das Zitat
S. 43.

rer Jörg Sigg gekommen.[37] Ihm schien die Situation so bedrohlich, daß er sich veranlaßt, ja gezwungen sah, aus der Stadt zu fliehen und bei seinem Bruder Wolfgang, Pfarrer im nahen Geisenried, ein Unterkommen zu suchen. Sein Kontrahent war der in Kaufbeuren als Prädikant wirkende Jakob Lutzenberger.[38]

Offenbar verlangte die Gemeinde recht geschlossen die Verkündigung des reinen Evangeliums und drängte auf eine Disputation über die richtige Lehre, zu der Lutzenberger seine Bereitschaft wiederholt erklärt hatte.

Der Rat bat zum Religionsgespräch mit der Begründung, als von der Gemeinde gewählte[39] und vom Kaiser mit dem Regiment betraute Obrigkeit habe er die Aufgabe, daß „die Stat vor auffrur emperung und wider willen vnzerstort in frid und Rue auch in ainigkeit erhalten werd",[40] er hoffe aber, mit Gottes Hilfe und dem Beistand des Heiligen Geistes zu einer einvernehmlichen Lösung der Glaubensfragen zu kommen.

Für das Religionsgespräch hatte Lutzenberger sieben Thesen erstellt. In ihnen vertrat er die Unsichtbarkeit der Kirche Christi, den Glauben als Gnade, die Schriftwidrigkeit von Speise- und Kleidervorschriften, die Nutzlosigkeit von großen Stiftungen, prächtigen Kirchen und Altarbildern, den Gedächtnischarakter des Abendmahls anstelle des Opfercharakters und die Sinnlosigkeit der Heiligenverehrung.[41]

---

[37] Die Ereignisgeschichte selbst ist weniger detailliert aufgearbeitet als in Memmingen. Neben den Mitteilungen bei Pfundner, *Religionsgespräch* (wie Anm. 3), vgl. die ältere Darstellung von M. Weigel, *Der erste Reformationsversuch in der Reichsstadt Kaufbeuren und seine Niederwerfung*, in: *Blätter für bayerische Kirchengeschichte* 21 (1915), S. 145-156, 193-202, 241-253. - Ergänzende einzelne Notizen bei Baumann, *Allgäu* (wie Anm. 9), 3. Bd., S. 385-388 und Gottfried W. Locher, *Die Zwinglische Reformation im Rahmen der europäischen Kirchengeschichte*, Göttingen, Zürich 1979, S. 482f.

[38] Pfundner, *Religionsgespräch* (wie Anm. 3), S. 43. - Was über Lutzenberger zu ermitteln war, ist zusammengestellt bei Justus Maurer, *Prediger im Bauernkrieg* (Calwer Theologische Monographien 5), Stuttgart 1979, S. 399f. [mit den nötigen Hinweisen auf ältere Literatur]. - Biographische Notizen über die an der Disputation Beteiligten auch, soweit sie aus den Kaufbeurer Beständen zu erheben sind, bei Weigel, *Reformationsversuch* (wie Anm. 37), S. 149-155 [mit detaillierten Angaben über die Rolle der Bürgermeister].

[39] „Dwil Burgermeister und Ratte der Stat Kaufburen von Irer Gemeind alls Ir Oberkait und vorgenger erwelt sein". Pfundner, *Religionsgespräch* (wie Anm. 3), S. 43.

[40] *Ebd.*, 43. Der ereignisgeschichtliche Hintergrund ist weniger gut erhellt als für Memmingen. In Kaufbeuren versammelte sich offensichtlich in der Nacht auf den 9. Januar eine Menge von 150 Bürgern beim Weberhaus, die, offenbar unter Androhung von Gewalt, die Disputation forderten und durchsetzten, die dann am 30. Januar vom Rat terminiert wurde. Vgl. Weigel, *Reformationsversuch* (wie Anm. 37), S. 155f.

[41] Der Text Pfundner, *Religionsgespräch* (wie Anm. 3), S. 45f. „[1] Cristus Jesus ist das Haupt der ware kristennlichen Kirchen welhe got der himelisch vatter im vno ewigkait zu ainem Erbtaill durch sein plut zuerkaufen vbergeben verordnet hat, welhe nit sichtlich geregiert sonnder in gotzhannd nit Irrend on mackel durch Ir Haupt Cristum Jesum erhalten wirt. [2] Der ainig glauwb welher auß dem gehör von der obern pflenzung herab kompt ist ain erkundtnus vetterlichs willens in angebottner Barmhertzigkait in dem so Er seinem ainigen geliebten Son nit geschonet hat Sonnder in für vnns all die im glawben darschickend geben Sollicher glawb nit miessig feirend stat Sonder bricht auß gegen vnnserem Vatter mit grosser danncksagung dartzu gegen frainden feinden in aller-

Für die Disputation wurden genaue Verfahrensvorschriften festgelegt: Lediglich Altes und Neues Testament galten als Beweismittel, nur die deutsche Sprache war zugelassen. Jede Partei konnte eine gleiche Zahl Bürger aus der Stadt bestimmen,[42] wohl als eine Art Beistand, und einen Schreiber, so daß es mit dem Ratsschreiber drei Protokollanten für das Gespräch gab.

Das Religionsgespräch konnte zunächst nicht, wie vorgesehen, am 30. Januar begonnen werden, weil der altgläubige Pfarrer nicht erschienen war. Für die notwendigen Beratungen, wie weiter zu verfahren sei, wurden lediglich „die Ihenigen So zu dem Ratte alls die oberkait vnd die Jhenigen So von der grose und ganntze gemeinde zu und beysollichem zusein verordent gewesen",[43] zugelassen, die übrigen Anwesenden aus der Ratsstube gewiesen. Man einigte sich darauf, den Pfarrer nochmals vorzuladen, der dieser zweiten Aufforderung schließlich auch Folge leistete, so daß am folgenden Tag das Gespräch aufgenommen werden konnte. Präsidiert wurde die Disputation von Dr. Sebastian Fuchssteiner und dem Stadtarzt Dr. Ivo Strigel.

Als Anwalt des gewissermaßen beklagten Stadtpfarrers ergriff zunächst der ihm befreundete Nikolaus Schwicker,[44] Pfarrverweser in Aitrang, das Wort. Religionsfragen gehörten, so lautete seine Argumentation, die anläßlich solcher Disputationen durchaus üblich war, vor ein Konzil und nicht vor den Rat einer einzelnen Stadt. Auch habe der Bischof von Augsburg al-

---

lay lebendiger guter werck brüderlicher lieb [3] Dartzu alle satzung von vnnderschaid der Speißen klaidung person stet habent nur menschen one allen grund der getlichen geschrift falsch erdichtend aufgesezt in wellichen man got vergebenlich vnd vmb sonnst (wie die Balamitischen pfaffen dienend sich) martert. [4] Daraus denn entsprungen ist gros Stifftung vnnd gebew der Staininer tempel welhe mit grosem costen vnnutzlich der alltar Bilder gemold vnd anderen vnnutzen (on grund der hailigen geschrift) gezierdt So doch sollichs nach angeben des hailigen geists an die lebendigen tempel gotz hailigen gelegt sollt werdenn. [5] Daher denn von den gotzendienern die mes alls ain opher für lebendig vnd tod nu vmbs gellts willen nit on sind grewlich vnd In teglich aufgeopfert ist worden So doch die nach einsetzung Cristy ist allain ain emphahung der zaichen des leichnams Cristi vnd seins waren pluts zu sicherung des newen vnnd ewigen testaments in seiner gedechtnis. [6] Da ist bisher grosser kosten mit Stifften der meßen vigilien öl wachs auf die entslaffen one grund der getlichen geschrift gebraucht worden So doch sollichs alles auf lebendig vnd vnser mitbruder sy zu underhallten geordent werden sollt [7] Darumb beschließlich alle die nit durch Cristum Jesum alls durch die Rechten thir ainzugeen sich fleissend Sondern durch das doch in vermitlung vnd fürpit der hailigen einsteigen sind dieb vnd mörder wann cristus vnnser herr das ainig Haupt ain ewigs opfer für sein gemain in die ewigkeit werend darin vns vor dem Vatter zu versienen ainest gethaun hat." Abgedruckt auch bei Weigel, *Reformationsversuch* (wie Anm. 37), S. 196f.

[42] „Es ist auch beiden partheien und yeder in sonders zu sollichen fruntlichen gesprech ettlich Erber personen in diser Stat zuerkiesen und dartzu zesetzen zugeben, welliche so allso durch die partheyen erkiest heuor der oberkait anzeigen sollen". Pfundner, *Religionsgespräch* (wie Anm. 3), S. 47.

[43] Das Zitat *Ebd.* - Zu den ereignisgeschichtlichen Zusammenhängen Weigel, *Reformationsversuch* (wie Anm. 37), S. 197ff.

[44] Schwicker ist eine ausgesprochen interessante Persönlichkeit, die eine monographische Arbeit verdient. Er war wohl Lehrer in Memmingen, wurde nach längerer Abwesenheit wegen Vermummung 1524 vom Memminger Rat festgenommen und peinlich befragt und strengte daraufhin gegen die Reichsstadt Memmingen einen Prozeß an, der sich über Jahrzehnte hinschleppte.

len Kaufbeurer Priestern in Erinnerung gebracht und den Rat dahingehend informiert, daß allein er für Glaubensangelegenheiten zuständig sei. Die Stadt, so schloß Schwicker seine Rede, soll „sich nit einlaßen [...] weder gutlich Rechtlich besprechlich noch beschließlich in keinerley weiß noch weg".[45] Es sei hinreichend bekannt, daß die beiden Kontrahenten, der Pfarrer und der Prädikant, „in ettwas Irrung und spennen stend", das erfordere nach kaiserlichem Recht ein ordentliches Verfahren, denn „ausserhalb und one Recht [soll] nyemat gehert sonder [geschweige denn, P.B.] Rechtlich beklagt werden".[46]

Zunächst wurden die Priester befragt, ob ihnen das erwähnte Schreiben des Bischofs zugegangen sei, was elf von ihnen verneinten.[47] Die Disputationsgrundlage der beiden Testamente wollten nicht alle anerkennen, teils erbaten sie Bedenkzeit, teils wollten sie den Fall vor das Domkapitel in Augsburg ziehen.

Der präsidierende Dr. Fuchssteiner stellte den „gebietend und gunstig Leb Herrn Bürgermaister Rat und verordnete von der Gemaind"[48] vor Augen, daß nicht Konzile, sondern die beiden Testamente die vereinbarten Entscheidungsgrundlagen der Disputation seien. Dieses Argument wurde von ihm weiter theologisch untermauert mit dem Hinweis auf 1. Korinther 14, „die profeten aber zwe oder drey die sillen Reden und das volck underweisen. Aber die andere zuhörer die sollen vrteilen".[49] Die versammelten Herren, so fuhr Fuchssteiner fort, würden nicht „nach Irem Menschlichen verstand in diser Sachen vrtailen [...], Sonder allain das Lebendig warhafft und vnbetruglich wort gots hierin Richter sein lassen".[50]

Daraufhin verließen der altgläubige Pfarrer Sigg und seine Anhänger das Rathaus. Die übrigen Geistlichen wurden, nachdem Lutzenberger seine Thesen nochmals vorgetragen und erläutert hatte, einzeln zu den sieben Punkten gehört und vernommen. Die Antworten waren erwartungsgemäß teils zustimmend, teils ausweichend, teils ablehnend.[51]

Der Rat „sampt den verordnt der Gemeinde und den Zwayen obbestimpt Doctorn" faßte daraufhin den Beschluß, in der Stadt nur die Predigt des rei-

---

[45] Pfundner, *Religionsgespräch* (wie Anm. 3), S. 49.

[46] Pfundner, *Religionsgespräch* (wie Anm. 3), S. 50.

[47] Angeblich ließ der Augsburger Bischof unter dem 27. Januar ein Schreiben an den Rat ergehen, von der Disputation abzusehen, und bot an, etwaigen Klagen der Gemeinde gegen die Priester nachzugehen. Vgl. die Nachweise bei Zoepfl, *Augsburg* (wie Anm. 9), S. 49 und Weigel, *Reformationsversuch* (wie Anm. 37), S. 194f. Möglicherweise ist das Schreiben nicht mehr rechtzeitig in Kaufbeuren eingetroffen.

[48] Pfundner, *Religionsgespräch* (wie Anm. 3), S. 51.

[49] *Ebd.*, S. 52.

[50] *Ebd.*, S. 53.

[51] Das Protokoll *Ebd.*, S. 53-62. - Eine Auswertung bei Weigel, *Reformationsversuch* (wie Anm. 37), S. 200f.

nen Evangeliums zu gestatten, Beleidigungen des Prädikanten mit Stadt-
verweis zu ahnden und eine neue Kirchenordnung zu erstellen, da die bisherigen Zeremonien sich als Menschenwerk erwiesen hätten. Zwar hätte das
Gespräch gezeigt, daß die Messe nicht von Christus eingesetzt sei, dennoch
sollte den Priestern gestattet sein, sie zu lesen, falls ihr Gewissen ihnen das
gebiete.[52]

Die politischen Ereignisse der folgenden Monate, geprägt durch den
Bauernkrieg im Allgäu und seine militärische Niederwerfung durch den
Schwäbischen Bund, verhinderten sowohl in Memmingen als auch in Kaufbeuren, daß die Beschlüsse unmittelbar hätten umgesetzt werden können. In
beiden Städten mußte die reformatorische Bewegung einen, teils andauernden Rückschlag hinnehmen.

3.

Lassen sich aus den Vorgängen in Memmingen und Kaufbeuren allgemeine
Rückschlüsse auf den Durchsetzungsprozeß der Reformation ziehen?

In beiden Städten wurde das Religionsgespräch unter Beteiligung der
Gemeinde durchgeführt, in Memmingen in der Weise, daß die Zünfte eigens
Vertreter für die Disputation wählten, in Kaufbeuren dadurch, daß von der
Gemeinde Vertreter dazu verordnet wurden.[53] In beiden Fällen scheint das
den eingespielten Modalitäten der breiteren Konsentierung von Entschei-
dungen entsprochen zu haben.

In Memmingen war in allen kritischen Phasen des reformatorischen Prozesses ein Ausschuß der Zünfte in Aktion getreten. Das entsprach der Verfassung der Stadt insofern, als die Zünfte in einem komplizierten Verfahren
die politischen Organe wählten: den Rat, den Ammann und den Bürgermeister. Im Rat saßen 12 Zunftmeister und 12 sogenannte „Ratgeben", mit dem
Bürgermeister also 25 Personen. Für die Zunftmeisterwahlen wurden 36
Kandidaten, drei aus jeder Zunft, den Mitgliedern der jeweiligen Zunft zur
Wahl gestellt.[54] Für die Ratgeben schlug jede Zunft einen Kandidaten vor,
der allerdings nicht notwendigerweise aus ihren Reihen stammen mußte,[55]
von der Gemeinde gewählt, d.h. bestätigt werden mußte. Daraus ergibt sich,
daß Gemeinde und Gesamtheit der Zünfte gewissermaßen identisch waren.

---

[52] *Ebd.*, S. 61f.
[53] Für Kaufbeuren: *Ebd.*, S. 47. - Für Memmingen: *KAK* (wie Anm. 24), Anlage 102/7, S. 13.
[54] Für Einzelheiten vgl. Peter Eitel, *Die oberschwäbischen Reichsstädte im Zeitalter der Zunft-
herrschaft* (Schriften zur südwestdeutschen Landeskunde 8), Stuttgart 1970, S. 23, 38, 67, 69, 72,
und Kroemer, *Reformation* (wie Anm. 9), S. 17-19.
[55] Das ergibt sich aus der Tatsache, daß unter den Ratgeben einzelne Zünfte über- oder unterre-
präsentiert waren. Die Wahlmodalitäten im einzelnen sind in der einschlägigen Literatur nicht eindeutig klar beschrieben.

In Kaufbeuren waren die Verhältnisse ganz ähnlich, was erklären mag, daß die zum Religionsgespräch hinzugezogenen Bürger nicht über die Zünfte, sondern offenbar über eine Gemeindeversammlung bestellt wurden. Seit dem Ende des 14. Jahrhunderts galt auch hier eine Zunftverfassung. Der Rat bestand aus einem Bürgermeister, sechs aus den (sechs) Zünften gewählten Räten und sieben Zunftmeistern und wurde jährlich beim Schwörtag bestätigt, umgesetzt oder gewählt.[56]

Dieser in beiden Städten ähnliche verfassungsrechtliche Sachverhalt wurde im Verlauf der Religionsgespräche ausdrücklich bestätigt. Wie im Kaufbeurer, so heißt es auch im Memminger Disputationsprotokoll eigens, daß „Burgermaister vnnd Ratt der Stat Memingen von Irer gemaind alls Ir oberkait vnnd vorgennger erwellt sein".[57] Der Rat repräsentiert folglich die Gemeinde. Seine Legitimation erhielt er jährlich neu am Schwörtag der Gemeinde. Die Bedeutung dieses, *coniuratio reiterata* genannten Vorgangs liegt darin, daß damit der gemeindestiftende Akt der coniuratio wiederholt wurde.[58]

Der materiale Kern des Eides, den die Bürger jährlich schworen,[59] bestand darin, den Frieden in der Stadt zu sichern und zu gewährleisten. Gewalt jeder Art sollte verhindert und auf den Weg des gerichtlichen Ausgleichs geschoben werden. Deswegen verpflichtete sich jeder Bürger auch, sich persönlich für die Sicherung des Friedens in der Stadt durch das sogenannte Friedebieten einzusetzen, das ihn persönlich durchaus in Gefahr bringen konnte.[60]

Den Frieden durch gerichtliches Verfahren zu sichern, dafür scheint es im Rechtsverständnis der Bürgerschaften beider Städte eine hinreichende Legitimationsgrundlage gegeben zu haben. Da die Glaubensfrage den Frieden in der Stadt bedrohte, war es möglich, sie gewissermaßen vor Gericht zu ziehen. Daß es sich im Falle der Religionsgespräche um gerichtsähnliche Vorgänge handelt, wird durch mehrere Indizien bestätigt. Sowohl der Augs-

---

[56] Baumann, *Allgäu* (wie Anm. 9), 2. Bd., S. 253. - Robert Zech, *Das Stadtrecht von Kaufbeuren* (Allgäuer Heimatbücher 41), [Kempten] 1951.

[57] Pfundner, *Religionsgespräch* (wie Anm. 3), S. 33.

[58] Vgl. dazu Eberhard Isenmann, *Die deutsche Stadt im Spätmittelalter, 1250-1500. Stadtgestalt, Recht, Stadtregiment, Kirche, Gesellschaft, Wirtschaft*, Stuttgart 1988, S. 74f. - Ders., *Die städtische Gemeinde im oberdeutsch-schweizerischen Raum (1300-1800)*, in: *Stadtgemeinde und Landgemeinde. Ein struktureller Vergleich* (Historische Zeitschrift, Beiheft 13), München 1991, S. 195f.

[59] Wer am Schwörtag nicht in der Stadt war, wurde bei seiner Rückkehr eigens vereidigt. So nach dem Statutenbuch von Kaufbeuren im Staatsarchiv Augsburg, *Reichsstädte-Literalien Kaufbeuren* 3, fol. 9.

[60] Vor allem das Friedebieten wird in den Stadtrechten breit behandelt. Für Kaufbeuren: *Staatsarchiv Augsburg, Reichsstädte-Literalien Kaufbeuren* 3, fol. 3f. - Der Eid, den die Memminger Gemeinde leistet, beinhaltet, den Amtsträgern „gehorsam, beratenn vnnd beholffenn [zu] sein", betont also die Rat- und Hilfepflicht, die zum Nutzen der Stadt erlassenen Gesetze zu halten. Staatsarchiv Augsburg, *Reichsstädte-Literalien Memmingen* 12, fol. 2.

burger Bischof als auch die altgläubigen Geistlichen vertraten den Standpunkt, der Glaubensstreit sei entweder in Augsburg, also vor dem dortigen
geistlichen Gericht, oder über ein Konzil zu entscheiden, hingegen sei es eine unzulässige Anmaßung, den Fall in der Stadt zu verhandeln. Möglicherweise haben deswegen beide Städte so nachhaltig darauf hingewiesen, die
Räte hätten „von kay. Mt die schlüsl gewallt, Regierung vnd verwalltung der
Stat emtphangen".[61] Damit mußte in erster Linie das Gericht gemeint sein,
denn die ursprünglich königlichen Kompetenzen bestanden in jener Ge-
richtshoheit, die in Schwaben durch einen vom kaiserlichen Landvogt eingesetzten Schultheißen als Vorsteher des städtischen Gerichts wahrgenommen wurde, und in der Blutsgerichtsbarkeit, mit der sich die Städte von jedem neu ins Amt gekommenen König belehnen ließen. Memmingen wurde
seit 1403, Kaufbeuren seit 1418 der Blutbann als Lehen vom Reich übertragen.[62] Auf das Gericht zu verweisen, hieß aber auch einen städtischen Aus-
schließlichkeitsanspruch anmelden, weil beide Städte von fremden Gerich-
ten durch königliche Privilegien ausdrücklich befreit waren.[63]

Durchschlagender, weil prinzipieller war freilich die theologische Argumentation des Kaufbeurer Dr. Fuchssteiner, die Gemeinde habe über die richtige
Lehre zu *urteilen*. Das erforderte und rechtfertigte, die Gemeinde durch gewählte Vertreter hinzuzuziehen. Genau das war zwei Jahre zuvor die Argumentation Huldrich Zwinglis und Martin Luthers gewesen. Die „kilchhöre",
die Gemeinde, wird über die Wortverkündigung, über „die ler urteilen, sust
nieman",[64] meint Zwingli. Zwar soll jedermann das Recht haben zu lehren,
beurteilt wird die Lehre jedoch allein durch die Gemeinde. „Lere tzu urteylen", so lautet Luthers Schlußfolgerung, „lerer odder seelsorger eyn und ab
zu setzen, mus man sich gar nichts keren an menschen gesetz, recht allther-
kommen, brauch, gewonheyt etc. Gott gebe, es sey von Bapst odder Keyser,
von Fursten odder Bischoff gesetzt, es habe die halb odder gantze wellt alßo
gehallten, es hab eyn odder tausent jar geweret."[65] Daraus folgt auch, daß
die Gemeinde darüber entscheidet, wer ihr das Wort Gottes verkündet, ein
Recht, das Memmingen wie Kaufbeuren in Anspruch nahmen, indem sie ihre Prädikanten als die allein zugelassenen Geistlichen bestätigten und den

---

[61] So die Formulierung für Memmingen. Pfundner, *Religionsgespräch* (wie Anm. 3), S. 33. -
Fast wörtlich gleich für Kaufbeuren, *Ebd.*, S. 43.
[62] Staatsarchiv Augsburg, *Reichsstädte-Urkunden Memmingen* 135 und 186. - Richard Dertsch
(Hg.), *Die Urkunden der Stadt Kaufbeuren, 1240-1500* (Veröffentlichungen der Schwäbischen
Forschungsgemeinschaft, Reihe 2a/3), Augsburg 1955, S. 154. - Danach entscheidet die Mehrheit
des Rates über die Bestrafung von Mördern, Dieben und Räubern.
[63] Für Kaufbeuren J. C. Lünig (Hg.), *Teutsches Reichs-Archiv*, 24 Bde., Leipzig 1710-1722,
hier 13. Bd., S. 1254f. - Für Memmingen *Ebd.*, S. 1415f.
[64] Huldreich Zwingli, *Sämtliche Werke*, 14 Bde., Berlin, Zürich 1905-1983, hier 3. Bd., S. 78.
[65] Martin Luther, *Werke. Kritische Gesamtausgabe (Weimarer Ausgabe)*, 60 Bde., Weimar
1883-1980, hier 11. Bd., S. 401-416, das Zitat S. 408f.

altgläubigen Priestern ihre seelsorgerische Tätigkeit untersagten, soweit sie sich nicht schon freiwillig aus der Stadt entfernt hatten. Bei einer begrifflich angemessenen Erfassung der Vorgänge kann nicht davon abgesehen werden, daß die Religionsgespräche mit einer Satzung, einem Gebot, einem Verbot endeten. Die Predigt des reinen Evangeliums wurde in beiden Städten *geboten*, in Memmingen die Meßfeier und in beiden Städten die alten kirchlichen Zeremonien *verboten*. Satzungen grundsätzlicher Art und von weiterreichenden Folgen lagen aber keineswegs in der Kompetenz des Rates allein, sondern erforderten, wie ein Friedens- und Religionsmandat für Memmingen von 1520 belegt,[66] den breiten Konsens, der in der Regel in der Weise hergestellt wurde, daß am Schwörtag auch Statuten beraten und erlassen wurden, wie für Kaufbeuren nachweisbar ist.[67] Wo der städtische Friede häufig erst durch Einung der Bürger zustandegekommen war, lag es nahe, seine Ausweitung in den kirchlichen Bereich gleichermaßen breit abzustützen.

Nicht anders war das in Zürich, wo Religionsgespräche dieser Art *erfunden* wurden. In den verfahrensrechtlichen Bestimmungen des Zürcher Richtebriefs aus dem 14. Jahrhundert heißt es, „swenne der Raht niht mugen alle über ein komen, wil der minder teil dem meren niht volgen, so mag der minder teil sin sache und sind ding furbas ziehen under die burger, und so die alle gesamnot werdent, die danne der Rat dar zuo wil, swas danne der mere teil über ein kumt, das beschehe".[68] Legitimiert waren solche Rückverweisungen an die Gemeinde in Zürich durch die von der Bürgerschaft eingeführte und eidlich befestigte Verfassung. Seit 1336 mußte die Gemeinde zweimal jährlich in das Großmünster einberufen werden. Dort wurden nachweislich Gesetze von der Gemeinde erlassen und die vom Rat in Vorschlag gebrachten genehmigt. Nur „mit gemeinem rate aller der burger" sollte dieses Verfahren aufgehoben und geändert werden können. So lag prinzipiell die Entscheidungskompetenz bei der Gemeinde, der Rat amtete aufgrund gemeindlicher Delegation. So galt auch noch im 15. Jahrhundert, daß „sachen", „die dz heilig ro(e)misch rich, u(i)nser eidgnoschaft als landkrieg oder nu(i)w bu(i)nd ze machen antreffen, so(e)lich sachen mugen wir

---

[66] Staatsarchiv Augsburg, *Reichsstädte-Literalien Memmingen* 17 [Einblattdruck von 1520 mit Bestimmungen über Gotteslästerung, Kirchenbesuch, Wetterläuten und Friedenssicherung].

[67] „Nach dem järlichs vnd auff disen tag", heißt es in der Präambel des Kaufbeurer Statutenbuchs mit Bezug auf den Schwörtag, „alhie in des heiligen Römischen Reichs Stat zu(o) kauffbewren, die artikl, stattuten, ordnungen vnd satzüngen, so Bürgermaister, Ratt vnnd ain ganntze gemaind Inen vnd Irer gemainen stat zu(o) Nutz frümmen vnd güten fürgenomen erkannt, gesezt vnnd gemacht [...]". Staatsarchiv Augsburg, *Reichsstädte-Literalien Kaufbeuren* 3, fol. 2.

[68] Friedrich Ott (Hg.), *Der Richtebrief der Burger von Zürich*, in: *Archiv für Schweizerische Geschichte* 5 (1847), S. 204. - Hingegen sind vom Rat verhängte Bußen nicht appellationsfähig. Diesbezügliche Urteile kann man „under die burger nit ziehen". *Ebd.*

wol fu(i)r ein gemeind Zúrich bringen".[69] Die Gemeinde war die Gesamtheit der Zünfte, und folglich war der Große Rat ein Repräsentativorgan der Gemeinde. Jede Zunft entsandte, so lassen sich die überlieferten Quellen interpretieren, 12 gewählte Vertreter in den Großen Rat, die Konstaffel 18, was zusammen mit den 26 Kleinräten, die kraft ihres Amtes im Großen Rat saßen, exakt die Zahl 200 ergab und damit dem Großen Rat den Namen Rat der Zweihundert verliehen hatte.[70] Er entschied 1523, Zwingli habe mit der Heiligen Schrift als Beweismittel den Glauben der römischen Kirche als unwahr entlarvt.

In den Disputationen dehnt die politische Gemeinde als Schwurverband ihr Recht, den Frieden in der Stadt durch Statuten zu sichern, auf den Raum des Glaubens aus. Die politische Gemeinde inkorporiert die Religion.

---

[69] H. Zeller-Werdmüller/Hans Nabholz (Hg.), *Die Zürcher Stadtbücher des XIV. und XV. Jahrhunderts*, 3 Bde., Leipzig 1899-1906, hier I/2, Nr. 269, S. 400.
[70] Vgl. Paul Guyer, *Verfassungszustände der Stadt Zürich im 16., 17. und 18. Jahrhundert unter der Einwirkung der sozialen Umschichtung der Bevölkerung*, Diss. phil. Zürich 1943, S. 31.

TOPOGRAPHIE DES TODES.
ZUR SOZIALHISTORISCHEN BEDEUTUNG DER FRIEDHOFSVERLEGUNGEN ZWISCHEN MITTELALTER UND NEUZEIT

Norbert Fischer (Hamburg)

Die Umsiedelung der Toten

Friedhöfe sind die zentralen Orte des Todes. Mit ihrer topographischen Lage, ihrer Binnenstruktur und ihren Grabsteinen können sie als gleichsam materialisierte Quellen „gelesen" werden, die vom gesellschaftlichen Umgang mit den Toten berichten. Dies läßt sich auf besonders eindrückliche Weise anhand jener neuen Friedhöfe aus der Zeit um 1500 demonstrieren, die erstmals außerhalb der Städte angelegt wurden. Sie läuteten das Ende der traditionellen Kirchhofsbestattung in Deutschland ein und zeugten schon vor der Reformation vom Anbruch einer „neuen" Zeit.

Wie das Beispiel Nürnberg zeigen wird, bildeten diese Friedhofsverlegungen das Element einer frühmodernen hygienischen Rationalität, die gegen die konkurrierende Macht des altgläubigen Klerus durchgesetzt wurde. Von der Reformation dann unterstützt und beschleunigt, verwandelten sie das Erscheinungsbild der Städte in einer Weise, die weit über die damalige Zeit hinaus maßgeblich bleiben sollte.

Mit der topographischen Verlagerung änderte sich die gesellschaftliche Rolle der städtischen Begräbnisplätze. Die neuen Friedhöfe besaßen nicht mehr jene „polyfunktionale Bedeutung",[1] wie sie von den traditionellen Kirchhöfen bekannt ist, die auch Schauplatz von Märkten und öffentlichen Versammlungen waren. Stattdessen entwickelten sich die außerstädtischen Begräbnisplätze zu spezifischen Orten des Todes, auf denen neue ästhetische Ausdrucksformen und eine andere Trauerkultur entfaltet werden konnten.

So bedeuteten die Friedhofsverlegungen nicht, wie behauptet, eine „Marginalisierung der Toten".[2] Nur auf den ersten Blick scheinen die To-

---

[1] Martin Illi, *Wohin die Toten gingen. Begräbnis und Kirchhof in der vorindustriellen Stadt*, Zürich 1992, S. 66.

[2] Diese Interpretation, die Verlust zu sehen meint, wo es um Wandel geht, jüngst bei Craig Koslofsky, *Die Trennung der Lebenden von den Toten: Friedhofverlegungen und die Reformation in Leipzig, 1536*, in: Otto Gerhard Oexle (Hg.), *Memoria als Kultur*, Göttingen 1995, S. 335-385, hier S. 385. Siehe zur Definition gesellschaftlich relevanter Räume Bob Scribner, *Symbolising*

ten, die zuvor inmitten der Städte ihren Platz gefunden hatten, zu Ausgegrenzten und Außenseitern geworden zu sein. Tatsächlich jedoch trat das
Gegenteil ein: Auch die umgesiedelten Toten wurden in das gesellschaftliche Leben der Städte einbezogen. Allen Widerständen zum Trotz machten
die Friedhofsverlegungen zwischen Mittelalter und Neuzeit erstmals jenen
Umgang mit den Toten sichtbar, dem wir in der Moderne später wiederbe-
gegnen werden.

Pesttod, Hygiene und städtische Ordnungspolitik:
Das Beispiel Nürnberg

Das markanteste, wenn auch nicht erste Beispiel[3] für vorreformatorische
Friedhofsverlegungen ist Nürnberg. Vor den Toren der fränkischen Reichsstadt wurden 1518/19 neue Begräbnisplätze eingerichtet: die beiden Friedhöfe St. Johannis und St. Rochus. Sie sind bis heute mit ihren einheitlich qua-
derförmigen Grabstätten als eindrucksvolles Dokument frühneuzeitlicher
Sepulkralkultur erhalten geblieben.

Auf den ersten Blick scheint ihre Anlage eine klar datierbare Zäsur zu
markieren. Aber bei näherer Betrachtung erweist sie sich als das Resultat
jahrzehntelanger Bemühungen des Nürnberger Rates um eine Reform des
Bestattungswesens. Die Einrichtung dieser neuen Nürnberger Friedhöfe St.
Johannis und St. Rochus hing, wie wir sehen werden, eng mit den Implikationen zusammen, die sich aus einer im Ansatz rationalen städtischen Hy-
gienepolitik ergaben. Es war eine Politik, die vor allem beim Klerus auf
zählebigen Widerstand stieß.

Bekanntlich hatte das Christentum die Toten in das Zentrum der Städte
geholt, weil es der christliche Glaube erstrebenswert erscheinen ließ, bei den
Reliquien bestattet zu werden. So waren Kirche und Kirchhof zum klassischen Ort christlicher Bestattung geworden. Das Grab um und im Gotteshaus, möglichst nahe am Altar, wurde nicht nur zum Ausdruck religiöser
Tradition, sondern auch zum Symbol gesellschaftlichen Prestiges. Ursprünglich nur Geistlichen zugebilligt, entwickelte sich das Kirchengrab
trotz mehrfacher, oft halbherziger Verbote zum käuflichen Statussymbol für
die weltlichen Oberschichten. Religiöse Elemente vermischten sich mit dem

---

boundaries: Defining Social Space in the Daily Life of Early Modern Germany, in: Gertrud Blaschitz, Helmut Hundsbichler, Gerhard Jaritz, Elisabeth Vavra (Hg.), *Symbole des Alltags, Alltag
der Symbole. Festschrift für Harry Kühnel zum 65. Geburtstag,* Graz 1992, S. 821-841 (siehe
auch Bob Scribners Anmerkungen über Tote als „Außenseiter innerhalb" im vorliegenden Band,
oben S. 37f.). - An dieser Stelle sei Andrea Kammeier-Nebel (Freiburg/Brsg.) für Literaturhinweise
und kritische Diskussionen gedankt.
[3] Stellvertretend hier die Beispiele Coburg (1494) und Freiburg i. Brsg. (um 1515); Barbara
Happe, *Die Entwicklung der Friedhöfe in Deutschland von der Reformation bis 1870,* Tübingen
1991, S. 191 und S. 195; bei Happe auch eine Auflistung weiterer Beispiele.

gesellschaftlichen Bedürfnis nach öffentlicher Repräsentation. Die Bestattung in und an der Kirche wurde damit zu einer willkommenen Einnahmequelle für den Klerus.[4]

Auch die Angehörigen der Nürnberger Oberschicht bevorzugten im Spätmittelalter die Bestattung in einer der beiden städtischen Pfarrkirchen St. Sebald und St. Lorenz - zumal sich dort die eigenen, reich ausgestatteten Stiftungen befanden. St. Sebald und St. Lorenz wurden zu den bevorzugten Schauplätzen für Begräbnisliturgie und Totenkult,[5] und für dieses Sonderrecht war man stets bereit zu investieren. Weniger privilegierte Schichten mußten mit einem häufig anonymen Grab auf dem umliegenden Kirchhof zufrieden sein.

Allerdings erforderte der knapp bemessene Raum nicht selten die Aufgrabung und Neubelegung der Grabstätten.[6] Vor allem die Pestumzüge des späten Mittelalters führten die Platzprobleme auf den beengten Kirchhöfen und in den Kirchen drastisch vor Augen.[7] Die vielen Pesttoten waren aber nicht nur ein räumliches, sondern auch ein gesundheitliches Problem. Sie lösten die Suche nach Alternativen aus. Die Sorge um die öffentliche Ge-

---

[4] Eine zusammenfassende neuere Geschichte der deutschen Friedhöfe im Mittelalter existiert nicht. Einige Aufschlüsse zumindest für den süddeutschen Raum vermittelt die Studie von Illi, *Toten* (wie Anm. 1); der Schwerpunkt von Illi liegt allerdings auf Zürich. Zur allgemeinen Geschichte von Tod und Bestattung im Mittelalter siehe u. a. zusammenfassend Norbert Ohler, *Sterben und Tod im Mittelalter*, München 1990; zu „Begräbnis und Totengedächtnis" auch der anschaulich bebilderte, gleichnamige Abschnitt bei Hartmut Boockmann, *Die Stadt im späten Mittelalter*, München 1986, S. 179-190; zum Tod im Übergang vom späten Mittelalter zur frühen Neuzeit die knappe, rein ideengeschichtliche Studie von Siegfried Wollgast, *Zum Tod im späten Mittelalter und in der frühen Neuzeit*. Sitzungsberichte der sächsischen Akademie der Wissenschaften zu Leipzig. Philologisch-historische Klasse, Band 132, Heft 1, Berlin 1992. Siehe neuerdings auch den betreffenden Abschnitt in der ebenfalls rein ideengeschichtlichen Untersuchung von Marianne Mischke, *Der Umgang mit dem Tod. Vom Wandel in der abendländischen Geschichte*, Berlin 1996, S. 90-95, deren Beschreibung hier allerdings diffus bleibt.

[5] Siehe die auf Nürnberger Ratsquellen basierende Untersuchung von Hubert Mattausch, *Das Beerdigungswesen der freien Reichsstadt Nürnberg (1219 bis 1806). Eine rechtsgeschichliche Untersuchung an Hand der Ratsverlässe und der vom Rat erlassenen Leichenordnungen*, Diss. Würzburg 1970, S. 15-18 und S. 32-34. Neben den Pfarrkirchen zählten auch Klosterkirchen sowie Kapellen zu den privilegierten Begräbnisstätten; *ebd.*, S. 19-21. Daß im übrigen auch Nürnberger Handwerker Kapellen stifteten, zeigt die St. Anna-Kapelle auf dem Kirchhof von St. Lorenz, die der Tuchmacher Conrad Horn 1511 erbauen ließ. *Ebd.*, S. 21.

[6] Dabei kamen die noch nicht verwesten Überreste der Toten in die sogenannten Beinhäuser, die zum vertrauten architektonischen Element der Kirchhöfe wurden. Die Bezeichnungen für Beinhäuser variieren regional, Karner und Ossarien sind bekannte Namen. Siehe zu Beinhäusern regional für Unterfranken Ludger Heuer, *Ländliche Friedhöfe in Unterfranken*, Dettelbach 1995, S. 35ff.; des weiteren als Regionalstudie neuerdings Reiner Sörries, *Die Karner in Kärnten*, Kassel 1996.

[7] Zur gesellschaftlichen Bedeutung der Pest im späten Mittelalter siehe Klaus Bergdolt, *Der Schwarze Tod in Europa. Die Große Pest und das Ende des Mittelalters*, München 1994. Einen die Forschungsergebnisse zusammenfassenden Überblick über die Rolle der Pest in der Geschichte bietet Hans Wilderotter, „*Alle dachten, das Ende der Welt sei gekommen". Vierhundert Jahre Pest in Europa*, in: Ders. (Hg.), *Das große Sterben. Seuchen machen Geschichte*, Berlin 1995, S. 12-53.

sundheit—und dazu zählte das Bestattungsproblem—sollte nun zu einem Element städtischer Ordnungspolitik und kommunaler Herrschaft werden. Erstmals dachte man an eine Art prophylaktischer Gefahrenabwehr. Allerdings mußte diese noch gegen den Widerstand konkurrierender gesellschaftlicher Gruppen durchgesetzt werden.[8]

Wenn also die Erfahrung der Pest den allgemeinen Kontext für die bevorstehende Zäsur im Umgang mit den Toten bildete, so gab es doch bezeichnende historische Verzögerungen. Martin Illi datiert das Aufkommen „vor den Stadttoren gelegener Pestfriedhöfe als gesundheitspolizeiliche Maßnahme" für seinen schweizerisch-süddeutschen Untersuchungsraum auf das 15. und 16. Jahrhundert.[9] Da die Seuchengefahr aber auch schon im 14. Jahrhundert bestanden hatte, müssen zusätzliche Faktoren hinzugekommen sein.

Insofern erscheint es verkürzend, wenn Klaus Bergdolt in seiner Studie über die „Große Pest und das Ende des Mittelalters" schreibt, daß die „Friedhofskultur der Neuzeit nach dem Schwarzen Tod [1348] ihren Anfang nahm".[10] Selbst wenn, wie in Nürnberg 1395, nur wenige Jahrzehnte nach der großen Epidemie ein sogenannter Pestfriedhof angelegt wurde, so handelte es sich dabei um keinen regulären und schon gar nicht um einen gesellschaftlich repräsentativen Bestattungsplatz. Diese Pestfriedhöfe waren, in Nürnberg wie anderswo, diskriminierende Orte.

Immerhin zeigt die frühzeitige Einrichtung eines Pestfriedhofs, daß Nürnberg im späten Mittelalter auf hygienischem Gebiet relativ fortschrittlich war. Mit Pest- und Medizinalordnungen versuchte der Rat schon im 13. und 14. Jahrhundert, den medizinisch-hygienischen Problemen, insbesondere der Seuchengefahr, Einhalt zu gebieten. Die Furcht vor Ansteckung ließ den Ruf nach Isolierung der Pesttoten laut werden. Der erwähnte gesonderte Pestfriedhof von 1395 wurde dem Begräbnisplatz jenes Siechkobels St. Johannis angegliedert, der vor den Toren der Stadt an der Handelsstraße nach Frankfurt lag.[11] Noch im gleichen Jahr ließ der Rat auch eine spezielle

---

[8] Alfons Labisch, *Homo hygienicus. Gesundheit und Medizin in der Neuzeit,* Frankfurt/M., New York 1992, S. 59-60.

[9] Illi, *Toten* (wie Anm. 1), S. 59.

[10] Bergdolt, *Schwarzer Tod* (wie Anm. 7), S. 161. Bergdolt verweist darauf, daß „individuelle Grabsteine für jedermann" vor 1348 in Westeuropa „extrem selten" waren und man normalerweise in Gemeinschaftsgräbern bestattete. Daran änderte sich allerdings prinzipiell auch nach 1348 nichts.

[11] Zur Geschichte des Siechkobels St. Johannis siehe Ingrid Busse, *Der Siechkobel St. Johannis vor Nürnberg (1234 bis 1807),* Nürnberg 1974. Zur Geschichte der St. Johannis-Kirche und der Wohltätigkeitsstiftungen in St. Johannis siehe Kurt Pilz: *St. Johannis und St. Rochus in Nürnberg,* Nürnberg 1984, S. 13-64.

„Truhe" zum Transport der Pesttoten anfertigen.[12] Angesichts der neuerlichen Epidemien wurde der Pestfriedhof im 15. Jahrhundert erweitert.[13]

Derartige Sonderfriedhöfe sind ein früher Ausdruck jener schon angesprochenen, systematisch ordnenden städtischen „Gesundheitspolitik", wie sie nicht nur aus Nürnberg bekannt ist.[14] Als Vorbild für eine prophylaktische und somit rational orientierte Gesundheitspolitik dienten oberitalienische Städte wie Venedig, mit denen die fränkische Reichsstadt in regelmäßigen Handelsbeziehungen stand. Folgenreich für die Entwicklung in Nürnberg sollte es sein, daß in Venedig nicht so sehr „Spezialisten" für die Gesundheitsvorsorge verantwortlich zeichneten, sondern eher die Durchschlagskraft des städtisch-administrativen Systems insgesamt. Die venezianischen Gesundheitsbehörden wurden nämlich von Repräsentanten der städtischen Führungsschichten geleitet - und nicht etwa von Ärzten.[15]

Diese hier nur skizzierten gesundheitspolitischen Ansätze erfuhren durch das seit Mitte des 15. Jahrhunderts anhaltende Bevölkerungswachstum einen neuerlichen Schub. Viele zeitgenössische Anordnungen zum Bestattungswesen nahmen ausdrücklich Bezug auf die „Überbevölkerung der Städte" und die „überfüllten Kirchhöfe".[16] Das „Zusammenwirken von wachsender Einwohnerzahl und hoher Sterblichkeit [hatte] jährlich mehr Tote zur Folge als die städtischen Kirchhöfe aufnehmen konnten."[17] Auch der Straßburger Kanzelredner Johannes Geiler von Kaysersberg (1445-1510) beispielsweise sprach die hygienischen Probleme an, die von überfüllten Kirchhöfen ausgingen.[18]

Parallel dazu wandelte sich die Einstellung zu Krankheit und Gesundheit: „In der geistig-leiblichen Ordnung des Mittelalters drängte sich im 15. Jahrhundert ein Element in den Vordergrund, das an sich alt war: der Wunsch nach einem langen Leben."[19] Mit anderen Worten: Der Tod wurde, zumindest innerhalb gebildeter gesellschaftlicher Eliten, nicht mehr fatalistisch hingenommen. Man forderte mehr Macht über den eigenen Körper und damit mehr Einfluß auf das eigene Leben. Paracelsus sollte später, 1526/27, mit seinem „Liber de vita longa" den Umgang mit Krankheit als

---

[12] Mattausch, *Beerdigungswesen* (wie Anm. 5), S. 25-26; Peter Zahn, *Die Inschriften der Friedhöfe St. Johannis, St. Rochus und Wöhrd zu Nürnberg*, München 1972, S. IX-X.

[13] Zahn, *Friedhöfe* (wie Anm. 12), S. X.

[14] Siehe den Abschnitt „Sonderbestattung" bei Illi, *Toten* (wie Anm. 1), S. 55ff.

[15] Labisch, *Homo hygienicus* (wie Anm. 8), S. 54. Ergänzt sei, daß insgesamt die Entwicklung des Medizinalwesens in deutschen Städten deutlich hinter der in Oberitalien zurückblieb; *ebd.*, S. 60 und 63.

[16] Koslofsky, *Verlegung* (wie Anm. 2), S. 341.

[17] Koslofsky, *Verlegung* (wie Anm. 2), S. 343.

[18] Siehe die Darstellung und das Zitat im Abschnitt über „Krankenpflege und Totenbestattung" bei L. Kotelmann, *Gesundheitspflege im Mittelalter. Kulturgeschichtliche Studien nach Predigten des 13., 14. und 15. Jahrhunderts*, Hamburg, Leipzig 1890, S. 256-257.

[19] Labisch, *Homo Hygienicus* (wie Anm. 8), S. 44.

Heilen begreifen und deutlich machen, daß der Mensch Gesundheit und Krankheit selbst beeinflußen kann.[20]

Zwischen Repräsentation und Rationalität

Derartige Tendenzen schienen eine Reform des Bestattungswesens zu begünstigen. Aber die Reformziele des Nürnberger Rates wurden zum Fokus gesellschaftlicher Machtkämpfe und offenbarten ein beträchtliches Konfliktpotential. Die Besitzer von Kirchengräbern waren ebensowenig geneigt, ihre privilegierten Plätze aufzugeben wie die Kirche ihre lukrative Einnahmequelle - auch nicht in Seuchenzeiten. So blieb letztlich auch die isolierende Pestbestattung ohne den gewünschten Erfolg. Es bedurfte, über die Erfahrungen von 1348 und aller folgenden Pestepidemien hinaus, weiterer sozialgeschichtlich relevanter Faktoren, um die Topographie des Todes entscheidend zu verändern.

Nürnberg hatte seit dem Sturz des Rates durch eine von wohlhabenden Handwerkern getragene Oppositionsbewegung 1348 keine schwerwiegenden sozialen Auseinandersetzungen mehr gekannt. Zwar waren als Ergebnis des Aufstands vorübergehend Zünfte eingerichtet worden, aber die Zunftverfassung wurde bald wieder aufgehoben und das Patriziat erlangte seine dominierende Stellung zurück.[21] Das Gewerbe wurde vom Rugamt überwacht, und die Handwerker blieben ohne ernsthafte politische Bedeutung (auch wenn formell Handwerksvertreter im Großen Rat vertreten waren).[22]

So konnte das Nürnberger Patriziat ziemlich unangefochten eine Politik verfolgen, die im wesentlichen die Sicherung von Produktion und Handel zum Ziel hatte.[23] Nürnberg wurde zu einer relativ „modernen" Stadt, die bemüht war, auf neue Probleme flexibel zu reagieren[24] - auch im Bestattungswesen. Aber gerade die vom Rat angestrebten Bestattungsreformen demonstrieren, daß die Modernisierungsversuche keineswegs glatt verliefen. Der Umgang mit den Toten liefert hier bezeichnende Beispiele für die Zäh-

---

[20] Labisch, *Homo Hygienicus* (wie Anm. 8), S. 44 und S. 47.

[21] Zur gesellschaftlichen Situation in Nürnberg am Vorabend der Reformation siehe Günter Vogler, *Nürnberg 1524/25. Studien zur Geschichte der reformatorischen und sozialen Bewegung in der Reichsstadt*, Berlin 1982, S. 12-32. Über die Zugehörigkeit zum Patriziat entschied nicht allein das Vermögen, sondern Herkommen und Verdienste um die Stadt, „also politische Haltung, öffentliches Wirken, soziale Stiftungen, geschäftliche Verbindungen und Konnubium mit den ratsfähigen Familien." (*ebd.*, S. 21) Die ohnehin nicht sehr ausgeprägte soziale Mobilität verringerte sich nach 1500 weiter, die Abschließungstendenzen der patrizischen Geschlechter fanden schließlich im sogenannten Tanzstatut von 1521 ihren symbolischen Ausdruck. Neben diesen ratsfähigen Geschlechtern entstand ein nicht-patrizischer Teil der Oberschicht - reiche Kaufleute und Angehörige freier Berufe, die auf Vermögen und Reichsadel zählen konnten (*ebd.*, S. 22-23).

[22] Vogler, *Nürnberg* (wie Anm. 21), S. 15.

[23] Vogler, *Nürnberg* (wie Anm. 21), S. 20.

[24] *Ebd.*

lebigkeit von eingeschliffenen Ritualen. Von prestigeträchtiger Symbolik geprägt, schien sich der traditionelle Totenkult jeder Veränderung zu widersetzen.

Analog zu anderen gesellschaftlich repräsentativen Ereignissen,[25] waren Begräbnisliturgie und Totenkult in Nürnberg extrem aufwendig. In den für die Bestattung bevorzugten Pfarrkirchen St. Sebald und St. Lorenz waren die entsprechenden Requisiten stets vorhanden: etwa Totenbahre, Leichtücher, Totenkerzen. Auf der Totenbahre lag der Verstorbene ohne Sarg, nur bedeckt von einem prunkvollen Leichtuch (übrigens keineswegs in Schwarz, das erst später zur Trauerfarbe wurde). Die oft mit kostbaren Malereien und Schnitzereien ausgestatteten hölzernen Leichentafeln wurden mit Name und Titel des Toten am Tag der Beerdigung ausgehängt.

Bedeutende Requisiten der Trauerfeierlichkeiten waren die brennenden Kerzen. An Wachs wurde nicht gespart: Es waren meist vier voluminöse Totenkerzen, die bei der Prozession der Totenbahre vorangetragen wurden.[26] Als „Sinnbild des ewigen Lichtes, das dem Toten leuchten und die Lebenden an die Vergänglichkeit allen Irdischen erinnern soll",[27] waren diese Totenkerzen im späten Mittelalter ein charakteristischer Ausdruck sepulkraler Symbolik. Man war darauf bedacht, die Kerzen nicht nur bei der Bestattung, sondern darüber hinaus bis zum Dreißigsten brennen zu lassen. Einige Familien erkauften sich ein sogenanntes Immerlicht.[28]

Wie die Wahl eines bevorzugten Platzes für das Grab, so waren auch diese öffentlichen Formen symbolischer Repräsentation—und die Pfarrkirche war bekanntlich *der* zentrale öffentliche Raum—integraler Bestandteil von gesellschaftlicher Macht und gesellschaftlichem Prestige.[29] Hier wurde kein Aufwand gescheut, um „Pracht und Herrlichkeit zu entfalten."[30]

Das Geld jedoch, das in diese und andere Rituale floß, war aus Sicht des Rates „unproduktiv" angelegt. Im übrigen schien sich der Totenkult der Kontrolle des Rates zu entziehen. So versuchte die Nürnberger Stadtregierung mit immer neuen Vorschriften, den betriebenen Aufwand einzudämmen. Der als verschwenderisch betrachtete Totenkult wurde damit bereits zum Objekt der Kritik, bevor Luther seine Reform der Rituale durchsetzte.

---

[25] Dazu allgemein die detaillierte Studie von Valentin Groebner, *Patriziat in Nürnberg um 1500*, Maschinenschriftl. Magisterarbeit, Hamburg 1988.

[26] Mattausch, *Beerdigungswesen* (wie Anm. 5), S. 32-35.

[27] Karl Schlemmer, *Gottesdienst und Frömmigkeit in der Reichsstadt Nürnberg am Vorabend der Reformation*, Würzburg 1980, S. 169.

[28] Schlemmer, *Frömmigkeit* (wie Anm. 27), S. 169. Das Immerlicht brannte entweder Tag und Nacht oder zu einer Zeit, die in der Stiftungsurkunde festgelegt war; ebd.

[29] Dazu allgemein den entsprechenden Abschnitt bei Groebner, *Patriziat* (wie Anm. 25), S. 65ff.

[30] Mattausch, *Beerdigungswesen* (wie Anm. 5), S. 26. Siehe auch Martial Staub, *Memoria im Dienst von Gemeinwohl und Öffentlichkeit. Stiftungspraxis und kultureller Wandel in Nürnberg um 1500*, in: Otto Gerhard Oexle (Hg.), *Memoria als Kultur*, Göttingen 1995, S. 285-334.

Ende des 15. Jahrhunderts etwa wurde die Verwendung von „Immer-
lichtern" reglementiert, und die prunkvollen Leichtücher sollten von den
Pfarrkirchen bei Todesfällen nurmehr verliehen werden.[31] Ein Ratsmandat
schrieb nicht nur Form und Größe von Totenschilden genau vor, sondern
suchte auch deren Kosten ausdrücklich zu begrenzen.[32] Hier scheinen also
bereits jene bürokratisch-ordnenden Tendenzen auf, die später in der strikten Normierung der Grabstätten von St. Johannis und St. Rochus ihre Fortsetzung finden sollten.[33]

Zum anderen bewegte sich der Nürnberger Rat mit seinen Mandaten und
Ratsverlässen mitten in jenem traditionellen Machtbereich kirchlichen Lebens, das eigentlich dem Bamberger Bischof unterstand. Der Rat konnte sich
dies erlauben, weil er schon bis zum Vorabend der Reformation von der
Kurie Zugeständnisse erreicht hatte, die in der damaligen Zeit wohl ihres-
gleichen suchten. Die politische Bedeutung Nürnbergs im Reich, das finanzielle Potential und das Verhandlungsgeschick der Stadt sorgten dafür, daß
der Rat „... die Geistlichkeit und das religiöse Leben kontrollierte".[34] Eine
Rolle spielte auch, daß der Bischof, von dem sich die Stadt dann durch die
Einführung der Reformation 1525 endgültig befreite, nicht in der Stadt saß.
Unter diesen Umständen besaß die Kirche in Nürnberg weniger Möglichkeiten als in anderen Städten, sich gegen die Eingriffe des Rates zu wehren.

Dabei versuchte der Rat immer wieder, seine Zuständigkeiten für das
kirchliche Leben auszudehnen, und ging dabei auch über bisherige Grenzen
hinaus.[35] Die Reglementierung der religiös-gesellschaftlichen Praxis wurde
zum Ausdruck einer Politik, die möglichst weite Felder öffentlichen Lebens
der städtischen Herrschaft unterwerfen wollte.

Die neuen Friedhöfe und der
Machtkampf zwischen Rat und Pröpsten

Auch das Kirchengrab in St. Sebald und St. Lorenz war, wie angedeutet,
schon lange vor 1500 aus hygienischen Gründen in die Kritik geraten. Aber
alle Vorstöße blieben zunächst ohne erkennbare Wirkung - zu viele Rück-
sichten waren geboten. So nahm noch ein ratsoffizielles Verbot der weltlichen Kirchenbeerdigung Anfang des 15. Jahrhunderts jene aus, die „15

---

[31] Schlemmer, *Frömmigkeit* (wie Anm. 27), S. 169-170; Mattausch, *Beerdigungswesen* (wie
Anm. 5), S. 32-33.
[32] Groebner, *Patriziat* (wie Anm. 25), S. 104-105.
[33] Im übrigen sollten natürlich bestimmte Formen des Totenkultes, wie sie im Inneren der Pfarrkirchen geübt wurden, auf den freien, der Witterung ausgesetzten Flächen der außerstädtischen
Friedhöfe gar nicht mehr möglich sein.
[34] Schlemmer, *Frömmigkeit* (wie Anm. 27), S. 362.
[35] *Ebd.*, S. 363.

Heller in dieselbe kirchen" gaben.[36] Nur wenige Jahrzehnte später wurde ein erneutes Verbot ausgesprochen - was nicht nur andeutet, wie aktuell das Bestattungsproblem war, sondern auch, wie problematisch die Durchsetzung von Restriktionen.

Gegen das Verbot des Kirchengrabes formierte sich nämlich hartnäckiger Widerstand. Schließlich ging es hier nicht mehr um einzelne Elemente des Totenkultes, sondern um fundamentale Einschnitte. Zum einen hielten jene Familien, die Grabstätten in den Kirchen besaßen, zäh an ihren privilegierten Plätzen fest. Sie hatten sich schließlich auch geweigert, in Pestzeiten ihre Toten an den dafür vorgesehenen, besonderen Begräbnisplätzen zu bestatten. Zum anderen ging es aus Sicht der römischen Kirche um einen Kern religiösen Lebens: die Gemeinschaft von Lebenden und Toten. Hubert Mattausch drückt das Problem mit prägnanten Worten aus: „Der Gedanke, neue, von der Pfarrkirche losgelöste Friedhöfe vor der Stadt anzulegen, war für sie unvorstellbar und ungeheuer. Diese Form der Beerdigung kam ja einem 'unehrlichen' Begräbnis gleich, wie es den aus der kirchlichen und weltlichen Gemeinschaft Ausgestoßenen ... zuteil wurde."[37]

Entsprechend schwierig gestaltete sich der Versuch einer radikalen Lösung. Dabei erlaubten die wiederholten Pestepidemien kaum eine andere Wahl, zumal die bisherige Bestattungspraxis in Seuchenzeiten, wie gesagt, nicht den gewünschten Erfolg hatte. Als ein Ratsverlaß aus dem Seuchenjahr 1483 mit dem Ziel, die Bestattung *aller* Pesttoten vor den Toren der Stadt zu erreichen, erneut ohne erkennbare Wirkung blieb, mußte der Rat im Folgejahr die Aufschüttung der Kirchhöfe von St. Sebald und St. Lorenz anordnen. Beide waren offensichtlich bis an die Grenzen gefüllt mit Leichen.[38]

Den entscheidenden Anlauf startete der Nürnberger Rat dann im Jahr 1515. Betont sei, daß es zunächst ausschließlich um die Pestbestattung ging. Als Kompromiß bot der Rat den Pröpsten von St. Sebald und St. Johannis an, die Bestattung vor den Toren in Pestzeiten wenigstens für das gemeine Volk vorzuschreiben. Da die Kirchenrepräsentanten offensichtlich darauf nicht eingingen, untersagte der Rat im Jahr 1517 für alle Pesttoten das Begräbnis in der Stadt - gleich, ob arm oder reich.[39]

Immerhin fühlten sich die Pröpste daraufhin zu Verhandlungen genötigt und boten an, alle jene vor den Toren zu beerdigen, die über keine eigene Grabstätte in der Stadt verfügten. Dies bedeutete praktisch, daß die Kirche auf den Vorschlag des Rates von 1515 eingehen wollte. Den kanonischen Anspruch der Grabstättenbesitzer auf ihr Bestattungsrecht in der Stadt konnten und wollten die Pröpste jedoch nicht preisgeben. Nicht ganz un-

---

[36] Mattausch, *Beerdigungswesen* (wie Anm. 5), S. 17.
[37] *Ebd.*, S. 61-62.
[38] *Ebd.*, S. 62.
[39] *Ebd.*, S. 62-63.

wichtig bei den Verhandlungen war übrigens die Neuregelung der Einkünfte aus den Bestattungen.[40]

Der Rat jedenfalls schien nunmehr entschlossen, seine radikale Position durchzusetzen. Er lehnte das Angebot der Pröpste rundweg ab und verfügte am 7. November 1517, daß sämtliche Pesttoten nicht mehr innerstädtisch, sondern außerhalb zu beerdigen seien. Zu diesem Zweck wurden vor den Toren einerseits am bereits bestehenden Pestfriedhof St. Johannis bedeutende Flächen neu erschlossen, andererseits wurde St. Rochus als neuer Friedhof eingerichtet. Der Rat schien sich nunmehr endgültig gegen die Pfarrkirchen durchsetzen zu wollen - bemerkenswerterweise zu einer Zeit, als gerade keine Pest herrschte.[41] Auch ein kaiserliches Schreiben vom 31. Oktober 1518 hatte darauf hingewirkt, daß in Seuchenzeiten in Nürnberg niemand mehr bei den Pfarrkirchen begraben werden sollte.[42]

Bezeichnend für den gesundheitspolitischen Kontext ist, daß die Wahl des Platzes für den St. Rochus-Friedhof auf dem südlichen Ufer der Pegnitz im heutigen Stadtteil Gostenhof aufgrund rationaler Kriterien erfolgte, wie der Bodenbeschaffenheit. St. Rochus wurde auf dem trockenen Sandboden einer jungdiluvialen Uferterrasse errichtet, 500 Meter südwestlich vom Spittlertor. Ein Vorschlag des St. Lorenzer Propstes, den neuen Friedhof dem Siechkobel St. Leonhard anzugliedern, wurde vom Rat wegen des dort zu feuchten Bodens verworfen. Im übrigen blieben damit beide außerstädtischen Friedhöfe noch innerhalb der Landwehr aus dem 15. Jahrhundert, die im Vorfeld der Festungsartillerie lag.[43]

Außerdem erreichte der Rat, daß der St. Johannis- und der St. Rochus-Friedhof am 21. März 1519 ihre bischöflichen Weihen erhielten - wofür der Bamberger Bischof 40 Gulden erhielt. Die Familie Imhoff stiftete für St. Rochus eine Kapelle, die im Juli 1521 geweiht wurde.[44]

Wie eng Gesundheitspolitik und Friedhofsverlegungen zusammenhingen, zeigt schon der Umstand, daß etwa zeitgleich mit der Einrichtung von St. Johannis und St. Rochus vom Rat 1519/20 eine zusammenhängende Ordnung für Pestzeiten erlassen wurde. Sie sah detaillierte Reglementierungen für den Ablauf der Bestattung vor und bedeutete nicht zuletzt eine deutliche Einschränkung der Begräbnisfeierlichkeiten.[45]

Der erneute Ausbruch der Pest Ende 1519 zeigte allerdings, daß die Anweisungen des Rates zur außerstädtischen Bestattung nicht ohne Widerstand blieben. Der Rat mußte den Leichentransporten Aufseher beigeben, um sein

---

[40] Zahn, *Friedhöfe* (wie Anm. 12), S. XII.
[41] Mattausch, *Beerdigungswesen* (wie Anm. 5), S. 63-65.
[42] Zahn, *Friedhöfe* (wie Anm. 12), S. X.
[43] *Ebd.*, S. XII.
[44] *Ebd.*
[45] Mattausch, *Beerdigungswesen* (wie Anm. 5), S. 68ff.

Ziel durchzusetzen. Die Pröpste beharrten nämlich auf ihrer ursprünglichen Position. Als sich jedoch die Seuche 1520 immer weiter ausbreitete, ging der Rat wiederum einen entscheidenden Schritt weiter: Ohne Verhandlungen mit den Pröpsten verfügte er am 28. Juli 1520 die völlige Einstellung der innerstädtischen Bestattungen und bekräftigte diesen Entschluß—von dem lediglich Priester und Ordensleute ausgenommen blieben—am 3. Januar 1521.[46] Dies läutete nach langen, zähen Bemühungen noch vor der Einführung der Reformation das Ende innerstädtischer Bestattungen in Nürnberg ein. St. Johannis und St. Rochus wurden zu regulären Begräbnisplätzen.

Allerdings wäre es verfehlt zu behaupten, der Nürnberger Rat hätte allein durch die Friedhofsverlegungen die bestehenden Bestattungtraditionen schon vollständig umgestülpt. Schließlich konnten die bereits bestehenden Familien- und Erbbegräbnisse in den Kirchen nicht ohne weiteres aufgelöst werden, sie wurden auch künftig belegt. So war der nach Einführung der Reformation weiter gestärkte Rat vor allem daran interessiert, die Anlage neuer Erbbegräbnisse in den Gotteshäusern zu unterbinden.[47] Noch 1541 jedoch mußte er sein Verbot der Kirchenbestattung bekräftigen, als die Genehmigung eines Grabes in der alten Pfarrkirche St. Johannis gewünscht wurde.[48] Dennoch: Die Topographie des Todes hatte sich entscheidend verändert.

Im übrigen war die „Stadt vor der Mauer"[49] kein Niemandsland. Sicher: Richtstätten und Schindanger, die hier lagen, waren kaum dazu angetan, Repräsentativität auszustrahlen. Aber die Siechenhäuser beispielsweise hatten sich schon im 15. Jahrhundert zu einer Art Altersheim entwickelt. Auch gab es vor den Toren kleine Wohnsiedlungen und standortgebundene Produktionsstätten wie Mühlen und Hammerwerke. Selbst prestigeträchtige Einrichtungen sollten weiter außerhalb zu finden sein: Klöster mit ihren Gütern, Gartenanlagen, Weingärten und Festwiesen. Auch die Landhäuser, die sich Nürnberger Patrizier errichten ließen, sorgten für eine Aufwertung des Umlandes.[50] Und künftig sollte der Raum vor den städtischen Toren also durch Friedhöfe gesellschaftlich weiter verdichtet werden.

---

[46] Mattausch, *Beerdigungswesen* (wie Anm. 5), S. 65f.
[47] Mattausch, *Beerdigungswesen* (wie Anm. 5), S. 97.
[48] *Ebd.*
[49] So der Titel des entsprechenden Abschnitts bei Boockmann: *Stadt* (wie Anm. 4), S. 11ff.
[50] Klaus Gerteis, *Die deutschen Städte in der frühen Neuzeit. Zur Vorgeschichte der 'bürgerlichen Welt'*, Darmstadt 1986, S. 35-36; Boockmann, *Stadt* (wie Anm. 4), S. 11-24.

Die Friedhofsverlegungen als
„trojanisches Pferd" der Reformation

In der neueren Forschung dominiert die Einschätzung, es seien Luthers Vorstellungen gewesen, die die „Voraussetzungen für eine Trennung von Kirche und Grab und damit für die Verlegung der Begräbnisplätze aus den Städten" geschaffen haben.[51] Wie am Fallbeispiel Nürnberg, also einer der bedeutendsten deutschen Städte, gezeigt wurde, ist diese Interpretion so nicht haltbar.

Gleichwohl wirkte die Reformation bei den Bemühungen um eine Verlegung städtischer Begräbnisplätze als Katalysator und beschleunigte die Entwicklung. Es ist hier nicht der Ort, noch einmal zu referieren, in welchem Maß die Reformation die Bestattungtraditionen veränderte - dazu sei auf die vorliegenden Arbeiten verwiesen.[52] So mögen einige erläuternde Stichworte genügen: Reformatorisches Denken verwarf den Glauben an ein Zwischenreich zwischen Leben und Tod und den Glauben an das Fegefeuer - das Seelenheil der Menschen wurde allein Gott überantwortet. Damit aber ergab es auch keinen Sinn mehr, mittels Fürbitte das Seelenheil der Verstorbenen zu fördern, verloren beispielsweise die Jahrtage ihre Bedeutung. Luther selbst betrachtete die neuen Friedhöfe ausdrücklich als gesellschaftlich bedeutende Orte. Wenn auch bei ihm die Erinnerung an die Toten stark in den Hintergrund rückte, so sollten die Begräbnisplätze doch auf den „spirituellen Zustand" der Lebenden einwirken.[53]

Möglicherweise wären die hygienisch motivierten Friedhofsverlegungen nach 1500 ohne langfristige gesellschaftliche Bedeutung geblieben, wären sie nicht auf die katalysatorische Wirkung der reformatorischen Bewegungen gestoßen. Unter dem Einfluß der Reformation jedenfalls kam es im 16. Jahrhundert in deutschen Städten zu einer regelrechten Welle von Friedhofsverlegungen.[54] Religiöse Reformen und hygienische Forderungen fanden zu einer bemerkenswerten Symbiose. Dabei kam es gelegentlich zu seltsam erscheinenden Koalitionen, die ein bezeichnendes Licht auf die Bedeutung hygienischer Rationalität in der ersten Hälfte des 16. Jahrhunderts werfen.

---

[51] Happe, *Entwicklung* (wie Anm. 3), S. 183. Happe bezieht sich vor allem auf Martin Luthers Schrift „*Ob man vor dem Sterben fliehen möge"* von 1527 (in: D. Martin Luthers *Werke, Kritische Gesammtausgabe*, 23. Band, Weimar 1901, S. 338-379).

[52] Zur Trauerkultur in der Reformationszeit siehe Craig M. Koslofsky, *Death and Ritual in Reformation Germany*, University of Michigan Ph.D., 1994; Illi, *Toten* (wie Anm. 1), S. 109ff.; Happe, *Entwicklung* (wie Anm. 3), S. 177ff.

[53] Koslofsky, *Trennung* (wie Anm. 2), S. 346; Happe, *Entwicklung* (wie Anm. 3), S. 179-183.

[54] Eine Auflistung für Deutschland bei Happe, *Entwicklung* (wie Anm. 3), S. 177-215. Siehe auch Fritz Schnelbögl: *Friedhofverlegungen im 16. Jahrhundert*, in: *Jahrbuch für fränkische Landesforschung* 34/35, 1974/75, S. 109-120.

Dies zeigt das Beispiel Leipzig: Craig Koslofsky hat in einer Fallstudie die Auseinandersetzungen um die Verlegung der Bestattungen auf den außerstädtischen, vor dem Grimmaischen Tor gelegenen Friedhof St. Johannis beschrieben. Initiiert und gefördert wurde die damit verbundene neue Leipziger Begräbnisordnung von 1536 durch reformorientierte Ratsmänner und fürstliche Räte. Ihnen war natürlich bewußt, daß das außerstädtische Begräbnis die traditionelle klerikale Fürbitte für die Toten schwächen und die finanzielle Basis der Leipziger Dominikaner sowie die Traditionen und Privilegien der anti-reformerischen Universität unterminieren mußte.[55] Der Landesherr, Georg von Sachsen, hatte sich dennoch die hygienischen Argumente zu eigen gemacht und ließ mit der Begräbnisordnung von 1536 alle innerstädtischen Bestattungen in Leipzig verbieten.

Der lutherisch eingestellte Leipziger Stadtrat sah die an sich gesundheitspolitisch motivierte Verlegung auch als Vehikel für seine reformatorischen Ziele. Er vertraute dabei zusätzlich auf antiklerikale Stimmungen sowie die verbreitete Furcht vor den Seuchen. Die Friedhofverlegung sollte, wie Craig Koslofsky treffend schreibt, zum „trojanischen Pferd des Luthertums" werden.[56]

Zunächst jedoch mußte der hartnäckige Widerstand der streng altgläubigen Theologen von der Leipziger Universität überwunden werden. Mit gutem Grund fürchteten diese den weiteren Vormarsch der lutherischen Lehre und versuchten, mit entsprechenden Hinweisen Herzog Georg von Sachsen von der neuen Begräbnisordnung abzubringen. Der Konflikt eskalierte, als im März 1536 ein Magister und ein Professor der Universität verstarben. Traditionsgemäß sollten sie innerhalb der Stadt begraben werden. Der Rat jedoch verbot dies und ließ sogar die Kirchen überwachen. Um eine weitere Zuspitzung zu verhindern, konzedierte Herzog Georg nicht nur diese beiden Beerdigungen, sondern kurz darauf den Mitgliedern der Universität auch generell die innerstädtische Bestattung.[57]

Trotz dieses Kompromisses erscheint es bemerkenswert, daß sich der Landesherr grundsätzlich auf die Verlegung der Friedhöfe eingelassen hatte. Dies untermauert die Bedeutung hygienischer Rationalität in der ersten Hälfte des 16. Jahrhunderts. Wie die beiden neuen Nürnberger Friedhöfe sollte sich auch der Leipziger St. Johannis-Friedhof in der Folge zu einem Schauplatz bedeutender frühneuzeitlicher Sepulkralkultur entwickeln. Und gerade die Entfaltung neuartiger sepulkraler Ausdrucksformen dokumentiert, in welch hohem Maße die neuangelegten Friedhöfe zu gesellschaftlich relevanten Ort wurden.

---

[55] Koslofsky, *Trennung* (wie Anm. 2), S. 384.
[56] *Ebd.*, S. 385.
[57] Zum Verlauf dieses Konflikts siehe Koslofsky, *Trennung* (wie Anm. 2), S. 358ff.

Auf der Suche nach neuen ästhetischen Strukturen

Damit ist angesprochen, daß die neuen Friedhöfe nicht nur ein hygienisches und theologisches Problem, sondern auch eine ästhetische Herausforderung bedeuteten. Für das Erscheinungsbild der außerstädtischen Friedhöfe und ihrer Grabstätten sollten nicht zuletzt veränderte Formen der Trauer ausschlaggebend werden. Wie Andrea Kammeier-Nebels Studien über familiengeschichtliche Aufzeichnungen des 15. und 16. Jahrhunderts ergaben, erhielt das Grab in der ersten Hälfte des 16. Jahrhunderts emotional einen wesentlich höheren Stellenwert als zuvor. Während es im 15. Jahrhundert als bloßer Beisetzungsort verzeichnet worden war, wurde es nun auch als gemeinsame, familienbezogene Ruhestätte ausdrücklich thematisiert.[58] Privatere, emotionsgetöntere Formen der Trauer begannen sich zu entfalten.

Allerdings wurden die Rahmenbedingungen zumindest in Nürnberg nach wie vor vom Rat diktiert. Dessen strikt normierende Politik war weiterhin auf die Einschränkung allen sepulkralen Gepränges bedacht und sah für die einzelnen Grabstätten gleich große, etwa 170x70 cm messende Sandsteinquader vor. Diese überraschend modern erscheinende Normierung erlaubte lediglich eine Prachtentfaltung im kleinen. Daraus resultierten jene reliefverzierten Bronze- und Messingtafeln, die auf die Oberfläche der sarkophagähnlichen Grabstätten von St. Johannis und St. Rochus montiert wurden und den späteren „Ruhm" beider Friedhöfe begründeten. Überwogen in den ersten Jahrzehnten des 16. Jahrhunderts noch rechteckige Tafeln (daneben auch Medaillons), so tauchten gegen Ende des Jahrhunderts ovale Formen auf, die später in „weichfließende vegetabile Kartuschen" übergingen.[59] Generell läßt sich festhalten, daß die Darstellungen auf den Reliefs ab Mitte des 16. Jahrhunderts in Text und Schmuckwerk reichhaltiger wurden. Oft wurden mehrere Tafeln für eine Grabstätte notwendig.[60]

---

[58] Andrea Kammeier-Nebel, *Der Wandel des Totengedächtnisses in autobiographischen und genealogischen Aufzeichnungen des 15. und 16. Jahrhunderts,* Unveröffentl. Vortragsmanuskript, 1996 (o. Pag.). Die hier untersuchten Familienaufzeichnungen stammen teilweise aus Nürnberg. Ich danke Andrea Kammeier-Nebel für die Überlassung des Manuskriptes, das für einen Vortrag auf der Tagung „Autobiographien und autobiographische Zeugnisse im späteren Mittelalter und in der Frühen Neuzeit" (Herzog-August-Bibliothek, Wolfenbüttel, 23.-26.9.1996) geschrieben wurde. Der Vortrag basiert auf den Forschungen der Autorin, die sie im Rahmen ihrer Dissertation durchgeführt hat.

[59] Zahn, *Friedhöfe* (wie Anm. 12), S. XVII. Es gab Ausnahmen von den Sandsteinquadern: Bis zum 18. Jahrhundert waren noch Wandepitaphien vorhanden, sie zeigten gemalte und plastische Darstellungen. Diese Wandepitaphien befanden sich an der Mauer zum ehemaligen Pfarrgarten; Mauer und Pfarrhaus wurden im 19. Jahrhundert abgebrochen, der Pfarrgarten in den Friedhof mit einbezogen. Peter Zahn, *Beiträge zur Epigraphik des sechzehnten Jahrhunderts: Die Fraktur auf den Metallinschriften der Friedhöfe St. Johannis und St. Rochus zu Nürnberg,* Kallmünz/Oberpfalz 1966, S. 29.

[60] Zahn, *Friedhöfe* (wie Anm. 12), S. XVII.

Neben der traditionellen religiösen, geneaologischen und berufsständischen Symbolik sollten auf diesen Tafeln auch die oben erwähnten, individuell geprägten Gefühle der Trauer ihren Niederschlag finden. Das konnte die gemeinsame Darstellung eines Ehepaares sein oder der versinnbildlichte Schmerz, der beim Verlust der Gattin empfunden wurde. Besonders charakteristisch erscheint die emotionale familiäre Bindung, wenn Eltern und Kinder gemeinsam dargestellt und die bereits verstorbenen Kinder dabei durch ein Kreuz markiert werden.[61] Derart familienbezogene Darstellungen bildeten zwar noch lange nicht die Regel, [62] immerhin aber kündigten sie an, welche Richtung die Entwicklung in der Neuzeit nehmen sollte.

Auch die Inschriften veränderten sich. Waren die Nürnberger Grabstätten noch etwa bis Mitte des 16. Jahrhunderts von einfachen Formularen gekennzeichnet, so wurden sie seit der Jahrhundertmitte komplexer und ausführlicher. Vor allem im letzten Drittel des 16. Jahrhunderts gewannen Datierung, Personalien und Votum erheblich an Umfang.[63]

Ein weitere folgenreiche Veränderung betraf, nicht nur in Nürnberg, die Friedhofsstruktur insgesamt. Schließlich hatten die Begräbnisplätze mit dem Gotteshaus ihre traditionelle architektonische und „kultische" Mitte verloren.[64] Friedhofseigene Kapellen sollten dies ebenso kompensieren wie die auf katholischen außerstädtischen Friedhöfen aufgestellten Hochkreuze. Das bemerkenswerteste Beispiel für eine architektonische Neuorientierung waren jedoch jene städtischen Gottesäcker, die von Arkaden umlaufen wurden, unter deren Schutz die prestigeträchtigsten Grabstätten ihren Platz fanden: die sogenannten Camposanto-Friedhöfe.[65]

Das berühmteste Beispiel dieser Camposanto-Architektur ist der Stadtgottesacker von Halle/Saale. Seine Arkaden wurden in der zweiten Hälfte des 16. Jahrhunderts vom städtischen Baumeister Niklas Hoffmann im Stil der Renaissance geschaffen. Sie wurden zum Ausdruck des gestiegenen

---

[61] Beispiele vom Ende des 16. Jahrhunderts auf dem St. Johannis-Friedhof sind das Grabmal der Familie Grauser (Pilz, *St. Johannis und St. Rochus* [wie Anm. 11], S. 92), das Grabmal Dörr (Curiosa - Handwerker-Epitaphien - Patriziergräber auf dem St. Johanniskirchhof zu Nürnberg, hrsg. vom Bürgerverein St. Johannis-Schniegling-Wetzendorf. Nürnberg 1991, S. 46-47) sowie, historisch etwas später, das Grabmal Forstenheusser von 1605 (*ebd.*, S. 47). Zur Kindersterblichkeit und zur Trauer angesichts des Todes von Kindern im spätmittelalterlichen und frühneuzeitlichen Nürnberg siehe Mathias Beer, *Eltern und Kinder des späten Mittelalters in ihren Briefen. Familienleben in der Stadt des Spätmittelalters und der frühen Neuzeit mit besonderer Berücksichtigung Nürnbergs (1400-1550)*, Nürnberg 1990, S. 299-309.

[62] Zahn, *Friedhöfe* (wie Anm. 12), S. XVIII, stellt klar, daß derartige Darstellungen noch längst nicht die Regel sind.

[63] Zahn, *Friedhöfe* (wie Anm. 12), S. XIX.

[64] Happe, *Entwicklung* (wie Anm. 3), S. 215.

[65] Beispiele bei Happe, *Entwicklung* (wie Anm. 3), S. 188ff.; zur Diskussion dieses Typus siehe ebd., S. 207ff.

Selbstbewußtseins des reformatorischen Bürgertums in Halle, das die altgläubige Herrschaft abgeschüttelt hatte.[66]

So bedeuteten die neuen außerstädtischen Friedhöfe letztlich keine Verbannung und Marginalisierung der Toten. Wenn es auch medizinisch-hygie-
nische Überlegungen gewesen waren, die der Bestattung diesen neuen,
spezifischen Ort vor den Toren zuwiesen, so blieb doch die Feier des Todes
ein gesellschaftlich-repräsentatives Ereignis von hoher symbolischer und
zunehmend emotionsgefärbter Bedeutung. Auf diese Weise konnten die jenseits der Stadttore angelegten Friedhöfe zum Schauplatz neuartiger Formen
der Sepulkralkultur werden. Die einst diskriminierende Bestattung „im Felde" hatte ihre gesellschaftlichen Weihen erhalten.

Der Weg in die Moderne

Allerdings war es keineswegs so, daß gleich alle neuen Begräbnisplätze zu
architektonisch wohlstrukturierten und ästhetisch gepflegten Orten des Todes wurden. Neben repräsentativen Anlagen wie in Nürnberg und Hal-
le/Saale gab es immer noch, vor allem in kleineren Städten, die breite Masse
jener frühneuzeitlichen Friedhöfe, die lediglich durch einen Haupt- und
vielleicht noch einen Querweg erschlossen wurden, im übrigen jedoch weitere ästhetische Ambitionen vermissen ließen.[67] Das darf hier nicht vergessen
werden.

Grundsätzlich aber wiesen die repräsentativen außerstädtischen Anlagen
den Weg, den die Sepulkralkultur in der Moderne nehmen sollte. Im späten
18. und frühen 19. Jahrhundert kam es dann, im Kontext des Reformabsolu-
tismus wiederum hygienisch motiviert, zu einer zweiten Verlegungswelle in
den inzwischen gewachsenen Städten.[68] Unter ästhetischem Aspekt wurde
die „Natur" auf den Friedhöfen zu einem immer bedeutenderen Gestaltung-
selement. Spätestens in der zweiten Hälfte des 19. Jahrhunderts mündete
diese Entwicklung im „Gesamtkunstwerk" Parkfriedhof, das Natur, Technik
und Tod zu harmonisieren suchte und die Kulisse für die immer üppiger
ausfallenderen bürgerlichen Grabdenkmäler des Zweiten Kaiserreiches bil-

---

[66] Siehe zur kunsthistorischen Einschätzung des Stadtgottesackers Hans-Joachim Mrusek, *Hal-
le/Saale*, Leipzig 1960, S. 97-98; siehe auch Ella Manz, *Grabstätten des Stadtgottesackers*, in:
Hallesche Monatsblätter 3, 1956, S. 471-475. Eine späte Nachwirkung fand die Arkaden-Ästhetik
im 19. Jahrhundert im (heutigen Alten) Südfriedhof München, der bezeichnenderweise zum ersten
außerstädtischen Friedhofs Münchens geworden war und dessen Grabmäler zu den bedeutendsten
Zeugnissen zeitgenössischer Sepulkralkultur zählen; Steffi Röttgen, *Der Südliche Friedhof in München. Vom Leichenacker zum Camposanto*, in: Sigrid Metken (Hg.), *Die letzte Reise. Sterben, Tod
und Trauersitten in Oberbayern*, München 1984, S. 285-301.
[67] Michael Belgrader/Hans-Kurt Boehlke, *Friedhof*, in: *Theologische Realenzyklopädie*, Band
XI, Berlin, New York 1983, S. 646-653, hier S. 650.
[68] Happe, *Entwicklung* (wie Anm. 3), S. 73ff.

dete. Zum Leitbild wurde der 1877 eröffnete und mehrere Kilometer vom Stadtzentrum entfernt gelegene Hamburger Zentralfriedhof Ohlsdorf. Er zeigte sich spätestens um die Jahrhundertwende als gartenarchitektonisch durchkomponierter Ort, auf dem bürgerlicher Tod und bürgerliche Trauer geradezu zelebriert wurden. Friedhöfe wie Ohlsdorf bildeteten einen wichtigen Ausdruck kommunalen Selbstbewußtseins und waren Element städtischer Repräsentationspolitik.[69]

So hatten die zwischen spätem Mittelalter und früher Neuzeit initiierten Friedhofsverlegungen den Boden bereitet für einen Umgang mit den Toten, dessen Nachwirkungen letztlich bis in die Gegenwart hineinreichen. Noch in der Friedhofsreform des 20. Jahrhunderts mit ihrer bürokratisch-normierten und standardisierten Ästhetik[70] wird jener Versuch deutlich, die Lebenswelt zu „rationalisieren", der um 1500 in Nürnberg die Topographie des Todes so entscheidend verändert hatte.

---

[69] Dazu allgemein Norbert Fischer, *Vom Gottesacker zum Krematorium. Eine Sozialgeschichte der Friedhöfe in Deutschland seit dem 18. Jahrhundert*, Köln, Weimar, Wien 1996, S. 45ff. Es handelt es sich um meine Dissertation, die bei Prof. Hans-Jürgen Goertz am Institut für Sozial- und Wirtschaftsgeschichte der Universität Hamburg entstand.

[70] Fischer, *Gottesacker* (wie Anm. 69), S. 75ff.

III.

Spielräume der Aussenseiter

BÜRGERAUFSTAND IN WORMS 1614.
JUDENPRIVILEGIEN UND BÜRGERRECHTE IN DER FRÜHEN NEUZEIT:
EIN WIDERSPRUCH?

Ronnie Po-chia Hsia (New York)

Um die Rechte der christlichen Bürger und der jüdischen Minderheit im Mitteleuropa der Frühen Neuzeit miteinander vergleichen zu können, muß man im Auge behalten, daß die Bürger mit vollen Partizipationsrechten an politischer Herrschaft nur einen Teil der städtischen Einwohnerschaft ausmachten. Ausgeschlossen von öffentlichen Ämtern waren Frauen und Angehörige folgender Gruppen: Gesellen, Dienstboten und Handwerker der niederen Zünfte, genauso Fremde, katholische Geistliche und Adelige. Unter diesen Gruppen waren auch Juden zu finden.

In diesem Aufsatz werde ich Bürgerrechte und Judenprivilegien am Beispiel eines Bürgeraufstandes in Worms miteinander vergleichen. Eine Judengemeinde hatte sich seit dem 11. Jahrhundert in der Freien und Reichsstadt Worms niedergelassen: die erste Synagoge wurde 1034 gebaut; im 14. Jahrhundert kamen die jüdischen Haushalte in der Judengasse zusammen, abgeschirmt vom Rest der Stadt. 1348 konzedierte Kaiser Karl IV. dem Rat die Judenregalien, und im folgenden Jahr bestätigte er die städtische Beschlagnahme von Gütern ermordeter Juden. Eine neue Judengemeinde entstand während des 15. Jahrhunderts. Daraufhin versuchten die Bürger 1484 und 1558 vergeblich, die Juden erneut zu vertreiben. Am Anfang des 17. Jahrhunderts war die Judengemeinde zu Worms die drittgrößte im Heiligen Römischen Reich (nach Frankfurt und Prag) und wohl der traditionsreichste Sitz der Aschkenazim.[1] Meine Analyse begrenzt sich auf die Zeit von der Mitte des 16. Jahrhunderts bis zum Anfang des Dreißigjährigen Krieges. Während dieser siebzig Jahre gipfelte das antijüdische Ressentiment 1614 in einem Bürgeraufstand und der vorübergehenden Vertreibung der Juden. Die bürgerliche Opposition wurde vom Kaiser unterdrückt, und die Juden kehrten 1616 nach Worms zurück.[2]

---

[1] Zur Geschichte der Wormser Judengemeinde s. Erich Keyser (Hg.), *Deutsches Städtebuch* IV:3, S. 458; G. Wolf, *Zur Geschichte der Juden in Worms*, o.O. 1862; Fritz Reuter, *Warmasia. 1000 Jahre Juden in Worms*, Worms 1984.

[2] Für eine grundlegende Studie über den Wormser Aufstand s. Christopher R. Friedrichs: *Anti-Jewish Politics in Early Modern Germany: The Uprising in Worms, 1613-17*, in: *Central European History* 23, 1990, 2/3, S. 91-152. Die Quellen über den Aufstand und seine Unterdrückung

Im Erlaß vom 17. Dezember 1558 erlaubte Kaiser Ferdinand I. dem Bürgermeister und Rat, die Juden zu vertreiben, weil ihre Anwesenheit in der Stadt die Versorgung der Bürger mit Nahrungsmitteln beeinträchtigt habe.[3] Da Ferdinand die Wormser Judenprivilegien erst am 31. Mai 1558 erneuert hatte, bedeutete dieser Erlaß nicht so sehr eine Wendung in der kaiserlichen Judenpolitik, er war vielmehr ein Indiz für die finanzielle Not und Unbeständigkeit des Kaiserhofs.[4] Darauf legten sowohl der Bischof von Worms als auch die Judengemeinde sofort Protest ein und blockierten die Ausführung des Ausweisungsmandats, dessen Inhalt vom Rat bekanntgemacht worden war. Im April 1560 wurde eine kaiserliche Kommission eingesetzt. Sie konnte jedoch nach einer zweijährigen Beratungszeit keinen einstimmigen Vorschlag zum weiteren Vorgehen vorlegen. Eines der Mitglieder der Kommission, der Bischof von Worms, warf der Stadt vor, daß sie ihre Steuerhoheit über die Juden verletzt habe. Der Streit wurde vor das Reichskammergericht in Speyer getragen und dort entschärft, wenn nicht ganz und gar verschleppt. Obwohl die Ausweisung gescheitert war, blieb das antijüdische Vorurteil in Worms stark. In einer Bittschrift an den Kaiser (1559) beschrieben die Ratsherren die Juden als „... [ein] gottloss irrig volck, das unnsern hern unnd ainigen heilanndt Jesum Christum unnd sein seligmachenndes Evangelion nach heuttigstags nit weniger alß vor funnffzehenhundert jareen verfolgt, unnd sich mit müßigang, unnd ohnnlöblichen handtirungen mehrers thails erhält." In einer anderen Schrift an den Wiener Hof beschimpften die Ratsherren die Juden als „gottlos" und meinten, deren Ausweisung würde zum gemeinen Wohl gereichen (*commodum publicum*).[5] Der Ausweisungsversuch war gescheitert und der Ritualmordprozeß gegen den Wormser Juden Abraham zum Bock (1563) hatte zu einer Appellation gegen die Stadt Worms vor dem Reichskammergericht geführt - doch das antijüdische Ressentiment wurzelte nicht eigentlich darin, sondern tiefer in den

---

sind enthalten in: *Stadtarchiv Worms* (StA Worms, Judenschaft 2020-2022, dort auch Ratsprotokolle, Gravamina der Zünfte, Briefwechsel 1613-1616; *Haus-, Hof- und Hauptstaatsarchiv Wien*, Reichshofrat Antiqua 1145 no. 11, „Wormbs Buurgerschaft contra den Rat und Gemeinde Judenschaft 1614-1616", HHHStA, RHR) auch Kopien der Zunft-Gravamina, Bittschriften der Judengemeinde, Briefwechsel mit dem Rat zu Worms und die Berichte der Reichskommission. Quellen über den Ausweisungsversuch 1558 sind enthalten in HHHStA, RHR Antiqua 1143, „Bischof von Worms contra Reichsstadt Worms". Kopien dieser Quellen sind auch enthalten in: *Hauptstaatsarchiv Stuttgart*, A125, Bü 32.

[3] Kopie des kaiserlichen Mandats in *HHHSt RHR* (wie Anm. 2) Antiqua 1145 no. 11. Die Gravamina der Stadt und das Ersuchen um Vertreibung vom 24. November 1558 sind enthalten in *RHR* Antiqua 1143.

[4] *HHHSt RHR* (wie Anm. 2) Antiqua 1143.

[5] Beide Briefe, der erste undatiert und der zweite mit dem Datum vom 7. August 1559, sind in *HHHSt RHR* (wie Anm. 2) Antiqua 1143 enthalten.

wirtschaftlichen Verhältnissen zwischen Bürgern und Juden und in der frühneuzeitlichen Auffassung vom Bürgerrecht.[6] Die Bürgerbewegung in Frankfurt am Main, die im Winter 1613/14 entstand und gegen die Ratsherren und ihre Schutzjuden gerichtet war, erinnerte die Bürger in Worms an ihre eigene frühere Agitation.[7] Unter der Leitung der siebzehn Zünfte beschwerte sich die Bürgeropposition beim Rat über Wucherei und wirtschaftliche Konkurrenz der Juden. Die Verwandlung der Bürgeropposition im Laufe des Jahres 1614 von einer gemäßigten Bewegung, die eine Zusammenarbeit mit dem Rat suchte, in einen radikalen Bürgeraufstand ist aus zwei Entwicklungen zu erklären. Erstens hatten die Wormser Juden vor dem Kaiser und dem Reichskammergericht über Gewalt, der sie ausgesetzt waren, und Verletzung ihrer Privilegien Klage geführt. Zweitens wiesen die Ratsherren nach langem Zögern die Gravamina der Bürger ab. Die Ratsherren, die sich als Obrigkeit betrachteten, standen der Bürgeropposition und ihrem Ungehorsam feindlich gegenüber. Einige Ratsherren fühlten sich sogar persönlich beleidigt, da sie von den Zünften als „Judenpatronen" und als Geschäftspartner der Wucherjuden bezeichnet worden waren. Die gemäßigten Handwerksmeister wollten oder konnten ihre Gesellen nicht im Zaum halten, Belästigungen und Angriffe gegen Juden waren auf den Wormser Straßen an der Tagesordnung. Einem kaiserlichen Mandat zum Trotz stürmten die Bürger die Judengasse in den Ostertagen 1615: Sie drohten den Juden mit Gewalt, beschlagnahmten alle Schuldbücher und Pfänder, zerstörten jüdische Grabsteine, rissen die Synagoge ab und vertrieben die Juden aus der Stadt. Mit einem bewaffneten Aufstand konfrontiert, riefen die Ratsherren nach kaiserlicher Hilfe, die in Form pfälzischer Soldaten erschien. Ruhe wurde hergestellt, die Bürgeropposition unterdrückt, und die Anführer des Aufstands wurden verhaftet. Eine kaiserliche Kommission übernahm vorübergehend das Stadtregiment, um zwischen Bürgern, Rat und Juden zu vermitteln und die Plünderung der Judengasse wiedergutzumachen. Im Gefolge der Kommissionsuntersuchungen wurden Maßnahmen zur Beschwichtigung des Streits getroffen: die Zinsen für bestehende Schulden gegenüber Juden wurden gesenkt, die drei Anführer der Bürgeropposition wurden ausgewiesen. Die Juden kehrten 1616 wieder nach Worms unter Protektion pfälzischer Soldaten zurück. Außerdem mußten die Bürger einen Eid leisten, mit dem sie sich verpflichteten, Frieden mit den Juden zu halten. Der Aufstand von 1614-16 war der letzte organisierte

---

[6] Für die Ritualmordanschuldigung von 1563 gegen Abraham zum Bock vgl. R. Po-chia Hsia, *The Myth of Ritual Murder. Jews and Magic in Reformation Germany*, New Haven, London 1988, S. 163-196.

[7] Vgl. Matthias Meyn, *Die Reichsstadt Frankfurt vor dem Bürgeraufstand von 1612 bis 1614. Struktur und Krise*, Frankfurt/Main 1980.

Angriff auf die Wormser Judengemeinde. Erst drei Jahrhunderte später wurde sie unter dem Nationalsozialismus wieder angegriffen und völlig zerstört.

Das politische Bewußtsein der Wormser Bürger kam in den zahlreichen Bittschriften, Gravamina und Flugschriften der Bürgeropposition zum Ausdruck. Die Vorstellung vom Bürgerrecht war in einer Weltanschauung verankert, die sich aus Geschichte, Verfassung, Recht und christlichem Glauben speiste und sich gegen die jüdische Minderheit und ihre Privilegien scharf abgrenzte. Grundlage für eine Analyse dieser frühneuzeitlichen bürgerlichen Vorstellungswelt sind die Gravamina der siebzehn Zünfte, die den Kern der Bürgeropposition bildeten, und zwei ausführliche Flugschriften von Hans Georg Kern, Meister der Sattlerzunft und einer der drei verbannten Rädelsführer. Kern war der Verfasser der ersten, 1617 gedruckten Flugschrift, die zweite Flugschrift aus dem Jahr 1618 wurde von allen drei Exulanten unterzeichnet. Die Flugschriften versuchten einerseits, die unterdrückte Bürgerbewegung zu rechtfertigen, und baten andererseits um Begnadigung durch den Kaiser. Da in den Flugschriften Wormser Verfassungstexte und Urkunden ausgiebig zitiert wurden, könnte auch Christoff Chemnitz, Doctor beider Rechte und ehemaliger Advokat der Bürgerpartei, eine Rolle bei ihrer Abfassung gespielt haben.[8] Die beiden Flugschriften stellen die politischen Vorstellungen und das antijüdische Ressentiment der Bürgerpartei ausführlich dar. Diese bürgerliche Vorstellungswelt speiste sich aus vier Quellen: Verfassungsrecht, einem historischen Präzedenzfall, Naturrecht und Religion.

1. Verfassungsrechte

Der Herbst 1614 war ein Wendepunkt der Bürgerbewegung. Der Rat und die von gemäßigten Zunftmeistern geleitete Bürgerpartei versuchten noch zusammenzuarbeiten. Auf Gesuch der Bürger bat Chemnitz die Ratsherren um Erlaubnis, die Privilegien der Stadt Worms vor der Bürgerschaft zu verlesen. Hans Georg Kern erinnerte sich an den großen Moment:

> „Über dieses haben gantze gemeine Bürgerschafft von den in verleibten Privilegiis Freyheit und Begnadungen zu der Zeit noch keien wissenschafft gehabt/ derowegen beydes die Zunfftmeister mit zu thun der 17. verordnete Männer supplicirend dem Rats zuerkennen geben/ das in auffnehmung dess Bürger-

---

[8] Aller unterthänigste Supplication an Röm. Kays. Mayst. Mathiassen/ und gesampte des Heiligen Röm. Reichs Churfürsten/ zu Regenspurg pro Johan Georg KERN/ vertriebenen Zunfft Meister: und andere mitvertriebene/ auch noch samendlich mit belegten Eyden gebundene Bürger zu Worms/ umb restitution und relaxirung ad effectum agendi contra den Raht und wieder eingeführte Jüdischheit daselbst. 1618. (*Supplication*). Kurtzer und bewehrter Ausszug an alle Geistliche und Weltliche/ hohe und niderstandes personen/ von der Welt unerhörte/ beydes frewdige und erschröckliche Zeitung...so in...Wormbs..1613 fuurgangen....1617. (Kern: *Kurtzer Auszug*). Beide Flugschriften sind in *HHHSt RHR* (wie Anm. 2) Antiqua 1145 no. 11 enthalten.

rechts ein jeder für sich selbsten/ einen leiblichen Eyd zuleisten und zu schweren verbunden/ das nemlich ein jeder die Stadt Wormbs bey dem H. Reich/ und als des Reichs Freystadt/ auch bey allen ihren Freyheiten/ herzlig und Gerechtigkeiten erhalten helffen wolle/ nach besten seinem Vermögen. Wann dann auff diesen Tag und Stunde kein Bürger einiger Privilegien und zustehender Gerechtigkeiten einzige Wissenschaft hat ...“[9]

Die Ratsherren hatten der Bitte unter der Bedingung entsprochen, daß Chemnitz das Privilegienbuch der Stadt nur im Beisein der siebzehn Vorsteher der Zünfte (darunter war auch Kern) im Kaisersaal des Rathauses verlesen dürfe, aber nicht in Anwesenheit aller Bürger. Aber als der „gemeine Mann" das merkte, liefen die Bürger vor das Rathaus und forderten, daß die Privilegien, die ihnen „für vierzig, fünfzig oder mehre Jahre" vorenthalten worden waren, auch ihnen vorgelesen werden sollten.[10] Unter Druck erlaubte der Rat die Verlesung im Freien auf dem Bürgerhof des Rathauses, wo Dr. Chemnitz fast den ganzen Tag hindurch die bürgerlichen Privilegien verlas. Der Zunftmeister Kern beschrieb die Szene so: "... welche [die Verlesung] auch mit solchem Ernst von der Bürgerschafft angehöret/ als wenn ein new Evangelium vom Himmel geprediget worden/ welche die Voreltern durchs Blut erworben und ihnen als dero successorn hinterlassen.“[11]

Es ist wichtig darauf hinzuweisen, daß das Verlangen, die bürgerlichen Rechte zu verlesen, durch die traditionelle Form des Bürgerprotestes, dem Auflauf vor dem Rathaus, zum Audruck gebracht wurde.[12] Die bürgerliche Gemeinde hatte ihren Willen gegenüber der Obrigkeit durchgesetzt. Die Stadtprivilegien zu verlesen, bedeutete also nicht nur die bürgerliche Gemeinde zu erneuern, sondern gab auch der bürgerlichen Bewegung Antrieb. Ende Oktober, kurz nach dem Auflauf, erreichte die Bürgeropposition eine Verfassungsänderung: ein Bürgerausschuß von 150 Mitgliedern wurde als Gegengewicht zum Stadtrat gewählt.[13] Bis zur Unterdrückung der Bürgerbewegung nach Ostern 1615 wirkte dieser Ausschuß als ein alternatives Stadtregiment, das in Opposition zum Rat ausgeübt wurde, der vom Patriziat bestimmt worden war.

---

[9] Kern, *Kurtzer* (wie Anm. 8), sig. B3r.

[10] Kern, *Kurtzer*, sig. B3v.

[11] Kern, *Kurtzer*, sig. B3v.

[12] Vgl. Wilfried Ehrbrecht, *Bürgertum und Obrigkeit in den hansischen Städten des Spätmittelalters*, in: Wilhelm Rausch (Hg.), *Die Stadt am Ausgang des Mittelalters*, Linz 1974, S. 275-294.

[13] Kern, *Kurtzer* (wie Anm. 8), sig. B4r; *StA Worms* (wie Anm. 2), 2020/13 a-b.

2. Historischer Präzedenzfall

Drei unter den 36 verlesenen Stadtprivilegien betrafen die Judengemeinde
zu Worms: die „Donatio" von Judenregalia von Kaiser Karl IV. an die Stadt
(1348); die kaiserliche Bestätigung der städtischen Beschlagnahme jüdischer
Güter (1349) und das nie in Kraft getretene Ausweisungsmandat von Kaiser
Ferdinand I. (1558).[14] Diese drei Urkunden liefern den Stoff für die antijüdi-
schen Argumente der Bürgerpartei. Die Donatio von 1348 erlaube „die Stadt
und die Bürger zu Wormbs/ mit den Juden und der Judischeit zu Wormbs
mögen thun und lassen/ brechen und büssen/ als mit ihrem gute/ nun und
allwegen ohne allen unsern Zorn und widerrede." Was diese unheilvollen
Worte bedeuteten, wurde im folgenden Jahr klar: Karl IV. genehmigte, jüdische Güter zu beschlagnahmen, nachdem die Wormser Judengemeinde wie
so viele andere im Reich ausgerottet worden war.[15] Da die Judenregalien an
„die Stadt und Bürger" vergeben worden waren, stellte die Donatio von 1348
einen historischen Präzedenzfall im Streit zwischen Rat und Bürgerschaft
um Judentoleranz dar.

Nach den Judenmorden in der Zeit des Schwarzen Todes waren die Bedingungen für die neue Judengemeinde in Worms durch Judenordnungen
bestimmt, die jeweils ohne Anteilnahme der Bürgerschaft zwischen Rat und
Judengemeinde verhandelt worden waren. In der zweiten Hälfte des 16.
Jahrhunderts hatte der Rat die Bedingungen für die Judenminderheit allmählich gemildert. Die Judenordnungen von 1584 erlaubten den Juden, vorher untersagte Berufe frei auszuüben, wie z. B. den Verkauf von alter Kleidung, Seide, Gold und Silber. Der wichtigste Satz der neuen Judenordnung
genehmigte sogar, Zinsen zwischen 10 und 16,5% im Geldverleih zu nehmen, was zwar dem laufenden Zinsmarkt entsprach, wohl aber dem oft bestätigten Reichsgesetz mit einem Zinssatz in Höhe von 5% zuwiderlief. Die
Tatsache, daß die Ratsherren nichts unternommen hatten, um den allgemeinen Haß gegen jüdischen Geldverleih zu beschwichtigen, stellte die Haupt-
klage der Bürgerpartei gegen den Rat dar. Man argwöhnte eine Partner-
schaft zwischen Ratsherren und jüdischen Geldverleihern, die eine Verschwörung beider Parteien auf Kosten des „gemeinen Mannes" begünstig-
te.[16] Aus seinem Exil beschuldigte der Zunftmeister Kern die Ratsherren, als
„Judenpatrone" die Juden statt Christen zu bevorzugen.[17]

---

[14] Kopien der Urkunden sind als Anhang gedruckt in Kern, *Kurtzer* (wie Anm. 8). Handschriftliche Kopien sind in *HHHSt RHR* (wie Anm. 1) Antiqua 1145 no. 11 enthalten.

[15] Zur Verfolgung der Juden im Reich 1349/50 vgl. Frantisek Graus, *Pest-Geissler-
Judenmorde: Das 14. Jahrhundert als Krisenzeit*, Göttingen 1987.

[16] Kern, *Kurtzer* (wie Anm. 2), Litera A, eine angegebene Liste von Ratsherren mit Anleihen an
die Juden, sig. G1r-2r. Die Anschuldigung wird in der *Supplication* (wie Anm. 8), wiederholt, S. 9.

[17] Kern, *Kurtzer* (wie Anm. 8), sig. F4r.

Der historische Präzedenzfall rechtfertigte Gewalt. Nach der Unterdrückung der Bürgerbewegung verteidigten die Rädelsführer die Erstürmung der Judengasse: Sie wollten dem Rat nicht ungehorsam sein, allein, alle rechtmäßigen Wege zur Verteidigung bürgerlicher Freiheiten waren blockiert.[18] Nach Kern vertrauten die Bürger anfangs darauf, daß die Ratsherren und der Kaiser ihre Klagen anhören würden, „weil aber ihnen der Weg rechtens gentzlichen verhawen und allte rähtliche mittel durch den Raht abgeschnitten, die Juden auch von Ihr. Mayest wegen der Criminal Action gleichsam befreyet/ die Bürger aber höchlich bestrafft werden sollen", seien sie zur Gewaltanwendung getrieben worden. Über die Vertreibung der Juden wußte Kern auch zu sagen: „Unnd da die Juden wider Ihre Mayest. Gebot vertrieben worden/ so sey Notorium das desswegen gemeine Bürgerschafft von Käys. Carolo 4. allergnedigst privilegiret und befreyet/ dass sie sich an und vor den jenigen so ihre Freyheit brechen selbsten schützen/ schirmen und rechnen sollen und mögen."[19]

Aber wovor mußten die Bürger sich schützen und schirmen? Vor Judenwucher und Konkurrenz, würden die Wormser antworten. Angst vor der wirtschaftlichen Konkurrenz drückte sich aber in einer Rhetorik des Naturrechts und der Religion aus.

3. Naturrecht

In der Bittschrift von 1618 listeten die drei exilierten Rädelsführer eine Reihe sogenannter historisch begangener „jüdischer Verbrechen" gegen Christen auf. Das Schlimmste daran sei für sie der „blutsaugende Judenwucher" der Wormser Juden. Die Juden hätten Bürgerrecht und Stadtprivilegien mit den Füßen getreten, daraus ergäbe sich die Rechtfertigung, die bürgerlichen Freiheiten zu verteidigen.[20] Die Zunftmeister stellten die Privilegierung der Judenmorde späteren kaiserlichen Mandaten zur Tolerierung der Juden gegenüber. Dieser Gegensatz zwischen den menschlichen Satzungen würde durch das höhere Recht der Natur aufgehoben, so meinten die Rädelsführer:

> „Denn wiewol die beschribene Rechte können geendert werden/ bleiben doch die natürlichen Rechte der Menschen und Völcker allewege beständig/ und lesset sich die Natur von keinem Menschen meistern darumb/ wenn von der Obrigkeit geboten würde/ das sich einer/ der von jemand an seinem Leib und Gut/ wieder Recht und Billigkeit beschädiget worden/ nicht wehren solt/ solche Gebot menschlicher Satzung nach/ weren die Unterthanen ihn zu halten nicht schuldig/ was auch solcher zu Schutz und Rettung sein selbst fürnimpt/ das solches billich mit Recht und gantz ohne Straff beschehen möge."[21]

---

[18] Kern, *Kurtzer*, (wie Anm.8), sig. D2v. D4r.
[19] Kern, *Kurtzer* (wie Anm. 8), sig. E1r-v.
[20] *Supplication* (wie Anm. 8), S. 17.
[21] *Supplication* (wie Anm. 8), S. 22-23.

Die Ratsherren hätten nicht nur versäumt, die Bürger vor der Ausplünde-
rung durch die Juden zu schützen, beklagte Kern, „[sie hätten] vielmehr das
Gegentheil gethan/ und das man sie/ umb dessen willen sie der Einkömlin-
gen Magd Sohn/ die verfluchten Juden/ die leibeigene Knechte/ uns den natürlichen Landes Erben/ und Christen Kindern preferiret und vorgezogen."[22]
Die Metapher von ehrlicher Geburt enthüllte die gesellschaftliche und
politische Vorstellungswelt der Zunftbürger. Die Sprache des Naturrechts
bezog sich auf grundlegende Vorstellungen von Theologie, Geschlecht, Abstammung und Ehrbarkeit.[23] Ein Zunftmeister der frühneuzeitlichen Stadt
übte einen christlichen Beruf aus, und seine Einkünfte gründeten sich auf
einen gerechten, seinem natürlichen Stand entsprechenden Lohn. In zahllo-
sen Bittschriften der frühneuzeitlichen Städte klagten Kaufleute und Handwerker über die „unnatürlichen" Praktiken ihrer jüdischen Konkurrenten. In
den Gravamina der siebzehn Zünfte und Bürger, die den Ratsherren und
kaiserlichen Kommissaren am 17./18. Januar 1616 eingereicht wurden,
standen „Christliche Commercien" dem „Judenvorkauf" gegenüber. Die
Gärtnerzunft klagte unter anderem, daß die Juden Wagen und Karren führen
und die christlichen „Commercien" durch ihre unchristliche Zucht unver-
schämt unterminiert hätten.[24]

Zu betonen ist die Berufung auf Väterherrschaft in der Sprache der Bürgerpartei. Die väterliche Metapher, gestärkt von der Theologie der evangelischen Landeskirchen, kennzeichnete die politische Sprache im frühneuzeitlichen Deutschland: Fürsten waren Landesväter, und die Ratsherren ließen
sich Stadtväter nennen.[25] Die Ausübung einer strengen, aber gerechten väterlichen Autorität war der Eckstein in der sozialen, moralischen und politischen Ordnung. Sie spiegelte die Autorität des Bürger-Vaters in seinem
Haus und der Stadtväter unter den Einwohnern wider. Nach den Verfassern
der Flugschriften aber hätten die Ratsherren ihre moralische und religiöse

---

[22] *Supplication*, (wie Anm. 8), S. 14.

[23] Vgl. Uwe Danckert, *Unehrliche Leute. Die verfemten Berufe*, Bern 1963.

[24] *HHHSt RHR* (wie Anm. 2), Antiqua 1145 no. 11, zwei Kopien der Gravamina, als 3 und 4 im
Karton numeriert.

[25] Über die Stärkung der Väterherrschaft in Folge der Reformation vgl. die z. T. gegensätzlichen
Interpretationen von Lyndal Roper, *The Holy Household. Religion, Morals, and Order in Reformation Augsburg*, Oxford 1989, und Steven E. Ozment, *When Fathers Ruled. Family Life in Reformation Europe*, Cambridge, Mass. 1983; vgl. auch Maria E. Müller, *Naturwesen Mann. Zur
Dialektik von Herrschaft und Knechtschaft in Ehelehren der Frühen Neuzeit*, in: Heide Wun-
der/Christine Vanja (Hg.), *Wandel der Geschlechterbeziehungen zu Beginn der Neuzeit*, Frank-
furt/Main 1991, S. 43-68. Eine Analyse der Sprache der Väterherrschaft bietet Otto Brunner, *Das
„ganze Haus" und die alteuropäische „Oekonomik"*, in: ders.: *Neue Wege der Verfassungs- und
Sozialgeschichte*, 1968, S. 103-127; Paul Münch, *Die „Obrigkeit im Vaterstand" - Zur Definition
und Kritik des „Landesvaters" während der frühen Neuzeit*, in: Elger Blühm, Jörg Garber, Klaus
Garber (Hg.), *Hof, Staat und Gesellschaft in der Literatur des 17. Jahrhunderts* (=Daphnis 11, I-
II, 1982), S. 15-40; Julius Hoffmann, *Die „Hausväterliteratur" und die „Predigten über den
christlichen Hausstand"*, 1959.

Verantwortung vernachlässigt, weil sie die unnatürlichen und illegitimen Mündel, die Juden, bevorzugten und nicht die legitimen Erben, die Christen. Diese Beschuldigung wiederholte eine bekannte Interpretation von Genesis 16-17: die Juden seien nicht das wahre Israel, sie seien nicht die Nachkommen vom Isaac, dem Sohn Sarahs und Abrahams, sondern die Nachkommen Hagars, der Magd Sarahs, und deswegen hassen die Juden alle Christen, das wahre Israel.[26] Ihres väterlichen Erbes beraubt und in ihrer bürgerlichen Existenz durch die Juden bedroht, so die Zunftmeister, hätten die Bürger zur Selbstwehr gegen die Juden gegriffen, um „gewalt mit gewalt abzutreiben".[27]

4. Religion

Im Elend des Exils flehten die drei Zunftmeister Gott an, Recht walten zu lassen und die durch falsche Ratsherren und den getäuschten Kaiser verhängten, ungerechten Strafen wiedergutzumachen. Die Obrigkeiten seien „von Gott dem Herrn darzu gesetzet/ nicht allein die Gerechtigkeit zu befürdern und die Frommen bey Recht zuschützen/ sondern auch das böse mit gebührendem Ernst zustraffen verobligiret."[28] Deswegen ginge es „sehr schmerzlich [...] dem Gerechten zu Hertzen/ wann er umb des ungerechten willen leiden soll. Göttliche Majestät hat den Wucher verboten."[29] Die Flugschrift drohte mit Gotteszorn, weil „das Käys. May thewrer Nahme von dem ungerechten/ sol zu einem Schanddeckel missbrauchet werden."[30] Die Juden wurden heftig beschimpft: sie wären ein gottverfluchtes Volk, welches das Blut Christi und der Christen vergossen habe; sie würden Gott, die Heilige Schrift und die christlichen Sakramente verfluchen und Wucher nehmen. Die Judenhelfer und bösen Christen wurden nicht geschont: „Sie haben sich theilhafftig gemacht alles des/ und umb der Juden wegen/ in 1600 Jahren vergossen unschüldigen Chisten Bluts; sie haben sich theilhafftig gemacht/ der gräwlichen ärgernuss/ und des Göttlichen Fluchs und getreweter Straff/ über den unmenschlichen Wucher."[31]
Der Zeitpunkt der Plünderung der Judengasse, Ostern 1615, war daher kein Zufall. Für die aufständischen Bürger bedeutete die Verteidigung der Bür-

---

[26] Vgl. Martin Bucer, *Von den Juden ob/ und wie die under den christen zu halten sind/ ein Rathschlag ... Ein weitere erklerung und beschirmung des selbigen Rathschlags*, Straßburg 1539.
[27] *Supplication* (wie Anm. 8), S. 23.
[28] Kern, *Kurtzer* (wie Anm. 8), sig. E1r.
[29] *Supplication* (wie Anm. 8), S. 21.
[30] *Supplication* (wie Anm. 8), S. 25.
[31] *Supplication* (wie Anm. 8), S. 31. Eine Analyse der christlichen Polemik gegen Judenwucher bietet R. Po-chia Hsia, *The Usurious Jew: Economic Structure and Religious Representations in an Anti-Semitic Discourse*, in: R. Po-chia Hsia/Hartmut Lehmann (Hg.), *In and Out of the Ghetto. Jewish-Gentile Relations in Late Medieval and Early Modern Germany*, Cambridge 1994.

gerrechte die Vollstreckung göttlicher Gerechtigkeit. Die Zunftmeister erinnerte die Unterdrückung der Bürgeropposition an die Verfolgung der gottes-
fürchtigen Anhänger des Evangeliums zur Zeit ihrer Vorfahren. Kern beklagte die Unterdrückung bürgerlicher Freiheiten und verglich die exilierten
Bürger mit den Anhängern der Reformation. Er zitierte ein Lied von Justus
Jonas:

> „Sie stellen uns wie Ketzern nach/
> Nach unserm Blut sie trachten/
> Noch rühmen sie sich Christen auch/
> die Gott allein gross achten/
> Ach Gott der tewre Nahme dein/
> muss ihrer Schalckheit deckel sein/
> Und Du wirst einmal auffwachen."[32]

Allein Gott würde für die Bürger und gegen die Juden kämpfen. Er würde
alles Unrecht im Jüngsten Gericht tilgen und alle irdischen Obrigkeiten und
Juden wegen ihrer Sünden zur Rechenschaft ziehen.[33]

Die bedrückte Stimmung in den Flugschriften deutete auf eine noch
schwerere und dunklere Zeit hin. Einige Jahre nach dem gescheiterten Bürgeraufstand in Worms wurde ganz Mitteleuropa in den Dreißigjährigen
Krieg hineingezogen, einen Krieg, dessen Ende auch die gänzliche Macht-
losigkeit der Reichsstädte offenbarte. Hans Georg Kern und seine Gesinnungsgenossen hätten aus ihrer Sicht wohl Anlaß zu Klage gehabt, daß
Gott, anstatt die Juden zu strafen und die Bürgerfreiheiten aufrechtzuerhalten, seine Gunst von den reichsstädtischen Bürgern ab- und den Juden und
Fürsten zugewandt habe.

---

[32] Kern, *Kurtzer* (wie Anm. 8), sig. F2v.
[33] Kern, *Kurtzer* (wie Anm. 8), sig. F3r.

UNTER ZECHERN, SPIELERN UND HÄSCHERN.
TÄUFER IM WIRTSHAUS

Marion Kobelt-Groch (Hamburg)

In seinem Bekenntnis vom 9. Dezember 1527 gesteht ein Bußbacher Müller, auf „Abwege" geraten zu sein. Er habe eine Täuferversammlung besucht und dort die Glaubenstaufe empfangen. Vor dem Taufakt seien ihm noch einige Verhaltensweisen mit auf den Weg gegeben worden, die für sein zukünftiges Leben bestimmend sein sollten: Er dürfe nur noch an Gott glauben und müsse sich fortan aller billigen Vergnügungen enthalten - „...er solt auch die welt freuden meiden, in kein wirtzheuser geen, sonder allein got dienen."[1] Fritz Weigel, der ebenfalls aus Bußbach stammte und verhört wurde, erinnert sich noch genauer an diese Ermahnungen grundsätzlicher Art: „... sie solten die gotzhauser und wirtzhauser meiden, auch uf kein hochzeit geen, und alles weltlichen sich entschlagen, auch kein ave Maria mer beten, allein an got glauben, so wurden sie in den himel komen..."[2] Mit der Glaubenstaufe war also die Verpflichtung verbunden, seinen bisherigen Lebenswandel rigoros zu ändern, der genuß- und götzengläubigen „Welt" den Rücken zu kehren, um irdische Erfüllung und himmlische Geborgenheit allein in Gottes unmittelbarer Nähe zu finden. Und der war nicht in steinernen Götzenhäusern zu finden und saß erst recht nicht im Wirtshaus, da gab es keinen Zweifel. Daß neben anderen Einrichtungen der verworfenen „Welt" auch Wirts- und Saufhäuser aller Art diesen idealen Lebenswandel behinderten und Menschen, die hier ein- und ausgingen, nicht mit Gott, sondern dem Teufel im Bunde stünden, ist von Täufern immer wieder behauptet worden. So gesteht 1529 auch ein gewisser Thenges Schumacher aus Leimen, darauf verpflichtet worden zu sein, derartigen Etablissements samt anderen sündhaften Verlockungen zu entsagen: "...er solt gott tinen, der oberkeit gehorsam sein, sich der wurtsheuser, spils und der gotslesterung..." enthalten und davon Abstand nehmen.[3] Ähnliche Vorbehalte gegen Wirtshäuser finden sich auch im „Märtyrerspiegel". Er steckt voller Ermah-

---

[1] *Quellen zur Geschichte der Wiedertäufer*, II. Bd.: Markgraftum Brandenburg (Bayern I. Abteilung), hrsg. von Karl Schornbaum, Leipzig 1934, S. 57.
[2] *Ebd.*, S. 58.
[3] *Quellen zur Geschichte der Täufer*, IV. Bd.: Baden und Pfalz, hrsg. von Manfred Krebs, Gütersloh 1951, S. 139.

nungen, sich nicht für den Weg des Bösen zu entscheiden, der garantiert auch ins Wirtshaus führt. Die gegenwärtige arge Welt, Städte und Länder, seien verunreinigt mit „...Pracht, Prahlen, Fluchen und Schwören, Sauf= und Ballhäusern, Tanzstuben und schändlichen, unzüchtigen Hurenhäusern...“[4] Das war eine Abrechnung mit der „Welt“, die auch aus der Feder Menno Simons' hätte stammen können. Er hatte ebenfalls über die „gottlosen Wirtshäuser“ geklagt und sie in einem Atemzug mit Fechtschulen, Hurenhäusern und Schießplätzen genannt.[5] Natürlich ist es nicht nur die Institution des Wirtshauses an sich, die Abscheu hervorruft, vielmehr mißfällt die geistige Gesinnung der Menschen, die hier als Gäste ihren irdischen Vergnügungen oder in Gestalt des Wirtes dunklen Geschäften nachgehen. So wählt Johannes Brötli den Vergleich mit dem gepanschten Wein betrügerischer Wirte, um dagegen die reine Qualität seiner Lehre ins rechte Licht zu rücken: „Ir wüssen, lieben brueder, wie ich üch das wortt gottes, diewil ich by üch was, trüwlich, clarlich, einfeltiklich verkündet hab und nitt darmitt han gehandlett wie die untrüwen winschencken, die do wasser in den win schutten.“[6] Wirte betrügen also, sie verfälschen. Aber das ist es nicht allein. So bemängelt Peter Riedemann in seiner „Rechenschaft“ ihr abgebrühtes Wesen. Wer es inmitten all der trunkenen, unnützen Buben aushält und ihre gotteslästerlichen Reden erträgt, kann selbst nicht viel besser sein. Das ist sowieso der springende Punkt. Gastfreundschaft ja, frei und umsonst als Ausdruck von Nächstenliebe und Fürsorge, aber nicht in Gestalt kommerzieller Gastlichkeit um des schnöden Mammons willen.[7] Riedemann beschwört hier die ethisch hochstehende Gastfreundschaft, die seit der Antike zwar weiterlebte, aber seit dem Mittelalter doch zusehends an Bedeutung verloren hatte. Im 11. und 12. Jahrhundert vollzog sich die Wende zur kommerziellen Gastlichkeit, „... Hand in Hand mit Bevölkerungsvermehrung, Aufschwung von Handel und Verkehr, Kreuzzügen und der starken Entwicklung des Städtewesens.“[8] Die Täufer scheinen diesen „Übergang von der Gastlichkeit um Gottes willen zu der um Geldes willen“[9] für sich wieder rückgängig gemacht zu haben, indem sie ihre Glaubensbrü-

---

[4] *Der blutige Schauplatz, oder Märtyrer=Spiegel der Taufgesinnten...*, hrsg. von Thielem. J. v. Braght, Aymler, Ontario; La Grange, Indiana 1973 (Neudruck), 2. Teil, S. 595.

[5] *Die vollständigen Werke Menno Simon's*, übersetzt aus der Originalsprache, dem Holländischen, Aymler, Ontario; La Grange, Indiana 1982 (Neudruck), S. 108 (Zweither Teil).

[6] *Quellen zur Geschichte der Täufer in der Schweiz*, Erster Band: Zürich, hrsg. von Leonhard von Muralt und Walter Schmid, Zürich 1974², S. 44.

[7] *Rechenschaft unsrer Religion, Lehre und Glaubens. Von den Brüdern, die man die Huterischen nennt*, Cayley, Alberta, Canada 1983⁴, S. 127.

[8] Hans Conrad Peyer, *Gastfreundschaft und kommerzielle Gastlichkeit im Mittelalter*, in: *Historische Zeitschrift*, Bd. 235 (1982), S.288; s. a. ders., *Von der Gastfreundschaft zum Gasthaus. Studien zur Gastlichkeit im Mittelalter*, Hannover 1987, bes. S.51-59.

[9] Friedrich Rauers, *Kulturgeschichte der Gaststätte*, 2 Teile, Berlin 1941, hier: Teil 2, S. 998.

der und -schwestern beherbergten und beköstigten.[10] Dieser Anspruch, Geist- bzw. Glaubensverwandte aufzunehmen, um ihnen speziell in der Fremde ein Stück Heimat zu geben, entspringt christlichen Überzeugungen. So reichen die Wurzeln der kirchlichen Gastung bis in die Spätantike zurück, als reisende Mitglieder einer christlichen Gemeinde damit rechnen konnten, bei der Nachbargemeinde gastlich aufgenommen zu werden.[11] Auch reisende Juden profitierten beispielsweise seit alters her von der untereinander gewährten und organisierten Gastfreundschaft[12], und für verfolgte Minderheiten, wie die Täufer, war es einfach unerläßlich, sich gegenseitig zu unterstützen, um als Gemeinschaft überleben zu können. Ähnliche Einstellungen sind unter den aufständischen Bauern von 1525 zu finden, so daß auch die in kommunalistischen Zusammenhängen wiederbelebte Brüderlichkeitsethik der Wurzelboden für die Gastfreundschaft der Täufer gewesen sein könnte.

Auffallend an der täuferischen Kritik am Wirtshaus ist, daß sie zumeist sehr wortkarg und spärlich ausfällt. Es bedarf offensichtlich keiner großen Worte, um diesen gemeinhin als verrucht geltenden Ort in all seinen Schrecken zu erfassen. Das Wirtshaus nur zu erwähnen, es schlagwortartig ins Gedächtnis zu rufen, reichte aus, um alle Täufer und solche, die es werden wollten, mit Abscheu zu erfüllen. Stillschweigend wird davon ausgegangen, daß der Zuhörer oder Leser weiß, was er von dieser Einrichtung in all ihren Spielarten, von der Winkelschenke bis zur vielleicht besser situierten Herberge[13], zu erwarten hat. Die Täufer kannten das Wirtshaus. Es war für viele ein Stück ihrer verflossenen, vortäuferischen Existenz, mit der sie zumindest gedanklich und verbal rigoros gebrochen hatten. Peter Burke hat

---

[10] Wie sich täuferische Gastfreundschaft gestalten konnte, zeigen folgende Beispiele: „Item bey dem Ebner auf Herschwang sey Jacob Huetter, Hans Mair Paulle, Hans Tuechmacher und Cristan Gschäll über nacht gewesn; es hab auch die Ebnerin den andern gemainen brüedern, als sy von der gmain vom Mair khumen, ain suppn geben." (*Quellen zur Geschichte der Täufer*, XIV. Bd.: Österreich, III. Teil. In Gemeinschaft mit Matthias Schmelzer bearb. von Grete Mecenseffy, Gütersloh 1983, S. 21); „Jost Bauer hält auch zu zeiten widertäufer auf, zumal ein weib, die im land herumzieht, von einem bruder zum andern." (*Quellen zur Geschichte der Täufer*, IV. Bd.: Baden und Pfalz [wie Anm. 3], S. 310).

[11] Thomas Szabó, *Xenodochia, Hospitäler und Herbergen - kirchliche und kommerzielle Gastung im mittelalterlichen Italien (7. bis 14. Jahrhundert)*, in: *Gastfreundschaft, Taverne und Gasthaus im Mittelalter*, hrsg. von Hans Conrad Peyer unter Mitarbeit von Elisabeth Müller-Luckner, München/Wien 1983, S. 62f.

[12] Otto Hiltbrunner, *Gastfreundschaft und Gasthaus in der Antike*, in: Hans Conrad Peyer (Hg.), *Gastfreundschaft* (wie Anm. 11), S. 15ff.; s. a. Friedrich Rauers, *Kulturgeschichte* (wie Anm. 8), Teil 1, S. 100.

[13] Einen guten Überblick über Wirtshäuser und Herbergen in allen Varianten bietet Friedrich Rauers, *Kulturgeschichte der Gaststätte* (wie Anm. 9); zum antiken Gasthauswesen s. Tönnes Kleberg, *In den Wirtshäusern und Weinstuben des antiken Rom*, Darmstadt 1966²; mit dem englischen „Alehouse" befaßt sich ausführlich Peter Clark, *The English Alehouse: a social history, 1200 - 1830*, London/New York 1983; für weitere Hinweise s. die ausführliche Bibliographie bei Hans Conrad Peyer, *Gasthaus* (wie Anm. 8), S. IX - XXXII.

das Gasthaus, die Schenke, das Bierhaus oder den Bierkeller als bedeutendes Zentrum populärer Kultur beschrieben, wichtiger noch als die Kirche. „In den Gasthäusern beobachtete man Hahnenkämpfe, spielte Karten oder *backgammon*, würfelte oder machte ein Kegelspiel. Sänger und Harfenisten traten in Gasthäusern auf, es wurde getanzt, manchmal den *morris dance* mit Steckenpferden. Bierhäuser waren der Schauplatz volkstümlicher Kunst."[14] Und vor allem wurde viel getrunken, mehr noch: gesoffen. Da gab es Trinkrituale derbster Art, besonders gefürchtet war jedoch das sogenannte „Zutrinken", das in „...rascher Folge zwischen 1495 und 1518 mehrfach durch Reichstage verboten"[15] wird. Wirte, die diese Trinksitte weiterhin duldeten oder gar forcierten, mußten mit Strafen rechnen. Allerdings scheint dem Kampf gegen zügelloses Trinken kein allzu großer Erfolg beschieden gewesen zu sein. So hat Sebastian Franck in seiner erstmals 1531 erschienenen Schrift „Vonn dem grewlichen laster der trunckenheit" in dunkelsten Farben ausgemalt, wohin das schändliche Zutrinken führen werde: „Noch ist des schentlichen zuotrinckens kain end/ biß wir den zorn Gottes zuo hoch trotzen/ vnd auff vns laden/ das er die welt mit fewer vnuersehenlich/ wie vor mit wasser verderben wirt."[16] Voller Abscheu wird geschildert, wie die Welt am Alkohol zugrunde geht, einschließlich der ebenfalls trinkenden Frauen und Kinder. Ginge es nach Franck, müßte von obrigkeitlicher Seite dafür gesorgt werden, daß keine Frau mit ihrem Mann in eine „offenliche zeche" ginge.[17]

Obwohl die Welt des Wirtshauses zunächst einmal eine männliche Domäne gewesen zu sein scheint, hatten auch Frauen Zutritt. Sie treten als Wirtinnen[18] in Erscheinung, als Töchter des Hauses oder Mädchen, die bedienten und dem Gast eventuell auch für Vergnügungen zur Verfügung standen. Sehr anschaulich schildert Antonio Beatis wie in deutschen Gasthäusern mit einigen dort anwesenden Frauen umgegangen wurde: „In allen Gasthäusern sind drei oder vier junge Serviermädchen; sowohl der Wirtin

---

[14] Peter Burke, *Helden, Schurken und Narren. Europäische Volkskultur in der frühen Neuzeit*, Stuttgart 1981, S. 121; s. a. Friedrich Rauers, *Kulturgeschichte der Gaststätte* (wie Anm. 9), Bd. 2, S. 892.

[15] Aldo Legnaro, *Alkoholkonsum und Verhaltenskontrolle - Bedeutungswandel zwischen Mittelalter und Neuzeit in Europa*, in: *Rausch und Realität. Drogen im Kulturvergleich*, hrsg. von Gisela Völger und Karin von Welck, Bd. 1, Reinbek bei Hamburg 1982, S. 164 f.; hierzu auch: Michael Stolleis, *„Von dem grewlichen Laster der Trunckenheit" - Trinkverbote im 16. und 17. Jahrhundert*, in: *Ebd.*, S. 177-191 und Elmar Lutz, *Trinken und Zutrinken in der Rechtsgeschichte*, in: *Ferdinandina* (Festschrift für Ferdinand Elsener), hrsg. von Friedrich Ebel, Karl-Hermann Kästner, Elmar Lutz u.a., Tübingen 1973², S. 56-67.

[16] Sebastian Franck, *Vonn dem grewlichen laster der trunckenheit...*, in: *Sämtliche Werke. Kritische Ausgabe mit Kommentar*, Bd. 1: Frühe Schriften, Text-Redaktion Peter Klaus Knauer, Bern/Berlin/Frankfurt a.M. u. a. 1993, S. 365.

[17] *Ebd.*, S. 391.

[18] Shulamith Shahar, *Die Frau im Mittelalter*, Frankfurt/M. 1983, S. 221.

und ihren Töchtern wie den genannten Mädchen gibt man aus Artigkeit die Hand; sie lassen sich zwar nicht küssen, wie die französischen Kammermädchen, wohl aber um den Leib fassen und drücken, oft auch gern zum Mittrinken einladen, wobei es im Reden und Benehmen recht frei zuzugehen pflegt...“[19] Ob es für Frauen darüber hinaus selbstverständlich möglich und vor allem schicklich war, sich ins Wirtshaus zu begeben, bleibt fraglich. Sicher spielte der soziale Status eine Rolle, und Frauen auf der Durchreise oder Pilgerfahrt dürften als Gäste eher akzeptiert worden sein als notorische Wirtshausgängerinnen.[20] Mehr noch war es ein Ort, an dem Erlebnisse mit der Geliebten in prahlerischer Manier zum besten gegeben wurden und manch kärgliches Familieneinkommen durch die Kehle rann. Daß Ehemänner ihr Geld im Wirtshaus durchbrachten und dann ihren häuslichen Verpflichtungen kaum noch nachkommen konnten, war nicht nur ein familiäres, sondern auch ein obrigkeitliches Problem. Wer unmäßig trank, schädigte die Gemeinschaft, indem er ihr aufbürdete, für ihn selbst und die Familie aufkommen zu müssen.[21] Ein weiteres Problem stellten gewalttätige Ehemänner dar, die ihre Frauen im Rausch schlugen oder sogar töteten.[22]

Das Wirtshaus, ein Ort lockerer Sitten, der Trunkenheit und Hurerei, an dem die Unzucht blühte und seelenlose Wirte schmuggelten, betrogen und sogar mordeten, in einem solchen Umfeld fühlten Täufer sich nicht zu Hause. Aber es waren nicht einmal die eher extremen kriminellen Vorkommnisse à la Wirtshaus im Spessart, die diesen Ort der Geselligkeit für einen gläubigen Menschen so unerträglich machten. Allein die Tatsache, daß das Wirtshaus in Konkurrenz zum Gotteshaus stand und ihm den Rang abzulaufen drohte, reichte aus. So betont Sebastian Franck unter Berufung auf biblische Stellen, daß es besser sei, in das Klaghaus denn in das Trinkhaus zu gehen, wo die Narren sich versammeln, all jene, die das Kreuz von sich geworfen haben und nicht geplagt werden wollen.[23] Das lange nicht mehr alles im rechten Lot ist, davon weiß auch Sebastian Brant ein Lied zu singen:

„Eh noch ein Mensch ist auf der Straßen

---

[19] *Die Reise des Kardinals Luigi d'Aragona durch Deutschland, die Niederlande, Frankreich und Oberitalien, 1517-1518, beschrieben von Antonio de Beatis.* Als Beitrag zur Kulturgeschichte des ausgehenden Mittelalters veröffentlicht und erläutert von Ludwig Pastor, Freiburg im Breisgau 1905, S. 51.

[20] Häufige Wirtshausbesuche konnten als Beweis für einen liederlichen Lebenswandel gelten: „...'sy habe auch ein bös gshreij ghept, sige bis mitternacht jnn wirtzhüserenn bin gsellen gsessenn'...“ Küngolt Kilchenmann, *Die Organisation des zürcherischen Ehegerichts zur Zeit Zwinglis,* Diss. Zürich 1946, S. 63.

[21] Michael Stolleis, „*Trunckheit*“ (wie Anm. 15), S. 180.

[22] Siehe Rudolph His, *Das Strafrecht des deutschen Mittelalters,* Erster Teil: Die Verbrechen und ihren Folgen im allgemeinen, Leipzig 1920, S. 68; hierzu auch die Ausführungen bei Lyndal Roper, *The Holy Household. Women and Morals in Reformation Augsburg,* Oxford 1991, S. 182-185.

[23] Sebastian Franck, „*Trunckheit*“ (wie Anm. 16), S. 389f.

sind alle Schenken fast schon voll.
So treibt man's ständig jetzt gar toll,
zumal an Sonn- und Feiertagen,..."[24]

Unheilige Zustände dieser Art hatten den 1574 verhörten Köinnen Paulus
dazu verleitet, nicht nur das Wirtshaus, sondern auch das Gotteshaus zu
meiden und dafür lieber eine Täuferversammlung zu besuchen. So antwortete er auf die Frage, ob er in die Kirche gehe: „Nein, ich sehe kein besserung,
sondern wann das volk schon darinnen ist gewest, geht es doch zum wein
wie vor etc."[25] Auch Margarete Hohermuot, die selten die Predigt besuchte
und mit den Täufern sympathisierte, ging es ähnlich. Ihr paßte es ebenfalls
nicht, daß man morgens in die Kirche und nachmittags zum Wein gehe.[26]
Noch unerträglicher wurde es jedoch, wenn nicht nur die Schafe, sondern
die Hirten selbst auf Abwegen wandelten. So beklagten sich 1527 Albrecht
Wanner und Johann Schwebel im Verhör über zwei Prädikanten aus dem elsässischen Benfeld, die "...daselbst am morgen das evangelium nach dem
text geprediget, nach mittag aber die ersten in vppigem weßen im würtzhuß
in 'Königr(eich)' vnd 'Kolben' geweßen, jre weiber auch bey den täntzen
vmbhergeloffen..."[27]
    Ein Beispiel von vielen, das Licht auf die unheilige Allianz zwischen
Vertretern des geistlichen Standes und dem Alkohol bzw. Wirtshaus wirft.
Daß Geistliche in ihm eigentlich nichts zu suchen haben, steht bereits in der
Bibel und wurde auf vielen Synoden immer wieder bekräftigt.[28] Priester
sollten weder im Wirtshaus einkehren, um dort zu trinken und zu spielen,
noch sich selbst als Wirt betätigen, allenfalls auf Reisen oder in Notfällen
durfte dieser ansonsten verbotene Ort betreten werden. Aber wer hielt sich
schon daran? 1519 führte Herzog Georg von Sachsen beim Bischof von
Meißen Klage darüber, "...daß der Pfarrer zu Krumhermersdorf bei Zscho-
pau wegen Trunkenheit seine geistlichen Pflichten beim Abendmahl und bei
der Beichte nicht hatte erfüllen können."[29] Vielleicht trank er ja nur in den

---

[24] Sebastian Brant, *Das Narrenschiff*, Leipzig 1958, S. 216.
[25] *Urkundliche Quellen zur hessischen Reformationsgeschichte*, Vierter Bd.: Wiedertäuferakten 1527-1626, hrsg. von Günther Franz, Marburg 1951, S. 381.
[26] *Quellen zur Geschichte der Wiedertäufer*, I. Bd: Herzogtum Württemberg, hrsg. von Gustav
Bossert, Leipzig 1930, S. 446.
[27] *Quellen zur Geschichte der Täufer*, VII. Bd.: Elsaß, I.Teil, Stadt Straßburg 1522-1532, hrsg.
Manfred Krebs und Hans Georg Rott, Gütersloh 1959, S. 131; auch Junghans Waldshuter traf den
Pfarrer im Wirtshaus an (Quellen zur Geschichte der Täufer in der Schweiz, Erster Band: Zürich
[wie Anm. 6], S. 208).
[28] Eine Fülle von Belegen enthält der Aufsatz von Eckhart Seifert, *Der Kampf um des Priesters
Rausch. Eine Quellenstudie*, in: *Ferdinandina* (wie Anm. 15), S. 81-92.
[29] Karlheinz Blaschke, *Erscheinungen des Antiklerikalismus in Sachsen vor und während der
Reformation*, in: *Anticlericalism in Late Medieval and Early Modern Europe*, hrsg. von Peter A.
Dykema und Heiko A. Oberman, Leiden/New York/Köln 1993, S. 231.

eigenen vier Wänden oder unterwegs und nicht im Wirtshaus wie um 1480 etwa ein Fünftel des Pfarrklerus im Bistum Eichstätt. Die Visitation hatte es an den Tag gebracht, daß die geistlichen Herren sich dort bei Wein, Karten- und Würfelspiel die Zeit vertrieben.[30] Die Täufer haben von diesen Mißständen profitiert, indem sie Unzufriedenen und Verunsicherten eine Glaubens- und Lebensalternative boten. Allerdings standen sie mit ihrer Kritik am Wirtshaus und anderen als unerträglich empfundenen Einrichtungen und Zuständen nicht so allein da, wie es die täuferische Schwarzweißmalerei nahelegen könnte. Ungewollt und keineswegs als Kampfgefährten akzeptiert, befanden sich die Täufer vielmehr in einer Front mit obrigkeitlichen Ordnungshütern, Moralisten und zeitkritischen Literaten - die allesamt gegen die vermeintliche Sittenlosigkeit der Zeit zu Felde zogen.

Daß die zeitgenössische Wirtshausschelte leicht zu hart und kompromißlos ausfiel, liegt nahe. Gemeinsam mit anderen Kritikern scheinen auch die Täufer übersehen zu haben, daß das Wirtshaus durchaus wichtige Funktionen erfüllte, die abseits zügelloser Trink- und Spielfreuden lagen. Pauschale Negativurteile sind auch aus heutiger Sicht unangebracht. Vielmehr bleibt in die Betrachtung einzubeziehen, daß dem Gasthaus im gesellschaftlichen Leben mittelalterlicher Gemeinwesen eine zentrale Stellung zukam.[31] Hier wurden nicht nur Gäste der Gemeinde untergebracht und Sonntagsessen eingenommen, sondern auch Handel getrieben, Zoll kassiert und Arbeitskräfte vermittelt. Im Wirtshaus fanden Rats- und Gerichtssitzungen statt, hier wurden geistliche Kapitel und Synoden abgehalten[32], Ehen geschlossen[33] und Zähne gezogen.[34] Obwohl das Wirtshaus gerne zum konspirativen Zentrum gefährlichster Art erklärt wird, scheint es auch ein eher neutraler Ort der Begegnung gewesen zu sein, an dem sachliche Gespräche geführt

[30] Peter Thaddäus Lang, *Würfel, Wein und Wettersegen. Klerus und Gläubige im Bistum Eichstätt am Vorabend der Reformation*, in: *Martin Luther. Probleme seiner Zeit*, hrsg. von Volker Press und Dieter Stievermann, Stuttgart 1986, S. 225.

[31] Helmut Hundsbichler, *Gasthäuser und Pfarrhöfe als bischöfliche Unterkunft am Nordrand der Kirchenprovinz Aquileia. Beispiele aus den Reisetagebüchern des Paolo Santonino und aus verwandtem Quellenmaterial des 15. Jahrhunderts*, in: *Gastfreundschaft* (wie Anm. 11), S. 201.

[32] Bernhard Schmid, *Wirtshausnamen und Wirtshausschilder. Ihre Entstehung, Geschichte und Deutung*, in: *Schweizerisches Archiv für Volkskunde*, 33 (1934), S. 10.

[33] Hinweise u. a. bei Andrzej Klonder, *Bauer und Schenke in Polen vom 13. bis ins 16. Jahrhundert*, in: *Bäuerliche Sachkultur des Spätmittelalters*, Wien 1984, S. 325. Klonder gibt auch einen guten Überblick über diverse Funktionen, die das Wirtshaus erfüllte (*Ebd.*). Ärmere Leute heirateten im Wirtshaus (Lyndal Roper, *Holy Household* [wie Anm. 22], S. 153), in dem aber auch spektakuläre Eheschließungen stattfinden konnten. So heiratete der Priester Jacob Grießbüttel im August 1523 in einem Gasthaus, wo er sich mit seiner Braut selbst traute. Der Augsburger Bürgermeister hatte keine Heiratsgenehmigung erteilt, weshalb auch keine kirchliche Trauung möglich war. (Justus Maurer, *Prediger im Bauernkrieg*, Stuttgart 1979, S. 43).

[34] Helfried Valentinitsch, *Ein Zahnarzt in Graz als Bigamist. Ein Beitrag zur Sittengeschichte des Barockzeitalters*, in: *Historisches Jahrbuch der Stadt Graz*, Bd. 20 (1989), S. 245.

werden konnten. In diesem Zusammenhang sei an den Meinungsaustausch zwischen Luther und Karlstadt im Jenaer Gasthaus „Schwarzer Bär" erinnert.[35] Und auch die Wirte und Wirtinnen erweisen sich keineswegs nur als zwielichtige Gestalten. Sie waren gut informierte Leute, die lesen, schreiben und rechnen konnten, manchmal sogar mehrere Sprachen beherrschten und nicht selten in hohem Ansehen standen.[36] Bei den Täufern lassen sich ebenfalls einige weniger ablehnend wirkende Anspielungen finden. So verwendet Balthasar Hubmaier in seinen Schriften mehrmals das Bild vom Faßreifen,[37] der Vorübergehenden anzeigt, daß hier Wein ausgeschenkt wird. Die Kindertaufe vergleicht Hubmaier z. B. mit einem Faßreif vor einem Wirtshaus ohne Wein.[38] Das klingt milde im Vergleich zu den harten Urteilen, die Täufer sonst über das Wirtshaus zu fällen pflegten. „Absonderung", so lautet zwar die rettende Parole, Flucht aus den irdischen Sümpfen, die Verderben und Tod bringen. Rein theoretisch haben die Täufer diese rigorose Trennung von der „Welt" vielleicht vollzogen, die Praxis sah jedoch anders aus. Am Wirtshaus läßt sich zeigen, wie eng die Verzahnung blieb. Manchmal allerdings auch ungewollt, denn die Täufer haben sich nicht immer freiwillig ins Wirtshaus begeben.

Einige von ihnen betraten es als Gefangene. Für kurze Zeit hielten sie sich mit ihren Häschern dort auf, um etwas zu essen und zu trinken. „5 pfund 15 schiling: zum Kindli dem wirt, als ettlicher kuntschaffter und die gfangnen töuffer by im verzartend."[39] Über die Ausgaben hinaus verrät die Quelle nichts über das Verhalten der Täufer, mögliche Gespräche oder die Dauer des Aufenthaltes. Wenige Tage später wiederholte sich der Vorgang. Am 10. Oktober 1532 machten wieder Täufer im Wirtshaus „Zum Kindli" Station, ohne daß außer den Kosten Näheres zu erfahren wäre.[40] Natürlich konnte es bei einem solchen Aufenthalt auch turbulenter zugehen, wie etwa am 6. Oktober 1533 im Wirtshaus „Zum Affenwagen", „...als ettlich der rätten mit den töuffern ghandlet..."[41] Vermutlich hatte hier ein Gespräch stattgefunden, worum es im einzelnen ging, ist unklar. Andere Täufer wiederum nutzten den unfreiwilligen Wirtshausaufenthalt, um sich klamm-

---

[35] Hermann Barge, *Andreas Bodenstein von Karlstadt*, Bd. II: Karlstadt als Vorkämpfer des laienchristlichen Puritanismus, Nieuwkoop 1968², S. 125 - 130.

[36] Helmut Hundsbichler, *Gasthäuser und Pfarrhöfe* (wie Anm. 31), S. 192; *Gastfreundschaft, Taverne und Gasthaus* (wie Anm. 11), S. 243 (Diskussionsbeiträge).

[37] Balthasar Hubmaier, *Schriften*, hrsg. von Gunnar Westin und Torsten Bergsten, Gütersloh 1962, u. a. S. 114, 151, 162.

[38] *Ebd.*, S. 234, Anm. 28.

[39] *Quellen zur Geschichte der Täufer in der Schweiz*, Erster Band: Zürich (wie Anm. 6), S. 365.

[40] *Ebd.*, S. 368.

[41] *Ebd.*, S. 377; in einem anderen Fall versuchen bekehrte Täufer, einen gefangenen Täufer im Wirtshaus umzustimmen (*Urkundliche Quellen zur hessischen Reformationsgeschichte*, Vierter Bd.: Wiedertäuferakten [wie Anm. 25], S. 267 f.).

heimlich aus dem Staub zu machen. So wird etwa über Hans Kräl berichtet, daß er 1559 aus dem Wirtshaus zu Niderdorff geflohen sei. Die Gelegenheit war günstig. Nachdem sein Bewacher dem Wein übermäßig zugesprochen und jegliche Kontrolle über sich und den Gefangenen verloren hatte, packte Hans Kräl die Gelegenheit beim Schopfe. Während der Scherge stockbetrunken wie ein Klotz auf seine Schlafstelle niedergefallen sei,"...hat der Bruder die kamerthür vnd haussthür aufthon vnd wider zuegeschlagen vnd (ist) darvon gangen. Also hat im Gott in diser nacht darvon geholffen..."[42]

Während sich für Kräl nach fast zweijähriger Gefangenschaft das Wirtshaus als Tor zur Freiheit entpuppte, wurde es anderen Brüdern und Schwestern zum Verhängnis. Vom Wirt oder anwesenden Gästen erst einmal als Täufer entlarvt, konnte es unter Umständen schnell zur Verhaftung kommen.

So wurde Peter Sämer, nachdem er die Nacht in der Herberge verbracht hatte und am anderen Morgen weiterziehen wollte, Ende Juni oder Anfang Juli 1588 von einem Schergen gefangengenommen. Ob hier Verrat im Spiel war oder der Scherge aus eigenem Antrieb einen Kontrollgang ums Wirtshaus unternommen hatte, ist der Quelle nicht zu entnehmen.[43] Anders lagen die Dinge im Fall Veit Grünberger, der von anwesenden Bauern als verdächtig eingestuft, daraufhin festgehalten und später in obrigkeitlichem Auftrag abgeführt wurde.[44] Als Fremder, der zudem noch im Wirtshaus „zum essen betet", mußte Grünberger damit rechnen, entlarvt zu werden. Auch anderen Quellen ist zu entnehmen, daß Täufer sich mit den im Wirtshaus herrschenden Sitten nicht identifizieren wollten und dadurch in Gefahr gerieten. So wurde drei nach Tirol reisenden Täufern am 8. Januar 1536 zum Verhängnis, daß sie sich dem in ihren Augen ungöttlichen Brauch des Zutrinkens verweigerten. Ein anwesender Gast ließ sich Tinte und Papier bringen. Eine kurze Nachricht war schnell verfaßt: „Hie seindt 3 Personen, welche mich dünkhen Widertäuffer zu sein."[45] Ob Täufer sich im Wirtshaus generell durch verräterische Gesten und Reden wie selbstverständlich als solche zu erkennen gaben, bleibt zu bezweifeln. Manch Glaubensbruder oder -schwester scheint eher vorsichtig gewesen zu sein, stets darauf bedacht, nicht aufzufallen. Dies war natürlich in einer trinkfreudigen Gesellschaft, in der unflätige Reden geschwungen wurden und Gott in weite Ferne rückte,

---

[42] *Die Geschichts-Bücher der Wiedertäufer in Oesterreich-Ungarn, von 1526-1785,* hrsg. von Josef Beck, Nieuwkoop 1967 (Nachdruck), S. 218.

[43] *Ebd.,* S. 301; s. a. die Mitteilung über zwei gefangene Täufer in Kirtorf: „Nachdem sich gestern dinstags zwen widerteufer zu Kirtorff im wirtshaus eingeschleuft, hat er sie verhaftet..." (*Urkundliche Quellen zur hessischen Reformationsgeschichte,* Vierter Bd.: Wiedertäuferakten [wie Anm. 25], S. 485.

[44] *Geschichts-Bücher der Wiedertäufer* (wie Anm. 42), S. 256.

[45] *Ebd.,* S. 127.

alles andere als leicht. Claus-Peter Clasen hat darauf hingewiesen, daß
Wirte anwesende Täufer zwar zu melden hatten, es jedoch schwierig gewesen sei, sie überhaupt zu identifizieren.[46] Aus Angst erkannt und gefangengenommen zu werden, wurde z. B. die Unterkunft häufig gewechselt. So be-
gab sich ein Augsburger Täufer jede Nacht in ein anderes Wirtshaus, und
von einer Glaubensschwester ist bekannt, daß sie bereits in sechs unterschiedlichen Herbergen die Nacht verbracht hatte.[47] Zu den möglichen Vor-
sichtsmaßnahmen gehörte auch, sich mit anwesenden Gästen etwas abseits
zu unterhalten,[48] vielleicht im Gang oder vor der Tür. Eine Maßnahme, die
Täufer und ihre Gesprächspartner vor unangenehmen Überraschungen bewahren konnte. Sicher wäre es am unauffälligsten gewesen, sich den Wirts-
hausgepflogenheiten einfach anzupassen. Ob einzelne Täufer sich aus der
Not heraus dazu entschlossen, sei dahingestellt. Wer trank, mußte jedenfalls
damit rechnen, ausgeschlossen zu werden, wie jener Peter Wylß, der die
Niederländische Gemeinde Ende der sechziger Jahre verlassen mußte,
"...weil er sich nicht ihrem Glauben gemäß hielt, insbesondere einen guten
Trunk schätzte."[49]
    Wenn Wirtshausaufenthalte große Gefahren in sich bargen, warum ver-
suchten Täufer dann nicht, dieses gefährliche Pflaster zu meiden? Zumal es
sich um einen Ort handelt, der den täuferischen Glaubens- und Lebensvorstellungen grundsätzlich zuwiderlief. Abgesehen vom unfreiwilligen Aufenthalt als Gefangener, scheint es für Täufer ganz selbstverständlich gewesen zu sein, sich als Reisender oder Verfolgter ins Wirtshaus bzw. eine Herberge zu begeben. So gesteht etwa Cornelius Poldermann, daß er bei seiner
Ankunft in Straßburg am 24. November 1533, gleich in ein Wirtshaus gezogen sei, das er jedoch nicht zu benennen wisse.[50] Noch ein anderer wichtiger
Punkt muß in die Betrachtung einbezogen werden. Die Täufer haben das
Wirtshaus durchaus für ihre eigenen Interessen genutzt. Hier konnte gespot-
tet, diskutiert, manch Ungläubiger auf den rechten Glaubensweg gebracht,
eine Versammlung abgehalten, gepredigt und vielleicht sogar getauft werden. Möglich wurde dies alles unter einer Voraussetzung: die Wirtsleute
mußten mitspielen oder sogar gewonnen werden. Ihnen oblag es, die Obrigkeit nicht zu alarmieren, Treffen zu arrangieren, Gäste zu informieren und
Täufer bei drohender Gefahr zu warnen oder zu verstecken. Im obrigkeitli-

---

[46] Claus-Peter Clasen, *Anabaptism. A Social History, 1525-1618. Switzerland, Austria, Moravia, South and Central Germany*, Ithaca/London 1972, S. 409.
    [47] *Ebd.*, S. 409 f.
    [48] Franz Kolb, *Die Wiedertäufer im Wipptal*, Innsbruck 1951, S. 40.
    [49] Hans H. Th. Stiasny, *Die strafrechtliche Verfolgung der Täufer in der Freien Reichsstadt
Köln, 1529 bis 1618*, Münster in Westfalen 1962, S. 85.
    [50] *Quellen zur Geschichte der Täufer*, VIII. Bd.: Elsaß, II. Teil, Stadt Straßburg 1533 - 1535,
hrsg. von Manfred Krebs und Hans Georg Rott, Gütersloh 1960, S. 214.

chen Kampf gegen die Täufer und andere als gefährlich eingestuften Individuen nahmen die Wirte eine Schlüsselstellung ein, die sie jedoch entgegen höherer Anweisung oft zugunsten der Verfolgten nutzten. Viel spricht dafür, daß Wirte Wert auf Autonomie legten. Sie bestimmten, was sich in ihren vier Wänden abspielte und wer sich dort aufhalten durfte. Dieses Gefühl, es hier mit einem unantastbaren Freiraum zu tun zu haben, in dem sich der obrigkeitliche Wille nur bedingt durchsetzen ließ, erinnert an den archaischen Charakter der Gastfreundschaft als Ausdruck zwischenmenschlicher Schutz- und Hilfsbereitschaft.[51] Obwohl ihre Widerspenstigkeit bekannt war, wurden immer wieder Anstrengungen unternommen, Wirte zur Räson zu bringen. So wird z. B. in dem vom 4. Januar 1528 stammenden *„Beschluß des Erzbischofs Matthäus Lang, seiner Räte und des Richters, Bürgermeisters und kleinen Rates der Stadt Salzburg, eine fremdenpolizeiliche Verordnung zu erlassen... "*, bestimmt, daß Wirte Fremde nicht nur zu melden hätten, sondern auch keine Gespräche über die lutherische Lehre oder die Wiedertäufer unter ihren Gästen dulden dürften.[52] Und in einem Mandat König Ferdinands gegen die Wiedertäufer vom 9. Mai 1534 heißt es, daß „den burgern, inwonern, wirten, gastgeben und meniglichen" untersagt werden solle, eine fremde Person zu beherbergen, bevor nicht sicher sei , daß sie nicht zu den Täufern gehöre.[53] Da die Wirte diesem Anspruch kaum in gewünschtem Umfange entsprachen, verwundert es nicht, daß sie beobachtet und gegebenenfalls verhört oder sogar bestraft wurden. So ließ der Heilbronner Rat 1533 feststellen, welche Wirte trotz Verbots Wiedertäufer beherbergten.[54] Und über andere sollte in Erfahrung gebracht werden, ob sie selbst täuferisch gesonnen seien.[55] Dies konnte durchaus passieren. Claus Peter Clasens Statistik über die zwischen 1525 und 1618 von Täufern ausgeübten Berufe, unberücksichtigt ist das niederdeutsche Täufertum, weist 24 Wirte einschließlich ihrer Frauen aus.[56] Hinzu kommen all jene, die sich tolerant verhielten oder sogar Entgegenkommen zeigten, ohne selbst täuferisch zu sein.

Die Täufer waren sich dieser günstigen Konstellation durchaus bewußt und ließen nichts unversucht, Wirtsleute von der Richtigkeit ihres Weges zu überzeugen. So gesteht 1528 ein Täufer gemeinsam mit einem Gesinnungsgenossen „hie zu Bamberg bei der gulden Ganß" eingekehrt zu sein und der

---

[51] Hans Conrad Peyer, *Gastfreundschaft* (wie Anm. 8), S. 265.
[52] *Quellen zur Geschichte der Täufer*, XIII. Bd.: Österreich, II.Teil, hrsg. von Grete Mecenseffy, Gütersloh 1972, S. 49.
[53] *Quellen zur Geschichte der Täufer*, IV. Bd.: Baden und Pfalz (wie Anm. 3), S. 396.
[54] Claus-Peter Clasen, *Die Wiedertäufer im Herzogtum Württemberg und in benachbarten Herrschaften: Ausbreitung, Geisteswelt und Soziologie*, Stuttgart 1966, S. 20f.
[55] Quellen zur Geschichte der Täufer, XIV. Bd : Österreich, III. Teil (wie Anm. 10), S. 163.
[56] Claus-Peter Clasen, *Anabaptism* (wie Anm. 46), S. 433.

Wirtin vorgepredigt zu haben. Ihr Mann war gerade abwesend. Was die Fremden ihr zu Gehör brachten, schien zu gefallen. Wenn sie bei Gelegenheit wieder vorbeischauten, habe die Frau die Täufer wissen lassen, „...so wolt sie auch in ir tauf bewilligen."[57] Derart vorteilhaft gestalteten sich die Dinge nicht immer. Wastl Ruech, Wirt am Tuxnein, lehnte es ab, sich mit dem Täufer Martin Geyr näher zu befassen.[58] Abgesehen von ausdrücklichen Sympathie- bzw. Antipathiebekundungen einzelner Wirtsleute, scheint die gesprächsoffene bis aggressive Atmosphäre des Wirtshauses grundsätzlich jenen fruchtbaren Boden geboten zu haben, den Täufer brauchten, um ihre Bewegung zu stabilisieren und weiter anschwellen zu lassen. So antwortete Ambrosius Spitelmeier am 20. September 1527 auf die Frage, wie Täufer sich verhalten und ob sie sich zu erkennen geben, wenn sie allein in einen Ort kommen: „...er hab kain sonderlich offenbarung, dann wan er in ein wirtzhaus kome, sei das erst, das er nach dem prediger desselbigen orts, ob er das euangelium predig oder nit, frag, auch was das euangelium sei; item halt auch demselbigen menschen für, wie er Cristum erkenne, ob er auch ein rechter crist sei oder nit, u. ander dergleichen cristlicher stuck..."[59] Ganz bewußt suchte Spitelmeier also das Wirtshaus auf, um sich hier zu informieren und andere für seine Überzeugung zu gewinnen. Er bemühte sich um Gespräche, zeigte ein offenes Ohr für mögliche Klagen über den Ortsgeistlichen und regte an, sich über den Glauben und eine christliche Lebensführung Gedanken zu machen. Auf diese Weise dürfte es ihm gelungen sein, den einen oder anderen Unzufriedenen für die Täufer zu interessieren, vielleicht sogar zu gewinnen. Worüber im einzelnen gesprochen wurde, bleibt zumeist im dunkeln. So ist beispielsweise auch der Urfehde des Hans Prunster, Wirt zu Kleinhaslach, vom 13. Februar 1529 lediglich zu entnehmen, daß er den Täufern Unterschlupf gewährt und sich auch in „...wirts und andern heusern und orten der gedachten widertauf und derselben sect mit ungebürlichen und streflichen reden, die ich mermals getrieben, teilhaftig gemacht habe..."[60] Ähnliches wird auch über Leonhart Albrecht[61] und das rührige Ehepaar Lienhard und Lindlin ob der Platten berichtet. Angeblich hatten sie im Wirtshaus gepredigt und sich dort über das Abendmahl lustig gemacht.[62] Während Spitelmeier wohl zielgerichtet auf die Täufer zu sprechen kam, scheinen sie bei anderer Gelegenheit ganz selbstverständlich Ge-

---

[57] Paul Wappler, *Die Täuferbewegung in Thüringen von 1526 - 1584*, Jena 1913, S. 280.

[58] Franz Kolb, *Wiedertäufer im Wipptal* (wie Anm. 48), S. 39.

[59] *Quellen zur Geschichte der Wiedertäufer*, II. Bd.: Markgraftum Brandenburg (wie Anm. 1), S. 36.

[60] *Quellen zur Geschichte der Täufer*, V. Bd.: Bayern, II. Abteilung. Reichsstädte: Regensburg, Kaufbeuren, Rothenburg, Nördlingen, Schweinfurt, Weißenburg, hrsg. von Karl Schornbaum, Gütersloh 1951, S. 260.

[61] Hildegund Gismann-Fiel, *Das Täufertum in Vorarlberg*, Dornbirn 1982, S. 74.

[62] Tiroler Landesarchiv Innsbruck, *Causa Domini*, Bd. 1,1523 - 1526, Bl. 265^v.

genstand der Unterhaltung geworden zu sein. So berichtet Jost Weber an den
Zürcher Rat, daß er am 18. März 1526 „zuo guotten gesellen inn das wirtz-
huß zu Egg" gegangen sei „...unnd alls man da redt von allerley händlen, do
hannd guot gesellenn angefangen redenn von den widertöufferenn."[63] Ein
Streitgespräch entspann sich. Er selbst und einige andere hätten sich zwar
skeptisch gezeigt und dagegen geredet, Kleinhans Weber sei in Sachen
Täufer aber ganz anderer Meinung gewesen und habe u. a. verlauten lassen:
„'Wen die pfaffenn wend die warheit sagenn, so muoßent sy es mit den töu-
feren han.'"[64] Kurzum, mit den Täufern habe es seine Richtigkeit:„'Des
überret mich nieman, unnd dieweil ich leb, so bringt mich nieman darab.'"[65]
Daß Täufer im Wirtshaus selbst für ihre Überzeugung warben oder ihre Anschauungen von anderen leidenschaftlich diskutiert wurden, läßt sich nach-
vollziehen. Schwieriger fällt es jedoch, sich vorzustellen, daß an diesem an-
rüchigen Ort regelrechte Täuferversammlungen einschließlich Taufen statt-
fanden. Gewiß war dies eher die Ausnahme, aber sie zeigt, daß Täufer keineswegs nur entlegene Winkel und schwerzugängliche Plätze für Zusammenkünfte auswählten. Vierzehn Tage sei es her, so gesteht Veltin Northeim
von Wangen am 8. April 1534, daß er in Straßburg „zum Haspel" einer
Täuferversammlung beigewohnt habe. Besonders groß scheint sie nicht gewesen zu sein. Etwa 10 Leute hätten teilgenommen, darunter einer aus Mähren, der die Predigt gehalten habe.[66] Ihm war es gelungen, Rudolf Claus,
den Wirt, zu bekehren und zu taufen, der daraufhin die Versammlung in
seinem Haus ermöglichte.[67] Was sich hier an täuferischem Glaubensleben
mit Wissen und Einverständnis des Wirtes abspielte, vollzog sich an anderem Ort heimlich. So berichtet der Täufer Hans Stiglitz, um den 29. September 1527 "...in einem wirtzhaus gegen dem Aichlperger über in einer kha-
mer, das aber wirt nit gewist, getauft..."[68] worden zu sein. Dies war kein
Einzelfall. Auch in Simon Kraußhaars Bekenntnis vom Mai 1559 ist davon
die Rede, daß er in einem Heilbronner Wirtshaus die Glaubenstaufe empfangen habe.[69] Täufertreffen konnten versteckt beim Wirt im Keller stattfinden,[70] aber auch offener, wie jene im Goldenen Apfel[71] und in der Taube zu

---

[63] *Quellen zur Geschichte der Täufer in der Schweiz*, Erster Bd.: Zürich (wie Anm. 6), S. 189.
[64] *Ebd.*, S. 140.
[65] *Ebd.*
[66] *Quellen zur Geschichte der Täufer*, VIII. Bd.: Elsaß, II. Teil. Stadt Straßburg 1533-1535,
(wie Anm. 50), S. 297.
[67] *Ebd.*, S. 300.
[68] *Quellen zur Geschichte der Täufer*, XI. Bd.: Österreich, I. Teil, hrsg. von Grete Mecenseffy,
Gütersloh 1964, S. 66.
[69] *Quellen zur Geschichte der Wiedertäufer*, I. Bd.: Württemberg (wie Anm. 26), S. 179.
[70] *Quellen zur Geschichte der Täufer*, XIV. Bd.: Österreich, III. Teil (wie Anm. 10), S. 238.
[71] Hans H. Th. Stiasny, *Die strafrechtliche Verfolgung der Täufer in der Freien Reichsstadt
Köln* (wie Anm. 49), S. 44.

Köln, wo sich etwa zwanzig Personen versammelt hatten.[72] Offensichtlich waren alle moralischen Bedenken über Bord geworfen und Wirtshäuser als Versammlungsort akzeptiert worden. Dieses rege Kommen und Gehen steht jedoch nach wie vor im Widerspruch zu den ausdrücklich formulierten Bedenken, die in Täuferkreisen gegen Wirtshäuser und ihre Betreiber gehegt wurden. Wie läßt sich dieser Widerspruch erklären und eventuell sogar auflösen?

1. Der täuferische Unwille gegen das Wirtshaus als Teil der verruchten, gottlosen „Welt" scheint sich vor allem gegen die dort herrschenden Sitten gerichtet zu haben, die sich salopp formuliert mit „saufen, spielen, huren und Gotteslästerung" umschreiben lassen. Obwohl überzeugte Täufer mit derartigen Dingen nichts zu tun haben wollten, gab es für sie dennoch eine Möglichkeit, in Wirtshäusern bedenkenlos zu verkehren. Sie mußten sich nur anders verhalten, ihre innere Distanz strikt wahren und sie vielleicht durch Gesten und Reden für alle sichtbar zum Ausdruck bringen. Dazu gehörte zu beten, es abzulehnen, dem anderen zuzutrinken, und es bedarf keiner großen Phantasie, sich vorzustellen, daß Täufer im Idealfall auch an Tanz, Spiel und anderen Vergnügungen kein Interesse zeigten. Die absolute Gewißheit, durch die Glaubenstaufe als Zeichen der inneren Umkehr, mit dem bisherigen Leben gebrochen zu haben, erlaubte es, sich unbeschwert im Wirtshaus bewegen zu können. Man war gegen das dortige unmoralische Treiben immun und stand über den Dingen. Wer sich auf diese Weise innerlich und äußerlich absonderte, konnte schnell zum angefeindeten Außenseiter werden, aber auch zum Vorbild für Zweifler und all jene, die im Wirtshaus nach neuen Wegen suchten. Und auch die Wirtsleute konnten viel von ihrem Schrecken verlieren, wenn es gelang, sie zu Brüdern und Schwestern oder wenigstens zu Sympathisanten werden zu lassen. Versammlungen fanden dann strenggenommen nicht mehr im Wirtshaus, sondern im Haus eines Gleichgesinnten statt; und dagegen war wenig einzuwenden.

2. Wenn ihnen der Gedanke auch unsympathisch war, die Täufer bedurften des Wirtshauses. In ihm herrschte jene antiklerikale Stimmung, die zum täuferischen Selbstfindungsprozeß entscheidend beigetragen hatte und mit ihrem entlarvenden Charakter dafür sorgte, daß die Glaubens- und Lebensvorstellungen der Täufer als Alternative angenommen wurden. Hans-Jürgen Goertz hat in seinen wissenschaftlichen Publikationen immer wieder auf diese enge Beziehung zwischen täuferischen Bewegungen und Antiklerikalismus hingewiesen.[73] Nun wäre es bestimmt einseitig, zu behaupten, daß sich der Antiklerikalismus in all seinen mehr oder weniger ausdrucksstarken

---

[72] *Ebd.*, S. 47.
[73] Hans-Jürgen Goertz, *Die Täufer. Geschichte und Deutung*, München 1988², bes. Kap. 2; ders., *Antiklerikalismus und Reformation. Sozialgeschichtliche Untersuchungen*, Göttingen 1995.

Varianten allein im Wirtshaus austobte, dennoch war er hier zu Hause. In vielen Städten gab es während der Reformationszeit alt- und neugläubige Wirtshäuser im Sinne von Parteilokalen,[74] während in vielen Schenken, Winkelwirtschaften und Dorfkneipen die Meinungen über Geistliche und den rechten Glaubensweg wohl eher hart aufeinanderprallten. Hier konnte nicht nur gehöhnt, geschimpft und gedroht, sondern Antiklerikalismus auch regelrecht in Szene gesetzt werden. In den publizierten Täuferquellen finden sich viele Hinweise auf antiklerikale Aktivitäten in Wirtshäusern, die vom Fastenbruch[75] über Schmäh- und Spottreden[76] bis zur Sakraments- bzw. Abendmahlskritik derbster Art reichen, wie sie in Straßburger Wirtshäusern zelebriert wurde: „Das etlich in den wurzheusern sitzen, das brot vfheben vnd singen: 'Da is; das ist mein leib', vnd mit dem wein singen sie: 'Da trinck, das ist mein blut.'"[77]

Die Täufer haben diese antiklerikale Stimmung nicht nur angeheizt, indem sie wie Spitelmeier die Qualitäten des Ortsgeistlichen zur Diskussion stellten, sondern den Antiklerikalismus selbst durch Taufen im Wirtshaus auf die Spitze getrieben. Jean Delumeau hat darauf hingewiesen, daß die Pfarrkirche und das Wirtshaus in der Gesellschaft von einst die beiden Pole bildeten, an denen die Bande der Zusammengehörigkeit vor allem der unteren Bevölkerungsschichten geknüpft wurden.[78] Für die Täufer und andere antiklerikal eingestellte Geister galt das in der Gestalt nicht mehr. Während der Kirchenbau seinen gemeinschaftsfestigenden Charakter für sie völlig verlor, lebte er allenfalls im Wirtshaus unter dem Vorsatz weiter, verunsicherte Gläubige zu gewinnen und als täuferische Gemeinschaft neu zu formieren.

3. Revolutionen und Aufstände haben nicht selten im Wirtshaus ihren Anfang genommen. „Blut und Wein sind unlösbar mit dem Aufruhr verknüpft. Er kann auf jene, die Getränke ausschenken, und auf die, deren Beruf es ist zu töten, nicht verzichten."[79] Auch die Aufständischen des „Bauernkrieges" von 1524/26 haben ihre Ideen, Hoffnungen und Sehnsüchte ins Wirtshaus getragen und hier nach Verbündeten Ausschau gehalten. Schon für Sebastian Franck stand fest, daß „Der jüngst paurn krieg/ ist auch

---

[74] *Gastfreundschaft* (wie Anm. 11), S. XII (Einführung von Hans Conrad Peyer).

[75] *Quellen zur Geschichte der Täufer*, XIV. Bd.: Österreich, III. Teil (wie Anm. 10), S. 19 und S. 343.

[76] *Ebd.*, S. 283.

[77] *Quellen zur Geschichte der Täufer*, XVI. Bd.: Elsaß, IV. Teil. Stadt Straßburg 1543 - 1552 samt Nachträgen und Verbesserungen zu Teil I, II und III, hrsg. von Marc Lienhard, Stephen F. Nelson und Hans Georg Rott, Gütersloh 1988, S. 193.

[78] Jean Delumeau, *Angst im Abendland. Die Geschichte kollektiver Ängste im Europa des 14. bis 18. Jahrhunderts*, Bd. 1, Reinbek bei Hamburg 1985, S. 258.

[79] *Ebd.*, S. 259.

beym wein/ vnder den truncken angericht worden."[80] Und dafür war das Wirtshaus allemal ein geeigneter Ort. In den Quellen mangelt es nicht an Hinweisen auf Wirtshausaktivitäten unterschiedlichster Art und auf Wirte, die mit den Aufständischen sympathisierten.[81] Vielleicht läßt sich hier eine Gemeinsamkeit entdecken. Sowohl Täufern als auch Aufständischen bot das Wirtshaus ein Forum, wo sie sich mehr oder weniger offen darstellen und für ihre Sache werben konnten. Daß in der Tat Verbindungen bestehen, legen die Forschungen von Hans-Jürgen Goertz nahe. Er hat James M. Stayers einprägsame Formulierung, daß das Täufertum „in, mit und unter" der Reformation entstanden sei[82] aufgegriffen und ergänzt: „...das Täufertum ist auch 'in, mit und unter' der bäuerlichen Revolutionsbewegung entstanden."[83] Streben nach kommunaler Reformation, Antiklerikalismus, freie Wahl des Pfarrers bzw. Hirten, Eidesverweigerung, Gruppendisziplin und Obrigkeitskritik, dies sind einige der entdeckten Gemeinsamkeiten. Neben verbindenden Zielsetzungen und Gesten dürften Wirtshäuser und Wirte dazu beigetragen haben, daß sowohl Täufer als auch Aufständische sich artikulieren, miteinander besprechen und für ihre Sache werben konnten. Wie Jesus das letzte Mahl mit seinen Jüngern in einer Herberge feierte - eine Szene, die zum ätiologischen Kern der vita communis im Abendland wurde -, hatten die Täufer offensichtlich keine Bedenken, den Zusammenhalt ihrer brüderlichen Gemeinschaft in Wirtshäusern zu festigen, die sich bereits während der bäuerlichen Aufstände als Brutstätten, Kommunikationszentren und Verschwörerstuben christlicher, brüderlicher Vereinigungen bewährt hatten.

---

[80] Sebastian Franck, *Trunckenheit* (wie Anm. 16), S. 400.

[81] Gastwirte traten auch als Führergestalten in Erscheinung; hierzu: Günther Franz, *Die Führer im Bauernkrieg*, in: ders. (Hg.), *Bauernschaft und Bauernstand 1500-1970*. Büdinger Vorträge 1971-1972, Limburg/Lahn 1975, S. 1-15.

[82] James M. Stayer, *Die Schweizer Brüder. Versuch einer historischen Definition*, in: *Mennonitische Geschichtsblätter*, 34. Jahrg. (1977), S. 7.

[83] Hans-Jürgen Goertz, *Aufständische Bauern und Täufer in der Schweiz*, in: *Zugänge zur bäuerlichen Reformation*, hrsg. von Peter Blickle, Zürich 1987, S. 271.

DIE GRENZEN DER TOLERANZ.
MARTIN LUTHER UND DIE DISSIDENTEN SEINER ZEIT

Marc Lienhard (Strasbourg)

Bekanntlich fehlt das Wort „Toleranz" bei Martin Luther. Das Problem jedoch stellt sich für ihn genauso wie für andere Zeitgenossen:[1] Sind Abweichungen von der christlichen Wahrheit zu dulden? Wie soll sich vor allem die Obrigkeit gegenüber Irrlehren verhalten? Solchen Fragen ging Luther seit etwa 1518 bis zu seinem Lebensende nach. Zwei Fragen sind es, die uns hier besonders beschäftigen: Welche theologischen Gesichtspunkte formulierte Luther zwischen 1518 und 1525? Und: Inwiefern trat eine Verschiebung nach 1525 bzw. nach 1530 ein, und wie ist sie zu erklären?

1.

Von drei Seiten her kam Luther immer wieder auf die Frage zu sprechen, wie man sich der Irrlehre gegenüber zu verhalten habe: Zunächst von seinen Überlegungen zum Phänomen der Ketzerei, sodann im Zusammenhang mit der Darlegung seines Verständnisses vom Glauben und schließlich von seinen Erörterungen zur Zweireichelehre her und zur Grenze der weltlichen Gewalt.

---

[1] Vgl. Walther Köhler, *Reformation und Ketzerprozeß*, 1901; Heinrich Hoffmann, *Reformation und Gewissensfreiheit*, Gießen 1932; Joseph Lecler, *Histoire de la tolérance au siècle de la Réforme*, 2 Bde., Paris 1955 (deutsch: *Geschichte der Religionsfreiheit im Zeitalter der Reformation*, 2 Bde., Stuttgart 1965); Heinrich Bornkamm, *Das Problem der Toleranz im 16. Jahrhundert*, in: *Das Jahrhundert der Reformation*, Göttingen 1961, S. 262-290; Erich Hassinger, *Religiöse Toleranz im 16. Jahrhundert: Motive - Argumente - Formen der Verwirklichung*, Basel, Stuttgart 1966; Gottfried Seebass, *An sint persequendi haeretici?* In: *Blätter für württembergische Kirchengeschichte* 70, 1970, S. 70-99; Heinrich Lutz (Hg.), *Zur Geschichte der Toleranz und Religionsfreiheit*, Darmstadt 1977 (=Wege der Forschung, Band 246); Marc Lienhard, *Luther und die Menschenrechte*, in: *Luther. Zeitschrift der Luthergesellschaft*, 1977, S. 12-28; Manfred Hoffmann, *Toleranz und Reformation*, Gütersloh 1979 (=Texte zur Kirchen- und Theologiegeschichte 24); *La liberté de conscience (XVIe-XVIIe siècles), Actes du colloque de Mulhouse et Bâle* (1989), hg. von Hans R. Guggisberg u. a., Genf 1991 (=Etudes de philologie et d'histoire 44); Marc Lienhard, *Religiöse Toleranz in Straßburg im 16. Jahrhundert*, Stuttgart 1991 (=Abhandlungen der Akademie der Wissenschaften und der Literatur, Mainz); ders.: *Les autorités politiques et les dissidents d'après Luther*, in: *Aequitas, Aequalitas, Auctoritas. Raison théorique et légitimation de l'autorité dans le XVIe siècle européen*, hg. von Danièle Letocha, Paris 1992 (=De Pétrarque à Descartes LIV), S. 57-67.

Ketzerei

Schon in den *Resolutiones* zu den Ablaßthesen,[2] also 1518, finden sich
Überlegungen zur Frage, wie Ketzer (haereticos) zu bekämpfen seien. Solche Überlegungen kehren im Sendschreiben *An den christlichen Adel deutscher Nation*[3] wieder, in Verbindung mit dem Fall Johannes Huß und dessen
ungerechter Behandlung und schließlich in der Schrift *Von weltlicher Obrigkeit* (1523).[4] Das Problem der Ketzerei und wie sie zu behandeln sei,
taucht auch 1524 im Zusammenhang mit Thomas Müntzer auf.

Sowohl 1518 als auch 1524 erinnert Luther an 1. Kor. 11,19: „Oportet
haereses" („Es müssen Spaltungen unter euch sein"). Diese Spaltungen
sind als geistliche Gegenbewegung zum Evangelium zu verstehen. Im Hinblick auf Müntzer schreibt Luther 1524: „Man lasse die Geyster auffeynan-
der platzen und treffen."[5] Damit stellt sich die Frage, wie der Kampf in dieser Auseinandersetzung zu führen sei. Die Antwort lautet: „So solt man die
ketzer mit schrifften, nit mit fewr ubirwinden, wie die alten vetter tahn haben. Wen es kunst were, mit fewr ketzer ubirwinden, so weren die hencker
die geleretisten doctores auf erdenn."[6] Und an anderer Stelle heißt es:
„Ketzerey ist eyn geystlich ding, das kan man mitt keinem eyssen hawen,
mitt keynem fewr verbrennen, mit keynem Wasser ertrencken".[7]

Die einzig angemessene Waffe im Kampf gegen die Ketzerei ist das
Wort, in schriftlicher[8] und in mündlicher Form. Dieser Kampf ist vorwiegend Sache der Bischöfe (als Prediger) und der Theologen. Deshalb fordert
Luther, daß Müntzer sich in Wittenberg einem Verhör stellen müsse.[9] Falls
die Ketzerei mit bloßer Gewalt bekämpft wird, wird sie nur gestärkt.[10] An
der Grundaussage, daß man niemanden zum Glauben zwingen könne, hat
Luther zeitlebens festgehalten. Auch wenn das öffentliche Lehren und Lä-
stern bekämpft werden müsse, schreibt er 1530, wird damit niemand zum
Glauben gezwungen.[11]

---

[2] Martin Luther, *Werke*, Weimar 1983ff. (fortan *WA*), 1 (522), S. 529-628. Zum Verhalten gegenüber den Ketzern: S. 624, 36ff. Zu Luthers Verständnis der Häresie vgl. Ulrich Mauser, *Der
junge Luther und die Häresie*, Gütersloh 1968.

[3] *WA* 6, (381), 404-469.

[4] *Ebd.*, 454, 22ff.; *WA* 1, (299), 245-281.

[5] *WA* 15, 219,1.

[6] *WA* 6, 455, 21-23.

[7] *WA* 11, 268, 27-28.

[8] *WA* 6, 455, 21.

[9] *WA* Br Nr. 753, S. 307-308.

[10] *WA* 11, 269, 11-12.

[11] *WA* 31, I, 208, 30.

Das Wesen des Glaubens

Für Luther gilt der Grundsatz, daß niemand für einen anderen glauben, niemand einen anderen vor Gott ersetzen könne.

> „So ligt eym iglichen seyne eygen fahr daran, wie er glewbt, und muss fur sich selb sehen, das er recht glewbe. Denn so wenig als eyn ander fur mich ynn die helle odder hymel faren kan, so wenig kan er auch fur mich glewben oder nicht glewben. "[12]

Aus diesem Grunde muß dem einzelnen - auf eigene Gefahr - die Glaubensentscheidung oder die Ablehnung bzw. die Pervertierung des Glaubens überlassen werden, wobei sich Luther durchaus darüber bewußt ist, daß die wenigsten Menschen glauben werden: „Die wellt und die menge ist und bleibt unchristen, ob sie gleych alle getaufft und Christen heyssen. "[13]

Glaube ist nur Glaube, wenn er frei ist, wenn Gott ihn allein bewirkt. „Denn es ist eyn frey werk umb den glawben, dazu man niemandt kan zwingen. Ja es ist eyn gottlich werk ym geyst, schweig denn das es eusserliche gewallt sollt erzwingen und schaffen. "[14] Luther[15] beruft sich dabei auf einen Satz Augustins,[16] der im Mittelalter oft zitiert wurde. Auch die Erfahrung lehrt, meint er, daß kein Mensch über die innere Gesinnung eines anderen verfügen könne. Die Herzen lassen sich nicht bezwingen. „Das hertz mügen sie ja nicht zwingen, sollten sie sich zu reyssen. Denn war ist das sprichwort: Gedancken sind zoll frey. "[17] Zwang führt nur zur Heuchelei. Sie „treyben damit die schwachen gewissen mit gewallt zu liegen, zuverleucken und anders sagen denn sie es ym hertzen hallten. "[18] Kurz vor seinem Tod sagt Luther noch in einer Predigt: „Denn wo ich einen [bösen] Buben wolt mit gewalt ausrotten, da wachsen jr zween dargegen auf. "[19]

Die Grenzen der obrigkeitlichen Gewalt

In der Obrigkeitsschrift von 1523 werden die Überlegungen Luthers, im Zusammenhang mit der Zweireichelehre, besonders schön zur Sprache gebracht. Die Grundaussage zu diesem Thema lautet: „Nun kan je menschlich ordnung sich nicht strecken ynn den himmel und uber die seele, sondern auff erden, auff den eusserlichen wandel der menschen untereinander, da

---

[12] *WA* 11, 264, 11-14.
[13] *Ebd.*, 251, 35-37.
[14] *Ebd.*, 264, 19-22.
[15] *Ebd.*, 264, 22.
[16] Augustin, *Contra litteras Petiliani* lib. 2,83,184; MPL 43,315=CSEL 52,112=CorpIC, Decr. secunda pars, causa 23 qu. 5 can.33; Friedberg 1,939: „Ad fidem quidem nullus est cogendus invitus, sed per severitatem, imo et per misericordiam Dei, tribulationem flagellis solet perfidia castigari."
[17] *WA* 11, 264, 27-29.
[18] *Ebd.* 30-32.
[19] *WA* 51, 184, 21-22.

menschen sehen, erkennen, richten, urteylen, straffen und erredten kun-
denn. "[20] Dem Versuch der Obrigkeit, bestimmte Bücher zu verbieten—das
war der Anlaß zur Obrigkeitsschrift—oder einen bestimmten Glauben aufzuzwingen, ist zu widerstehen.

> „Wenn nu deyn furst oder welltlicher herr dyr gepeut, mit dem Bapst zu hall-
> ten, sonst oder so zu glewben, oder gepeutt dyr bücher von dyr zu thun, solltu
> sagen: 'es gepurrt Lucifer nicht, neben Gott zu sitzen. Lieber herr, ich bynn
> euch schuldig zu gehorchen mit leyb und gutt, gepietet myr nach ewr gewalt
> mass auff erden, so will ich folgen. Heysst yhr aber mich glewben und bücher
> von myr thun, so will ich nicht gehorchen. Denn da seyt yhr eyn tyrann und
> greyfft zu hoch, gepietet, da yhr widder recht noch macht habt. "[21]

Es ist geradezu ein Zeichen von „Narrheit" oder Perversion der Obrigkeit,
sich in den geistlichen Bereich einmischen zu wollen. Nur Gott kennt und
erforscht den Bereich der Seele.

Was ergibt sich aus diesen Überlegungen? Luther vertritt den Standpunkt, daß die Obrigkeit eher ihre irrenden Untertanen irren lassen soll, als
Bösem mit Ärgerem zu wehren. Bis 1525 ist Luther durchaus der Meinung,
daß den Irrlehrern das Recht nicht genommen werden soll, sich öffentlich zu
äußern. „Wir todten noch vorjagen noch vorfolgen niemandt, der anders le-
ret dan wyr odder secten anricht, Sondern fechten alleine mit dem Gottes
wort wider sie; wo sie den nicht wollen, lassen wir sie faren und sondern uns
von yhnen, das sie bleyben yn wilchem glauben sie wollen. "[22]

In historischer Perspektive ist festzustellen, daß diese Aussagen Luthers
nachhaltig gewirkt haben, auch wenn Luther sie selbst später hier und da
eingeschränkt hat. Die sogenannten Spiritualisten wie etwa der Straßburger
Otto Brunfels[23] beriefen sich auf Luther. So schreibt Brunfels 1527:
„Hereticos comburi est contra voluntatem spiritus. "[24] Auch die Täufer wiesen immer wieder auf die frühen Lutherschriften hin.[25] In seinem Aufruf zur
Toleranz erinnerte zum Beispiel der Straßburger Täufer Leopold Scharn-

---

[20] *WA* 11, 266, 9-13.

[21] *Ebd.* 267, 1-8.

[22] *WA* 19, 263, 10-13.

[23] Zu Brunfels vgl. Erich Sanwald, *Otto Brunfels 1488-1534. Ein Beitrag zur Geschichte des Humanismus, I. Hälfte, 1488-1524*, Bottrop i. W. 1932; Carlo Ginzburg, *Il nicodemismo. Simulazione e dissimulazione religiosa nell'Europa del' 500*, Turin 1970; Marc Lienhard, *Prier au XVIe siècle. Regards sur le Biblisch Bettbüchlein du Strasbourgeois Othon Brunfels*, in: *Revue d'Histoire et de Philosophie Religieuses* 66, 1986, S. 43-55, wieder abgedruckt in: Marc Lienhard, *Un temps, une ville, une Réforme. Studien zur Reformation in Straßburg*, Aldershot, Vermont 1990. Ders., *Un inclassable du XVI. siècle strasbourgeois: Otto Brunfels*, in: *Etudes Germaniques* 50, 1995, S. 435-446;

[24] *Quellen zur Geschichte der Täufer, VII. Band: Elsaß, I. Teil: Stadt Straßburg 1522-1532*, hg. von Manfred Krebs und Hans Georg Rott, Gütersloh 1959, Nr. 77, S. 76, Z. 28.

[25] Vgl. Walter Klaassen, *Das Lutherbild im Täufertum*, in: *Martin Luther. Leistung und Erbe*, hrsg. von Horst Bartel u. a., Berlin 1986, S. 396-401; Lienhard, *Religiöse Toleranz* (wie Anm. 1).

schlager 1534 an Schriften Luthers und Zwinglis, die es verwehrten, über den Glauben herrschen zu wollen.[26]

Auch in den reformatorischen Großkirchen klang Luthers Anliegen nach 1525 noch bei einzelnen Theologen an, wie zum Beispiel bei Johannes Brenz. In seiner Schrift *An magistratus jure possit occidere Anabaptistas aut alios haereticos* (1528) widersprach er im Sinne Luthers einem Reichsgesetz, das die Todestrafe gegen die Täufer vorsehen sollte. Möglicherweise ist es auch dem Einfluß Luthers zuzuschreiben, daß sich der Straßburger Rat den Dissidenten gegenüber so milde verhielt.[27] Die Grundhaltung wird eindeutig zu Beginn der Synode von 1533 ausgesprochen: „Es sey eins ratz meynung nit, jederman im glauben zu zwingen, sondern allein rottungen, so zur trennung gemeiner pollicey dienen mocht, zu stillen."[28]

2.

Jetzt wenden wir uns der Frage zu: Inwiefern und warum haben sich Luthers Auffassungen nach 1525 verändert?

Von Bedeutung ist für unsere Fragestellung die Auslegung des 82. Psalmes von 1530.[29] In einem ersten Teil, der durchaus auf der Linie der Obrigkeitsschrift von 1523 liegt, stellt Luther fest, daß, im Unterschied zum Mittelalter, die weltlichen Obrigkeiten sich der Kirche gegenüber emanzipiert haben. Bezeichnenderweise setzt er jedoch hinzu, daß diese Emanzipation zu weit gegangen sei. Die Obrigkeiten haben sich auch dem Evangelium gegenüber emanzipiert. Sie dulden keine Kritik mehr. Doch die Prediger sollen die Freiheit haben, weder zu schmeicheln noch übel zu reden, aber die Obrigkeit, wenn nötig, zu ermahnen. Es ist

> „nicht auffrührissch die oberkeit zu straffen, wo es geschicht nach der weise, die hie berurt stehet, nemlich dass es durch Göttlich befolhen ampt und durch Gotts wort geschehe offentlich frey und redlich, sondern es ist eine löbliche, edle, seltzame tugent und ein sonderlich grosser Gottes dienst [...]. Das were viel mehr auffrührissch, wo ein prediger die laster der oberkeit nicht straffet."[30] In seiner Auslegung des zweiten Verses betont Luther, welche Bedeutung das Recht für ein Territorium hat. „Wo kein Rechte sind, da gehets über arme leute, widwen, waisen."[31]

---

[26] *Quellen zur Geschichte der Täufer, VIII. Band: Elsaß II. Teil: Stadt Straßburg 1533-1535,* hg. von Manfred Krebs und Hans Georg Rott, Gütersloh 1960, Nr. 576, S. 346-353.

[27] Marc Lienhard, *Les autorités civiles et les anabaptistes: Attitudes du magistrat de Strasbourg (1520-1532),* in: *The Origins and characteristics of Anabaptism,* Den Haag 1977, S. 196-215; ders., *Religiöse Toleranz* (wie Anm. 1), S. 33-38.

[28] *Quellen zur Geschichte der Täufer* (wie Anm. 27), Nr. 441, S. 178, Z. 27-29.

[29] *WA* 31, I, (182) 189-218.

[30] *Ebd.* 197, 29-34.

[31] *Ebd.* 200, 11-12.

Nachdem er vom Dienst der Obrigkeit am Frieden geschrieben hat, behandelt Luther die Frage, inwiefern die Obrigkeit das Wort Gottes zu fördern und die Prediger zu schützen habe. Sollten entgegengesetzte Lehren und Ketzereien unterdrückt und die Ketzer bestraft werden, obwohl es doch heißt, daß „man niemand sol noch kan zum glauben zwingen"?[32] Luther begründet die Bekämpfung der Ketzer, die ihre Irrlehren öffentlich verbreiten, auf vierfache Weise:

1. Etliche Ketzer—gemeint sind die Täufer—sind aufrührerisch, weil sie lehren, daß man keine Obrigkeit annehmen soll und daß die Christen keine politischen Ämter ausüben sollen. Mit dem Argument des Aufruhrs hatte Luther schon 1524 seine Toleranz gegenüber Müntzer begrenzt.

2. Luther verwirft diejenigen, die „wider einen offentlichen articttel des glaubens, der klerlich ynn der schrift gegründet und ynn aller welt gegleubt ist von der gantzen Christenheit" lehren.[33] Erwähnt werden die Ablehnung der Gottheit Christi und die Meinung, daß Christi Tod für unsere Sünde nicht genüge, „sondern ein jglicher solle selbs dafur gnug thun". In diesem Abschnitt erwähnt Luther auch ausdrücklich die „Widderteuffer", „die soll man nicht leiden sondern als die offentlichen lesterer straffen".[34] Hier taucht nun die wichtige Kategorie der Gotteslästerung auf, die bis 1524 nur für die Messe gebraucht worden war. Es ist Pflicht der Obrigkeit, die öffentlichen Lästerer zu strafen, „als man die strafft, die sonst fluchen, schweren, schmehen, lestern, schelten, schenden, verleumbden".[35]

3. Die Obrigkeit muß die „Winkelprediger" bekämpfen, die ohne Berufung ihre Lehre, das heißt, ihr Gift verbreiten; sie sind Wölfe in Schafskleidern.

4. Innerhalb eines Territoriums kann bzw. darf es nur eine einheitliche Verkündigung geben: „Denn es ist nicht gut, das man ynn einer pfarr odder kirchspiel widderwertige predigt yns volck lesst gehen, denn es entspringen daraus rotten, unfried, hass und neid auch ynn andern welltlichen sachen."[36]

3.

Was ist, verglichen mit früheren Aussagen, anders geworden?

Erstens wird die Bekämpfung der Ketzer zum Teil neu oder bestimmter begründet. Die soeben erwähnten Motive fehlen in den früheren Jahren. In den Frühschriften Luthers wird nur auf der Ebene des Aufruhrs argumentiert, um gegebenenfalls die Obrigkeit zum Eingreifen zu bewegen.

---

[32] *Ebd.* 207, 36.
[33] *Ebd.* 208, 11-12.
[34] *Ebd.* 208, 16-17.
[35] *Ebd.* 208, 19-20.
[36] *Ebd.* 209, 28-31.

Neu ist, zweitens, im Vergleich zu den ersten Schriften, das entschiedene Nein Luthers zu einer öffentlichen Verbreitung der Irrlehre. Dennoch ist Luther weiterhin der Meinung, daß der Glaube dadurch nicht erzwungen werde.

> „Hie mit wird niemand zum Glauben gedrungen, denn er kan dennoch wol glewben, was er wil, allein das leren und lestern wird yhm verboten, da mit er wil Gott und den Christen yhre lere und wort nemen, und wil solchs dennoch unter derselbigen eigen schutz und gemeinschafft aller welltlichen nutzung zu yhrem schaden thun."[37]

So äußerte er sich schon in einem Brief an Kurfürst Johann von 1526:

> „Damit sie aber nicht sagen, man zwinge sie zum Glauben, ist das nicht die Meinung, sondern man verbeut ihnen nur das öffentliche Ärgernis [...]. Sie lassen ihnen daran begnügen, dass man sie bei Leib und Gut, bei Schutz und Ehren lässt im Lande und dass sie in ihren Kammern mögen anbeten und dienen, wem sie wollen und wie viele Götter wie sie wollen; öffentlich sollen sie den rechten Gott nicht lästern und die Leute verführen, sie beweisen denn aus der Schrift, dass sie deß Recht und Fug haben."[38]

Können die Verschiebungen in Luthers Denken durch die Umstände erklärt werden? Um eine Antwort zu finden, müßten vier Faktoren erwähnt werden:

1. Die Erfahrungen mit dem Bauernkrieg, den Luther bekanntlich eng mit Müntzers Wirken in Verbindung gebracht hat.

2. Das Täufermandat, das am 23. April 1529 auf dem 2. Reichstag zu Speyer erlassen wurde.[39] Es sah die Todesstrafe für diejenigen vor, die wiedertauften oder sich wiedertaufen ließen. Ähnliche Mandate gab es auch in Kursachsen und in anderen Territorien.[40] Allerdings befinden sich in Luthers Schriften und Briefen keine Bezugnahmen auf diese Mandate.

3. Der Einfluß Melanchthons,[41] der schon 1527, dann wieder 1530 die Todesstrafe auf Gotteslästerung mit dem Hinweis auf Lev. 24,16 und Deut. 13,6 befürwortet hatte.

4. Nach 1525 denkt Luther im Rahmen des entstehenden territorialen Kirchentums und bemüht sich, es vor abweichenden Lehren zu bewahren. Gegenüber der Laienpredigt in den Anfängen der Reformation hatte sich das geordnete Amt gefestigt und durchgesetzt, so daß Schwenckfeld sich beispielsweise 1529 veranlaßt sah, über den neuen Klerikalismus in den evan-

---

[37] *Ebd.* 208, 30-34.

[38] *WA Br* Nr. 978, S. 29.

[39] *Quellen zur Geschichte der Täufer, XI.Band: Österreich, 1.Teil*, hg. von Grete Mecenseffy, Gütersloh 1964, S. 187ff.; Hans-Jürgen Goertz, *Die Täufer. Geschichte und Deutung*, München 1980, S. 206-207.

[40] Vgl. Horst W. Schraepler, *Die rechtliche Behandlung der Täufer in der deutschen Schweiz, Südwestdeutschland und Hessen, 1525-1618*, Tübingen 1957.

[41] Vgl. John S. Oyer, *Lutheran Reformers against Anabaptists: Luther, Melanchthon and Menius and the Anabaptists of Central Germany*, Den Haag 1964.

gelischen Kirchen zu klagen. Das Amt duldete keine Predigt der Laien neben sich.

Im Vergleich zu den Frühschriften verschafften sich zwei alttestamentliche
Anschauungen in den Spätschriften Geltung und schwächten die Öffnung
zur Toleranz. Zunächst war es die Überzeugung, daß Gottlosigkeit und
Gotteslästerung Fluch über ein Land bringen. Der Segen hängt an der
Frömmigkeit. „Als bald die blasphemiae kommen, so mus ein ander welt
werden."[42] Gotteslästerung und Vermessenheit bringen Unglück über die
Menschen.[43]
    Mit Heinrich Bornkamm ist zwar festzustellen, daß Luther „in diesem
Bild der staatlichen Ordnung und der Geschichte von Anfang an lebte",[44]
aber, wie Bornkamm selber bemerkt, haben sich „die Grenzen des gefährdeten Bereichs [...] immer mehr ausgedehnt. Das gilt insbesondere gegenüber
den Täufern."[45]
    Mit dieser Sicht ist auch die Meinung verbunden, daß der christliche
Fürst, ähnlich wie David im Alten Bund, für den wahren Gottesdienst und
für die Verkündigung des Evangeliums zu sorgen habe. Die Sorge für die
erste Tafel des Dekalogs, also für die Gottesverehrung, wird dem frommen
Landesfürsten zugeschrieben, so in Luthers Auslegung des 101. Psalms
(1534/35).[46]
    Walther Köhler vertrat die Ansicht, daß Luther mit solchen Auffassun-
gen zum mittelalterlichen „Corpus christianum" zurückgekehrt sei.[47] Andere Historiker, wie zum Beispiel Heinrich Bornkamm, bestreiten diese These.[48] Wie dem auch sei, man wird bei Luther vergeblich nach Toleranz im
modernen Sinn des Wortes suchen. Ansätze zu einer Entwicklung waren
zwar in den Positionen des jungen Luther vorhanden, sie wurden jedoch
durch Luther selbst eingegrenzt. Es war späteren Jahrhunderten vorbehalten,
Konsequenzen, auch auf gesellschaftlicher Ebene, aus diesen Ansätzen zu
ziehen.

---

[42] *WA* Ti 1, Nr. 102, S. 39.
[43] Vgl. *WA* Ti 6, 6809, S. 205-206.
[44] Bornkamm, *Problem der Toleranz* (wie Anm. 1), S. 272.
[45] *Ebd.*
[46] *WA* 51, 231ff.
[47] Köhler, *Reformation und Ketzerprozeß* (wie Anm. 1),
S. 23.
[48] Bornkamm, *Problem der Toleranz* (wie Anm. 1), S. 272-273.

Sind Mennoniten Tatsächlich Wiedertäufer? Der Reichskammergerichtsprozess Hübner Contra Plus 1661-1663[1]

Michael Driedger (Kingston/Ontario)

1661 mußte sich der in Hamburg ansässige mennonitische Kaufmann Hans Plus (Plüß oder Plußen) vor dem Reichskammergericht verantworten, Mitglied der verbotenen Sekte der Wiedertäufer zu sein. Die „Wiedertäuferei" war in Hamburg, sowie im gesamten Reich, gesetzwidrig. In der Frühen Neuzeit war der Gehorsam gegenüber der Obrigkeit oftmals mit dem Gehorsam gegenüber der von ihr offiziell anerkannten Kirche verbunden; daher wurde eine Weigerung der Eltern, ihr Kind taufen zu lassen, gewöhnlich mit der Weigerung, die politischen Autoritäten anzuerkennen, gleichgesetzt. Aus diesem Grund mag es überraschen, daß der Rat der Stadt Hamburg im Fall Plus Nebenbeklagter war. Die Stadt wurde beschuldigt, einem Verbrecher Schutz gewährt zu haben. Vor dem Gerichtshof in Speyer konzentrierte sich die Auseinandersetzung schließlich auf zwei zentrale Themen: Hatte Plus vor dem Hamburger Obergericht einen gesetzwidrigen Eid geschworen? Und waren Mennoniten Wiedertäufer? Sowohl die Advokaten des Hans Plus, als auch der Advokat der Stadt Hamburg mußten ihre gesamte Energie aufwenden, um zu beweisen, daß Mennoniten und Wiedertäufer zwei völlig verschiedene Gruppen waren, die auch vor dem Gesetz einen unterschiedlichen Status hatten. Es stand viel auf dem Spiel, denn sollten die Mennoniten tatsächlich Wiedertäufer gewesen sein und Plus für schuldig erklärt werden, müßte auch der Rat der Stadt zur Rechenschaft gezogen werden.

Die Regierung der Reichsstadt Hamburg war lutherisch, seit sie 1529 auf die Seite der Reformation getreten war. Trotz vehementer Proteste der lutherischen Gemeindepastoren lebten und arbeiteten aber auch Menschen in der Stadt, die nichtlutherischen Kirchen angehörten. Zudem war Hamburg auf den Seehandelswegen zur Iberischen Halbinsel, nach England, Holland, zum Baltikum und nach Nordrußland ein Hafen von wachsender Bedeutung, und nur ein Teil der Kaufleute, die in der Stadt ein und aus gingen, waren Lutheraner. Zu Beginn des 17. Jahrhunderts wurde die nur wenige Kilome-

---

[1] Für Unterstützungen, die die Forschungsarbeit für diesen Aufsatz ermöglichten, möchte ich der Johanna und Fritz Buch Gedächtnis Stiftung (Hamburg) und dem Social Sciences and Humanities Research Council (Ottawa) danken, für wissenschaftliche Hinweise auch Anke Martens.

ter westlich von Hamburg neu errichtete Hafensiedlung von Altona zu einer weiteren Quelle religiöser Pluralität in dieser Region.[2] Hamburg und Altona lagen beide am Ufer der Elbe, und obrigkeitliche Ämter waren hier ausschließlich für Lutheraner zugänglich. Anders als die Hamburger Obrigkeit sprachen die Schauenburger Gründer und die dänischen Nachfolger den nichtlutherischen Gemeinden Altonas allerdings bestimmte Sonderrechte zu. Calvinisten, Katholiken, Juden und Mennoniten durften ihre Geschäfte in Altona außerhalb der Zünfte und deren Vorschriften gründen und waren vom Zunftzwang befreit. Außerdem war es ihnen erlaubt, Kirchen zu bauen und Gottesdienste öffentlich zu feiern. Trotz dieser Lockmittel zogen es viele Nichtlutheraner vor, in Hamburg zu leben und zu arbeiten und für den Gottesdienst den kurzen Weg nach Altona auf sich zu nehmen. Hamburg blieb der größere und auch lukrativere Markt. Und obwohl Angehörige anderer Religionsgemeinschaften nicht die vollen kirchlichen und politischen Rechte genossen, ergriffen die Hamburger Behörden nur selten scharfe Maßnahmen gegen nichtlutherische Gruppen.[3]

Wenn ein Mensch also nichts anderes beabsichtigte, als in Hamburg zu leben und seinen Geschäften nachzugehen, mußte er im frühneuzeitlichen Hamburg nicht unbedingt Lutheraner sein. Hans Plus zum Beispiel war ein gesetzlich registrierter Einwohner der Stadt und konnte als solcher erwarten, seine beruflichen Angelegenheiten fast genau wie jeder andere Geschäftsmann ausführen zu können, obwohl er mit der offiziellen Religion nicht konform ging. Die meiste Zeit stellte die Mitgliedschaft des Hans Plus in der Mennonitengemeinde zu Altona demnach kein großes Hindernis dar. Dies sollte sich jedoch in der Mitte der 50er Jahre seines Jahrhunderts ändern.

Der Hamburger Obergerichtsprozeß
Hübner contra Plus 1657-1660

1655 segelte Hans Plus nach Archangelsk. Es war nicht das erste Mal, daß er diese Reise unternahm, denn er hatte bereits 1646 Waren für den Jahresmarkt in den nordrussischen Hafen geschickt[4]. Vermutlich aufgrund seiner Erfahrung im Handel mit Rußland stellte ihn ein lutherischer Kollege na-

---

[2] Bereits im 16. Jahrhundert war Wandsbek im Nordosten Hamburgs ein Zufluchtsort für religiöse Nonkonformisten wie Juden und Mennoniten.
[3] Siehe Joachim Whaley, *Religiöse Toleranz und sozialer Wandel in Hamburg 1529-1819* (=Arbeiten zur Kirchengeschichte Hamburgs, Bd. 18), Hamburg 1992. Die Gesetze, die Mennoniten vom politischen Leben in Hamburg ausschlossen, wurden bis ins frühe 19. Jahrhundert nicht grundlegend geändert.
[4] Martin Reißmann, *Die hamburgische Kaufmannschaft des 17. Jahrhunderts in sozialgeschichtlicher Sicht* (=Beiträge zur Geschichte Hamburgs, Bd. 4), Hamburg 1975, S. 62-63.

mens Johann Jacob Hübner (Hiebner) als seinen Kommissionär ein, Waren
auf diesem Markt zu handeln. Im Sommer transportierte Plus daraufhin
Weihrauch, Flittergold und Lavendelöl nach Archangelsk, um sie für Hübner zu verkaufen; im Herbst kehrte er mit Juchtenleder für seinen Auftrag-
geber zurück. Einige Monate später, am 7. Mai 1656, händigte Plus Hübner
die Abrechnungen des Handels aus,[5] wodurch die Streitigkeiten entbrannten.
Am 28. Januar 1657 setzten Hübners Advokaten das Verfahren gegen
Plus vor dem Obergericht in Hamburg in Gang.[6] Plus wurde vorgeworfen,
nicht im besten Interesse seines Auftraggebers gehandelt zu haben. Die
Marktbedingungen waren angeblich günstig, und Plus hätte leicht durch den
Verkauf der ihm anvertrauten Waren zusätzliche 800 Reichstaler verdienen
können, wenn er umsichtiger gewesen wäre. Im Gegenzug behaupteten die
Advokaten des Hans Plus, Hübners Anklage sei verleumderisch und keiner
Antwort würdig. Plus war schließlich dennoch gezwungen, vor Gericht zu
erscheinen.

Der Fall zog sich über vier Jahre hin. Der Grund hierfür war jedoch nicht
nur die Tatsache, daß es zu einem zermürbenden Rechtsstreit zwischen beiden Parteien kam. Die Verzögerung entstand vielmehr durch die Weigerung
des mennonitischen Kaufmanns, vor Gericht einen Eid zu schwören. Plus
war Mitglied der flämischen Mennonitengemeinde in Altona. Zwar
herrschte zwischen nordeuropäischen Täufern keine einheitliche Meinung
über die Eidesleistung, aber wie die meisten mennonitischen Gruppen waren
auch die ortsansässigen flämischen Mennoniten prinzipiell dagegen, Gottes
Namen vor Gericht anzurufen. Daher lehnten sie auch den körperlichen Eid
grundsätzlich ab. Die bürgerliche, nichtreligiöse Variante des Eides, die
Mennoniten in ganz Nordeuropa im 17. Jahrhundert vorwiegend benutzten,
war die Formulierung „bei Mannen Wahrheit",[7] die die übliche Anrufung
Gottes des Allmächtigen ersetzte. Die Voraussetzung, diese Alternative
wählen zu können, war allerdings die Kooperationsbereitschaft der Regie-
rungsbeamten.

---

[5] Es wurden zwei Kopien der Rechnung gefunden: Staatsarchiv Hamburg, *Reichskammergericht*, H 177 (7) und (13). Dieser Bestand im folgenden zitiert als *Hübner contra Plus*. Für nähere
Angaben über die Handelsbeziehungen zwischen Hübner und Plus siehe Elisabeth Harder-
Gersdorff, *Lübeck und Hamburg im internationalen Handel mit russischem Juchtenleder in der
Frühen Neuzeit (1650-1710)*, in: *Zeitschrift des Vereins für Lübeckische Geschichte und Altertumskunde* 67 (1987), S. 123-125. Auf S. 122 befindet sich ein Abbild einer im Jahr 1661 (nicht
1667, wie Harder-Gersdorff behauptet) notarisierten Abschrift der Rechnung, welche Plus Hübner
1656 ausgehändigt hatte.
[6] Die folgende Zusammenfassung bezieht sich auf Erwähnungen über den Obergerichtsprozeß in
den Reichskammergerichtsakten. Siehe *Hübner contra Plus* (2), (3), (4), (6), (12), (14) und (25).
[7] Über den Eid „bei Mannen Wahrheit", siehe J. Dyserinck, *De vrijstelling van den eed voor de
Doopsgezinden*, Haarlem 1883; und [Jan] ten Doornkaat Koolman, *Die Verpflichtung der Mennoniten an Eidesstatt*, Berlin 1893.

Ab 1660 wuchs der Druck auf Plus, die Richtigkeit seiner Handelsaktionen und vor allem der Rechnung, die er Hübner vorgelegt hatte, zu belegen. Weil weder Zeugen noch entscheidende Beweise existierten, war der Eid des Hans Plus oder dessen gleichwertiger Ersatz ausschlaggebend für die Entscheidung des Gerichts. Ende November 1660 hatte das Obergericht genehmigt, daß Plus seine Aussage mit der Formel „bei Mannen Wahrheit" anstatt des üblichen Eides bekräftigen dürfe. Hübners Advokat Caspar Bernhardi versuchte allerdings, die Verwendung dieser speziellen Wendung zu verhindern, indem er drohte, ansonsten die Angelegenheit an das Reichskammergericht weiterzuleiten. Bernhardi protestierte vergeblich. Am 28. November, unmittelbar nach der Rückkehr von seiner diesjährigen Handelsreise, erschien Hans Plus auf Empfehlung seines Advokaten vor den zuständigen Beamten. Nachdem er vor den harten straflichen Folgen des Meineids gewarnt worden war, machte er folgende Aussage: „Ich Hannß Plüß schwere bey Mannen warheit, daß die am 7. May Anno 1656. sub Lit. A. producirte Rechnung richtig, und ich in verkauffung der wahren allen möglichen vleiß angewendet, sonder list und gefehrde."[8]

Hübners Forderung nach 800 Reichstalern Entschädigung wurde abgewiesen. Aber sein Advokat machte die Drohung wahr, den Fall an eine höhere Instanz weiterzuleiten - diesmal mit größerem Einsatz.

Die Eröffnungsreden vor dem Reichskammergericht

Das Reichskammergericht war eines der beiden höchsten Gerichtshöfe des Reiches.[9] Selbst der Kaiser hatte keinen Einfluß auf dessen Rechtssprechung. Es wurde größtenteils von den Territorialfürsten beaufsichtigt und auch finanziert. Fälle, die vor das Reichskammergericht gebracht wurden, wurden von speziell dafür ausgebildeten Advokaten übernommen. Sie legten die Beweise in schriftlicher Form vor. Die Zeugen wurden nicht persönlich vorgeladen. Die Autorität des Reichskammergerichts anzurufen, schien der nächste logische Schritt für Hübners Vertreter zu sein, um Plus zu zwingen, die 800 Reichstaler zu zahlen. Dies bedeutete aber gleichzeitig, daß es sich nun nicht länger um eine rein finanzielle Angelegenheit handelte: Der Fall stand jetzt in einem neuen Zusammenhang, und höhere Interessen waren darin verwickelt.

---

[8] *Hübner contra Plus* (3), Bl. 2r; *Ebd.*, (4), Bl. 2r; und *Ebd.*, (6), Bl. 2r.

[9] Der andere Gerichtshof war der Reichshofrat, der direkt unter der Kontrolle des Kaisers stand. Siehe Rudolf Smend, *Das Reichskammergericht. Geschichte und Verfassung.* Aalen 1965 [1911]; Wolfgang Sellert, *Über die Zuständigkeitsabgrenzung von Reichshofrat und Reichskammergericht* (=Untersuchungen zur deutschen Staats- und Rechtsgeschichte, Bd. 4), Aalen 1965; Michael Hughes, *Law und Politics in Eighteenth Century Germany: The Imperial Aulic Council in the Reign of Charles VI* (=Royal Historical Society Studies in History, Bd. 55), Woodbridge 1988.

Am Fall Hübner gegen Plus waren vier Advokaten beteiligt. Hübners Advokat in Speyer, Leutnant Daniel Kühorn, stellte den Fall als erster am 17. Juni 1661 vor.[10] Kühorns Schreiben war in vieler Hinsicht eine nähere Ausführung der Argumente Caspar Bernhardis in Hamburg: Plus' Verzögerung bei der Eidesleistung bekräftigte Hübners Verdacht auf unangemessene Geschäftspraktiken. Plus hatte also offensichtlich etwas zu verbergen. Als Plus schließlich die Genauigkeit seiner Rechnung und die Richtigkeit seiner Handlungen bezeugte, hatte er nichts als Worte benutzt. Weil die Beweise des Beschuldigten jedoch der entscheidende Beleg im Fall vor dem Obergericht war, sei es nach Kühorn absolut notwendig, seine Aussage als glaubwürdig zu erweisen. In den Augen der Advokaten Hübners hatte Plus aber gerade hier ein weiteres Verbrechen begangen: Meineid, den er lediglich hinter einem gesetzwidrigen Schwur verbarg.

Kühorn klagte den Rat der Stadt Hamburg der Komplizenschaft beim angeblichen Meineid an: Der Eid „bei Mannen Wahrheit" sei „ganz nichtig", aber das Gericht der Stadt war anscheinend dennoch in der Lage, eine „solche nichtigkeit [zu] approbiren".[11] Der Eid habe keine legitime Stellung in Hamburg, weil der Rat der Stadt diese Art der Befreiung bisher formal nicht anerkannt hatte. Darüber hinaus bedeute er einen Verstoß gegen das kaiserliche Gesetz. Die Formel „bei Mannen Wahrheit" sei ein Wiedertäufereid und Wiedertäuferei war im Kaiserreich verboten. Nachdem er all diese Überlegungen vorgebracht hatte, bat Kühorn den Gerichtshof, die Entscheidung des Obergerichts zu revidieren und Plus dazu zu verpflichten, Hübner die 800 Reichstaler zuzüglich der Zinsen auszuzahlen.

Der zweite Advokat, der dem Gericht schrieb, war der Fiskaladvokat, eine Art frühneuzeitlicher Vorgänger des heutigen Staatsanwalts. Er war dafür verantwortlich, die Interessen des Kaiserreichs vor dem Kammergericht zu vertreten.[12] Am 26. Juni erläuterte diese Person, die in den Aufzeichnungen des Gerichts namentlich nicht genannt wurde, einige Argumente Kühorns näher.[13] In den Reichsabschieden von Speyer 1529 und 1544 und von Augsburg 1551 war entschieden worden,

> „daß keiner der auffrührischer sect der widertäuffer zugethan, im hey Röm Reich irgendwoh gedüldet noch gelitten: sonderen wider dieselbe mit fewr,

---

[10] Siehe *Hübner contra Plus* (1) bis (9), besonders (3) und (4). Für eine weitere Erwähnung des Prozesses siehe Andreas Ebert-Weidenfeller, *Hamburgisches Kaufmannsrecht im 17. und 18. Jahrhundert. Die Rechtsprechung des Rates und des Reichskammergerichtes* (=Rechtshistorische Reihe, Bd. 100), Frankfurt/M. 1992, S. 86-88.

[11] *Ebd.*, (4), Bl. 2r.

[12] Über das Fiskalamt siehe Smend, *Reichskammergericht* (wie Anm. 9), Abschnitt II, Kapitel 5.

[13] Siehe *Hübner contra Plus*, (10).

schwerd, oder dergleichen nach gelegenheit der persohn verfahren: imfall aber
sölches die mediat Obrigkeit zu thun vnderließe...“[14]

Indem die Beamten in Hamburg es Plus gestattet hatten, einen gesetzwidrigen Eid zu schwören, und ihm darüber hinaus Schutz gewährt hatten, hatten
waren sie ihrer Verantwortung nicht nachgekommen, das Reichsgesetz zu
unterstützen. Der Fiskaladvokat bat daher das Gericht, „die gütter solcher
widertäuffer alß kätzer öffentlich zu confisciren...vnd annebens die Obrigkeit, welche sothanen sectarys wißentlichen vnderschleiff, schütz vnd schirm
gibt, sonderlich aber denen verschönet, mit zehenmarck löttiges golts zu be-
straffen...“[15] Der Fall nahm einen dramatischen Verlauf.

Plus' Verteidigung begann am 19. August. Sein Vertreter, Dr. Paul
Gambs, reagierte detailliert auf die meisten Vorwürfe gegen seinen Klienten.[16] Hübner, nicht Plus habe unter Eid gelogen, und Hübners Anklagen
seien daher nichts als eine Zeitverschwendung des Gerichts und eine Schä-
digung des guten Rufs seines Klienten. Plus jedenfalls habe ehrlich und in
gutem Vertrauen gehandelt, als Hübner ihn 1655 angestellt hatte. Es stimme, daß Plus 1660 nicht sofort vor dem Obergericht erschienen sei, als er
dazu ersucht wurde. Der Grund hierfür sei jedoch gewesen, daß er von seiner jährlichen Reise nach Archangelsk erst verspätet zurückgekehrt war.

Gambs wies auch den neuen und ernsthafteren Vorwurf Kühorns zurück,
den dieser in Speyer vorgebracht hatte. Plus sei kein „Anabaptist“, sondern
eher ein „Minist“. Anders als die Wiedertäufer, seien Mennoniten Christen.
Sie brächten zudem durch ihre kaufmännischen Aktivitäten „große nah-
rung“[17] nach Hamburg und seien der Obrigkeit gehorsam. Plus sei zum Beispiel auf gesetzlichen Wegen ein rechtmäßig anerkannter Einwohner Hamburgs geworden. Er hatte einen Kontrakt mit den Behörden geschlossen, der
auch die Zahlung von Schutzgeldern und ein Gelöbnis der Stadt, zu seinem
Wohl zu handeln, enthielt.[18] Die Mennoniten hätten die Formel „bei Mannen Wahrheit“ bereits „von vndenklichen iahres her“[19] benutzt und sie sei
die einzige Form der Bezeugung, die Plus mit gutem Gewissen gebrauchen
konnte. Die Formel „bei Mannen Wahrheit“ verstieße nicht gegen das kaiserliche Gesetz und sei nach Part. I, Tit. 34, Art. 4 des Gesetzbuchs der
Stadt eine gesetzesmäßige Verfahrensweise. Weil die Anklage nichtig sei,
plädierte Gambs für Plus auf Freispruch ohne Zahlung der Gerichtskosten.

---

[14] *Ebd.*, Bl. 1r.
[15] *Ebd.*, Bl. 1v.
[16] *Ebd.*, (12) bis (14), besonders (12).
[17] *Ebd.*, (12), Bl. 10r.
[18] Siehe Staatsarchiv Hamburg, *Die Fremden in den Rechnungsbüchern der Wedde und Kämmerei von 1600-1700, Abschnitt G: Die Fremden der Kämmerei*, S. 246.
[19] *Hübner contra Plus*, (12), Bl. 9r.

Am 25. September trug Dr. Johann Carl Müeg, der Advokat des Rats der Stadt Hamburg, den Fall seines Klienten als letzter vor.[20] Müeg stellte die wichtigen Aspekte von Gambs Darlegung noch einmal heraus. Müeg räumte ein, daß die Wiedertäufer vor dem kaiserlichen Gesetz eine verbotene Gruppe seien. Weil Plus jedoch leugne, ein Wiedertäufer zu sein, seien die Beschuldigungen des Fiskaladvokaten gegen Plus und den Rat der Stadt Hamburg gegenstandslos, es sei denn, es könne zuerst bewiesen werden, daß Plus tatsächlich Mitglied einer verbotenen Sekte sei. Die Last des Beweises läge somit auf Seiten der Ankläger.

Eide und Glaubensbekenntnisse

Im fortgeschrittenen Stadium der Verhandlung konzentrierten sich die Advokaten zunehmend auf das Problem der Legalität der Bezeugung des Hans Plus und seiner religiösen Zugehörigkeit. Diese zusätzlichen und auch ernsteren Aspekte waren erst in Speyer neu hinzugekommen. Vor allem zwei Belege waren in der weiteren Argumentation von Gambs und Müeg zentral: *Ernstliche Verwar- und Vermahnung an alle/ Die unrechte falsche Eyde schweren;* und eine Ausgabe von 1662 (Originalfassung 1627) des mennonitischen Glaubensbekenntnisses genannt *Olijf-Taxcken* (kleiner Ölzweig). Müeg führte die *Ernstliche Verwar- und Vermahnung* am 11. April 1662 gleich zweimal als Beweis an, und auch Gambs berief sich am 28. April 1662 wiederum auf diesen Text.[21] Beide Advokaten versuchten damit, Kühorns Behauptung über die Gesetzwidrigkeit des Eides „bei Mannen Wahrheit" zu widerlegen. Kühorn hatte festgestellt, daß dieser Schwur ungesetzlich sei, „indem erwehnte formula keine Invocationem Nominis Divini et advocationem Dei in testem (wie in allen legitimis juramentis erfordert wird) in sich begreiffet...".[22] Müeg hingegen betrachtete dies als keinen ernstzunehmenden Einwand. Der Rat der Stadt Hamburg gestatte es niemandem, auch nicht den Mennoniten, vor Gericht einen ungültigen Eid oder gar einen Meineid zu leisten:

---

[20] *Ebd.*, (16).
[21] *Ebd.*, (22), (24) und (29). Etwa zur gleichen Zeit wurde ein ähnlicher Fall vor dem Kammergericht in Speyer ausgetragen, an dem Gambs aktiv teilnahm. 1649 begann der wohlhabende und einflußreiche Kaufmann Jacques Budier gegen Duarte de Lima vor dem Landesgericht in Holstein zu prozessieren. Im folgenden Jahr wurde der Fall vor das Reichskammergericht gebracht, wo die Herzöge von Holstein und der Rat der Stadt Hamburg als Nebenbeklagte auftraten. Sie wurden beschuldigt, daß „der Eid eines Juden dem Eid eines Christen vorgezogen werde". Zum Schluß der Verhandlung 1662 fungierte Paul Gambs als Advokat de Limas. Siehe Hans-Konrad Stein-Stegemann, *Findbuch der Reichskammergerichtsakten* (=Inventar der Akten des Reichskammergerichts, Bd. 10; Veröffentlichungen des schleswig-holsteinischen Landesarchivs, Bd. 16), Schleswig 1986, S. 72-73.
[22] *Hübner contra Plus*, 17.06.1661, (4), Bl. 2r.

„besondern es wirt ihnen die in Copia beygelegte gewöhnliche Verwahrnung
für der schweren Straffe deß Mein Eydes zuvor vorgelesen, vnd müßen sich
erklären, daß Sie der in der Verwarnung benandten Göttlichen Zorn vnd Rach,
auch Obrigkeitlicher Straff vnterworffen sein wollen, sofern Sie falsch schweren. Müßen auch deßwegen allsolchen ihren gewöhnlichen Eydt mit abgerich-
teten Fingern wie sonsten gebrauchlich abstatten."[23]

Kühorn habe zwar recht, daß der Name Gottes in der Formel des Hans Plus
nicht genannt werde. Dennoch habe Plus den Bedingungen der *Vermahnung*
zugestimmt, zu der er sich bekannte, indem er seine Hand während der Bezeugung folgenderweise hoch hielt: er erhob seinen Daumen sowie seinen
Zeige- und Mittelfinger, während die anderen beiden Finger angezogen
blieben. Der Daumen repräsentierte Gott den Vater; der Zeigefinger den
Sohn und der Mittelfinger den Heiligen Geist; die übrigen Finger stellten die
Seele und den materiellen Körper der Menschen dar. Weil Plus den Eid auf
diese Art und Weise geleistet hatte, könne er erwarten, falls er gelogen haben sollte, daß Gott seinen Schutz und seine Gnade von dem verbrecheri-
schen Sünder zurückziehen und ihn am Tag des Jüngsten Gerichts zu den
Verdammten zählen würde. „Bei Mannen Wahrheit" sei also keine bedeu-
tungslose Formel. Sie laste genauso schwer auf dem Gewissen wie ein Eid
und erfülle daher alle erforderlichen religiösen Schutzvorkehrungen.

Kühorn und der Fiskaladvokat wiesen diese Argumente natürlich zurück.
Sie fuhren fort zu behaupten, daß in diesem Fall das kaiserliche Gesetz und
nicht das bürgerliche Gesetz Hamburgs gelte. Das Hamburger Gesetz sei ir-
relevant; Plus sei schlicht und ergreifend ein Krimineller. In ihren zweiten
Vorträgen am 13. November 1661 und am 10. Januar 1662[24] erklärten Kü-
horn und der Fiskaladvokat, daß es keine nennenswerten Unterschiede zwi-
schen Mennoniten und Anabaptisten gebe. Beide Gruppen verweigerten die
Kindertaufe, während alle getreuen Christen gerade diese Taufe als einen
grundlegenden Teil der wohlgeordneten Gemeinschaft anerkannten. Der
Fiskaladvokat schrieb in der für ihn charakteristischen kurzen und direkten
Art, daß „Plus von dergleichen verworffener Sect seye, so insgemein keiner
Obrigkeit hüldigen wollen".[25] Diese Art der Argumentation reduzierte die
Bedeutung des Vorwurfs gegen Plus, in Archangelsk unangemessen gehan-
delt zu haben, auf ein Minimum; selbst wenn er im Sinne der eigentlichen
Anklage auf unsachgemäße Geschäftsführung unschuldig wäre, bliebe er
dennoch ein Wiedertäufer und somit zu verurteilen.

Gambs und Müeg mußten daher nicht nur versuchen, die Ehrbarkeit ihres Mandanten wiederherzustellen, sowie die Gesetzmäßigkeit der Formel
„bei Mannen Wahrheit" zu erweisen. Sie mußten ihre taktischen Bemühun-

---

[23] *Ebd.*, 11.04.1662, (20), Bl. 2r-2v.
[24] *Ebd.*, (17), (18) und (19).
[25] *Ebd.*, (19), Bl. 2v.

gen auch darauf konzentrieren zu zeigen, daß Mennoniten keine Wiedertäufer seien. In seinen Verteidigungsreden am 18. und am 28. April 1662 verwandte Gambs mehrere Strategien, um den Namen seines Mandanten reinzuwaschen.[26] Er wiederholte noch einmal die Feststellung, daß Plus ein Einwohner Hamburgs von hohem gesellschaftlichen Ansehen sei und die Mennoniten für die Stadt einen wirtschaftlichen Vorteil darstellten, wie sie es auch für andere Teile des Reiches täten, in denen sie lebten und in die sie reisten. Außerdem erneuerte er seinen Vorwurf gegen Hübner, der „nur auß misgünstigen vnnd rachgierigen gemüeth"[27] getrieben worden sei.

Gambs fügte noch das neue Argument hinzu, daß Plus persönlich aus dem einfachen Grunde nicht beschuldigt werden könne, die Taufe seiner Kinder zu verweigern, weil er nicht verheiratet sei und gar keine Kinder besitze.[28] Bezüglich der allgemeinen Frage nach dem gesetzlichen Status der Mennoniten verwies Gambs auf handschriftlich übersetzte Auszüge der letzten Auflage des Glaubensbekenntnisses des *Olijf-Taxcken*.[29] Dieses Dokument enthalte eine Kopie des Apostolischen Glaubensbekenntnisses sowie Teile von zwei der vierzehn Glaubensartikel. Die Paragraphen über die Taufe, die Gambs vollständig beifügte, betonten die christliche Verantwortung, die mit dem Eintritt in die göttliche Gemeinschaft einherging, sagten aber nichts über eine Ablehnung der Kindertaufe aus. Der Auszug, den Gambs dem Gericht über die „weltliche Obrigkeit" präsentierte, paraphrasierte die bekannten Gebote aus Röm. 13, 1-7. Müeg legte dem Richter die gleichen Passagen aus dem *Olijf-Taxcken* über ein Jahr später, am 2. September 1663, noch einmal vor; diesmal allerdings von einem Notar in der holländischen Originalsprache kopiert und zweifach ins Deutsche übersetzt.[30] Die Advokaten versicherten, daß dieses die Glaubensprinzipien seien, an die sich auch Plus hielt, und daß sie die christliche Gesinnung und die politische Harmlosigkeit der Mennoniten deutlich zum Ausdruck brächten.

1662 und 1663 hatten sowohl Kühorn als auch der Fiskaladvokat dem Richter neue Ausarbeitungen ihrer Argumente vorgetragen, mit denen sie die Identität der Wiedertäufer mit den Mennoniten bekräftigen wollten. Die Dokumente enthielten ebenfalls Auszüge von Artikeln über die Taufe und das Verhältnis zur Obrigkeit, sie stammten allerdings aus einem zweiten mennonitischen Glaubensbekenntnis aus Hoorn von 1620. Diese Auszüge

---

[26] *Ebd.*, (26) und (28).
[27] *Ebd.*, (26), Bl. 3r.
[28] *Ebd.*, Bl. 2r-2v.
[29] *Ebd.*, (27). Eine Kopie der Ausgabe des *Olijf-Taxcken von 1662* befindet sich im Staatsarchiv Hamburg, Cl. VII Lit. Hf Nr. 4 Vol. 1a (10).
[30] *Hübner contra Plus*, (41), (42) und (43).

wurden dem Gericht am 27. März 1663 vorgelegt.[31] Wie Müeg reichte der
Fiskaladvokat eine übersetzte und notarisierte Abschrift der betreffenden
Textpassagen ein. Der gewählte Abschnitt über die Taufe betonte, daß Men-
noniten die Kindertaufe für „ein menschen gesatz in dem Reich des Ante
Christ"[32] hielten. Bezüglich des Themas Obrigkeit behauptete der Text un-
ter anderem, daß die menschlichen Gesetze einschließlich des kaiserlichen
Gesetzes einen geringeren Status einnähmen als die Gebote Christi.

Diese Grundsätze seien dem Fiskaladvokaten zu Folge von allen Mennoniten persönlich verabschiedet worden. Wie könne die Obrigkeit in Hamburg eine Gruppe mit so offensichtlich aufwieglerischen Ansichten tolerieren? Die Hamburger Beamten könnten nicht behaupten, von diesen Ketzereien nichts gewußt zu haben. Kühorn und der Fiskaladvokat erwähnten einige Texte führender Kirchengelehrter, einschließlich lutherischer Geistlicher, die belegten, daß alle Einwohner Hamburgs eindringlich vor den Gefahren der Wiedertäuferei gewarnt worden waren.[33] Eines dieser Bücher war
Johann Müllers Anabaptismus. Das ist: Wiedertauffer Irthumb (1645).[34]
Müller, Hauptpastor der Hamburger Gemeinde St. Petri, stellte in diesem
Buch eine detaillierte Analyse eben des Glaubensbekenntnisses dar, das der
Fiskaladvokat vor Gericht angeführt hatte.

Die Frage, wie Nichtlutheraner zu behandeln seien, führte zwischen
Hamburgs weltlichen und geistlichen Repräsentanten oftmals zu Spannun-
gen. Der von Kaufleuten dominierte Rat neigte eher zu einer milderen
Handhabung, da der Handel mit Holland und der Iberischen Halbinsel für
den Wohlstand der Stadt von großer Bedeutung war. In einigen Fällen jedoch, wie zum Beispiel im Umgang mit den Quäkern, herrschte eine klare
Übereinstimmung zwischen den Parteien. Der Quäker-Missionar William
Ames traf 1659 in Hamburg und Altona ein, während Hübners Fall gegen
Plus noch im Hamburger Obergericht verhandelt wurde. Ames warb erfolgreich eine kleine Anzahl von Mennoniten für seine Sache, worunter sich
auch Baerent Roelofs befand, ein Prediger der flämischen Mennonitengemeinde. Die Aktivitäten der Quäker in dieser Region wurden sowohl von
lutherischen als auch von mennonitischen Repräsentanten scharf kritisiert.
Ihre Angriffe führten 1660 sogar zur Einsperrung und schließlich zur Vertreibung von mindestens drei Quäkern aus Hamburg.[35] Daher konnte Müeg
am 2. September 1663, also am selben Tag, an dem er das Olijf-Taxcken vor

---

[31] Ebd., (37). Obwohl nicht erwähnt, waren die Verfasser dieses Glaubensbekenntnisses Syvaert
Pietersz und Pieter Jansz Twisck.

[32] Ebd., Bl. 1r.

[33] Ebd., (17), (30), (31) und (34).

[34] Kopien dieser Texte befinden sich in der Universiteitsbibliotheek Amsterdam, OK 65-1070,
OK 65-852 (1668) und OK 65-1071 (1695).

[35] Siehe Berend Carl Roosen, Die Mennoniten und Quäker, in: Mennonitische Blätter 1
(1854), S. 41-44, 54-56.

Gericht angeführt hatte, schreiben: „daß [der Rat der Stadt Hamburg] keine Auffrührische Wiedertäuffer in ihrer Stadt vnd gebiete gedulden, bezeüget die newlich beschehene Stadt- vnnd Landkündige Captivirung vnnd Außweisung etzlicher Auffrührischen Wiedertäuffer auß dieser Stadt vnnd dero Gebiete... ."[36]

Er brauchte nicht viele Details zu liefern. Was er zu sagen beabsichtigte, war klar. Der Rat der Stadt Hamburg wußte, wie er aufrührerische Sektenmitglieder ausfindig machen konnte und wie er mit ihnen umzugehen hatte. Quäker waren Wiedertäufer, aber Mennoniten konnten nicht als solche betrachtet werden.

Ein Fall ohne Lösung

Die Frage, wie der Richter in diesem Fall vermutlich entschieden hätte, muß offen bleiben. Wie in so vielen Fällen, die vor dem Reichskammergericht verhandelt wurden, wurde auch für Hübner und seinen Wunsch nach Entschädigung kein endgültiges Urteil gesprochen.

Am 17. Juni 1663 legte Gambs einen Brief vor, den er von Henrich Schröder, dem Vertreter seines Mandanten in Hamburg, erhalten hatte.[37] Schröder ersuchte darin, Plus befragen zu lassen, was er persönlich glaube. Dies war in einem Fall, der sich so auf die Frage nach Glaubensbekenntnissen zugespitzt hatte, zu großer Bedeutung gelangt. Bevor er dem Gericht allerdings diese Information zukommen lassen konnte, mußte Plus erst aus Rußland zurückkehren. Schröder erwartete ihn Ende 1663 zurück, was jedoch nicht der Fall war. Am 23. November bat Gambs um einen weiteren Aufschub in dieser Sache. Plus war offenbar in Rußland geblieben, um restliche Schulden einzutreiben. Es war nicht sicher, wann er zurück sein würde.[38] Am 4. Dezember beantwortete der Fiskaladvokat das Gesuch von Gambs mit dem Vorwurf, Plus sei absichtlich von Hamburg nach Rußland gezogen, um die gesetzlichen Konsequenzen seines Verbrechens zu umgehen. Das Gericht solle Beamte in Hamburg bereitstellen, die sein Vermögen solange in Beschlag nehmen, bis der Fall gerichtlich geklärt sei. Gambs protestierte sofort gegen eine mögliche Beschlagnahme des Besitzes seines Klienten. Am 8. Dezember tagte man in Speyer schließlich zum letzten Mal im Fall Hübner contra Plus.[39]

Während der Fall ungeklärt aufgegeben wurde, beschäftigte das Thema der Wiedertäuferei die kaiserlichen Beamten noch einige Zeit. Im April

---

[36] *Hübner contra Plus*, (40), Bl. 1r.
[37] *Ebd.*, (39). Siehe Schröders Brief mit dem Datum 22.04.1663.
[38] *Ebd.*, (44).
[39] Über weitere Details der Vorgänge im Dezember 1663 siehe das Notizbuch zu Beginn der Akte *Hübner contra Plus*.

1663, also noch im letzten Stadium der geschilderten Verhandlung, veröffentlichten kaiserliche Vertreter ein Mandat gegen Wilhelm Thomas, Reichsfreiherr von Quadt zu Wickrath, einem Gebiet in Jülich. In diesem Mandat wurde der Reichsfreiherr desselben Vergehens bezichtigt, wie der Rat der Stadt Hamburg, nämlich Mitgliedern der verbotenen Sekte der Wiedertäufer absichtlich Schutz und Schirm gewährt zu haben. Sollte er die Sektenmitglieder nicht augenblicklich aus seinem Gebiet ausweisen, hätte er sich in einer Verhandlung vor dem Reichskammergericht zu verantworten. Die Beamten in Hamburg hatten von diesem Mandat Kenntnis: Eine handschriftliche und eine gedruckte Kopie dieses Schreibens befinden sich heute unter den Akten des Rats.[40]

Möglicherweise standen die kaiserlichen Bemühungen gegen Hamburg und Wickrath als Teile einer übergreifenden Strategie miteinander in Beziehung, die es zum Ziel hatte, im Umgang mit den Mennoniten den Vorrang des kaiserlichen Gesetzes vor dem Regionalgesetz geltend zu machen. Aber es ist schwierig zu beurteilen, wie eng die beiden Fälle miteinander verknüpft waren. Sicher ist nur, daß der Anfang der 70er Jahre des Jahrhunderts für beide Angelegenheiten einen Wendepunkt bedeutete. Hans Plus war 1671 gestorben.[41] Die Verhandlungen gegen ihn vor dem Reichskammergericht hatten dadurch ihre Bedeutung verloren. Ein Jahr zuvor war auch Wilhelm Thomas von Quadt gestorben. Die Täufer, die seit ihrer Vertreibung aus dem Amt Dahlen in den 50er Jahren auf seinem Gebiet gelebt hatten, waren wieder gezwungen auszuwandern; sie hatten ihren Beschützer verloren.[42]

Die kaiserliche Politik gegenüber Erwachsenentäufern beruhte während der Regierung Kaiser Leopolds I. (1658-1705) wohl eher auf pragmatischen Bedenken, als auf den Idealen der Gesetzestreue. Das braucht keineswegs zu überraschen, denn die weitverstreuten Vertreter der kaiserlichen Autorität handelten nicht immer nach einem einheitlichen und unveränderlichen Vorsatz. Sogar der Kaiser selbst änderte seine Politik, wie es ihm gerade paßte. 1659 gewährte Leopold zum Beispiel den Hutterern in drei Gebieten Ungarns einen Protektionsbrief,[43] aber am 8. Mai 1672 sandte er dem Rat der Stadt Hamburg ein gegen die Wiedertäufer gerichtetes Mandat.[44] Der Kai-

---

[40] Staatsarchiv Hamburg, *Senat*, Cl. VII Lit. Hf Nr. 4, Vol. 1a (11) und (12).

[41] Staatsarchiv Hamburg, *Mennonitengemeinde*, 147, Bd. 1, S. 14.

[42] Siehe Ekkehard Krumme, *Die Täufer in Gladbach*, Mönchengladbach [1977], S. 17; und Wilhelm Niepoth, *Zur Geschichte der Mennoniten in Rheydt*, Rheydt [1937], S. 15-16.

[43] Siehe P. Dedic, *Leopold I.*, in: *Mennonitisches Lexikon*, Bd. 2, S. 640-641, und *Mennonite Encyclopedia*, Bd. 3, S. 325-326.

[44] Staatsarchiv Hamburg, *Senat*, Cl. VII Lit. Hf Nr. 4 Vol. 1a (15) bis (18); und Staatsarchiv Hamburg, *Reichshofrat*, 298. Diese Dokumente verwendet auch Robert Dollinger, *Geschichte der Mennoniten in Schleswig-Holstein, Hamburg und Lübeck* (=Quellen und Forschungen zur Geschichte Schleswig-Holsteins, Bd. 17), Neumünster 1930, S. 142.

ser forderte in diesem Brief, daß die 300 bis 400 illegalen Wiedertäufer, die sich vermutlich in der Stadt befanden, umgehend auszuweisen seien, wenn die Stadt gesetzliche Sanktionen vermeiden wolle. Die im Mandat aufgestellten Behauptungen überraschten die Regierung der Stadt. Anfang Juni begannen Beamte daher zunächst eine Untersuchung. Der Rat berichtete dem Kaiser schließlich am 22. Juni über seine Ergebnisse. Obwohl der Antwortbrief auf den Fall vor dem Reichskammergericht ein Jahrzent zuvor nicht ausdrücklich Bezug nahm, enthielt er doch fast die gleichen Argumente. Es wurde gegen die Behauptung des Kaisers Widerspruch eingelegt, Mennoniten seien Wiedertäufer im Sinne des kaiserlichen Gesetzes. Mennoniten lebten friedlich, abgeschieden und gehorsam und trügen zum wirtschaftlichen Wohlstand der Region und des Reiches bei. Sie beteten in ihren Gottesdiensten sogar für das Wohl der Obrigkeit. Man zog also die gegenwärtige Situation dem radikalen Vorschlag des Kaisers bei weitem vor.[45]

Trotz des Drucks, der auf verschiedenen Ebenen der kaiserlichen Gesetzgebung ausgeübt wurde, konnte sich der Status quo behaupten. Nach seinem anfänglichen Drohbrief verlor Kaiser Leopold das Interesse an dieser Sache. Die Frage nach der gesetzlichen Identität der Mennoniten verschwand zumindest für eine Weile aus seinem Gesichtsfeld.

Schlußbetrachtungen:
Mennonititische Identität für Bürokraten

Der Fall Hübner contra Plus ist besonders erwähnenswert, weil er uns Informationen darüber gibt, wie die mennonitische Identität und die der Person von Hans Plus selbst geschaffen wurde. Einerseits sehen wir Plus als Mitglied allgemeiner Kategorien „Mensch". Als der Prozeß vom Hamburger Obergericht auf das Reichskammergericht übertragen wurde, vollzog sich mit ihm eine auffallende Verwandlung. Er war nun nicht länger ein Händler wie jeder andere; er war ein Mennonit, was auch immer das bedeutete. Andererseits können wir aber Plus als Individuum betrachten. Er zeigte wenig Interesse daran, eine klare Definition der qualitativen Unterschiede zwischen Mennoniten und Wiedertäufern für die Zukunft schriftlich festzuhalten. Die Identität des Hans Plus wurde also erst inmitten einer sich verschärfenden Kontroverse von anderen geformt und ausformuliert.

Waren Mennoniten Wiedertäufer? Das Verbrechen der Wiedertäuferei war schon im Gesetzestext des Reiches und in den kirchlichen Schriften des frühen 16. Jahrhunderts definiert, und in der Mitte des 17. Jahrhunderts

---

[45] P. Dedics Artikel über Leopold im *Mennonitischen Lexikon* und *Mennonite Encyclopedia* enthält ein angebliches Zitat des Hamburger Briefes an den Kaiser. Die Passage vermittelt zwar die Stimmung, in der die Antwort des Rats verfaßt wurde, ist aber nur eine Paraphrase, kein wörtliches Zitat.

wurden viele dieser Texte immer noch als „objektive" Maßstäbe für even-
tuelle Abweichungen benutzt. Jedenfalls stellte niemand, nicht einmal die
Advokaten des Hans Plus, die Verurteilung der Wiedertäuferei als kriminell
unter dem kaiserlichen Gesetz in Frage. Seine Advokaten bestanden nur
darauf, daß der Mennonit Plus kein Wiedertäufer sei. Die zentrale Frage war
also nicht nur, ob Mennoniten Wiedertäufer waren. Es ging es vielmehr
darum, was für ein Mensch Hans Plus war.

Es gab politische Gründe, warum eine endgültige Antwort vor dem Gesetz unmöglich war. Sobald Caspar Bernhardi Hübners Beschwerde an das
Reichskammergericht geleitet hatte, verwandelte sich die Angelegenheit
sehr schnell von einem unbedeutenden Routinefall verdächtiger Geschäftsführung in einen bedeutenden. Die kaiserlichen Beamten mußten ihre
Pflichten erfüllen, indem sie die höchste Gerichtsbarkeit im Reich gegenüber
der Gesetzgebung Hamburgs verteidigten. Darüber hinaus schienen Hübners
Chancen auf eine Entscheidung zu seinen Gunsten besser zu stehen, wenn
die kaiserliche Bürokratie auf seiner Seite stand und wenn sein Gegner eher
ein Ketzer als ein Kaufmann war. Die Situation machte auch aus dem Advokaten des Rats der Stadt Hamburg und Plus' Advokaten enge Verbündete.
Solange Mennoniten gute Untertanen waren, galt der Rat der Stadt Hamburg
als eine verantwortungsvolle Obrigkeit. Diese konkurrierenden systematischen Kategorien hatten viel mit den verschiedenen Interessen Hamburgs
und des Reiches zu tun. Um eine klare Definition von Mennoniten (also
auch Hans Plus) aufzustellen, brauchte man ein klares politisches Arrange-
ment. Es fehlte.

Der vielleicht bemerkenswerteste Aspekt dieses Falls war, daß Plus keinerlei Interesse daran zeigte, an der Diskussion über seine „eigentliche"
Identität teilzunehmen. Während der gesamten Länge der Verhandlungen
fuhr er fort, seinen alltäglichen, privaten Geschäften nachzugehen. 1658 organisierte er zum Beispiel zwei bewaffnete Handelsschiffe, um mit ihnen
von Hamburg auf den Jahresmarkt in Archangelsk zu reisen.[46] Die Gemeinden der Mennoniten um Hamburg hielten offiziell an dem Prinzip der
Wehrlosigkeit fest - aber das störte Plus nicht im geringsten.[47] Die Tatsache
alleine, daß Plus Kanonen an Bord der Schiffe gestattete, läßt noch keinen
Schluß zu, daß seine kirchliche Zugehörigkeit ohne Einfluß auf sein tägli-
ches Leben gewesen sei. Er hätte zum Beispiel die eingehende Aufmerksamkeit der Advokaten in Speyer vermeiden können, wenn er 1660 einge-

---

[46] A.V. Děmkin, *Verzeichnis der Schiffe westeuropäischer Kaufleute, erstellt in Archangelsk
1658*, in: *Forschungen zur Quellenkunde der Geschichte der UdSSR vor 1917* (auf Russisch),
Moscow 1917, S. 89-113.
[47] Erst einige Jahrzehnte später wurde der ethische Status bewaffneter Handelsschiffe Gegenstand einer hitzigen Auseinandersetzung zwischen Mennoniten in Altona und Hamburg. Siehe Michael Driedger, *Kanonen, Schießpulver und Wehrlosigkeit. Cord, Geeritt und B.C. Roosen in
Holstein und Hamburg 1532-1905*, in: *Mennonitische Geschichtsblätter* 52 (1995), S. 101-121.

willigt hätte, einen Eid mit religiöser Schwurformel zu leisten. Dank seiner Entscheidung wissen wir jetzt mehr über die gesetzliche Wahrnehmung von Mennoniten im 17. Jahrhundert. Dennoch wissen wir über das Leben des Hans Plus selbst trotz all dieser Aufmerksamkeit nur sehr wenig.

Übersetzt von Simone Kiefer

IV.

Beispiele täuferischer Aktivität

HOFFNUNGEN AUF EINE ANDERE WIRKLICHKEIT.
DIE ERWARTUNGSHORIZONTE IN DER TÄUFERSTADT MÜNSTER 1534/35

Ralf Klötzer (Münster)

Viele Menschen, Gruppen und Bewegungen ließen sich in den frühen
Jahren der Reformationszeit von großen Hoffnungen leiten. Die Hoffnungen
auf eine neue Kirche implizierten allgemein die Erwartung einer erneuerten
Gesellschaft, in der der geistliche Stand abgeschafft sein sollte. Einzelne
Bewegungen, unter ihnen die Täuferbewegung von Münster, die im Jahr
1534 das Stadtregiment erlangte, hofften darüber hinaus auf die direkte
Gottesherrschaft. Für die überkommene Ständeordnung blieb nach dieser
sehr weitgehenden Vorstellung kein Raum. Die in Glauben und Liebe ver-
rbundenen Menschen sprachen sich als Brüder und Schwestern an. Infolge
der so zum Ausdruck gebrachten Egalisierung der Gesellschaft entfalteten
sie revolutionäre Kräfte.

Konkrete Hoffnung im Umfeld der münsterischen Täuferbewegung und
in Münster selbst war die alsbald erwartete leibliche Wiederkehr Christi und
seine irdische Herrschaft als Vollendung der Geschichte. In einem solchen
prophetisch vermittelten Erwartungshorizont war es den Menschen in der
seit Beginn der Täuferherrschaft belagerten Stadt möglich, nach dem Aufbau einer theokratischen Ordnung schließlich ein Königtum universalen
Anspruchs hervorzubringen und mitzutragen. Man verstand sich als eine
Gesellschaft im Übergang - als Vorbild für die noch in den alten Strukturen
verharrende „Welt" und zugleich schon als Kern des zukünftigen Gottesvol-
kes.

Wie weit folgten die Menschen, die sich in Münster zum Täufertum
bekannten, mit der gesellschaftlichen Vergangenheit weitgehend brachen
und ihr Selbstbild auf Vorstellungen von einer zukünftigen Wirklichkeit bezogen, nachvollziehbaren rationalen Überlegungen, und wo wurde ihr
Handeln von irrationalen Hoffnungen bestimmt? Mir erscheint die These
vertretbar, daß sich die Akteurinnen und Akteure auf der Grenze zwischen
realistischer Wahrnehmung der Wirklichkeit und unrealistischen Erwartungen bewegten. In meinem Buch über die Täuferherrschaft habe ich betont,
daß deren Vorgeschichte und Geschichte einem durchgängigen radikalreformatorischen Konzept entsprachen, also einer früh angelegten Logik

folgten.[1] Durch einige der zahlreichen Besprechungen meines Buches bin ich dazu angeregt worden, diese Logik noch einmal unter einem kritischen Gesichtspunkt zu betrachten und zu fragen: Hat sich die Täuferstadt von unrealistischen Erwartungen leiten lassen?

Im folgenden will ich einige Überlegungen darüber anstellen, was die Menschen in Münster aufgrund reformatorischer Perspektiven und prophetisch vermittelter Erwartungshorizonte hofften und erwarteten, aus welchen Gründen sie dies taten und wie sie sich in ihren Handlungen durch diese Hoffnungen und Erwartungen leiten ließen.

1. Reformatorische Perspektiven

Radikale Stadtreformation

Die Täuferherrschaft von Münster hatte 16 Monate lang Bestand. Sie nahm ihren Anfang mit der turnusmäßig durchgeführten, jährlichen Ratswahl am 23. Februar 1534 und endete mit der Eroberung der Stadt durch Reichstruppen am 25. Juni 1535. Bevor es zur Täuferherrschaft kam, hatte Münster eine gut zweijährige reformatorische Entwicklung durchlaufen. In die kritische Phase, die kommunale Reformation zu gestalten, trat die Stadt im Sommer 1533 ein. An der Frage des rechten Gebrauchs der Sakramente entzündeten sich heftige Konflikte. Um den Stadtreformator Bernhard Rothmann und die mit ihm zusammenarbeitenden Predigerkollegen formierte sich eine Bürgerbewegung. Diese Partei setzte sich für die Abschaffung der Kindertaufe ein,[2] da nur die Taufe des den Glauben bekennenden Menschen dem göttlichen Willen entspreche. Die Gegenpartei bildete sich um den an einer gemäßigten Reformation interessierten Rat, der, seit dem Frühjahr desselben Jahres amtierend, sich in dieser Sache von den Argumenten des Stadtsyndikus Dr. Johann von der Wieck leiten ließ. Ihr Anliegen war, Münster nicht in einen Gegensatz zu dem seit 1529

---

[1] Ralf Klötzer, *Die Täuferherrschaft von Münster. Stadtreformation und Welterneuerung*, Münster 1992. Das Buch ist die Druckfassung meiner von Hans-Jürgen Goertz betreuten Hamburger Dissertation. Um die Anmerkungen knapp halten zu können, sei generell auf diese Darstellung verwiesen, die umfangreiche Quellenbelege enthält.

[2] Durch J. F. Gerhard Goeters, *Taufaufschub, Endzeiterwartung und Wiedertaufe. Erwägungen zur Vorgeschichte des Täuferreichs von Münster*, in: *Calvin. Erbe und Auftrag. Festschrift für Wilhelm Heinrich Neuser zum 65. Geburtstag*, hg. v. Willem van 't Spijker, Kampen 1991, S. 305-317, wurde noch einmal darauf hingewiesen, daß das Ziel Rothmanns und seiner Mitprediger über Monate hinweg zunächst nur der Taufaufschub war. Eine Bürgerbewegung zur Unterstützung der Predigerposition wird erstmals am 26. Oktober erkennbar. Die Anhängerschaft des an die kleine Servatiikirche abgedrängten Bernhard Rothmann kam zu einer vom Stadtsyndikus Johann von der Wieck als „ufror" bezeichneten Versammlung vor das Rathaus. Carl A. Cornelius, Geschichte des Münsterischen Aufruhrs in drei Büchern. 2.: Die Wiedertaufe, Leipzig 1860, S. 366. Ihr Anliegen e ergibt sich daraus, daß von der Wieck am 15. November schreibt, „alle aufrorissche" forderten „daglix", den inzwischen ganz abgesetzten Rothmann wieder als Prediger zuzulassen. *Ebd.*, S. 363.

geltenden Reichsgesetz zu bringen, das Spendung und Empfang der Erwachsenentaufe, aber auch schon Kritik und Abschaffung der Kindertaufe mit Hinrichtung bedrohte. Nach einer Disputation vor den versammelten Ratsherren, nach Predigtverboten und Kirchenschließungen kam es im November 1533 zu bewaffneten Konfrontationen in den Straßen und, bei erneutem Predigtverbot gegen Bernhard Rothmann, zu Stadtverweisen gegen die übrigen radikalen Prediger.

Die radikalreformatorische Bewegung schöpfte ihre Kräfte aus einem großen Selbstbewußtsein, das sich auf die genossenschaftlichen Traditionen der Stadtgemeinde gründete.[3] Ihre Hoffnung, sich durchsetzen zu können, war jedoch bereits zu diesem Zeitpunkt in zweierlei Hinsicht hochproblematisch. Erstens barg das Konzept einer auf dem individuellen Bekenntnis aufgebauten christlichen Gemeinde den Keim des späteren Dualismus zwischen den „wahren Christen" und den „Gottlosen". Aufgrund der geforderten persönlichen Verpflichtung zu einer christlichen Lebensführung war damit zu rechnen, daß nicht alle Menschen der Gemeinde angehören und die Nichtchristen aus der religiösen und politischen Gemeinde ausgegrenzt werden würden. Die radikalen Protagonisten in Münster haben diese Problematik zwar im Ansatz wahrgenommen,[4] an ihrem Vorhaben einer Stadtreformation hielten sie aber trotzdem fest.

Zweitens war abzusehen, daß der Stadtherr Franz von Waldeck und die hinter ihm stehenden Mächte des Reiches eine radikale Stadtreformation mit allen Mitteln bekämpfen würden. Man stellte aber alle Bedenken hinsichtlich der angedrohten Sanktionen durch die Reichsautoritäten zurück. Zwei Gründe dürften für diesen Mut entscheidend gewesen sein. Zum einen war die kollektive religiöse Überzeugung, den der göttlichen Wahrheit entsprechenden Weg beschritten zu haben, gesellschaftlich so stark verankert, daß das Konzept einer Stadtreformation radikalen Zuschnitts von einer wachsenden Bewegung getragen wurde. Das Abendmahl, im spiritualistischen Verständnis als Verpflichtung zum Aufbau einer Liebesgemeinschaft begriffen, korrespondierte mit der genossenschaftlichen Wirklichkeit sowohl der Gilden als auch der gesamten durch Eid kon-

---

[3] Ronnie Po-chia Hsia, *Münster and the Anabaptists*, in: *The German People and the Reformation*, hg. v. Ronnie Po-chia Hsia, Ithaca u. London 1988, S. 51-69, hier S. 64-69, hat darauf hingewiesen, daß der täuferische Kommunalismus den in den Gilden entwickelten Vorstellungen von Gemeinschaft entsprach.
[4] Die Summe der Gemeindetheologie Rothmanns und seiner Mitprediger ist die Abhandlung „*Bekenntnis von beiden Sakramenten, Taufe und Nachtmahl*", von Oktober 1533, in: *Die Schriften der münsterischen Täufer und ihrer Gegner*, hg. v. Robert Stupperich, Bd. 1: *Die Schriften Bernhard Rothmanns*, Münster 1970, S. 139-195. Vereinzelt ist hier, in biblischer Diktion, von der Taufe als dem engen Eingang in die Kirche die Rede, vgl. *Ebd.* S. 156.

stituierten Stadtgemeinde.[5] Zum anderen wurde das kommunale Selbstbewußtsein durch den Antagonismus gegenüber dem Stadtherrn gestärkt,
dem im Dülmener Vertrag vom 14. Februar 1533 abgerungen worden war,
die städtische Reformation zuzulassen.[6] Der bisherige Verlauf der Ereignisse
hatte damit erwiesen, daß der Wille der Stadt auch gegen monatelang
aufrecht erhaltene Widerstände des Fürsten durchzusetzen war. Darüber
hinaus ließ sich aus dem Gang der Reformation im Reich ableiten, daß nicht
ein Verbot, sondern das Verhältnis der politischen Kräfte über den Weg der
Neuordnung von Kirche und Gesellschaft entschied.

Auch in Münster war selbstverständlich bekannt, daß sogenannte
Wiedertäufer kaum irgendwo im Reich geduldet wurden. Der Situation zur
Zeit des reformatorischen Aufbruchs nach 1520 vergleichbar, hing es jedoch
von den weiteren politischen Entwicklungen ab, ob die Neuerer durch ihre
Obrigkeiten geschützt und ihre Vorstellungen im größeren Rahmen
verwirklicht werden würden. Durchsetzen zu wollen, was man für göttlich
geboten und gesellschaftlich angemessen hielt, konnte den Einsatz des
Lebens bedeuten. Aber bestand überhaupt die Möglichkeit, daß die Bewegung von den bald gegen die Täufergemeinde gerichteten, tödlichen Re-
pressionsmaßnahmen hätte verschont bleiben können? Seit auch Straßburg
im selben Jahr zur Unterdrückung der Täuferbewegung übergegangen war,[7]
gab es in der antitäuferischen Front im Reich keine bedeutenden Lücken
mehr. So blieb allein die vage Hoffnung auf einen Sinneswandel maß-
geblicher protestantischer Fürsten, und man wird in Münster dabei zuerst an
den hessischen Landgrafen Philipp gedacht haben,[8] dessen Vermittlung es
zu verdanken war, daß Franz von Waldeck die Reformation in Münster
zugelassen hatte.

Gemeinschaft der „wahren Christen"

Nachdem die radikalreformatorische Bewegung aus dem öffentlichen Raum
verbannt war, hatte sie zunächst keine Möglichkeit, die Gestalt der
Stadtreformation zu bestimmen. Unter dieser Prämisse begann im November
1533 die Konstituierung der vortäuferischen Gemeinde der „wahren

---

[5] Obwohl die Frauen in die Abendmahlsgemeinschaft einbezogen waren, traten sie im Herbst
1533 in der beginnenden radikalreformatorischen Bewegung noch nicht hervor. Als die Bewegung
aber zum Täufertum neigte, waren auch Frauen führend engagiert. Vgl. Anm. 9 u. 20.

[6] Der Vertragstext findet sich bei Robert Stupperich, *Dr. Johann von der Wyck. Ein
münsterscher Staatsmann der Reformationszeit*, in: *Westfälische Zeitschrift* 123 (1973), S. 9-50,
hier S. 36-41.

[7] Klaus Deppermann, *Melchior Hoffman. Soziale Unruhen und apokalyptische Visionen im
Zeitalter der Reformation*, Göttingen 1979, S. 258-270.

[8] „Rothman und sin uprorissche anhangk" bemühten sich im November 1533 um Unterstützung
durch den hessischen Landgrafen. Schreiben des Rates von Münster an Philipp von Hessen, in: Cornelius, *Wiedertaufe* (wie Anm. 2), S. 362.

Christen". Die Hoffnung auf den Fortgang der Stadtreformation wurde aber nicht völlig aufgegeben. Noch im Dezember 1533 und in der ersten Januarwoche 1534, unmittelbar vor Beginn der Erwachsenentaufe, wurde öffentlich die Wiedereinsetzung Rothmanns als Pfarrer der Lambertikirche, der er von Februar 1532 bis September 1533 gewesen war, gefordert.[9]

Daß die Unterdrückungsmaßnahmen des Rates über die Predigtverbote und die gegen die auswärtigen Prediger verhängten, jedoch nicht konsequent vollstreckten Stadtverweise hinaus gering und im Endeffekt erfolglos blieben, ergab sich aus der bipolaren Verfassungsstruktur, derzufolge die beiden Olderlude als die Vorsteher der Gesamtgilde die genossenschaftlichen Interessen der Bürgergemeinde im Rat zu vertreten hatten. Im Gegensatz zu den Entwicklungen in den meisten anderen Städten hatte sich in Münster diese genossenschaftliche Komponente im System der innerstädtischen Herrschaft erhalten. Sie gab den Ausschlag dafür, daß auf der politischen Ebene der Zusammenhalt in der Stadt dem Ziel der gemässigten Reformation übergeordnet wurde. Das schuf eine Atmosphäre, in der die radikale Minderheit es wagen konnte, sich taufen zu lassen.[10]

Als in der zweiten Januarwoche bis zu 1.400 Personen die Bekenntnistaufe empfingen, war ihnen zweifellos bewußt, daß sie dem Reichsgesetz zuwiderhandelten. Im Rückblick hat Rothmann später davon gesprochen, man habe zugleich mit der Taufe das Leiden und den Tod auf sich genommen.[11] Der Einsatz des Lebens galt einer Gemeinde, die als die wiederhergestellte christliche Gemeinde in einem heilsgeschichtlichen Zusammenhang wahrgenommen wurde.[12] So brach auch im Aufbau der Täufergemeinde, der als offener Sammlungsprozeß realisiert wurde, die

---

[9] Zuletzt verlangten Frauen am 4. und 5. Januar 1534 von den Bürgermeistern und vom Rat, Rothmann wiedereinzusetzen. Hermann von Kerssenbrock, *Anabaptistici furoris ... historica narratio*, hg. v. Heinrich Detmer, Münster 1899/1900, S. 436f.

[10] Innerhalb des Rahmens dieser von der Stadtverfassung vorgegebenen Bedingungen erfolgte der Beginn der Bekenntnistaufe selbstverständlich aus den inneren Triebkräften der Bewegung. Goeters, *Taufaufschub* (wie Anm. 2), hat ausführlich dargestellt, daß der Prediger Henrik Rol der Mittler zwischen den niederländischen Melchioriten und Münster gewesen ist.

[11] Bernhard Rothmann, *Eine Restitution oder Wiederaufrichtung rechter und gesunder christlicher Lehre des Glaubens und Lebens*, in: *Schriften Rothmanns* (wie Anm. 4), S. 210-284, hier S. 280.

[12] Die niederländischen Täuferboten, durch den Propheten Jan Matthijs entsandt, traten ohne Zweifel mit dem Anspruch auf, in Erwartung der nahen Wiederkehr Christi die Gemeinde der Endzeit zu versammeln. Es ist mehrfach darauf hingewiesen worden, daß sich auch die münsterische Täufergemeinde von Beginn an als Endzeitgemeinde verstanden habe; so zuerst Karl-Heinz Kirchhoff, *Die Endzeiterwartung der Täufergemeinde zu Münster 1534/35. Gemeindebildung unter dem Eindruck biblischer Verheißungen*, in: *Jahrbuch für westfälische Kirchengeschichte* 78 (1985), S. 19-42; ihm folgend Ernst Laubach, *Reformation und Täuferherrschaft*, in: *Geschichte der Stadt Münster*, hg. v. Franz-Josef Jakobi, Münster 1993, Bd. 1, S. 145-216; ähnlich Goeters, *Taufaufschub* (wie Anm. 2). Die konkreten Erwartungen des Neuen Jerusalem, der Bestrafung der „Gottlosen" und der Wiederkehr Christi wurden in Münster aber erst nach mehreren Wochen nachhaltig rezipiert.

reformatorische Bewegung nicht ab. Ihre Stärke bezog sie noch immer aus der Übereinstimmung von christlich-gemeindlichem und kommunal-genossenschaftlichem Selbstbild. Durch ihre individuellen Taufentscheidungen waren die Frauen in diese christliche und kommunale Gemeinschaft in einem hohen Maße integriert.

Das rasche Wachstum der Täufergemeinde deutet darauf hin, daß man allgemein hoffte, die erwartete Verfolgung durchzustehen. Diese Hoffnung war nicht grundlos, aber doch trügerisch, denn die Täufergemeinde hatte in der Phase reichsweiter Konsolidierung der frühen Reformation keine Chance, durch die herrschenden Mächte geduldet zu werden. Ihre vernehmliche Kritik und aktive Verwerfung der kirchlichen und gesellschaftlichen Ordnung hatten eine revolutionäre Dimension. Die Gemeinschaft der „wahren Christen" verkannte die Wirklichkeit insofern, als sie aus der besonderen, in Münster gegebenen Möglichkeit der Bildung einer großen Täufergemeinde auf die Möglichkeit schloß zu überleben. Daß man aufgrund der Wirksamkeit einer Gruppe radikalreformatorischer Prediger, aufgrund starker genossenschaftlicher Traditionen, aufgrund der bedeutenden Selbständigkeit der doch dem Fürsten unterworfenen Stadt und unter Absehung von den politischen Verhältnissen im Reich die Täufergemeinde errichtete, resultierte demnach auch daraus, daß man die kommunale Welt als ein Universum wahrnahm. Die ungewöhnliche Größe der Täufergemeinde war dabei nicht nur einer der wesentlichen Faktoren für ihren bald folgenden Aufstieg zur Führungsmacht in der Stadt, sie war zugleich der Hauptgrund ihres späteren Scheiterns. Als kleine Gruppe ohne wesentliche gesellschaftliche Bedeutung hätte sie vielleicht, wie andernorts der Fall, in den Randzonen der Gesellschaft überleben können.

2. Prophetisch vermittelte Erwartungshorizonte

Das Neue Jerusalem

Im Januar 1534 hatte die Täufergemeinde allen Grund, scharfe Verfolgung zu erwarten. Franz von Waldeck ließ Mitte des Monats mehrere Personen hinrichten, die im nahen Dülmen die radikalreformatorische Bewegung mitgetragen hatten.[13] Am 23. Januar erteilte er seinen Amtleuten den Befehl, die münsterischen Führer der Täufergemeinde gefangenzunehmen.[14] Diese Situation zwang die Obrigkeit in Münster in bisher nicht gegebener Dringlichkeit, sich zu entscheiden, ob sie auch unter den gegenwärtigen Umständen die kommunale Solidarität aufrechterhalten wollte. In einer am

---

[13] Karl-Heinz Kirchhoff, *Die Täufer im Münsterland*, in: *Westfälische Zeitschrift* 113 (1963), S. 1-109, hier S. 11-15.

[14] Kerssenbrock, *Anabaptistici* (wie Anm. 9), S. 474-476.

30. Januar durch Initiative der Olderlude erzielten Vereinbarung wurde vom Rat zugesichert, daß es keine innerstädtische Verfolgung aus Glaubensgründen geben werde.[15] Allerdings scheute sich der Rat, daraus die Konsequenz zu ziehen, eine effektive Stadtverteidigung vorzubereiten.

In der Folge kam es deshalb zu einer weiteren Konfrontation. Eine Gruppe mehrheitlich der Täuferbewegung angehörender Bewaffneter zog am Morgen des 9. Februar vor das Rathaus und forderte vom Rat, die Stadtverteidigung zu organisieren.[16] Die Ratsherren wichen in das Überwasserviertel aus, wo sich die Partei der zu ihnen haltenden Bürger ebenfalls unter Waffen versammelte. Als Franz von Waldeck, durch altgläubige Bürger gerufen, am folgenden Tag vor Münster erschien, wurde ihm der erbetene Einlaß nicht gewährt. Von der Anwesenheit des Stadtherrn in der Stadt hätte auch der Rat nichts Gutes zu erwarten gehabt. Aus diesem Grund gelang die Beilegung des Konflikts, und der Rat erneuerte die Toleranzvereinbarung vom 30. Januar. Da er sich aber nicht entschließen wollte, für die Solidarität mit der Täufergemeinde einen Verteidigungskrieg gegen den Stadtherrn zu führen, gab er die Führung der Stadt auf. In Erwartung eines militärischen Zugriffs des Fürsten kehrten die altgläubigen und gemäßigt reformatorischen Kräfte der Stadt den Rücken. Wer sich zu der turnusmäßig am 23. Februar durchzuführenden Ratswahl stellte, war bereit, das weitere Geschick der Stadt verantwortlich mitzutragen.

In diesen Tagen der Gefahr erwuchs denen, die zur Furcht Anlaß hatten, eine neue Hoffnung. Politisch bedeutete die ausdrückliche Duldung der Täufergemeinde in der Stadt, daß der Rat seinen Anspruch auf die Gestaltung der Reformation aufgegeben hatte. Es eröffnete sich ein Freiraum, den die Täufergemeinde als reformatorische Bewegung sofort zu nutzen begann. Die politische Situation war das Einfallstor für neue, nunmehr prophetisch vermittelte Erwartungen. Jan van Leiden, der holländische Täuferbote,[17] wandte die von Melchior Hoffman und seiner Anhängerschaft verbreitete Formel vom Neuen Jerusalem,[18] mit der bisher Straßburg gemeint gewesen war, auf Münster an. Gott werde die Stadt reinigen und die „Gottlosen"

---

[15] Kerssenbrock, *Anabaptistici* (wie Anm. 9), S. 479.

[16] Vgl. den Bericht des Herman Ramert, in: *Ungedruckte Quellen zur Geschichte der Wiedertäufer in Münster*, hg. v. Heinrich Detmer, in: *Zeitschrift für vaterländische Geschichte und Alterthumskunde* 51 (1893), S. 90-118, hier S. 105-107.

[17] Die ersten beiden niederländischen Täuferboten, Bartholomäus Boekbinder und Willem de Kuiper, die am 5. Januar in Münster eintrafen und die Prediger tauften, hatten Münster nach wenigen Tagen wieder verlassen. Es waren die münsterischen Prediger, die ihre Gemeinde tauften. Erst die am 13. Januar eintreffenden Täuferboten Jan van Leiden und Gerrit Boekbinder blieben in Münster.

[18] „Munster ... sie die stat des hern und nuwe Hierusalem", Verhörprotokoll des Jakob von Osnabrück, in: *Münsterische Urkundensammlung*, hg. v. Joseph Niesert, Bd. 1: *Urkunden zur Geschichte der Münsterischen Wiedertäufer*, Coesfeld 1826, S. 157.

verjagen.[19] Gemäß der in den Niederlanden auch in der Verfolgung lebendig
erhaltenen melchioritischen Erwartung sollten sich nach der Konstituierung
der heiligen Stadt die Bestrafung der „Gottlosen" und die Wiederkehr Christi
sti ereignen. Münster war demnach ausersehen, den heilsgeschichtlichen
Mittelpunkt der baldigen Erneuerung der Welt zu bilden.

Die Erwartung des Neuen Jerusalem war der Form nach eine prophe-
phetische, inhaltlich aber eine radikalreformatorische, da sie auf die Umgestaltung der religiösen und gesellschaftlichen Gesamtordnung zielte. Durch
Bußrufe vermittelten Frauen und Männer ihre Wahrnehmung der
Gegenwart, in der sich die Geschichte zu vollenden begann, und kündigten
das Neue Jerusalem, den Tod der „Gottlosen" und die Wiederkehr Christi
an.[20] So forderten sie zum Anschluß an die Täuferbewegung auf und luden
zur gemeinschaftlichen Verwirklichung radikaler Stadtreformation ein.[21] Da
die Erwartung des Neuen Jerusalem sich erfüllte, als der Übergang zur
Täuferherrschaft sich Mitte Februar abzeichnete, erzielte die prophetische
Verkündigung breite Akzeptanz, zumal sie die nahe Lösung für die beiden
großen Probleme der Bewegung anbot. Der Tod der „Gottlosen", denen das
Konzept radikaler Stadtreformation keinen gesellschaftlichen Platz
zuweisen konnte, und das Überleben der „Heiligen", denen die Mächte des
Reiches den Tod bringen wollten, wurden in der Prophezeiung der nahen
Wiederkehr Christi gedanklich vorweggenommen.

Die Wiederkehr Christi

In der Täuferstadt wurde ab Ende Februar zum Gesetz, was die
minderheitliche Täufergemeinde zuvor als Normen christlichen Lebens
definiert hatte. Auf die Einführung der Pflicht zur Bekenntnistaufe folgte die
Abschaffung des Privateigentums.[22] Diese Maßnahmen zur Neukonsti-
tuierung der Gesellschaft waren Maßnahmen der Stadtreformation, doch

---

[19] „Se hebben darumb den propheten neffen Rotman angenommen, dat he enne vorwittigen, dat
Got der her zick wolde de stede reinigen und de gotlosen daruth voriagen ... Erstlich is de prophete
ein apostel gewesen und gepredigt, dairnach ein prophete geworden und prophetert ... und het
Johan van Leiden." Verhörprotokoll des Dionysius Vinne, in: *Berichte der Augenzeugen über das
Münsterische Wiedertäuferreich*, hg. v. Carl A. Cornelius, Münster 1853, Neudruck Münster
1983, S. 272.
[20] Mit den Bußrufen begann „Meister Johan Kleinschniders huysfrauw ... ist ein prophetisse"
am 7. Februar. Verhörprotokoll des Jakob von Osnabrück, Niesert, *Urkundensammlung* (wie Anm.
18), S. 165. Zuvor hatte Jan van Leiden begonnen, Prophezeiungen zu verkünden. Verhörprotokoll
des Jan van Leiden, *Ebd.*, S. 177.
[21] „Bußrufe sind Verlockungen zu einem Leben, das noch aussteht und noch nicht versucht
wurde." Fulbert Steffensky, *Feier des Lebens. Spiritualität im Alltag*, Stuttgart 1984, S. 116.
[22] Heinrich Gresbeck, *Summarische ertzelungk und bericht der wiederdope ...*, in: Cornelius,
Berichte (wie Anm. 19), S. 1-214, hier S. 19-21 und 32-34. Über die Entstehung von Gresbecks
Bericht vgl. die neue Untersuchung von Ernst Laubach, *Habent sua fata libelli. Zu zwei Werken
über die Täuferherrschaft in Münster*, in: *Westfälische Zeitschrift* 143 (1993), S. 31-51, hier S.
31-41.

durch prophetische Deutung zugleich Vorbereitung auf die in Kürze erwartete Wiederkehr Christi. Inwieweit gelang es, die reformatorische und die prophetische Wahrnehmung der Wirklichkeit zur Deckung zu bringen? Die Propheten Jan Matthijs und, ihm zum Teil folgend, Jan van Leiden nahmen ein Deutungsmonopol in Anspruch und riefen dadurch Widerspruch hervor. Mitte März wurden auf Geheiß des Jan Matthijs alle städtischen und privaten Urkunden, Akten und Rechnungsbücher verbrannt.[23] Dies war ein schwerer Eingriff in die stadtgesellschaftliche Identität, der die innere wie die äußere Verfassung des Neuen Jerusalem betraf. Hinsichtlich der inneren Verfassung folgte er aus der Abschaffung des Privateigentums und war nichts anderes als der rigorose Vollzug der Annullierung aller Schuldforderungen und Schulden. Hinsichtlich der äußeren Verfassung jedoch hatte er keine Entsprechung im reformatorischen Anliegen, sondern leitete sich allein aus der prophetischen Verkündigung der Wiederkehr Christi her: Mit der Begründung, man solle sich allein auf Gott verlassen, wurden auch die Urkunden über die Privilegien, Rechte und Verträge der Stadt vernichtet.

Das mußte denen zu weit gehen, die zwar in voller Überzeugung die radikale Stadtreformation mittrugen und die städtische Freiheit gegen den auf der Grundlage des Reichsrechts agierenden Fürsten verteidigten, aber an der Wahrnehmung festhielten, daß Münster politisches Subjekt in einer noch traditionell geordneten Welt war. Hubert Rüscher, ein Gildebürger, agitierte gegen die Propheten, die, so seine Überzeugung, in ihrem leichtfertigen Vertrauen auf Gott die Gemeinde in größere Gefahr brachten. Er wurde in einer Versammlung der Wehrgemeinschaft von den Propheten angeklagt und nach Zeugenanhörung unter Berufung auf göttliches Urteil von Jan Matthijs getötet.[24] In dieser Anklage, Verurteilung und Tötung usurpierte der Prophet die Bestrafung der „Gottlosen". Wenig später, am Ostertag, dem 5. April, kam er mit einigen Getreuen selbst ums Leben. Er ritt unter Begleitung vor die Stadt und wurde von den Landsknechten erschlagen. Nach seiner Verkündigung hätte die Wiederkehr Christi spätestens am Ostertag erfolgen sollen. Eine mögliche Deutung seiner Selbstopferung liegt darin, daß er geglaubt haben könnte, die Wiederkehr Christi würde sich nach seinem Tod ereignen, denn der Tod der Zeugen der

---

[23] Gresbeck (wie Anm. 22), S. 46f. Verhörprotokoll des Jan van Leiden, Cornelius, *Berichte* (wie Anm. 19), S. 374.
[24] Die Hinrichtung wurde nicht planmäßig, sondern spontan ausgeführt. Als Hubert Rüscher, auf den Jan Matthijs einen Schuß abgefeuert hatte, am Leben blieb, sagten Jan van Leiden und die Prediger, er solle wieder genesen. Doch der Verletzte starb nach einer Woche. Gresbeck (wie Anm. 24), S. 28-30.

Offenbarung war nach biblischem Wort eine Vorbedingung dieser Wiederkehr.[25]

In den ersten Wochen der Täuferherrschaft war die Erwartung der Wiederkehr Christi in ihren Konsequenzen also eine sowohl mörderische als auch selbstmörderische Perspektive. Ihre gesellschaftliche Relevanz erscheint dennoch relativ gering. Während die Vorstellung vom Neuen Jerusalem den Prozeß unterstützt hatte, vom gesellschaftlichen Rand aus die Möglichkeit der radikalen Stadtreformation doch noch zu erkennen, zu ergreifen und zu realisieren, trug die Erwartung der Wiederkehr Christi in ihrer bis Anfang April 1534 verkündeten Form eines unmittelbar bevorstehenden Ereignisses nichts Wesentliches zur gesellschaftlichen Umgestaltung bei. Allerdings darf nicht übersehen werden, daß die Vorstellung vom Neuen Jerusalem an die weiterreichende Erwartung der Wiederkehr Christi gebunden war. Die Konflikte zwischen dem reformatorischen und dem prophetischen Weltbild ergaben sich deshalb zwangsläufig, nachdem die Täufer die Verantwortung für die Stadtreformation übernommen hatten.

Bis Anfang April 1534 kam ein Ausgleich zwischen den älteren reformatorischen Perspektiven einerseits und den prophetisch vermittelten Erwartungshorizonten andererseits nur unzureichend zustande. Die aus der gesellschaftlichen Erfahrung gewonnenen Perspektiven der radikalen Stadtreformation und der Gemeinschaft der „wahren Christen" paßten in das Bild des Neuen Jerusalem, aber sie ließen sich mit der so ganz unverfügbaren Vorstellung von der nahen Wiederkehr Christi nicht in Einklang bringen. Zweimal konnte sich Jan Matthijs mit seinen gewalttätigen Versuchen durchsetzen, das reformatorische Projekt ganz in diesen Erwartungshorizont hineinzustellen. Die Täuferstadt trug die Vernichtung aller Urkunden und Akten mit und nahm die Tötung des Hubert Rüscher hin. Aber sie überstand den Wahn des Jan Matthijs, so daß die Erwartungshorizonte der Bestrafung der „Gottlosen" und der Wiederkehr Christi neu definiert werden konnten.

Herrschaft göttlichen Rechts

Unmittelbar nach dem Tod des Jan Matthijs gelang es Jan van Leiden, einen heilsgeschichtlichen Auftrag der Täuferstadt zu formulieren. Nach den von ihm verkündeten Vorstellungen, die zunächst mit Zustimmung übernommen wurden, mußte die gesellschaftliche Erneuerung weitergehen und auch außerhalb der belagerten Stadt nach dem in Münster entwickelten Vorbild realisiert werden.[26] Mit seinem Entwurf, dessen Erfolg darauf basierte, daß

---

[25] Hier folge ich der Überlegung von Laubach, *Reformation und Täuferherrschaft* (wie Anm. 12), S. 187.

[26] Nach Gresbeck (wie Anm. 22), S. 40f, sagte Jan van Leiden: „Und al dat unrechtigkeit und al, dat noch in sunden iss, dat moet uthgeradet sein ... Als nu dat vorbelde reide iss, so sol it aver die heile welt sein, glick als hir begunnen iss in dieser hilliger stat.',.

er an die reformatorischen Perspektiven anknüpfte, leistete Jan van Leiden dreierlei. Er unterstellte die Bestrafung der „Gottlosen" täuferischer Kompetenz, wies Münster die Führungsrolle in der allgemeinen reformatorischen wicklung zu und verlegte so die erwartete Wiederkehr Christi stillschweigend in eine fernere Zukunft.

Demgemäß wurde vom Neuen Jerusalem als dem Ort der nahen Wiederkehr Christi nicht mehr gesprochen. Notwendig war jetzt die auf eine gewisse Dauer, nämlich bis zur zeitlich unbestimmten Wiederkehr Christi angelegte Umgestaltung der Stadtherrschaft zu einer Theokratie. Durch die noch Anfang April erfolgte Einsetzung der zwölf Ältesten anstelle des gewählten Rates und die Institutionalisierung des Prophetenamtes wurden die Auswärtigen paritätisch an der Führung der Stadt beteiligt, und die politische und die prophetische Leitung der Gemeinde wurden integriert.[27] Mit Einführung des göttlichen Rechts war die Bestrafung der „Gottlosen" eine der täuferischen Obrigkeit obliegende Aufgabe. In dieser Phase umwälzender Neuordnung der Stadtverfassung konnte man aber die Führungsrolle in der allgemeinen reformatorischen Entwicklung nur sehr eingeschränkt übernehmen. Durch eine umfangreiche Flugschrift[28], von Rothmann verfaßt, und die in großer Zahl geprägten, mit neutestamentlichen Sprüchen versehenen Taler, die als Werbeträger eingesetzt und an den Stadttoren an Abgesandte der Belagerer übergeben wurden,[29] begann die Stadt, mit ihrem Reformationsmodell die ihr gesetzten Grenzen zu überschreiten und nach außen zu treten.

Das „neue Israel", als das sich die Täufergemeinde jetzt verstand,[30] setzte unterdessen die gesellschaftliche Umgestaltung fort. Im Sommer 1534 war Jan van Leiden, trotz anfänglichen Widerstands der Prediger, mit dem Versuch erfolgreich, die Ehe als eine nach der Taufe zweite Grundordnung der Gesellschaft durchzusetzen. Dies bedeutete die Einführung der Ehepflicht und, wegen der deutlichen Minderzahl der Männer, des Rechtes der Männer, mehrere Frauen zu heiraten. Gegen diese Neudefinition der Ehe und die zuvor erfolgten Veränderungen formierte sich heftiger Widerstand. An einem Putsch beteiligten sich aber nur etwa 200 Personen, so daß

---

[27] Vgl. die Verhörprotokolle des Johan Klopriß, Niesert, Urkundensammlung (wie Anm. 18), S. 120f, und des Dionysius Vinne, Cornelius, Berichte (wie Anm. 19), S. 275, sowie Gresbeck (wie Anm. 22), S. 35f. Vgl. auch Karl-Heinz Kirchhoff, Die Täufer in Münster 1534/35. Untersuchungen zum Umfang und zur Sozialstruktur der Bewegung, Münster 1973, S. 69f.

[28] Schriften Rothmanns (wie Anm. 4), S. 196-208.

[29] Gerd Dethlefs, Münzen und Geld im „Neuen Zion". Geldpolitik, Münzprägung und Herrschaftssymbolik der münsterischen Wiedertäufer, in: Der Münzensammler mit dem Münzenmarkt 1982, Heft 6, S. 6-15, hier S. 9f.; sowie Gerd Dethlefs, Münzen und Medaillen auf die Wiedertäufer zu Münster, in: Die Wiedertäufer in Münster. Stadtmuseum Münster. Katalog der Eröffnungsausstellung, 5. Aufl., Münster 1986, S. 244-294.

[30] „Sie sachten, Monster wer nige Israel." Gresbeck (wie Anm. 22), S. 36.

das Vorhaben scheiterte, die Stadt aufzugeben und den Feinden die Tore zu öffnen. 47 Männer wurden als Verschwörer hingerichtet.

Die Erwartung des Fortgangs der Reformation, die Jan van Leiden geweckt hatte, war ambivalent. Hinsichtlich der inneren Entwicklung der Stadt war sie auf eine konsequente Umsetzung des radikalreformatorischen Konzepts gerichtet und insofern realistisch. Es kann deshalb nicht überraschen, daß die weitere Umgestaltung der Gesellschaft mit Erfolg betrieben wurde. Die Erwartung des Fortgangs der Reformation im Reich nach dem in Münster in Entwicklung befindlichen Modell erscheint demgegenüber als eine unrealistische Hoffnung.[31] Ihre Bedeutung lag darin, daß sie die Stadt befähigte, trotz der Bedrohung durch das Reichsgesetz, trotz Belagerung und Krieg das begonnene reformatorische Projekt fortzusetzen. So erlebte man das täuferische Münster gegenwartsbezogen als Gemeinschaft der „wahren Christen" und zukunftsbezogen als Kern einer neuen Gesellschaft und Zentrum einer neuen Welt.

Die Neuerungen der politischen Verfassung und der Eheordnung potenzierten die Wahrscheinlichkeit, daß das Modell Münster keinen Erfolg haben würde. Diejenigen, die die Stadt aufgeben wollten, mögen dies erkannt haben. Doch wie Hubert Rüscher im März hatten sie im Juli keine Chance gegen die Mehrheit in der Täufergemeinde, die ihr Ziel kollektiven Heils nicht mehr aus den Augen verlor. Wegen der ernstgemeinten Todesdrohung gegen die „Wiedertäufer" war die Stadt genötigt, an ihren prophetisch vermittelten Erwartungshorizonten festzuhalten. Nachdem es im April 1534 gelungen war, diese Erwartungshorizonte dem reformatorischen Projekt einzubinden, hatte die Täuferstadt ihr Weltbild so gefestigt, daß sie sich 16 Monate lang behaupten konnte.

Der König einer neuen Welt

Münster war militärisch, politisch und gesellschaftlich mit seinem reformatorischen Projekt in der Defensive. Die beiden Sturmversuche der Belagerer von Ende Mai und Ende August 1534 und die auf Dauer tödliche Einschnürung, die darin zum Ausdruck kam, machten das überdeutlich. In der Stadt selbst war aber die Reformation sehr weit fortgeschritten. Nun kam es darauf an, das Täufertum außerhalb von Münster voranzubringen. Darin lag die einzige denkbare Chance, die die bedrängte Stadt hatte.

---

[31] Kritik an dem führend von Jan van Leiden vertretenen Konzept einer über Münster hinausgehenden, unbegrenzten gesellschaftlichen Erneuerung kam nicht nur in dem niedergeschlagenen Putsch zum Ausdruck. Auch der im Juni unternommene Versuch der Hille Feicken, wie die biblische Judith den Fürsten im Lager der Feinde zu töten, steht in gewissem Gegensatz zum reformatorischen Projekt. Marion Kobelt-Groch, *Aufsässige Töchter Gottes. Frauen im Bauernkrieg und in den Täuferbewegungen*, Frankfurt u. New York 1993, S. 64-132, hier S. 110, hat darauf hingewiesen, daß Hille Feicken ihren Plan vermutlich bereits im März gefaßt hatte, in jenen Wochen also, in denen die Wiederkunft Christi noch ganz unmittelbar erwartet wurde.

Seit der Institutionalisierung des Prophetenamtes im April hatte Jan van Leiden die politische Führung inne, und so verwundert es nicht, daß es genügend Raum für das Auftreten eines neuen Propheten gab. Johan Dusentschuer benannte Jan van Leiden Anfang September als König, dessen Auftrag darin bestehen sollte, ein Reich der Gerechtigkeit zu errichten.[32] Aufgegeben war also die Hoffnung, die bloße Vorbildwirkung der Stadt würde einen gesellschaftlichen Entwicklungsprozeß außerhalb von Münster in Gang bringen. Vielmehr hatte man begonnen, die Erneuerung der Welt als ein Problem der Durchsetzung von Herrschaft wahrzunehmen. Die Legitimität des neuen David, als der Jan van Leiden sich verstand, folgte aus dem Anspruch der göttlichen Berufung, und dieser Anspruch gründete in der Überzeugung, daß die gesellschaftliche und politische Neuordnung der Stadt Münster von der pflichtmäßigen Bekenntnistaufe bis zur Ausgestaltung der theokratischen Herrschaft dem göttlichen Willen entsprach.[33]

Von Münster sollte, wie Johan Dusentschuer verkündete, die Erneuerung der Welt ausgehen. Der Prophet vermochte es, die ganze Gemeinde zum Verlassen der Stadt zu mobilisieren und am 13. Oktober auf dem Domplatz zu versammeln. Man war gewillt, den Versuch zu unternehmen, den Belagrungsring zu durchbrechen, um unter der Herrschaft des von Gott durch seinen Propheten eingesetzten Königs die gesamtgesellschaftliche Ordnung zu erneuern und schließlich unter der Herrschaft des wiedergekehrten Königs Christus in einem universalen Friedensreich auf Dauer zu leben. Dem Vorhaben widersprach Cord Kruse, der militärische Oberbefehlshaber der Täuferstadt.[34] Da Jan van Leiden daraufhin sein Königsamt niederlegte,

---

[32] Nach dem Verhörprotokoll des Johan Klopriß war des Königs Amt nichts anderes, „dan nach deme Worte Gotz der gerechigkeit furzustehen." Niesert, *Urkundensammlung* (wie Anm. 18), S. 133. Karl-Heinz Kirchhoff, *Das Phänomen des Täuferreiches zu Münster 1534/35*, in: *Der Raum Westfalen*. Bd. 6, Tl. 1, hg. v. Franz Petri, Münster 1989, S. 277-422, hier S. 400, bemüht sich, die „Weltherrschafts-Legende" zu entkräften. Auch Laubach, Reformation und Täuferherrschaft (wie Anm. 12), S. 200, streitet ab, daß das Königtum in Münster einen Anspruch auf Weltherrschaft geltend gemacht habe. Beide gestehen aber zu, daß Jan van Leiden der Wegbereiter der universalen Christusherrschaft sein sollte. Gresbeck (wie Anm. 22), S. 82, berichtet über Jan van Leiden, „dat hei solde sein ein konigh aver Nige Israel und aver die gantze werlt ... und in der gantzen werlt solde gein overicheit mehr sein, dan Johan von Leiden und wen dat hei sette von den wiederdoepers." Am deutlichsten ist der Universalanspruch des Königs in dem Herrschaftszeichen des von einem Kreuz gekrönten und von zwei Schwertern durchstoßenen Reichsapfels dargestellt, *Ebd.*, S. 86f.

[33] Bernd Rothmann gab in seiner im Oktober 1534 fertiggestellten Hauptschrift „*Eine Restitution oder Wiederaufrichtung rechter und gesunder christlicher Lehre des Glaubens und Lebens*" eine theologische Begründung der in Münster erfolgten gesellschaftlichen Veränderungen. *Schriften Rothmanns* (wie Anm. 4), S. 210-284.

[34] Gresbeck (wie Anm. 22), S. 108f. Es ist durchaus denkbar und vielleicht sogar wahrscheinlich, daß der „oberste Hauptmann" nicht nur für sich, sondern für eine Gruppe sprach. Darauf hat Laubach in seiner Rezension meines Buches hingewiesen (*Jahrbuch für westfälische Kirchengeschichte* 87 [1993], S. 340-348; hier S. 342). Das Konzept des Königtums, die Herrschaft außerhalb Münsters antreten zu wollen, hatte Bernd Knipperdollinck zuvor schon ganz grundsätzlich kritisiert, vgl. Gresbeck (wie Anm. 22), S. 143-150. Nach Jan van Leiden wollte Knipperdollinck, „dat al oir regiment uit den geist und oerer getuegniss und niet uit der schriften

kam der Weggang nicht zustande. Es war Johan Dusentschuer, der die Krise überwand, indem er Jan van Leiden erneut als König benannte.[35] Noch am selben Tag schickte Dusentschuer die Mehrzahl der Prediger, stellvertretend für die Gemeinde, nach Soest, Warendorf, Osnabrück und Coesfeld, wo sie die täuferische Reformation anregen sollten, und verließ mit ihnen die Stadt. Unter dem König Jan van Leiden war wiederum eine völlige verfassungsmäßige Neuordnung der Täuferstadt erfolgt. Aber nicht die Neuordnung im Innern, sondern die Veränderung der Welt war der Erwartungshorizont, auf den sich die Aktivitäten richteten.[36] In Warendorf hatten die Boten einen gewissen Erfolg. Sie konnten predigen und einige Ratsmitglieder und Bürger taufen. Doch durch den militärischen Eingriff des Landesherrn wurde dieser Beginn einer Fortsetzung der Täuferbewegung im Münsterland rasch unterdrückt.[37] Die in den anderen Städten aufgetretenen Boten waren sofort festgenommen worden. Mit Ausnahme von Heinrich Graess, der die Fronten wechselte, wurden alle hingerichtet.

Durch ihr Königtum sah sich die Täufergemeinde legitimiert, über die Abwehr der Fürstengewalt hinaus in die Offensive zu gehen,[38] um sich aus der Umklammerung zu befreien. Der König erwartete, daß nach der militärischen Selbstbefreiung die Übernahme der Herrschaft in einer sich dem Täufertum anschließenden Welt im wesentlichen ohne Anwendung von Waffengewalt vor sich gehen werde.[39] Auf dieselbe Weise, wie es in Münster schon der Fall war, sollte die Rechtsprechung des Königs und seiner Beauftragten die gesellschaftliche Ordnung sichern. So ist die erste von Jan van Leiden eigenhändig vollzogene Hinrichtung als ein Beispiel dafür zu verstehen, daß er sich für von Gott beauftragt hielt, die Ordnung Gottes in der Welt zu gewährleisten.[40] Am Tag des nicht ausgeführten

---

voirtganck gewinnen", Cornelius, Berichte (wie Anm. 19), S. 374. Nach Gresbeck (wie Anm. 22), S. 150, hat es eine Gruppe gegeben, die nicht nur einen „weltlichen", sondern auch einen „geistlichen" König haben wollte.

[35] Gresbeck (wie Anm. 22), S. 112.

[36] Der König sagte - dem Bericht Gresbecks zufolge -, um die Kritik an seiner Hofhaltung zu entkräften: „'Sunst en behove ick noch geine dieners und wil oick geinen staet halden binnen Monster, mehr schier morgen, wan ick sol von Goddes wegen uth trecken in die werlt.', Gresbeck (wie Anm. 22), S. 85f.

[37] Karl-Heinz Kirchhoff, *Die Besetzung Warendorfs 1534*, in: *Westfalen* 40 (1962), S. 117-122.

[38] Darauf hat zuerst Auke J. Jelsma, *De koning en de vrouwen*, Münster 1534-1535, in: *Gereformeerd Theologisch Tijdschrift* 75 (1975), S. 82-107, hingewiesen.

[39] Nach dem Verhörprotokoll des Predigers Gotfrid Stralen soll Johan Dusentschur gesagt haben, bereits am 16. Oktober solle „ym stifft van Munster alle afgoderye neddergelacht syn", Niesert, *Urkundensammlung* (wie Anm. 18), S. 59. Im Verhörprotokoll des Johan Klopriß heißt es, „de kunig ... wulte inen folgen". *Ebd.*, S. 112.

[40] Nach dem Bericht Gresbecks hatte Johan Dusentschur den König mit den Worten wiedereingesetzt: „'Broder Johan von Leiden, Got entbuet dy, dat du vortan solt regieren und sals ein konninck bliven, als du für biss gewest, und sals die ungerechtigkeit straiffen.', Gresbeck (wie Anm. 22), S. 112.

Auszugs der gesamten Stadt, noch vor der Entsendung der Täuferboten, ließ er einen Landsknecht, der in die Stadt übergelaufen war, sich aber nicht taufen lassen wollte, aus dem Gefängnis holen und vor sich bringen. Er klagte ihn an, verurteilte und enthauptete ihn.[41] Die Täuferstadt hatte die Bestrafung der „Gottlosen" zur gesellschaftlichen Aufgabe erklärt und wollte die Welt auf die Wiederkehr Christi vorbereiten. Durch das Königtum des Jan van Leiden war die Wiederkehr Christi scheinbar ein Stück näher gerückt. Als ein komplexer, in die geschichtliche Erfahrung eingebundener Erwartungshorizont war der Wahn vom gerechten König einer neuen Welt so stabil, daß er bis zur Niederschlagung der Täuferherrschaft unerschüttert blieb.

Überwindung der Feinde

Das Scheitern der münsterischen Prediger in den westfälischen Nachbarstädten weckte in der Täuferstadt die Einsicht, daß es für den Herrschaftsantritt des Königs in der Welt notwendig war, den aufgezwungenen Krieg zu führen, anstatt ihn wie bisher lediglich abzuwehren oder ihm nur auszuweichen. Die Bereitschaft zum Krieg wurde durch den zurückgekehrten Boten Heinrich Graess gestärkt, der als unerkannter Verräter die Vorhaben der Täuferstadt auskundschaftete und mit prophetischem Anspruch auf die Möglichkeit hinwies, bewaffnete Hilfe nach Münster zu führen.[42] Die Herausforderung des Krieges anzunehmen und die Feinde schlagen zu wollen, war eine Konsequenz aus dem bisher gescheiterten, aber weiterhin angestrebten Versuch, die Welt unter der Führung des Königs auf die Wiederkehr Christi vorzubereiten.

Durch Boten und Schriften forderte man die niederrheinisch-niederländischen Täufer auf, bewaffnet nach Münster zu kommen, um an der Befreiung der Stadt mitzuwirken.[43] In Münster selbst bereitete man sich auf den Kampf gegen die Belagerer und andere militärische Kräfte vor, die sich der in die Welt ziehenden Täufergemeinde in den Weg stellen könnten. Aber nach wenigen Wochen zeichnete sich ab, daß die Täuferbewegung zu schwach war, um die Feinde zu bezwingen. Mit der völligen Abschließung durch einen von den Belagerern errichteten, unüberwindlichen Wall vor Münster war das Schicksal der Täuferstadt besiegelt. So wurde als letzte Hoffnung formuliert, daß Gottes Macht ein Ende der Belagerung

---

[41] Gresbeck (wie Anm. 22), S. 113f. Verhörprotokoll des Johan Klopriß, Niesert, *Urkundensammlung* (wie Anm. 18), S. 125. Aussage des Werner Scheiffart, Cornelius, *Berichte* (wie Anm. 19), S. 295.

[42] Gresbeck (wie Anm. 22), S. 94f und 115f. Verhörprotokoll des Bernd Krechtinck, Cornelius, *Berichte* (wie Anm. 19), S. 380.

[43] Bernd Rothmann schrieb im Dezember 1534 die Abhandlung „*Von der Rache und Strafe des babylonischen Greuels*", *Schriften Rothmanns* (wie Anm. 6), S. 285-297.

herbeiführen werde.[44] Doch auch schon die Hoffnung auf militärische Hilfe
war ganz unrealistisch, denn die außermünsterische Täuferbewegung war in
keiner Hinsicht darauf vorbereitet oder in der Lage, einen Krieg zu führen.

3. Zusammenfassung

Im Herbst 1533 hatte die Bewegung in Münster, die zum Täufertum neigte,
ihre Hoffnung auf eine radikale Stadtreformation weitgehend zurückstellen
müssen und begonnen, sich als Gemeinschaft der „wahren Christen" zu
formieren. Bald eröffneten sich dem Täufertum in Münster neue Erwartungshorizonte, war es doch durch das Auftreten der niederländischen Täuferboten im Januar 1534 von Beginn an in die prophetiegeleitete Mel-
chioritenbewegung einbezogen. Zugleich sah sich die Täuferbewegung einer
massiven äußeren Bedrohung ausgesetzt, da der Stadtherr entschlossen war,
das Reichsgesetz gegen die „Wiedertäufer" zu befolgen und die radikalen
Kräfte zu unterdrücken.

In der Situation der Bedrohung stellte die Erwartung, Münster solle das
Neue Jerusalem sein, eine Möglichkeit dar, die reale Erfahrung im heilsgeschichtlichen Kontext zu deuten. Mit ihr brachen die melchioritischen
Erwartungen der Bestrafung der „Gottlosen" und der Wiederkehr Christi
machtvoll in die münsterische Täuferbewegung ein, und dies um so
nachhaltiger, als das Neue Jerusalem im Februar tatsächlich Wirklichkeit
wurde. Die beiden reformatorischen Perspektiven, nämlich die radikale
Stadtreformation und die Gemeinschaft der „wahren Christen", kamen dabei
insofern zum Tragen, als unter Ausgrenzung der „Gottlosen" die gesamte
Stadt in eine Gemeinschaft der „wahren Christen" transformiert wurde. Die
Erwartung der nahen Wiederkehr Christi jedoch, von Jan Matthijs führend
vertreten, bedeutete für den gesellschaftlichen Prozeß in Münster nur zum
Teil eine Verschärfung, allgemein aber eine Irritation. Mit der Wirklichkeit
der Täuferstadt ließ sie sich zunächst nicht voll in Einklang bringen.

Entscheidendes geschah im April, als sich Münster durch den Propheten
Jan van Leiden eine theokratische Ordnung gab, die ein Vorbild für die Welt
sein sollte. Mit der Einführung göttlichen Rechts kamen die prophetische
Erwartung und die Wahrnehmung der Wirklichkeit zur Deckung, war doch
die Bestrafung der „Gottlosen", die sich vor der Wiederkehr Christi in der
nahen Zukunft ereignen sollte, zu einer reformatorischen Aufgabe der
Gegenwart geworden. Mit der Einsetzung des Königs schließlich überwand
man die Begrenzung der Stadtreformation, die durch den gegen Münster
geführten Krieg überdeutlich war. Als der neue David war Jan van Leiden

---

[44] Gresbeck (wie Anm. 24), S. 131-133.

der Herrscher des Reiches, das er im göttlichen Auftrag in Besitz nehmen sollte, um die Welt auf die Wiederkehr Christi vorzubereiten.

Die Täuferbewegung in Münster stand in der Spannung zwischen ihrem Anspruch auf reformatorische Entwicklung und der erlebten Bedrängnis durch die Belagerung der Stadt. Mit Hilfe der Erwartung, bald unter der Christusherrschaft in einer veränderten Welt leben zu können, war es ihr möglich, das begonnene Werk der gesellschaftlichen Erneuerung fortzusetzen. Als das Neue Jerusalem entstand, wurde darin ein Vorzeichen der nahen Christusherrschaft gesehen. Die Erwartung diente dem Verständnis der Wirklichkeit. Als aber Christus ausblieb, wurde in zwei weiteren Schritten die Zukunft vorweggenommen. Indem die Bestrafung der „Gottlosen" zur gesellschaftlichen Aufgabe erklärt und der König als der Wegbereiter der Christusherrschaft eingesetzt wurde, diente die Erwartung der Schaffung einer veränderten Wirklichkeit.

WEITE WEGE VON MÄHREN NACH HESSEN.
DIE ZWEITE MISSIONSREISE PETER RIEDEMANNS

Werner O. Packull (Waterloo/Ontario)

Peter Riedemanns Bedeutung ist bereits ausführlich gewürdigt worden. Johann Loserth hielt ihn für „den wichtigsten Verfasser" der Hutterer und beschrieb seine *Rechenschaft*[1] als „das einzige zusammenhängende Lehrgebäude" der Hutterer.[2] Robert Friedmann, kundigster Erforscher der hutterischen Schriften in diesem Jahrhundert, stimmt darin mit Loserth überein. Die *Rechenschaft* stelle nicht nur „the basic doctrinal statement of the Hutterites" dar, sondern auch das beste „document on Anabaptist faith and conduct" überhaupt. In der frühen Gemeinschaft der Hutterer käme Riedemann gleich nach Jacob Hutter.[3] Auch George Williams war dieser Auffassung, wenn er Riedemann als „an outstanding doctrinal writer" und „the second founder of the brotherhood"[4] bezeichnete. Leonhard Gross meinte schließlich, daß man Riedemanns *Rechenschaft* „the most perfectly balanced expression of Anabaptist faith to emerge during the sixteenth century" nennen müsse.[5]

Im Lichte dieser Bewertungen überrascht es, daß Herkunft und Zweck der *Rechenschaft* bislang noch nicht gründlich untersucht worden sind.[6] Mein Beitrag macht einen Anfang, indem er Vorgeschichte und Hintergrund ihrer Entstehung untersucht. Genauer gesagt, handelt er von Riedemanns zweiter Mis-

---

[1] *Rechenschaft unserer Religion, Lehr und Glaubens, von den Brüdern, so man die Hutterischen nennt, ausgangen durch Peter Rideman* (1565), Wilts., England 1938.

[2] Johann Loserth, *Der Kommunismus der mährischen Wiedertäufer im 16. und 17. Jahrhundert: Beiträge zu ihrer Geschichte, Lehre und Verfassung,* in: *Archiv für österreichische Geschichte,* LXXXI (1894), S. 137-322, besonders S. 167-168.

[3] Robert Friedmann (Hg.), *Riedemann (Rideman), Peter (der 'große Peter' genannt),* in: *Die Schriften der Hutterischen Täufergemeinschaften. Gesamtkatalog ihrer Manuskriptbücher, ihrer Schreiber und ihrer Literatur, 1526-1667,* Wien 1965, S. 123; *Peter Riedemann: An Early Anabaptist Leader,* in: *Mennonite Quarterly Review* XLIV (1970), S. 5-44; Art. *Riedemann,* in: *Mennonite Encyclopedia IV,* S. 326-328.

[4] George Williams, *The Radical Reformation,* Philadelphia 1962, S. 426.

[5] Leonhard Gross, *The Golden Years of the Hutterites,* Scottdale 1980, S. 196.

[6] Mit finanzieller Unterstützung des Social Sciences and Humanities Research Council of Canada habe ich 1987/88 eine Biographie über Peter Riedemann begonnen. Das ursprünglich als Einführung gedachte Kapitel und die Kapitel über den allgemeinen Hintergrund habe ich inzwischen als Buch veröffentlicht: Hutterite Beginnings, Baltimore 1995. Währenddessen hat Frau Andrea Chudaska bei Prof. Gottfried Seebaß in Heidelberg eine Dissertation zu Riedemanns Theologie begonnen. Dr. Ursula Liesenberg plant eine Arbeit über die Lieder Riedemanns, und die Professoren Wayne Pipkin und John Friesen haben eine Neuübersetzung von Riedemanns Rechenschaft angekündigt.

sionsreise nach Hessen und seiner Gefangenschaft dort.[7] Da Riedemann die *Rechenschaft* während seiner Gefangenschaft schrieb, sollte sie in diesem Zusammenhang untersucht werden.[8]

Während seiner ersten Reise nach Hessen 1539 hatte Riedemann die Täufer dort in großem Durcheinander angetroffen. Eine Vereinbarung, die zuvor in Ziegenhain zwischen mehreren täuferischen Führern und der hessischen Geistlichkeit getroffen worden war, hatte viele Täufer veranlaßt, sich der Landeskirche anzuschließen.[9] Einige hessische Täufer reagierten aber positiv auf Riedemanns Missionsarbeit. Nach Absprache mit den Ältesten in Mähren[10] wurde beschlossen, Riedemann erneut nach Hessen zu schicken, um dort zu lehren, die Konvertiten zu führen und nach Mähren zu leiten. Der genaue Zeitpunkt seiner Rückkehr nach Hessen bleibt ungewiß. Friedmann meinte, daß Riedemann bereits Ende Februar 1540 im Marburger Hundsturm in Arrest saß.[11] Allerdings spricht einiges für einen noch früheren Zeitpunkt. Zwei Briefe Riedemanns geben wertvollen Aufschluß über die Anfänge seiner zweiten Missionsreise. Beide wurden offenbar im Januar 1540 im Neckartal geschrieben. Der erste[12] legt nahe, daß Riedemann von seiner Frau Katharina und einem Bruder Simon (Sigmund) begleitet wurde.[13] Katharina, Simon und eine gewisse Margarete waren im württembergischen Güglingen verhaftet worden.[14] Riedemann ermahnte sie, standhaft zu bleiben, und versuchte, sie mit erfreulichen

---

[7] Über Riedemanns erste Mission nach Hessen mein Aufsatz: *Early Connections between Anabaptists in Hesse and Moravia*, der in der Festschrift für George Williams erscheinen soll.

[8] Ich werde die Rechenschaft in meinem nächsten Buch mit dem Titel „*Institutionalization of Non-Conformity: Peter Riedemann, the 'Second Founder' of the Hutterites"* analysieren.

[9] Werner O. Packull, *The Melchiorites and the Ziegenhain Order of Discipline, 1538-39*, in: Walter Klaassen (Hg.), *Anabaptism Revisited*, Scottdale 1991, S. 11-28; ders., *Peter Tasch: From Melchiorite to Bankrupt Wine Merchant*, in: *Mennonite Quarterly Review* LXII (1988), S. 276-295.

[10] Kurz vor seiner Ankunft am Vorabend des Nikolaustages (6. Dezember) war die Hutterische Gemeinde in Steinabrunn überfallen worden, und über hundertfünfzig Brüder waren auf Schloß Falkenstein festgesetzt worden. Die meisten von ihnen mußten zusammengekettet nach Triest marschieren, um dort als Galeerensklaven zu arbeiten. A. J. F. Zieglschmid (Hg.), *Die älteste Chronik der Hutterischen Brüder*, Ithaca 1943, S. 200 ff; *The Chronicle of the Hutterian Brethren*, Vol. I, Rifton 1987, S. 188ff.

[11] Friedmann, *Riedemann* (wie Anm. 3) S. 11; Art. *Riedemann*, in: *Mennonite Encyclopedia* IV, S. 326ff. Friedmann gründet seine Vermutungen auf Hutterische Quellen, die von einer zweijährigen Gefangenschaft Riedemanns sprechen. Da die Nachricht von Hans Amons Tod an Mariae Lichtmeß (2.Februar) 1542 Riedemann zur Rückkehr nach Mähren veranlaßte, muß er zwei Jahre zuvor im Februar 1540 arrestiert worden sein.

[12] Der an Simon, Katharina und Margarete in Güglingen gerichtete Brief wird von Robert Friedmann, Täufergemeinschaften (wie Anm. 3), als Nr. 12 geführt und versuchsweise auf den Februar 1540 datiert; abgedruckt in: *Die Hutterischen Episteln 1527-1767*, hg. v. Hutterischen Brüdern in Amerika, Bd. I, Elie, Manitoba, 1986, S. 151-153. Zur Überlieferungsgeschichte der Briefe siehe Werner Packull und Bruno Fast, *An Index of Peter Riedemann's Epistles*, in: *Mennonite Quarterly Review* LXV (1991), S. 340-351.

[13] Das war höchstwahrscheinlich Simon Waindel, der 1539 zu den Philipisten nach Oberösterreich gesandt worden war: *The Chronicle* (wie Anm. 10), S. 169.

[14] Margarete Beringer aus Knittlingen widerrief am 26. Juli 1540. Sie stand vermutlich mit Hans Beringer aus Knittlingen und mit einer Gruppe, die 1535 aus Mähren zurückgekehrt war, in Verbindung. Gustav Bossert Sr. und Gustav Bossert Jr. (Hg.), *Quellen zur Geschichte der Wiedertäufer: Herzogtum Württemberg*, Bd. 1, Leipzig 1930, S. 46 f., S. 74 f.

Nachrichten aufzumuntern: Konvertiten seien auf dem Weg nach Mähren, wo fast tausend Brüder und Schwestern kurz zuvor das Abendmahl gefeiert hätten.[15] Die Neuigkeiten aus Hessen klangen ähnlich ermutigend, hier „fügte der Herr täglich hinzu", und die Zahl der Brüder und Schwestern, die mit den Hutterern sympathisierten, war auf achtzig oder neunzig angewachsen. Eine gewisse Christina aus Wetzlar hatte durch ihr Verhalten und ihr Glaubensbekenntnis während ihrer Haft die vernehmenden Geistlichen so beeindruckt, daß Landgraf Philipp beschloß, sie selbst zu hören. Offenbar war Riedemann der Meinung, ihr Geschick könne ein ermutigendes Beispiel für die eingekerkerten Briefempfänger sein. Dieser Brief ist auch deswegen bedeutungsvoll, weil er die nahezu ununterbrochene Verbindung zwischen Riedemann und seiner mährischen Stammgemeinde bezeugt. Der Brief schloß mit Grüßen von der Gemeinde in Mähren, von den Brüdern in Hessen und von drei Schwestern mit Namen Andle, Purgl und Els, die möglicherweise enge Freundinnen von Riedemanns Frau waren.[16]

Riedemanns zweiter Brief war an die Gemeinde Gottes in Mähren gerichtet, und in ihm schrieb er, daß seine Frau freigelassen worden war,[17] offenbar weil sie schwanger war.[18] Ihre Begleiter dagegen wurden weiterhin in Haft gehalten und grausam gefoltert.[19] Im selben Brief berichtete Riedemann: „Am Neckar ist fast alles durch die Schweizer Brüder verwüstet." Wahrscheinlich meinte er damit, daß sie Erfolge unter früheren Philipisten verzeichneten und damit mögliches Missionsgebiet der Hutterer ruinierten.[20]

Kurz nachdem Riedemann den eben erwähnten Brief geschrieben hatte, wurde er zusammen mit seinen Gefährten Caspar Lotzer und Heintz (Reitz) Keller verhaftet. Leider sind keine Gerichtsakten über die drei erhalten geblieben,

---

[15] Täufer in Tirol gaben dieselben Zahlen an: 1000 Personen aus verschiedenen Ländern. Riedemann war nicht der einzige, der sich 1540 auf Missionsreise befand. Leonard Lanzenstiel (Sailer) und seine Frau waren in Tirol, Christoph Gschäl in der Steiermark und Kärnten unterwegs, Hans Gentner in Unterschwaben. Zusammen mit Hans Amon und Riedemann waren sie die anerkannten Leiter in dieser Zeit. Ein Bericht der österreichischen Behörden vom 19. Februar 1540, daß 24 Täufer mit dem Auftrag zu taufen nach Tirol geschickt worden seien, scheint übertrieben zu sein: *Quellen zur Geschichte der Täufer*, Bd. XIV: Österreich, Bd. III, hg. von Grete Mecenseffy und Mathias Schmelzer, Gütersloh 1983, S. 434, S. 449, S. 457.

[16] Riedemann führte auch Hansen Schaff, (Caspar) Lotzer, den alten Hans, Ludwig und dessen Ehefrau an. Josef Beck, *Die Geschichtsbücher der Wiedertäufer in Österreich-Ungarn, 1526-1785*, Wien 1883, S. 146.

[17] Friedmann glaubte, dies sei der erste Brief aus dem Gefängnis und datierte ihn auf Februar oder die ersten Märztage. Aber er scheint eher im Neckartal entstanden zu sein, denn Riedemann führte sein Treindl unter denjenigen auf, die Grüße aus dem Neckartal schickten. Hans, Ludwig und Caspar Lotzer sandten ebenfalls Grüße: *Episteln I* (wie Anm. 12), S. 170-173.

[18] „Denn sie sagen, sie soll schwanger sein,..." *Episteln I* (wie Anm. 12), S. 172. In einem späteren Brief schrieb Riedemann, daß er von einem Bruder Klaus gehört habe, „daß dich der Herr mit einer Frucht erfreut habe,...", ebd., S. 240 f.

[19] „Man hat auch Sigmunden und die andere Schwester Walsch Margaret heißt sie, hart gemartert." *Ebd.*, S. 172.

[20] Wenn ich recht sehe, gehört dieser Brief zu einer der wenigen Quellen, die den Transformationsprozeß der Philipisten zu Schweizer Brüdern dokumentieren.

die über Verhaftung, Prozeß und Urteil Auskunft geben könnten. Daher bleiben die Briefe aus dem Gefängnis die einzige Quelle für eine Rekonstruktion der darauf folgenden Ereignisse. Weil die drei auf hessischem Gebiet verhaftet wurden, brachte man sie zum Verhör nach Marburg. Zunächst wurden sie getrennt untergebracht; zur Vorbereitung für Gespräche oder Verhöre durch die Geistlichkeit wurden ihnen jedoch neben einem gemeinsamen Quartier „einige Bücher", Papier und Tinte zugestanden.[21] Im Marburger Schloß folgte ein neuntägiges Religionsgespräch. Als es ergebnislos verlief, wurden Riedemann und seine Gefährten erneut getrennt. Lotzer wurde auf dem Schloß in „ein dunkles Loch unter der Küche" gesteckt,[22] Heintz in den Schlachtturm und Riedemann in den Hundsturm. Den ersten erhalten gebliebenen Gefängnisbrief schrieb er im Hundsturm,[23] dreieinhalb Wochen nach den gescheiterten Gesprächen mit der Geistlichkeit. Er berichtete in ihm:

> „... wie man uns zusammen gelassen hat und Bücher geben, und also einer Beredung zu erwarten, ist nun dasselbige geschehen, daß etliche der listigen Schlangen zu uns kommen sind, die Gift und Feuer ausspeien, und bei 9 Tagen allerweghalben sich mit uns beredt. Nachdem nun das verbracht und sie nichts ausgerichtet haben, hat man uns wieder voneinander genommen und den Casper wieder unter die Kuchl in ein finsteres Loch, da er weder Tag noch Nacht von einander nicht kennen kann, gelegt. Wird auch berichtet, daß er jetzt das Fieber habe. Den Reizen aber haben sie in den Schloßturm hineingelegt, weiß aber nicht anders, als daß sie fröhlich sein im Herrn. Mich aber haben sie herab vom Schloß in die Stadt geführt und in einen Turm gelegt. Heißt der Hundeturm, denn sie kein besseres Gefängnis denn dies haben. Aber der Herr in seiner Gnad' hat mir darinnen ein gnädiges Auskommen geben."[24]

An dieser Stelle scheint eine Abschweifung angebracht. Riedemanns Anspielung auf feuerspeiende Schlangen könnte einen Hinweis auf die Identität zumindest eines der teilnehmenden Kirchenmänner sein. Einerseits war die Erwähnung des Feuerspeiens als eine apokalyptische Anspielung auf die antichristliche Geistlichkeit im allgemeinen gemeint; andererseits könnte sie eine versteckte Anspielung auf Johannes Drach gewesen sein, ein ebenso doktrinärer wie sturer

---

[21] Riedemann nutzte Materialien und Gelegenheit für einen ersten Brief aus dem Gefängnis. Obwohl auf den Brief in der späteren Korrespondenz angespielt wurde, scheint dieser nicht überlebt zu haben. Daß Riedemann schon vorher geschrieben hatte, ergibt sich eindeutig aus der Aussage: „Denn ihr wisset wie ich euch im ersten Brief geschrieben hab, wie man uns zusammen gelassen hab...", ebd., S. 159. Es ist möglich, daß der „dritte Brief" an seine Frau seinen ersten erhaltenen Bericht von seiner Gefangennahme enthielt. Er läßt von seinem „Mitgefangenen Caspar[Lotzer]" grüßen, Episteln I, S. 233ff. Brief Nr. 1 an seine Frau scheint auf Riedemanns erste Missionsreise von 1538 nach Österreich zurückzugehen, Brief Nr. 2 an seine Frau auf seine Missionsreise von 1539 nach Hessen, ebd., S. 229-132.

[22] Dieses Loch hatte früher als Gefängnis für Peter Lose und Leonard Fälber gedient: Urkundliche Quellen zur Hessischen Reformationsgeschichte, Bd. IV: Wiedertäuferakten, 1525-1547, hg. von Günther Franz, Marburg 1954, S. 192.

[23] Der Brief ist an die „Gemeinde Gottes in Mähren" gerichtet: Episteln I (wie Anm. 12), S. 154-160. Hier wird Heinz als Reizen wiedergegeben.

[24] Episteln I (wie Anm. 12), S. 159.

früher Lutheraner, der 1534 Theologieprofessor an der neuen Marburger Universität geworden war. Drach polterte gegen Rottengeister, Wiedertäufer, Sakramentierer, Papisten wie Türken. Bei Verstößen gegen das erste Gebot drängte er die Obrigkeit zu härteren Strafen als bei Übertretungen aller anderen Gebote,[25] und seine Streitsucht war sprichwörtlich. Doch Drach spie nicht nur Feuer gegen die Täufer, sondern ebenso gegen die Lutheraner aus den eigenen Reihen. Ein Opfer war sein Kollege Theobold Thamer, dessen Erfahrungen als Feldprediger des „evangelischen Heeres" ihn nicht mehr an die Angemessenheit von Gewaltanwendung in religiösen Fragen glauben ließen. Thamers Beschreibung der Schmalkaldischen Verteidiger von Gottes Wort und Luthers „Lehr" fiel alles andere als schmeichelhaft aus.[26] Er beschrieb das Verhalten der Söldner als „satanisch und heidnisch" und tauschte das Schlachtfeld gern gegen den Marburger Hörsaal ein. Er geriet jedoch bald in Schwierigkeiten mit dem kämpferischen Drach, der ihn von der Kanzel herab angriff als einen „verfluchten Übeltäter, den man aus der Stadt auspeitschen sollte". Als dies ausblieb, empfahl Drach Thamer und dessen Ansichten zusammen mit „allen Papisten und Wiedertäufern dem Teufel".[27]

Bei dieser Haltung seinen Kollegen gegenüber braucht man wenig historische Phantasie, um zu vermuten, daß der feuerspeiende Drach für die Täufer wenig übrig hatte. Es scheint, als ob es Riedemanns Pech gewesen sei, daß Drach einer derjenigen war, die das Marburger Verhör führten. Der mitfühlendere und versöhnlichere Superintendent Adam Kraft, dessen Aufgabe es war, Abtrünnige zu befragen und zu versuchen, sie für die Landeskirche zu gewinnen, scheint krank oder durch andere Pflichten beansprucht gewesen zu sein.[28] Bei einer Besetzung des Untersuchungsausschusses mit Männern wie Drach überrascht es nicht, daß Riedemann sich im „Hundsturm" wiederfand. Glücklicherweise hatte der Herr ihm „in seiner Gnade ein gnädiges Auskommen gemacht". Einzelheiten über das Auskommen findet man in einem Brief an Hans Amon, dem Leiter der Mährischen Gemeinde.[29] Demnach war der Aufseher des Hundsturms ein Schuhmacher, und bevor Riedemann zum wandernden Diener des Wortes berufen worden war, hatte er selbst das Schuhmacherhandwerk ausgeübt. Während seiner Haft arbeitete sich Riedemann nun buchstäblich nach oben. Als er Amon den Brief schrieb, hatte er bereits „ein Paar Schuh bestochen

---

[25] Johannes Draconites, *Von rechter lere wider alle verkleger und verfolger der Evangelischen Prediger*, Tübingen 1544, S. G 6v-7r.

[26] Theodor Strobel, *Neue Beiträge zur Literatur des 16. Jahrhunderts*, Bd. IV, Teil 1: *Von Draconites Leben und Schriften*, Nürnberg und Altdorf 1793, S. 3-136, bes. S. 61ff.

[27] *Ebd.*

[28] Vgl. Anm. 36.

[29] Aufgeführt als Nr. 15 bei Friedmann, *Täufergemeinschaften* (wie Anm. 3), in: *Episteln I* (wie Anm. 12), S. 176ff. („Die 15 Episteln von Peter Riedemann"). Ein Brief, der an seine Frau ungefähr zur selben Zeit geschickt wurde, spielt auf verbesserte Bedingungen an, aber er bat seine Frau, sich bei Amon nach Einzelheiten zu erkundigen. Die Einzelheiten wurden vor der größeren Gemeinde verborgen, vermutlich um Riedemanns neuen Patron, den Marburger Schumacher zu schützen, *ebd.* S. 236f.

und einige Leisten bereitet" und sich mit diesen Arbeiten die Unterbringung im Obergeschoß des Turms sowie die Erlaubnis erworben, heimlich Gäste empfangen zu dürfen. Brüder waren „dreimal bei mir gewesen..., und zwo Nächt' einer bei mir blieben".[30]

Der Brief an Amon ist auch deswegen wichtig, weil er Hinweise auf den Beginn von Riedemanns Haft im Hundsturm enthält. Riedemann schrieb: „nachdem ich nun dritthalbe Wochen im Turm gelegen, zog er mich herauf ... Das geschah des Pfingsttags in der andern Wochen der Fasten", also in der letzten Februarwoche.[31] Riedemann war dreieinhalb Wochen zuvor im Turm festgesetzt worden, also Anfang Februar. Weil die überlieferten Briefe an die Gemeinde und an seine Frau oben im Turm geschrieben wurden, müssen sie von Anfang März 1540 stammen.[32]

Während Riedemanns Schuhflickerkünste, vielleicht zusammen mit finanzieller Unterstützung aus Mähren, die wichtigsten Gründe für seinen Aufstieg gewesen sein dürften, scheint es auch Hilfe von anderer Seite gegeben zu haben. Anfang März 1540 beschwerten sich die früheren Melchioriten Georg Schnabel und Hermann Bastian, die die Vereinbarung von Ziegenhain in Hessen überwachten, bei Martin Bucer darüber, daß einige ungenannte Täufer zu strenger Haft verurteilt worden seien. Daraufhin schrieb Bucer am 17. März 1540 dem Landgrafen einen Brief, in dem er ihn dringend bat, die Gefangenen menschlich zu behandeln.[33] Obwohl die Quellen die Namen der Gefangenen nicht nennen, legt die anschließende Korrespondenz eine Verbindung zu den Hutterern nahe; in einem vom 19. April 1540 datierten Brief erwähnt Bucer Gerüchte, daß bis zu fünfzig Personen sich bereit hielten, um Hessen in Richtung Mähren zu verlassen. Zwar hielt sein Marburger Kontaktmann Hermann Bastian diese Gerüchte für übertrieben,[34] aber Bucer nahm sie ernst. Er vermutete, die harte Behandlung der Täufer verbittere einige, die sonst ihren Frieden mit der Landeskirche geschlossen hätten. Bucer gab unsensiblen Beamten und der Geistlichkeit Schuld an dem anhaltenden Dissent. Er schrieb:

> „Es sind die amptleut etwas grob fleischliche leut und die pfarrer seer varlessig, etliche fil auch, die sich den wein oft uberwinden lassen. (...) und wa sie deren armen leut einen merken, der schon uf gutem weg ist, sich zu uns zu keren, so treiben soliche leut in ab mit irem uberboldern. Die armen leut konden nicht so

---

[30] Ein Claus und der „alte Hans" waren je eine Nacht bei ihm. Vermutlich war das Hans Lüttner. Claus brachte die Nachricht, daß Riedemanns Frau mit einer Frucht gesegnet worden war. Vgl. Anm. 16-18.

[31] Die Wiedergabe „das geschah des Pfingsttags, in der andern Wochen des Fasten" ist ein Fehler. Pfingsten fällt nicht in die zweite Fastenwoche. Das ursprüngliche Wort war zweifelsohne „phinztag", d.h. Donnerstag. Da Pfingsten auf den 16. Mai 1540 fiel, muß Ostern in der letzten Märzwoche gewesen sein, und die zweite Fastenwoche wäre dann vier Wochen davor gewesen, also gegen Ende Februar: *Episteln I* (wie Anm. 12), S. 177. Zur Bedeutung von „phinztag" siehe *Quellen* Bd. XIV (wie Anm. 15), S. 288.

[32] Friedmann schlägt März für den Brief an die Gemeinde und Mai für den Brief an Amon vor.

[33] *Wiedertäuferakten* (wie Anm. 22), S. 270. Das war die Phase strenger Kerkerhaft.

[34] Bastian wußte nur von zehn Personen, die davonziehen wollten, *ebd.*, S. 270.

bald dahin komen, das sie die kirche Christi erkennen under so wilden leuten und lere und leben recht underscheiden. "[35]

Bucer hielt Drach für einen von denen, die die „frommen Menschen, die sich vom Täufertum abgekehrt hatten"[36] wieder abstießen, und er bedauerte, daß Superintendent Adam Kraft gesundheitlich zu angegriffen und überdies zu überarbeitet sei, um die notwendigen Visitationen durchzuführen. Er gab den Rat, fähige Hilfskräfte zu seiner Entlastung einzustellen und frühere „Taufbrüder" wie Georg Schnabel und Peter Tasch zu allen weiteren Gesprächen mit den Abtrünnigen beizuziehen.[37]

Der Landgraf reagierte freundlich auf Bucers Vorschläge,[38] wurde jedoch von anderer Seite unter Druck gesetzt, da er sich den „Ketzern" gegenüber zu weichherzig verhalte. In dem Brief an Amon spielte Riedemann auf ein Schriftstück an, in dem Philipp sich gegen Vorwürfe zur Wehr setzte, zu milde zu sein.

> „Da entschuldigt er sich also: er habe doch etliche zu Martbruck mit Ruten lassen ausstreichen, mit Brandmal zeichnen und des Landes verweisen lassen, und habe noch etliche in hartem und schwerem Gefängnis, die auch darinnen beharren müssen, dieweil keine Besserung da sei. Also lauten seine Worte. "[39]

Riedemann deutete das Schriftstück als Zeichen für seine noch weiter andauernde Haft. Möglicherweise war das fragliche Dokument die Landesordnung von 1537. In Artikel 15 hieß es dort über Ausländer, die „getauft oder versamblung gemacht one wissen der oberkeit..., so sol dieselbig person mit rutten ausgehauen und ir ein zeichen an einen backen gemacht und der ufgelegt werden, das land zu verschweren ader zu raumen und ewiglich darin nicht zu kommen bei peen des lebens zu verlieren".[40] Einige hatten angeblich dieses Schicksal bereits erleiden müssen.

Daß der Landgraf für die Einhaltung dieses Gesetzes sorgen würde, läßt sich an den Aktivitäten ablesen, die er auf Nachrichten von vermehrten Täufertätigkeiten im Gießener Raum hin entfaltete. Am 6. Juni und noch einmal am 2. Juli befahl er seinem Amtmann an der Lahn, Jörg von Kolmatsch, falls nötig, fünfzig oder sechzig Reiter anzuwerben, um die Täter aufzugreifen. Erst einmal verhaftet, sollten sie zu belehrenden Gesprächen mit dem kirchlichen Super-inten-

---

[35] Ebd., S. 270f.

[36] *Wiedertäuferakten* (wie Anm. 22), S. 270; Max Lenz (Hg.), *Briefwechsel Landgraf Philipps des Großmütigen von Hessen mit Bucer,* Teil I, Leipzig 1880, S. 168. Bucer kritisierte Drach auch wegen dessen libertinistischer Interpretation der Evangelien. Zu Drachs eigener Verteidigung siehe Günther Franz (Hg.), *Urkundliche Quellen zur hessischen Reformationsgeschichte,* Bd. II: 1525-47, Marburg 1954, S. 330ff., S. 335ff.

[37] In einem seiner Briefe erwähnte Riedemann, daß ihn der „Oberste" der „Pfaffen", also Kraft, einmal besucht habe. In demselben Brief erwähnte er auch einen von den „Tempel Brüdern" abgefallenen Wiedertäufer, und zwar einen Leonhard [Fälber]; *Episteln I* (wie Anm. 12), S. 168.

[38] Philipp anerkannte die Fairness dieser Kritik. Er richtete einen bequemeren Platz für Melchior Rinck ein, der seit November 1531 eingekerkert war. Lenz, *Briefwechsel* (wie Anm. 36), S. 156, S. 165ff., S. 175.

[39] *Episteln I* (wie Anm. 12), S. 177.

[40] *Wiedertäuferakten* (wie Anm. 22), S. 142.

denten und weiteren Theologen nach Marburg gebracht werden - also ebenso, wie es bei Riedemann und seinen Begleitern abgelaufen war. Diejenigen, die bereit waren, die Konkordie von 1538 anzuerkennen, sollten freigelassen, diejenigen, die sie ablehnten, ausgewiesen werden. Falls sie nicht gehen wollten, würden sie im Gefängnis bleiben müssen, bis sie ihre Meinung änderten oder bis „weitern bevelchs, wie es furter mit solchen leuten gehalten werden soll", ergangen war.[41] Auch wenn sich diese Anweisungen nicht direkt auf Riedemann bezogen, ist es doch wahrscheinlich, daß seine Behandlung ähnlichen Leitlinien folgte. Der vielbeschäftigte Landgraf kann jedoch vergessen haben, „weitern bevelchs wie es mit solchen leuten gehalten werden soll" zu erteilen, und damit war der örtlichen Obrigkeit das weitere Vorgehen überlassen. So erging es offenbar Riedemann, der das Frühjahr und den „trockenen Sommer 1540" im Obergeschoß des Hundsturms damit verbrachte, Schuhe zu reparieren und Gäste zu be-wirten. Aber dann, im Herbst 1540 besserte sich seine Lage ein zweites Mal.[42] Er wurde vom Marburger Turm ins Schloß Wolkersdorf gebracht, wo er Hermann Streythoff, dem Vogt des Landgrafen, unterstellt wurde.[43] Streythoff war be-kannt für seine Milde. In seiner Verwahrung hatten Täufer 1538 wochenlang Freigang aus ihrem „glücklichen Gefängnis" erhalten, um Freunde und Ver-wandte zu besuchen. Als er zu seiner Nachlässigkeit Stellung nehmen sollte, beteuerte Streythoff schlicht Unwissenheit über das Kommen und Gehen der Insassen.[44]

Riedemanns Briefe aus Wolkersdorf bestätigen Streythoffs Ruf, weichherzig zu sein;[45] trotzdem beargwöhnte Riedemann sein Glück. Er verglich seine Situation mit Josephs Aufenthalt im Haus des Pharaos und hatte Gott in Verdacht, ihn als Prüfung zunächst in „ein finsteres Loch mit Mangel des Wassers und Brots" geworfen zu haben, um ihn nun mit den Fleischtöpfen Ägyptens zu versuchen.[46] An seine Frau schrieb er:

> „... denn wir jetzt täglich mit dem Vogt an seinem Tische essen und will uns nicht mit dem Gesinde essen lassen; hat er's gut, so haben wir's mit ihm. Wir gehen um, wohin es uns lüstet, ob wir gleich in den Wald gehen, so fragen sie uns nichts

---

[41] *Ebd.*, S. 271f.

[42] Friedmann glaubte, daß der Ortswechsel gegen Ende 1540 stattfand. Ich nehme an, daß er sich vor Winterbeginn vollzog: Friedmann, *Anabaptist Leader* (wie Anm. 3), S. 11f.

[43] In einem Brief an seine Frau äußerte Riedemann Genugtuung über seinen Ortwechsel: *Episteln I* (wie Anm. 12), S. 240f.

[44] Streythoff hatte Gefangenen erlaubt, nach Hause zu gehen und bei der Ernte zu helfen nur auf ihr Wort hin, daß sie zurückkehren würden: *Wiedertäuferakten* (wie Anm. 22), S. 189f.

[45] Der Brief an die „Gemein in Mähren" berichtete, daß Heinz (Reintz) im Turm des Marburger Schlosses verblieb, während er und Caspar Lotzer nach Wolkersdorf verlegt wurden: *Episteln I* (wie Anm. 12), S. 141-44, bes. S. 143.

[46] Der Vergleich mit Joseph in Pharaos Haus in einem Brief an seine Frau: *Episteln I* (wie Anm. 12), S. 242f.

darnach. Der Casper schmiedet, so winde ich zu Zeiten ein wenig Garn, daß wir es dem Fleisch nach nicht wohl anderes, oder besseres, haben möchten. "[47]

Die gästeähnliche Behandlung unterschied Riedemann und Lotzer von den Bediensteten auf Schloß Wolkersdorf. Riedemann beschrieb diese in wenig schmeichelhafter Weise als „unnützes Gesind", „unnützem Geschwätz und Unzucht" ergeben.[48] Fast entschuldigte er sich für seine Verlegung von Marburg nach Wolkersdorf. Die privaten Briefe an seine Frau und an die Leiter der Gemeinde waren offener als die Briefe an die Gemeinde. Er erklärte, daß er mit der Überführung einverstanden gewesen sei, weil ihn nun—im Gegensatz zu früher—die Brüder und Schwestern offiziell besuchen könnten: „Darum ich's auch gar nicht angenommen hätte, wär's nicht um des Zugangs willen der Geschwister gewesen. Denn keinem von den unsern ist gewehrt zu uns zu kommen, und auch nur einen oder zwei Tage bei uns zu bleiben. "[49]

Riedemanns Bedürfnis, die Bedingungen in Wolkersdorf zu erklären, wird auch in einem Brief deutlich, in dem es um die „zweifache Ehre" ging, die den Ältesten erwiesen werden sollte. Dieser Brief schilderte die Ereignisse um seine Verhaftung in fast biblischer Sprache:

> „Es hat uns, lieben Brüder, der Herr in den Willen der Tyrannen geben, mit uns nach ihrem Mutwillen zu handeln, auf daß auch offenbar würde, was in unserm Herzen wär', ob wir den Herrn lieb hätten, oder nicht. Die nahmen uns und warfen uns (wie ihr wisset) in ein finsteres Loch, und hielten uns hart mit Hunger und Durst. Der Herr aber sah ihnen zu und zeigete uns damit, noch völliger zu erkennen, daß der Mensch nicht allein lebet des natürlichen Brotes, sondern eines jedlichen Wortes, das aus dem Munde Gottes geht. Als aber seine Zeit kam, sprach er sein: ist genug, erleichtert meinen Kindern die harten Banden. So bald er sprach, mußt' es geschehen. Also sind uns die Gefängnisse geleichtert am Fleisch soviel, daß ich darinnen von Herzen sorgfältig bin, wohl fast so, als ob ich auf lauter Nägel ginge, denn alles, was um uns ist, ist uns geneigt und günstig, daß ich gleich Sorg' trag', es sei das tägliche Reizen, damit des Potiphars Weib den Joseph reizte, ob wir etwa des Herrn Werke vergessen und ihre Freundlichkeit bedächten, daß uns dieselbige zum Strick würde. Obwohl wir gänzlich hoffen und willens sein, ihr mit Joseph den Mantel (diesen Leib) zu lassen und mit ihm unbefleckt zu entrinnen.
>
> Nun aber sage ich doch, lieben Brüder, so hart hab' ich dieses Ledigumgeh'n und Ungebundensein gefürchtet, und noch, daß, wo ich's nicht um des Zugangs willen der Geschwister angenommen hätt', denn ich sorgete, wo wir's nicht also angenommen hätten, so hätten wir allen Geschwistern den Zugang zu uns versperrt. Also haben wir jetzund, dem Herrn sei Lob, kein Gefängnis, ohne daß wir euer beraubt sein. "[50]

---

[47] *Ebd.*, S. 174f. In diesem Brief sagt er auch, daß Heinz entlassen worden sei und Wolkersdorf mit seiner Frau besucht habe.

[48] *Ebd.*, S. 174f.

[49] *Ebd.*, S. 174f.

[50] Gerichtet an „Alle, die denselben Glauben in Hessen, Schwaben und Mähren angenommen haben": *Episteln I* (wie Anm. 12), S. 190-198. Eine leicht abweichende Übersetzung in *The Chronicle*, S. 208f. Friedmann folgte Wolkan, der diesen Brief auf 1540 datierte: Rudolf Wolkan, *Geschichtsbuch der Hutterischen Brüder*, Cayley, Alberta, 1923, Reprint 1974, S. 167-175.

Mit anderen Worten, Riedemann legte eine Wahlmöglichkeit bei seiner Verlegung nach Wolkersdorf nahe. Ob diese Wahl auch bestimmte Bedingungen mit
sich brachte, ist unklar, scheint aber wahrscheinlich, da Riedemann kurz nach
seiner Ankunft in Wolkersdorf seine Absicht ankündigte, „eine Rechenschaft unserer Glaubenslehr und -leben zu schreiben und zu schicken". Deutlich wird
auch, daß der Anstoß zu einer derartigen Rechenschaft nicht von der Gemeinde
in Mähren kam, sondern aus den hessischen Verhältnissen entstand:

> „Auch habe ich euch, liebe Brüder, nicht verbergen wollen, was ich mir im Herzen
> vorgenommen habe: weil uns der Landgraf nie selber persönlich gehöret hat, ihm
> eine Rechenschaft unserer Glaubenslehr' und -leben zu schreiben und zu schik-
> ken. "[51]

Ganz offenkundig also schrieb Riedemann die *Rechenschaft*, um den Landgrafen
über Lehre und Praxis der Gemeinde zu unterrichten und um falsche Informationen und Verleumdungen zu widerlegen. Einige weitere Briefe geben Aufschluß über die Art der Falschinformationen und Verleumdungen, mit denen es
Riedemann zu tun hatte. Sie kamen zum Teil aus Mähren. Denn wenn auch die
Überstellung nach Wolkersdorf Riedemann für die Brüder und Schwestern
leichter erreichbar gemacht hatte, konnte sie sich doch als Belastung erweisen:
Als ein weithin bekannter Leiter der Hutterer wurde Riedemann zum Blitz-
ableiter für Beschwerden über angebliche Unregelmäßigkeiten in der Gemeinde
Gottes in Mähren. Von verstimmten ehemaligen Mitgliedern, die Geschichten
über allerlei Unzulänglichkeiten verbreiteten, wurde er während seiner Haft mehr
als einmal in die Defensive gedrängt. Ein Sendschreiben von den Ältesten in
Mähren an den Sympathisantenkreis in Hessen warnte vor „etlicher leicht-
fertigem menschen, die euch ubels von uns gesagt haben",[52] es konnte die Gerüchte jedoch nicht ausräumen. Noch während er im Marburger Turm saß, hielt
Riedemann es für nötig, die Brüder und Schwestern in Mähren zu ermahnen,
persönlichen Groll nicht zu den „Heiden" durchsickern zu lassen. Offenbar hatte
das Gerücht Hessen erreicht, daß für die Kranken in Mähren nicht recht gesorgt
würde. Glaubt man Riedemann, so erwuchs aus diesen Gerüchten „große
Lästerung des Namens des Herrn und seiner Gemeinde, als ob es aus Nach-
läßigkeit und Ringachtung der Kranken oder aus Unordnung geschehe".[53] Alle
Beschwerden sollten daher an die Ältesten gerichtet werden, „sein sie doch eure
Geschwister und nicht eure Herren und Frauen". Die Ältesten ihrerseits sollten
diejenigen ermahnen, die zu Hilfsdiensten angestellt worden waren, ihre Aufgabe
dem Herrn gegenüber zu versehen, denn die Ehre des Herrn müsse vor den

---

[51] *Episteln I* (wie Anm. 12), S. 175.
[52] Zieglschmid, *Chronik* (wie Anm. 10), S. 212; *The Chronicle* (wie Anm. 10), S. 197, Anm. 1;
Wiedertäuferakten (wie Anm. 22), S. 276f. Franz ordnete den Brief dem Jahr 1540 zu. Es wird
angenommen, daß er mit Riedemann 1540 geschickt wurde. Doch das ist unwahrscheinlich.
[53] *Episteln I* (wie Anm. 12), S. 223-226, bes. S. 224.

Verleumdern geschützt werden, die in den Augen der Heiden den Ruf der Gemeinde befleckten.

Trotzdem sieht es so aus, als ob Riedemann verschiedene Male kurz davor war, auf die Seite der Kläger zu wechseln. Amon schrieb ihm besorgt, ob er die Bruderschaft anzuzweifeln beginne. Riedemann antwortete beruhigend.[54] Falls seine Loyalität je bezweifelt worden sei, sollte sein „Schreiben an die gemain der diener Amptsgebüer halb" alle Bedenken zerstreuen. In Wolkersdorf geschrieben, war dieser Brief ein Beitrag zum strittigen Thema der „zweifachen Ehre, die den Ältesten gelten sollte". Die „besonderen Ehren" wurden wahrscheinlich bereits vor Hutters Übernahme der Gemeindeleitung im Jahre 1533 praktiziert.[55] Kritik an der Praktik, sich u.a. von besonderem Küchen-personal im separaten Eßzimmer ausgewählte Speisen und Getränke servieren zu lassen, kam von Hermann (Schmid).[56] Seine Gefühle waren offenkundig auch durch das verletzt, was er als zwei unterschiedliche Maßstäbe in den Kleidungsordnungen empfand. Die Ehefrauen der Führer kleideten sich modisch, zum Beispiel mit „poschete ermlen an den Joppen", wenn sie außerhalb des Blickfeldes der Gemeinde reisten. Die Führer behaupteten, sie täten dies „allein dz sich die frembden mit der gmain im landt hin und wider in der gnad Gottes zu freyen haben".[57] Aber Hermann und seine Anhänger konnten weder Gottesgnade noch Grund zum Freuen in solchen Praktiken erblicken - stattdessen sahen sie darin Privilegien. Ihr Einspruch war ernsthaft: Die Leiter, die die Gemeinschaft der Güter predigten, hielten sich selbst nicht an ihre Regeln.

Es gab andere Beschwerden, obwohl sie nicht alle von gleicher Gewichtigkeit waren. Einige störte es, daß sich die Brüder Tauben hielten,[58] andere waren mit dem Ergebnis der Steinabrunn-Affäre unzufrieden. Am 6. Dezember 1539 war eine Gemeinde nahe Steinabrunn überfallen worden, und die meisten gefangengenommenen Männer mußten nach Triest marschieren, um dort als Galeerensklaven zu schuften. Dennoch waren die beiden wichtigsten Ziele des Überfalls nicht erreicht worden: die Gefangennahme der Ältesten und der Raub des Gemeindegeldes. Obwohl die Ältesten unter den Überfallenen waren, gelang es ihnen, dem „leichtfertigen pofel"[59] zu entkommen. Doch offensichtlich jubel-

---

[54] Der Brief Amons hat nicht überlebt, aber der Sinn seiner Botschaft kann aus Riedemanns Antwort geschlossen werden: „Wie du aber bittest, daß wir uns an den Frommen nicht irr' sollen lassen machen,...": *Episteln I* (wie Anm. 12), S. 227f. Riedemanns Brief soll in Marburg entstanden sein.

[55] Ich schließe das aus Klagen, die Wilhelm Reublin im Hinblick auf die Praxis in Austerlitz 1530 äußerte. Zur Praxis der Hutterer s. Robert Friedmann, *Ministers, Hutterites, special Honors accorded to*, in: *Mennonite Encyclopedia* III, S. 698f. Friedmann schrieb, daß „zweifache Ehre" der „Eckstein der huterischen Praktik" geworden sei.

[56] Zieglschmid, *Chronik* (wie Anm. 10), S. 212ff. ; vgl. *The Chronicle* (wie Anm. 10), S. 198ff. ; S. 460-463.

[57] Zieglschmid, *Chronik* (wie Anm. 10), S. 211, S. 214; *The Chronicle* (wie Anm. 10), S. 199, S. 202.

[58] Es ist nicht klar, ob die Tauben zur Kommunikation oder zur Ergänzung der schmalen Kost benutzt wurden.

[59] Zieglschmid, *Chronik* (wie Anm. 10), S. 200ff. ; *The Chronicle* (wie Anm. 10), S. 188.

ten nicht alle Mitglieder der Gemeinde über ihr unbeschadetes Entkommen.
Denn „die krancken/ darzu die klainen und grösseren kinder/ auch die schwan-
gern Weiber" befanden sich in „übergrossen Schrecken/ also das sie sich alle ires
lebens heten verwegen."[60] Einige faßten daher die geglückte Flucht der Ältesten
als Pflichtverletzung auf. Mit dem biblischen Sprichwort gerüstet, daß „ein
wahrer Hirte sein Leben für die Schafe gibt", klagten sie die Ältesten an, geflohen zu sein, als Not und Schrecken über ihre Herde kamen. Sie seien daher
„Mietlinge und keine Hirten". Die Ältesten faßten diese Kritik als Saat des
Mißtrauens auf, die der Satan gesät habe.[61] Damit waren wiederum die Kritiker,
unter ihnen Hermann, nicht einverstanden. Sie stellten nicht nur das Verhalten
der Ältesten in Frage, sondern auch die wundersame Rückkehr der Männer, die
als Galeerensklaven nach Triest marschieren mußten. Vielleicht vom Neid aufgebracht, urteilten sie, die gefeierte Flucht müsse eher mit Hilfe von List und
Gerissenheit gelungen sein als durch wunderbaren und übernatürlichen Eingriff.
Sie sahen in der Flucht ein „untrewes weichen aus der zucht Gottes". Und wenn
man dem Chronisten Caspar Braitmichel, der selber unter den Geflüchteten gewesen war, glauben darf, so erwarteten die frommen Kritiker von den Ent-
flohenen, daß sie freiwillig in ihr Gefängnis und auf die Galeeren zurückkehren
sollten.[62]
    Es ist verständlich, daß die Kritik von Abtrünnigen, die mühelos aus der Hei-
ligen Schrift zitieren konnten, nicht nur die Autorität der Leiter bedrohte, sondern auch den ideologischen Konsens innerhalb der Gemeinde und damit die
Fundamente der Glaubensgemeinschaft. Die Ältesten und wohl auch die Mehrheit der einfachen Mitglieder deuteten die unerwartete Rückkehr aus Triest
nämlich als wunderbare Vorsehung Gottes. Eine andere Deutung konnte nur die
Zwietracht mehren. Und so überrascht es nicht, daß Hermann und seine Anhänger ausgeschlossen wurden. Aber Unzufriedenheit hielt auch nach ihrer Vertreibung an. Hans Edelmair „fieng auch an auff solche weiß/ aber doch nur Inn
gehaimb/ leichtuertige Seelen an sich zu henncken/ und ein sondere Rottierung
anzurichten wider die gmain und ire dienner/ Empfieng aber auch balt als ein
auffruerer sein urtail/ und ward sambt denen die Im anhiengen von der gemain
außgeschlossen und abgesündert".[63]
    Währenddessen zog Hermann mit einem Gefährten nach Hessen, wo beide
verbreiteten, daß die Gemeinde in Mähren keineswegs so wohltätig sei, wie sie es
zu sein vorgab. In einer weiteren Beschwerde ging es um die Weigerung der
Gemeinde, den Ausgestoßenen ihren Anteil aus dem gemeinschaftlichen Kasten
zurückzugeben. Anfangs hatten sich Hermann und sein Gefährte mit ihren Be-

---

[60] Zieglschmid, *Chronik* (wie Anm. 10), S. 201; *The Chronicle* (wie Anm. 10), S. 188. Ich werde mich
mit der Affäre von Steinabrunn ausführlich in meinem nächsten Buch beschäftigen.

[61] Zieglschmid, *Chronik* (wie Anm. 10), S. 213f.; *The Chronicle* (wie Anm. 10), S. 202.

[62] Zieglschmid, *Chronik* (wie Anm. 10), S. 210; *The Chronicle* (wie Anm. 10), S. 198ff.

[63] Ziegelschmid, *Chronik* (wie Anm. 10), S. 211; *The Chronicle* (wie Anm. 10), S. 199.

schwerden an Riedemanns Mitgefangenen Lotzer gewandt, den sie auch fast auf ihre Seite brachten. Riedemann geriet in Nöte, die hutterische Position gegenüber den „Heiden" zu erklären. Er berichtete nach Mähren:

> „denn von den leichtfertigen Herzen, die sich vom Herrn und euch gewendet haben und große Lästerung dem Namen des Herrn zurichten und seinen heiligen Tempel. Deren schon zwei bei mir gewesen sein und ihr Geld, ja, mehr, als sie gehabt haben, wieder gefordert, und eure heilige Versammlung gelästert, welches sie mir etliche Male vorgeworfen haben, welches mir, so oft ich's gehört habe, ans Herz gegangen ist, und den Mund auftan hat, zu widerreden und ihre Lügen an den Tag zu geben, welches nun die Heiden zum Teil sehen, spüren und kennen, und ihre Torheit fast jedermann offenbar wird, dem Herrn sei Lob. "[64]

Als jedoch sein Gefährte ganz plötzlich starb, bereute Hermann seinen Abfall. „Mit Weinen und Tränen" kehrte er zu Riedemann zurück und bat ihn, seine Wiederaufnahme in die Gemeinschaft zu fördern. Sie wurde gewährt, und Hermann gehörte der Gemeinschaft jahrelang an - bis er sich in einen Lehrdisput über den Fall der Engel verwickelte und wieder ausgeschlossen wurde.[65]

Während des Streits um die „zweifache Ehre" setzte sich Riedemann für eine starke Führung ein. Offenbar fürchtete er, Bescheidenheit könne die Ältesten veranlassen, die „Privilegien" aufzugeben und auf diese Weise die Autorität der Leitung innerhalb der Gemeinde schwächen. Seine Erfahrungen hatten ihn gelehrt, daß Gemeinden ohne klare und starke Führung nicht überlebten. An die einfachen Mitglieder appellierend, dachte er sowohl über das Schicksal von Gemeinden nach, die „verschwunden waren oder verdorben", wie auch über das Schicksal einzelner Abtrünniger:

> „Sehend an den ernst Gottes an denselbigen/ die güette aber ab euch/ die ir bißher in der güete bliben seit. Wo ist doch derselbigen ainer/ so den diennern ir geraichtes vo der Gmain verbünnet haben/ Inn der Warheit bestanden? Oder wo ist Irgend ein volck (das seine dienner leicht gehalten/vnd nit billicher Inen von Gott gebnen vnd verordneten eeren Werth gehalten hat/das Gott gefallen habe? Seind sie nit alle inn eitelkait verflossen/vnd zum tail wider der welt enlich vnd gleichformig worden? Ir aber die Ir sie inn eeren vnd allem werth gehalten habet/ Inn warhait bestanden vnd bliben seit/ vnd der herr ist mit euch gewesen/ biß auf den heutigen tag. Warumb das? Darumb das Ir seine Ordnungen gehalten/ Vnd seine gaaben hoch/ tewer vnd werth geachtet habend. Welches auch der Herr angesehen/ vnd euch die bessten gaaben (als die Ir derselbigen vor Vil andern werth seit) geben hat/ Den andern aber/ das so sie leicht vn ring geachtet haebn/ dieselbigen/ als die Ir nit werth sein/

---

[64] „Die 10. Epistel" an die Gemeinde, geschrieben während er im Hundsturm zu Marburg lag, erwähnt Hermann nicht mit Namen: *Episteln I* (wie Anm. 12), S. 159. Ein entsprechender Brief an Amon benennt Hermann als einen der beiden: *ebd.*, S. 176ff. Daß die Weigerung, solche zu entlöhnen, die fortzogen oder ausgeschlossen wurden, von anderen Täufern als falsch angesehen wurde, geht aus späteren Diskussionen zwischen Paul Glock und den Schweizern hervor: Bossert, *Quellen* (wie Anm. 14), S. 363f.

[65] Zieglschmid, *Chronik* (wie Anm. 10), S. 212; *The Chronicle* (wie Anm. 10), S. 200.

entZogen. Denn wer die gaaben vnd Schannckung Gottes thewer vnd hoch achtet/ dem wirt sie/ als ainem vnwirdigen entZogen vnd genumen. "[66]

Sollten praktische Argumente nicht überzeugen können, so würden sich unwiderlegbare Fälle aus der Bibel, dem Alten wie dem Neuen Testament, beibringen lassen: „hat nicht Gott den Altar- und Tempeldienern das Beste vom Opfer verordnet, wie, daß er sie nicht Gleiches mit denen, so opferten, nehmen ließ...das Beste den Priestern, das übrige aber nahm das Volk...". Ein Zitat aus dem Neuen Testament, 1. Timotheus 5:17, würde dem Streit ein Ende machen: „das ist die Ordnung des Herrn, daß ihr eure Diener zweifacher Ehre wert halten und sie um ihres Werkes willen destomehr in Ehren halten solltet". Das war des „Herrn Befehl"; sich ihm zu widersetzen, hieß, sich der göttlichen Ordnung zu widersetzen, oder, wie Riedemann es rhetorisch geschickt ausdrückte: „Ist es nun nicht also, lieben Brüder, daß, wer die Ordnung des Herrn widerspricht, der widerspricht dem Herrn?" Folglich schuldeten die Brüder ihren Führern „zweifache Ehre" - dem Befehl des Herrn gehorchend, aus Liebe, Pflichtgefühl und um des Überlebens der Gemeinde willen.[67]

Riedemanns Argumente überzeugten so sehr, daß die Verlesung seines Schreibens in Mähren eine Herzensänderung in Hans Edelmaier bewirkte. Wie auch der vorher genannte Hermann, vergoß er Tränen der Reue und bat um Wiederaufnahme in die Gemeinde, was auch geschah. Unglücklicherweise war auch diese Versöhnung nicht von langer Dauer.[68] Doch bleibt Riedemanns Schreiben, das sich mit der Amtsehre der Diener befaßt, ein Schlüsseltext zur Verteidigung der „zweifachen Ehre". Im „Gefängnis", an einem entscheidenden Zeitpunkt der Kontroverse geschrieben, half es, Theorie und Praxis einer starken Führung zum Siege zu verhelfen, und wurde in diesem Sinne traditionsformend. Es blieb allerdings nicht das einzige traditionsformende Dokument, das Rie-demann in Hessen niederschrieb.[69] Die Quellen stimmen darin überein, daß er im Marburger Gefängnis und in Wolkersdorf auch die „Rechenschaft unnserer ganntzen Religion/ leer vnnd glaubens" verfaßte.[70] Die *Rechenschaft* wurde zum „basic doctrinal statement of the Hutterites".[71] In welchem Maße dieses Zeugnis von den hessischen Verhältnissen beeinflußt

---

[66] Zieglschmid, *Chronik* (wie Anm. 10), S. 215; *The Chronicle* (wie Anm. 10), S. 202f. , ebenso S. 207.

[67] *Episteln I* (wie Anm. 12), S. 192f.

[68] Zieglschmid, *Chronik* (wie Anm. 10), S. 223; *The Chronicle* (wie Anm. 10), S. 209. Der Berichterstatter versprach, weitere Einzelheiten später mitzuteilen, aber er tat es nicht.

[69] Insgesamt sind 46 Lieder Riedemann zugeschrieben worden, zahlreiche aus seiner Gefängniszeit in Hessen. Friedmann, *Täufergemeinschaften* (wie Anm. 3), S. 125. Ein Lied bezieht sich auf seine Erfahrung in dem dunklen Loch.

[70] Zieglschmid, *Chronik* (wie Anm. 10), S. 212, S. 256; *The Chronicle* (wie Anm. 10), S. 200, S. 330. Möglicherweise brachte Riedemann einen Entwurf davon von Marburg nach Wolkersdorf mit, vielleicht in Gestalt eines Diskussionspapiers für das Gespräch mit den Geistlichen.

[71] Friedmann, *Riedemann*, in: *Mennonite Encyclopedia* IV (wie Anm. 3), S. 328.

wurde oder welche anderen Einflüsse es formten, müssen weitere Forschungen ergeben.[72]

Dieser Teil meiner Untersuchung schließt mit Peter Riedemanns Rückkehr nach Mähren. Seine „Entlassung" aus der „Haft" in Wolkersdorf erwies sich als etwas melodramatisch. Hutterische Quellen schweigen über Einzelheiten. Anscheinend erreichte ihn die Nachricht, daß er wegen Amons Tod und einer daraus folgenden Führungskrise dringend von der mährischen Gemeinde gebraucht würde.

> „Mit dem beschaidt/ Weil Im Gott die gfencknus het geringert/ vnd zum tail ein offne thür geZaigt/ Die gmain aber Sein zu grosser not bedürfft/ So wer der Eltesten vnd der gantzen Gmain willen Rath und mainung/ Wouer er ein unbefleckten abschaidt möcht machen/ So solt er und sein mitgfangner auffs beldeste zu der Gmain kommen."[73]

Offenbar war es möglich, „Potiphars Haushalt" guten Gewissens zu verlassen. Ob dies ein offizieller Abschied war oder eine heimliche Abreise, ist unsicher. Auf jeden Fall reiste Riedemann im Vorfrühling des Jahres 1542 zurück nach Mähren. Bei sich hatte er das Manuskript der „Rechenschaft unnserer ganntzen Religion". Es sieht so aus, als ob weder Landgraf Philipp noch sein Aufseher Hermann Streythoff übermäßig daran interessiert waren, ihn im Gefängnis zu behalten. Eine Quelle der Hutterer dokumentiert einfach: „Aber aus disen Banden allen, die er umb der göttlichen warheit willen erduldet, hat im Gott der Herr, on alle Heuchelej, mit standhafften und unbeflekten Hertzen geholfen."[74]

Übersetzt von Helga Stachow

---

[72] Ich hoffe, diese Aufgabe in meinem angekündigten Buch über Riedemann in Angriff nehmen zu können.

[73] Zieglschmid, *Chronik* (wie Anm. 10), S. 228; *The Chronicle* (wie Anm. 10), S. 214. Vgl. mit Beck, *Geschichtsbücher der Wiedertäufer* (wie Anm. 16), S. 151: „Ist mittler Zeit durch gottes anrichten ledig gelassen worden. Da ist er zu der gemain gottes kumen und [hat] dem Leonhart Lanzenstil den last der gemein helfen tragen [und regieren]".

[74] Beck, *Geschichtsbücher der Wiedertäufer* (wie Anm. 16), S. 207.

VOM AMT DES „LESERS"
ZUM KOMPILATOR DES SOGENANNTEN KUNSTBUCHES.
AUF DEN SPUREN JÖRG MALERS

Heinold Fast (Hage-Berum)

Die Vielgestaltigkeit der Bewegungen in der Reformationszeit wiederholte sich nicht nur innerhalb der einzelnen Bewegungen selber, sondern kann auch in den Lebensläufen ihrer Vertreter beobachtet werden. In den unterschiedlichen Phasen eines Lebens spiegelt sich die abwechslungsreiche Geschichte einer Bewegung, ihr Ende oder auch der Übergang von einer Bewegung zur andern wider. Für das historische Verstehen ist es notwendig, die Nuancen dieser Verflochtenheit der individuellen und der gesellschaftlichen Entwicklungen zu erkennen und zu benennen.[1] Im folgenden gehe ich dem Lebensweg des Täufers Jörg Propst Rotenfelder, genannt Maler von Augsburg, unter diesem Aspekt nach. Obgleich Jörg Maler kein bedeutender Täufer war, der eine prägende Wirkung gehabt hätte, kam er in Berührung mit einer Reihe von täuferischen, spiritualistischen bzw. humanistischen Gruppen, die ihn beeindruckten oder mit denen er sich auseinandersetzte. Vor allem ist er der Sammler und Kopist der 42 Briefe und Schriften plus einer Reihe von kürzeren Texten gewesen, die er 1561 unter dem Titel „Das Kunstbuch" in einem Handschriftenband zusammengefaßte.[2] Neunzehn Briefe bzw. Schriften des Bandes sind von Pilgram Marpeckh verfaßt, der als Ingenieur für Bergwerk, Flößerei und Wasserversorgung nacheinander in Rattenberg/Inn, Straßburg und Augsburg eine Sonderstellung unter den Täufern einnahm. Das KUNSTBUCH ist deshalb zunächst als eine Sammlung des „Marpeckhkreises" angesehen worden. Das hat mit Recht Werner Packull als eine ungenaue Beschreibung in Frage gestellt.[3] Eine ganze Anzahl der Schriften des KUNSTBUCHES hätte wohl kaum Aufnahme in ein entsprechendes Erbauungsbuch Pilgram Marpeckhs

---

[1] Zum Begriff der „ Bewegungen" vgl. Hans-Jürgen Goertz, *Pfaffenhaß und groß Geschrei. Die reformatorischen Bewegungen in Deutschland 1517-1529*, München 1987; ders., *Religiöse Bewegungen in der frühen Neuzeit (Enzyklopädie deutscher Geschichte, Bd. 20)*, München 1993. Vgl. auch Anm. 117.

[2] Heinold Fast, *Pilgram Marbeck und das oberdeutsche Täufertum. Ein neuer Handschriftenfund*, in: *Archiv für Reformationsgeschichte* (fortan *ARG*) 47, 1957, 212-242.

[3] Werner Packull, *Mysticism and the Early South German-Austrian Anabaptist Movement 1525-1531*, Scottdale, Kitchener 1977, S. 163.

gefunden. Die Zusammenstellung ist Jörg Maler selbst zuzuschreiben. Damit aber könnte sie zugleich ein Beleg für die Vielgestaltigkeit der Bewegungen sein, mit denen Maler es während seines Lebens zu tun hatte.

Lehrjahre und jugendlicher Leichtsinn (bis 1526)

Das früheste Dokument zur Biographie Malers ist der Eintrag ins Zunftbuch der Augsburger Kunstmaler, mit dem seine Einstellung als Lehrknabe bei dem Meister Hans Knoder dokumentiert wird: Hans Knoder, Hofmaler Kaiser Maximilians I., stellt im Jahre 1513 einen „knaben mit namen Iorg Brobst vor" und bezahlt die dafür fällige Gebühr.[4] Zwölf Jahre später, am 6. August 1525, bescheinigt dasselbe Zunftbuch, „Iorg Probst Rottennfelder" habe die „halbe Zunft gekauft für 6 Gulden und 12 Kreuzer in Münze, die er bar bezahlt hat".[5] Es ist zu vermuten, daß Maler mit der geringeren Zahlung auch die Zunftrechte nicht voll gewährt wurden. Ein Kunsthistoriker hat gemeint, „daß dieser Maler als untergeordneter Meister in einer andern Werkstätte gearbeitet hat" und daß damit auch sein Fehlen in den Steuerlisten übereinstimmt.[6] Tatsächlich wissen wir von keiner künstlerischen Arbeit Malers, die unter seinem Namen bekannt geworden wäre. Daß er auf einem der Augsburger Reichstage—es kommen der von 1518 und der von 1530 dafür in Frage—die jeweils als gesellschaftliche Höhepunkte gefeierten Ritterturniere gemalt habe, darüber ist uns nur aus zweiter und dritter Hand berichtet, und eigentlich geht es in dieser Erzählung um das Geld, das er dabei verdient haben soll (pro Woche einen halben Gulden), nicht um die Kunstwerke selber.[7]

Es dauerte nur eineinviertel Jahr, da wurde Jörg Maler wiederum bei einer Behörde aktenkundig, diesmal aber in einer fatalen Angelegenheit. „Jörg Brobst, Maler von Augsburg, sagt auf gütliche Frage hin aus ... ."[8] So beginnt ein Verhör, das auch mit peinlicher Befragung, d.h. unter Anwendung der Folter, hätte fortgeführt werden können. Ich unterbreche die Erzählung jedoch, um zunächst die etwas verwirrende Namensfrage zu klären.

Jörg Probst (auch Bropst oder Brobst) ist der eigentliche Name (siehe Anmerkung 4 und 5). Er kam in Augsburg häufiger vor. Es war deshalb ab

---

[4] Stadtarchiv Augsburg, *Schätze*, Nr. 72c, fol 46r.

[5] *Ebd.* , fol 64v.

[6] Johannes Wilhelm, *Augsburger Wandmalerei*, Augsburg 1983, Teil III, Nr. 31.

[7] *TQ Ostschweiz = Quellen zur Geschichte der Täufer in der Schweiz*. Zweiter Band: Ostschweiz, hg. von Heinold Fast, Zürich 1973, S. 581f. (Rütiners Diarium, Eintrag April 1537; Erzählung des ehemaligen Täufers Jakob Spichermann). Die Wiedergabe des lateinischen Textes ist zu überprüfen an der demnächst erscheinenden Gesamtausgabe von Rütiners Diarium, die Ernst Gerhard Rüsch besorgt. Rüsch hat den Text auch ins Deutsche übersetzt. Ich danke Herrn Professor Dr. Rüsch, daß er mir die hier nötigen Auszüge überlassen hat.

[8] Stadtarchiv Augsburg, *Urgichten* 1526.

und zu angebracht zu verdeutlichen, welcher Jörg Probst gemeint war. Dazu konnte auch der zusätzliche Name Rotenfelder oder Rottennfelder dienen, der eine Herkunftsbezeichnung ist und auf einen Flurnamen in der Umgebung von Augsburg zurückgehen könnte.[9] Die Berufsbezeichnung „Maler" oder gar „Maler von Augsburg" wie in dem jetzt angeschnittenen Verhörprotokoll ist noch kein Eigenname, wird dann aber eine Art Rufname geworden sein, als er in die Fremde mußte.[10]

Die fatale Angelegenheit enthüllt sich in einem langen Verhör Jörg Malers und in den Zeugenaussagen mehrerer Betroffener am 15. November 1526.[11] Am Montag zuvor hatte Jörg Maler mit einem berüchtigten Frauenheld namens Caspar und noch einigen Kumpanen dem Wein wohl etwas zu stark zugesprochen. Sie machten sich—es war schon dunkel geworden —auf den Heimweg, als sie einer Magd begegneten, die von ihrem Herrn ausgeschickt war, einen Schoppen Wein zu holen. Als sie von den jungen Männern belästigt wurde, floh sie erst in den Garten, dann in das Haus des Haffners Egelhoffer. Es gab ein lautstarkes Fluchen und Geschimpfe. Schließlich waren die Gemüter so erhitzt, daß Jörg Maler in das Haus eindrang, mit seinem Barret das Licht löschte und dann seine blanke Waffe zog, um damit „und sonst" auf die Frau einzuschlagen. Die Frau scheint keine ernsthaften Verletzungen davongetragen zu haben, wohl aber einen bösen Schrecken. Auch als Maler wieder draußen war, lärmte er weiter, und erst durch das Einschreiten eines Wachtmannes ließ er sich beruhigen und ging nach Hause.

Im Gefängnis, in das er wohl am nächsten Tag eingeliefert wurde,[12] hatte Maler Zeit sich zu besinnen. Er gab zu, daß er die Frau, nachdem sie von seinem Kumpanen belästigt worden war, ebenfalls belästigt habe; gestand auch, daß er allein in das Haus eingedrungen sei und der Caspar es nicht getan habe. Es sei auch zutreffend, daß er gegenüber der Frau die Waffe gezogen habe, wisse aber nicht, ob er sie damit wirklich geschlagen habe; denn

---

[9] Außerhalb des Roten Tores? William Klassen hat mit seinem ausgezeichneten Artikel über „ *Rothenfelder, Jörg Propst (also called Jörg Maler)"* in: *Mennonite Encyclopedia*, Vol. IV, Scottdale 1959, S. 365-367, die erste Biographie Malers geschrieben, welche das Kunstbuch Malers miteinbezieht.

[10] Im Kunstbuch hat er selbst seinen Namen elfmal schreiben müssen, sechsmal davon als Unterschrift unter von ihm selbst verfaßte Schriftstücke. Von letzteren haben (bei wechselnder Orthographie) vier den stereotypen Wortlaut: Jörg bropst Rotenfelder, den man nennth maler, die andern beiden: Jörg vonnn ougspur, den man nennth maler und - ohne Zusatz - schlicht Jörg von ougspur. Bleiben übrig viermal Jörg maler in grammatisch unterschiedlichen Formen, vom inhaltlichen Kontext her gesehen aber ausnahmslos geschrieben von anderen Geistesverwandten Malers an Jörg Maler oder über ihn - und einmal schlicht Rotenfelder als Marginalie neben einem Sinnspruch von ihm (XVIr). Resultat: Offizieller Name war Jörg Probst (so auch meist in den Ratsprotokollen). Von denen aber, mit denen er meist Umgang hatte, ließ er sich Jörg Maler nennen.

[11] Beide Schriftstücke unter den in Anm. 8 genannten Akten.

[12] Das Verhör drei Tage nach den Rüpeleien findet statt „ von wegen des malers, so in fronvest liegt" .

er hätte „einen guten Trunk gehabt". Das alles täte ihm leid. Er bitte um
Gnade und wolle es nicht wieder tun.

Das alles half ihm jedoch nichts. Den Richtern genügte auf ihrer Sitzung
am 22. November die Feststellung, er sei mit bewaffneter Hand in das Haus
Egelhoffers eingedrungen und habe eine Frau in dessen Haus geschlagen.
Maler, „so in eysen gelegen", wurde die Stadt Augsburg „versagt", d.h. er
wurde ausgewiesen und durfte „nicht hereinkommen, er zahle denn einen
Ofenstein (d.h. eine Kachel) an der Stadt Bau".[13]

Ungewisse Jahre
und Entscheidung für die Täufer (1527-1532)

Die nächsten sicheren Nachrichten über das Leben Jörg Malers stammen aus
dem Frühjahr 1533. Sie belegen, daß er etwa im März 1532 in Augsburg im
Hause von Jörg Neßler durch Sebolt Feuchter, einen Goldschmied aus Nürnberg, getauft und damit Täufer geworden war.[14] Über das, was er in den
sechs Jahren zuvor getrieben haben mochte, sagen sie nichts. Wann war er
nach Augsburg zurückgekehrt? Sollte er tatsächlich auf dem Augsburger
Reichstag 1530 als Turniermaler tätig gewesen sein (ich halte das für so gut
wie sicher), hätte er sich bis spätestens zu diesem Zeitpunkt durch die Zahlung des Ofensteins seine Rückkehr nach Augsburg erkauft. Wahrscheinlich
ist das aber schon früher geschehen. Denn nach dem Exzeß, der zu seiner
Ausweisung geführt hatte, mußte er sich für diese sicher nicht belanglose
Aufgabe erst wieder das Vertrauen seines Arbeitgebers wie auch das der Behörden erwerben.

Weiter kann ich die Spur Jörg Malers in den Jahren zwischen Ende 1526
und 1530 nicht verfolgen, obgleich es gerade auch für die Beurteilung seiner
späteren Geschichte als Täufer und seiner Arbeit am KUNSTBUCH wichtig
wäre, Genaueres zu wissen. Denn 1527 und 1528 war der Höhepunkt der
Täuferbewegung in Augsburg, und so hoch wie in Augsburg zu dieser Zeit
sind ihre Wellen—wenigstens im oberdeutschen Bereich—nur noch an wenigen Orten geschlagen. Zahlreiche namhafte Täufer trafen sich hier, aus
der Schweiz, aus Straßburg, aus Mitteldeutschland und Österreich, nicht
weil sie sich verabredet hätten, sondern weil Täufer, die anderswo verfolgt
wurden, hier eine Atmosphäre des Umbruchs spürten.[15] Die Druckereien waren bereit, die neuen Gedanken lesbar unter die Leute zu bringen, so daß
sich die neuen Ideen mittels des noch jungen Mediums rasch verbreiteten.

---

[13] Stadtarchiv Augsburg, *Strafbuch* 1509-1526, S. 194.

[14] Friedrich Roth, *Augsburgs Reformationsgeschichte*, Zweiter Band, 1531-1537 bzw.1540,
München 1904, S. 407-419, Anm. 35.

[15] Ders., *Augsburgs Reformationsgeschichte* 1517-1530, [Erster Band,] Zweite vollständig
umgearbeitete Auflage, München 1901, S. 218-270.

War Jörg Maler mit seiner Verbannung aus Augsburg diesen aufregenden Ereignissen aus dem Weg gegangen? Wir wissen es nicht. Auffallend ist aber, daß sich unter den Schriften des KUNSTBUCHES, die er gesammelt und zusammengestellt hat, sechs Schriften von Täufern finden, die 1527 ebenfalls durch Augsburg kamen, nämlich von Hans Hut und, durch ihn entscheidend geprägt, von Lienhard Schiemer und Hans Schlaffer. Diese Schriften sind uns auch auf andern Wegen überliefert worden, nämlich in Handschriften der hutterichen Brüder. Aber die Texte des KUNSTBUCHES bieten eine eigene Tradition und scheinen bei weitem zuverlässiger zu sein. Wenn Jörg Maler schon 1527 wieder nach Augsburg zurückgekehrt sein sollte, könnte man der Vorstellung nachhängen, er wäre bereits in dieser frühen Zeit in den Besitz der Schriften von Hut, Schiemer und Schlaffer gekommen. Für eine solche Schlußfolgerung aber fehlen die weiteren Nachrichten über Maler.[16]

Ich wende mich deshalb wieder dem Jahre 1532 zu, in dem nach dem Geständnis des Goldschmiedes Sebolt Feuchter Jörg Maler durch Feuchter getauft wurde. Wir lesen in den Akten, daß zwischen der Taufe und dem Zeitpunkt, da Feuchter vor dem Untersuchungsrichter gestand, er habe Jörg Maler und noch sechs weitere Personen getauft (März 1533), fast ein ganzes Jahr verstrich. Damit kommen wir auf März/April 1532 als Taufdatum. Um diese Zeit muß Maler vor eine schwere Entscheidung gestellt worden sein. Nicht nur, daß er beschloß, sich taufen zu lassen! Vielmehr kam er offensichtlich in die engere Wahl, als man in Augsburg mehrere Pastoren- und Helferstellen neu besetzen mußte. In dem bereits zitierten Diarium von Johannes Rütiner berichtet nämlich der ehemalige Täufer Jakob Spichermann über Jörg Maler: „Er war so berühmt im Wort, daß er beinahe zum Pastoren gewählt wurde. Schließlich wurde [seine] Wiedertäuferei bekannt."[17]

Das Wort „Pastor" ist bei den Täufern nicht üblich gewesen. Deshalb könnte man denken, hier hätte sich der Erzähler in der Wortwahl geirrt. Aber der folgende Satz über die (etwas späte) Entdeckung der „Wiedertäuferei" Malers läßt die Schlußfolgerung zu, daß Maler in Augsburg eine Zeitlang als evangelisch Gesinnter angesehen wurde und tatsächlich für das Amt eines evangelischen Pastoren oder auch eines Helfers etwa

---

[16] Bei meiner ersten Vorstellung des Kunstbuches (vgl. Anm. 2, S. 229) habe ich es noch für wahrscheinlich gehalten, daß Jörg Maler identisch ist mit dem Gregor Maler von Chur. Das hat mit Recht William Klassen bestritten: „ Their names preclude such identification, although some reasons for their identification can be adduced." (*Mennonite Encyclopedia*, IV, 1959, 366; vgl. auch William Klassen, *Covenant and Community. The Life of Pilgram Marpeck*, Grand Rapids 1968, S. 90, Anm. 98). Wohl wird Jörg Probst Maler in den Akten häufig auch „ Georg" genannt. Der Name „ Gregor" aber hat eine andere Wurzel und „ Gregor von Chur" heißt nie anders als „ Gregor" (Vgl. auch *TQ Ostschweiz* [wie Anm. 7], Nr. 613 und *Quellen zur Geschichte der Täufer VII. Elsaß, I. Teil: Stadt Straßburg 1522-1532*, 1959, S. 129, Z.12).

[17] Vgl. oben Anm. 7. Der lateinische Text lautet: Adeo celebris tandem verbo, ut ferme in pastorem electus fuit. Tandem innotuit catabaptismus (S. 582).

an St.Ulrich in Betracht gezogen worden sein könnte. So gehörte z.B. auch
der ehemalige Täufer Jakob Dachser zu denen, die 1532 zu einem Amt an
St.Ulrich kamen - vielleicht anstelle Jörg Malers.[18] Maler selber hatte sich
aber wohl schon vorher für einen Anschluß an die Täufer entschieden und
sich auch taufen lassen. Er konnte also gar nicht mehr zurück.[19]

Konflikt mit der Obrigkeit
und mit dem Gewissen (1533-1535)

Die Täuferbewegung in Augsburg, die Ende der zwanziger Jahre so hohe
Wellen geschlagen hatte, war zusammengeschmolzen zu einer kleinen
Gruppe, die sich unauffällig außerhalb der Stadt in Wäldern oder auch innerhalb der Stadtmauern in dieser oder jener Wohnung traf. Die Gruppe, die
der Nürnberger Goldschmied Sebolt Feuchter etwa ab März oder April 1532
getauft hatte, zählte mit ihm und den schon zuvor Getauften zusammen
knapp über zehn Personen, mehr Frauen als Männer,[20] unter letzteren auch
Jörg Maler. Im Februar 1533 wurden sie verhaftet und ab 1. März verhört.[21]
Es zeigte sich, daß einige von ihnen sogleich bereit waren, der Obrigkeit
nachzugeben und zu widerrufen, darunter Sebolt Feuchter selber. „Maler"
sowie ein Lodenweber und zwei Frauen sträubten sich.

Die Verhörsakten lassen erkennen, in welcher Weise das geistliche Leben
der kleinen Gruppe sich gestaltet hatte. Man kam so häufig wie möglich in
den Häusern der Täufer zusammen, immer nur im kleinen Kreis und zwar
abwechselnd dort, wo es den Umständen nach möglich war. Auch traf man
sich immer wieder außerhalb der Stadttore in Gärten, im Wald, an der
Wartach oder an markanten Orten wie „bei den sieben Brunnen hinter der
Wolfmühle". Man wählte unterschiedliche Zeiten, wodurch die Heimlichkeit
der Treffen gewahrt werden sollte, manchmal auch nachts. Bei den Treffen

---

[18] Zur Absetzung der evangelischen Prediger in Augsburg 1530 und zur Wiederbesetzung der
evangelischen Pfarrstellen bis 1532 vgl. *Friedrich Roth, Augsburgs Reformationsgeschichte.*
Dritter Band. 1539-1547 bzw. 1548, München 1907, S. 533f. und 537f. Dachser hatte Jörg Maler
voraus, daß er früher bereits als Priester amtiert hatte. - Die Zustände an St.Ulrich im Frühjahr 1532
und der Eifer der Täufer werden von dem lutherisch gesinnten Prädikanten Kaspar Huber in einer „
Relation" so geschildert: „ Also gewunnen die wiedertaufer durch solche leer [der reformiert gesinnten Pastoren] wiederumb raum und platz, traten öffentlich zu S. Ulrich im Predighaus und predigten unberufen also, daß ain oberkait wieder verursacht wardt, solchs predigen der tauferen bei
leibsstraf zu verbieten." (Roth, *Bd. 2* (wie Anm. 14), S. 81, Anm. 59). Fortsetzung s.u. Anm. 27.

[19] Übrigens wird auch die Nachricht, Jörg Maler sei „ ein Vorsinger an der Predigt" gewesen,
auf seine Mitwirkung im evangelischen Gottesdienst an St.Andreas in Augsburg gedeutet werden
müssen (Sebolt Feuchter im Verhör am 4. März 1533 in Augsburg); wenn es nämlich „ an der Predigt" heißt, kann nur ein evangelischer Gottesdienst gemeint sein, nicht aber ein Täufergrüppchen
beim Vorlesen im kleinsten Kreis.

[20] ...vascht weiber, junckfrauen und wenig mann (Verhör Sebolt Feuchters, 4. März 1533).

[21] Roth, *Bd. 2* (wie Anm. 14), S. 407, 419.

war das „Lesen" das Wichtigste. Selbstverständlich hieß „lesen" aus dem Neuen Testament vorlesen. Es konnten aber auch Briefe von anderen Täufern verlesen und Nachrichten weitergegeben werden. Maler beschrieb seinen Beitrag dabei mit den Worten, „er sei nichts anderm als der Wahrheit nachgegangen".[22]

Zu den Treffen gehörte häufig, daß man miteinander aß, aber nur, „was die Not erforderte". Das brauchte nicht vom Hauswirt oder von der Hauswirtin getragen zu werden, sondern jeder gab seinen Obolus. Und wer es nicht bezahlen konnte, für den sprangen die andern ein.[23]

Auffallend ist bei der Lektüre der Verhörsprotokolle, wie häufig versichert wird, daß man sich nur im kleinen Kreise treffe. Sebolt Feuchter beteuert, „er habe in dieser Stadt keine Versammlung gehalten, die eine 'gemeine Versammlung' heiße," und stellt fest, bei den Augsburger Täufern handele es sich nur um solche Versammlungen, „da ihrer zwei, drei, vier, sechs, zehn bis in die vierzehn" zusammenkommen, „nicht darüber". Und dann definiert er: „Das heißt eine 'gemeine Versammlung', zu der man bis an die 50, 60 oder mehr Personen ankündigt."[24] Man hatte ihm nämlich erzählt, die Obrigkeit werde die kleinen Versammlungen dulden, bei den großen (den sog. „gemeinen") aber einschreiten.[25]

Tatsächlich war dies die Art, wie Augsburg in den letzten zwei Jahren mit den Resten der Täufer zurecht gekommen war. Zwar hatten die Lutheraner meist ein härteres Vorgehen gegen die Täufer gefordert. Die auf dem Reichstag in Augsburg 1530 vorgelegte Confessio Augustana bot dafür eine Handhabe.[26] Die Reformierten jedoch, die immer mehr das Sagen in Ausburg gewannen, waren vorsichtiger. Sowohl Wolfgang Musculus (Latinisierung von „Mäuslein") wie auch Bonifacius Wolfhart, die beide von

---

[22] Verhör in Augsburg am 5. März 1533 (*Urgichten* 1533).

[23] *Ebd.* : Und welcher nicht zu bezahlen gehabt, haben die andern für ihn dargestreckt.

[24] Verhör in Augsburg am 4. März 1533 (*Urgichten* 1533).

[25] *Ebd.* : „ Ime seie auch gesagt worden, das die oberkait alhie zugelassenn, daß 4, 5, biß jn 6 oder 8 personen mogenn zusamen geen, freuntlich mit ain ander reden und nit einer. Des hab er sich gehalten." Auch im Verhör Jörg Malers vom 5. März 1533 wiederholt sich diese Argumentationsweise: „ Wol seien je jr 3, 4 oder 5 mit ein ander für die stat thor gangen und von der warheit gered." (*Urgichten*). Es fällt auf, daß eine ähnliche Zahlenreihe auch im ersten Artikel der „ Gemeinsamen Ordnung der Glieder Christi in sieben Artikeln gestellt" von Leupolt Scharnschlager auftaucht. Diese Ordnung ist uns durch Jörg Maler selber im Kunstbuch (fol. 180[v]) überliefert. Sie lautet: „ Die Glieder Jesu Christi sollen, wo und wie sie können, jee nach glegennheit der orten und vervolgungen umb der liebe christi willen zesamen drethen, es sey wenyg oder vil, 2, 3, 4, 6, 10, 15, 20, mynder oder mer zu gschechen" (neuhochdeutsche Fassung in: Heinold Fast, *Der linke Flügel der Reformation*, Bremen 1962, S. 131. Ich hatte die „ Gemeinsame Ordnung" auf ca. 1540 datiert und möchte auch dabei bleiben. Die Ähnlichkeit dieser Formulierung bei Scharnschlager mit den Aussagen der Augsburger Täufer Mitte der dreißiger Jahre scheint mir aber doch eine Traditionslinie anzuzeigen).

[26] John S. Oyer, *Die Täufer und die Confessio Augustana*, in: *Mennonitische Geschichtsblätter*, 37. Jg., 1980, S. 7-23.

Straßburg nach Augsburg berufen worden waren, vertraten eine zwinglische
Theologie, erkannten deshalb auch ihre eigene Verwandtschaft mit den
Täufern und versuchten, diese für sich zu gewinnen.[27]

In diesen Zusammenhang gehört auch der Widerruf von Jörg Maler, zu
dem er sich 1533 überreden ließ, den er aber sein Leben lang bereute und
der ihm wie ein Stachel im Fleisch steckte.

Maler hat siebzehn Jahre später darüber berichtet, es sei Musculus, Pfarrer an der Kirche zum Heiligen Kreuz gewesen, der auch ihn bedrängt habe,
seinem täuferischen Glauben abzuschwören. Musculus aber sei das nicht
gelungen. Erst als Bonifazius Wolfhart, Prädikant an St.Anna, ihn im Gefängnis besucht und mit ihm gesprochen habe, sei er zugänglich geworden.
Denn auf Malers Besorgnis hin, er könne guten Gewissens nicht halten, was
er versprechen solle, antwortete ihm Bonifazius, man wolle ihn gar nicht
von seinem Glauben abbringen oder aus der Stadt treiben und der Rat sei
selbst geteilter Meinung; es würde ihm, Maler, nicht zum Vorwurf gemacht
werden, wenn er schließlich doch anders handele.[28] So leistete Maler am 29.
April 1533 einen Widerruf entgegen seinem eigenen Gewissen.[29] Erst nachher habe er festgestellt, daß das nur die Sicht von Bonifazius gewesen sei,
nicht die des Rates.

Offensichtlich hat es in der Argumentationsweise der beiden Prediger einen entscheidenden Unterschied gegeben. Musculus ging es in erster Linie
darum, den Täufer durch das Schwören des Eides auf eine Absage an den
täuferischen Glauben ein für allemal festzulegen. Damit wäre Maler in seinem Gewissen unauflöslich gebunden gewesen. Gerade davor aber scheute
Maler zurück. Er wollte Gottes Willen nicht vorgreifen. Deshalb konnte
Musculus bei ihm keinen Erfolg haben.[30]

---

[27] Vgl. das Zeugnis Hubers (Fortsetzung von Anm. 18): „ Das machet und war die ursach, er
(Wolfart) wolte die leer wieder den tauf zu weit strecken und den kindertauf zu hart vernichten. Da
gewonnen die wiedertaufer immer wieder guten lufft zu Augspurg; dan etliche, denen zuvor die statt
versaget war von wegen des widertaufs, die kamen wieder ein und wurden irs langwirigen gefängniß
durch einen schlechten wiederruf erlediget...“ Die folgende Polemik richtet sich gegen Evangelische
(Roth, *Bd. 2* (wie Anm. 14), S. 81).

[28] Friedrich Roth, *Augsburgs Reformationsgeschichte*, Vierter Band, 1547 bis 1555, München
1911, S. 614, 640f.

[29] Nachtrag im Verhörsprotokoll vom 5. März 1533 (s.o. Anm. 24): „ Hat auf 29. tag aprilis anno etc 33 vor ainem rat widerruefft und den aid gethann.“ Maler leistete diesen Widerruf nicht mit
eigenen Worten oder schrieb ihn selbst nieder, sondern bekam ihn vorgelesen von Wolfhart und
mußte das eidlich bestätigen. (*Urgicht* vom 28. April 1550, Punkt 2 und 3).

[30] Literarisch hat das Gespräch zwischen Musculus und Jörg Maler, vielleicht aber auch noch
mit den andern gefangenen Täufern, einen Niederschlag gefunden in einem Traktat, den Musculus
(er schreibt sich hier Meüszlin) verfaßt und noch im Sommer 1533 veröffentlicht hat: „ Ain fryd-
sams vnnd Christlichs Gesprech ains Euangelischen auff ainer vnd ains Widerteüffers auff der andern seyten, so sy des Aydschwurs halben mitainander thund. Zun Galat.6: Lieben bruder, so ain
mensch ettwa von ainem fehl übereylet würde, so unterweyset jn mit sennftmutigem gayst, die jr
gaystlich seyt, Und sehe auff dich selbs, das du nit auch versuchet werdest. Ainer trage des anderen
last, so werdent jr das gesatz Christi erfüllen. M.D.XXXIII.“ 14 Blatt in 4°. Am Schluß: An-

Bonifazius hingegen ließ Maler eine Hintertür offen, indem er ihm falsche Informationen über die Absicht des Rates gab. Das muß keine absichtliche Lüge gewesen sein. Wahrscheinlich war nur seine Einschätzung der Lage falsch. Aber Jörg Maler saß nun in der Falle. In dem Maße, wie er sich in seinem Gewissen gebunden fühlte an das, was er als Willen Gottes für sich erkannt hatte, schämte er sich seiner eigenen Unbedachtheit. Er hat sie sein Leben lang bereut und sich in ähnlichen Situationen als um so beständiger erwiesen.

Zunächst aber mußte er mit der schwierigen Lage fertig werden, in die er sich durch das Schwören des Eides gebracht hatte. Er durfte sich wohl, weil er widerrufen hatte, frei in Augsburg bewegen, nutzte das aber aus, um sich weiterhin mit täuferisch Gesinnten zu treffen, ihnen Unterkunft zu gewähren und sie zu unterstützen. Er rechnete offenbar damit, daß die Obrigkeit, weil sie in sich uneinig war, keinen Anstoß daran nehmen würde. Doch erwies sich bald, daß Maler damit einer Illusion anhing. Mochte der Rat auch nicht einer Meinung in Religionssachen sein, so konnte er es sich nicht leisten, als täuferfreundlich zu gelten. Als Jörg Maler und der Schlosser Philipp Miller, der auch zu den im Frühjahr 1533 gefangenen Täufern gehörte und widerrufen hatte, vor den Rat zitiert wurden und sich dort frei zum täuferischen Glauben bekannten, war es mit der Rücksicht seitens des Rats zu Ende. Noch am Tage des Urteils, am 18. September 1533, wurden die beiden vor die Stadt geführt, und der Stadtvogt verkündete ihnen, wenn sie wieder hereinkommen würden, „werde man ihnen eine Leibesstrafe tun".[31]

Für etwa anderthalb Jahre hielt diese Drohung vor. Im Frühjahr 1535 aber wagte Jörg Maler sich wieder in die Stadt. Er hatte einen guten Grund; denn er wollte seine Frau Anna aus Augsburg zu sich holen. Dazu mußte er ihren Haushalt auflösen, und das dauerte seine Zeit. Währenddessen hatte er angefangen, seinen Lebensunterhalt zu verdienen, indem er das inzwischen erlernte Weberhandwerk bei einem ansässigen Webermeister ausübte. So war er schon drei Wochen da und wollte möglichst bald wieder fort.[32]

Er hatte sich aber auch schon wieder mit Täufern getroffen, zur Vorsicht außerhalb der Stadt in der Rosenau, einem Wiesen- und Waldgebiet an der Wartach. Nicht daß sie dort heimlich des Herren Mahl gefeiert hätten (die verhörenden Ratsherren meinten ihre Täufer zu kennen)! Sie hätten nur

---

no.M.D.XXXIII: Ultima Iulii. Der Druck kommt aus der Druckerei von Philipp Ulhart d.Ä.. Ein Original des Druckes ist vorhanden in der Staats- und Stadtbibliothek von Augsburg. Auf einem Microfiche ist er zugänglich durch IDC (KME 125/1). Eine niederländische Übersetzung, die Martin Micronius besorgte, erschien 1555 (IDC KME 126/1). Vgl. Roth, *Bd. 2* (wie Anm. 14), S. 421, Anm. 42; *Mennonitisches Lexikon*, Dritter Band, Karlsruhe 1958, S. 192 (Artikel „Muskulus" von Christian Hege).

[31] Stadtarchiv Augsburg, *Strafbuch* 1533-1539, fol 12v (Roth, *Bd. 2* [wie Anm. 14], S. 420, Anm. 38).

[32] Stadtarchiv Augsburg, *Urgichten*, 5. April 1535.

Hunger gehabt und Wildbret gegessen. Auch hätten sie sich nicht vorher verabredet gehabt, sondern sich gleichsam zufällig getroffen. Wohl aber gestand er, daß sie sich „miteinander von wegen des Evangeliums hätten bereden wollen." Da wäre es für die Verhörenden wohl schwer gewesen, nicht an ein geplantes Treffen zwecks täuferischer Pläne zu denken.[33]

Das aber war damals eine alarmierende Vorstellung. Seit über einem Jahr hörte man mit Entsetzen von der Herrschaft der Täufer im westfälischen Münster. Der Kaiser hatte die Bekämpfung dieser Schreckensherrschaft zu einer Reichsangelegenheit erklärt, erhob zu diesem Zweck von den Ständen des Reiches eine Sondersteuer, so auch etwa von Augsburg, und drängte darauf, daß die Täufer überall konsequent bekämpft wurden.[34] Deshalb durfte sich der Rat bei seinem Vorgehen gegen die Täufer nicht zu nachgiebig zeigen, obgleich er seit 1531, sicher auch auf Grund der Erfahrungen, die er mit der Vertreibung der evangelischen Prediger durch den Kaiser 1530 gemacht hatte, relativ milde Urteile gegen die Täufer fällte.[35]

Man hatte deshalb die ganze Täufergruppe, die man in der Rosenau aufgespürt hatte, gefangen genommen und alle ausgiebig verhört.[36] Unter ihnen waren Jörg Maler und der Wollschläger Bernhard Schmid am schwersten belastet, weil ihnen schon vorher eine Leibesstrafe für den Fall des Ungehorsams angedroht, dann aber nicht vollzogen worden war. Der Rat konnte sich eine solche Großzügigkeit nicht ein zweites Mal erlauben, zumal beide diesmal keine Zugeständnisse machten. Obgleich man Maler „mit leerer Scheiben" zweimal „aufzog", um ihn gefügig zu machen, blieb er bei seiner Überzeugung, „er wolle und werde nicht widerrufen." Auch nützte die Eingabe seiner Frau, „Anna Pröpstin", nichts, die sie offensichtlich mit Hilfe eines Rechtsanwalts aufgesetzt hatte, ihr Mann habe sich nur vorübergehend und nur, um mit ihr zusammen anderswohin zu ziehen, in Augsburg aufgehalten.[37] Während fünf der gefangenen Täufer vor die Tore der Stadt geführt und so vom Territorium der Reichsstadt verwiesen wurden, mußten Jörg Maler und Bernhard Schmid zunächst als Eidesbrecher vor dem Rathaus am Pranger stehen und wurden am 15. April 1535 „aus Gnaden und Barmherzigkeit" vom Stadtknecht mit Ruten aus der Stadt hinausgetrieben - für „ihr Leben lang".[38]

---

[33] *Ebd.*, 7. April 1535.

[34] Roth, *Bd. 2* (wie Anm. 14), S. 409f. - Die Voraussetzung für diese Bekämpfung war mit der antitäuferischen Gesetzgebung auf dem Zweiten Reichstag zu Speyer 1529 gegeben (vgl. Hans-Jürgen Goertz, *Ketzer, Aufrührer und Märtyrer. Der Zweite Speyerer Reichstag und die Täufer*, in: *Mennonitische Geschichtsblätter*, 36. Jg., 1979, S. 7-26).

[35] Roth, *Bd. 2* (wie Anm. 14), S. 420, Anm. 41.

[36] Roth, *Bd. 2* (wie Anm. 14), S. 410 plus Anmerkungen.

[37] Stadtarchiv Augsburg, *Urgichten* 1535: Anna Pröbstin. Supplication.

[38] In diesen Tagen wurde auch Frau Helena von Freyberg aus dem niederen Adel Tirols, die seit mehreren Jahren bereits zu den Täufern gehörte, aus Augsburg ausgewiesen. Maler hatte sie mit an-

Wie flexibel die Ratsherren trotzdem blieben, verrät eine nicht ganz eindeutige Notiz im Strafbuch zum selben Tage:[39] „Diese zwei sind darüber wieder hereingegangen; die aber wiederum hinausgeführt und ihnen, daß sie sich von stund an die 4 Meilen Wegs" (das können an die 30 km oder weiter sein) „hinweg tun sollen". Tatsächlich leistete Bernhard Schmid am 17. April 1535, also zwei Tage später, einen Widerruf, auf den hin ihm erlaubt wurde, in der Stadt zu bleiben. Er brauchte also nicht mehr hinausgeführt zu werden. Jörg Maler jedoch ließ sich nicht mehr überreden. Vielleicht kehrte er noch einmal in die Stadt zurück, um seine Frau mit dem Umzugsgut abzuholen. Aber seinen täuferischen Glauben hat er nicht mehr widerrufen, auch wenn er später Einschränkungen machte.

Jörg Malers Rolle
unter den Schweizer Täufern bis 1548

Bereits nachdem Jörg Maler im Herbst 1533 als unbekehrbarer Täufer zum ersten Mal aus Augsburg ausgewiesen worden war, suchte er eine Bleibe unter Täufern in andern Ländern. Er hat in den Augsburger Verhören im Frühjahr 1535 die Schweiz und Mähren als Aufenthaltsorte genannt, wo er in der Zwischenzeit von anderthalb Jahren weilte.[40] Darüber hinaus erwähnte er, niemand habe ihm Unterkunft und Verpflegung gewährt „als allein zu der Zeit, da er das Weberhandwerk zu Baden in der Schweiz erlernte". Da hätten „ihm die Brüder daselbst Unterhalt gegeben".[41] Gefragt, ob er brieflich mit Augsburger Bürgern korrespondiert habe, antwortete er, von einer solchen Korrespondenz wisse er nichts; nur einmal habe er aus der Schweiz einen Brief an Matheis Otten in Augsburg geschickt und ein andermal einen solchen aus Mähren.

Demgemäß könnte Jörg Maler die anderthalb Jahre von Mitte September 1533 bis Anfang März 1535 so zugebracht haben, daß er den Winter 1533/34 in Baden an der Limmat, dem Ort der Tagsatzungen der Schweizerischen Eidgenossenschaft, arbeitete. Er konnte nicht mehr in seinem eigentlichen Beruf als Maler tätig sein, sondern half in der Stadt bei einem Meister, der ihn in das Weberhandwerk einführte. Seine Unterkunft aber hatte er bei Täufern, wahrscheinlich in der näheren Umgebung.[42] Im Som-

---

dern Täufern zusammen als Glaubensschwester einige Male besucht (Roth, *Bd. 2* [wie Anm. 14], S. 426f).

[39] Roth, *Bd. 2* (wie Anm. 14), S. 422f.

[40] Stadtarchiv Augsburg, *Urgicht* vom 5. April 1935: Hab sich inn Merhern und im Schweitzerlannd enthaltenn (d.h. aufgehalten).

[41] *Ebd.*, *Urgicht* vom 7. April 1535.

[42] Seit 1529 war Baden fest in der Hand der altgläubigen Orte. Über die Täufer im Aargau vgl. *Mennonitisches Lexikon*, Bd. I, 1913, S. 4-6.

mer 1534 mag er sich auf den Weg nach Mähren gemacht haben. Dort florierten in diesem Jahr noch die täuferischen Gütergemeinschaften, die allerdings in heftige Auseinandersetzungen miteinander verwickelt waren. Es könnte für Jörg Maler wichtig gewesen sein, sich Klarheit zu verschaffen, wohin er gehörte. Es gab auch nicht nur täuferische Gütergemeinschaften dort, sondern auch Täufergemeinden ohne Gütergemeinschaft und solche, die gerade jetzt in Wandlung begriffen waren.[43] Mit der Wende 1534/1535 freilich veranlaßte das ferne Schauspiel des Wiedertäuferreiches zu Münster König Ferdinand I. zu radikalem Vorgehen gegen alles, was wiedertäuferisch genannt werden konnte, und das brachte dann auch wohl Jörg Maler im März 1535 für kurze Zeit nach Augsburg zurück.

Es existiert aber noch eine weitere Nachricht über den Verbleib Malers aus seiner Schweizer Zeit. In seinem ersten Verhör in Augsburg 1550 gibt Maler an, er sei sechs Jahre bei St. Gallen und fast acht Jahre in Appenzell gewesen, also zusammen fast 14 Jahre abwesend von Augsburg.[44] Von 1548 an zurückgerechnet kommt man damit auf 1534. Das heißt, daß Maler einen Teil seiner Zeit in oder bei Baden und den Aufenthalt (oder nur Besuch) in Mähren in seine St. Galler Jahre miteinschließt. Man könnte sich deshalb auch vorstellen, daß Maler sich schon früher, etwa im Herbst 1534 in St.Gallen niederließ und, nachdem er dort die Möglichkeit einer Bleibe ausgekundschaftet hatte, im März 1535, wie wir schon erfahren haben, nach Augsburg nur zurückgekehrt war, um seine Frau nachzuholen.

In St. Gallen und Umgebung erlebte die Wirtschaft gerade in dieser Zeit einen Aufschwung.[45] Man richtete zur Förderung des Tuchgewerbes außerhalb der Stadtmauern eine neue Bleiche ein, kaufte Wasserzuflüsse auf, regulierte sie und baute eine Walkmühle zur Bearbeitung der Tuchwaren. In dieser Situation hatte Jörg Maler keine Schwierigkeit, im Weberhandwerk Arbeit zu finden und seine Fertigkeiten darin zu vervollkommnen.[46]

Darüber hinaus aber brachte ihm diese Situation Kontakte mit andern Täufern. Die ansteigende Zahl der Arbeitsplätze zog auch Täufer an, die anderwo ausgewiesen waren und nach einer neuen Bleibe suchten. Günstig war für sie in St. Gallen, wenn sie außerhalb der Mauern arbeiten konnten. Dann suchten sie sich häufig auch eine Wohnung dort oder kamen gar auf dem Gebiet von Appenzell unter, dessen Grenze nur einen Katzensprung

---

[43] Vgl. Werner O. Packull, *Hutterite Beginnings. Communitaria Experiments during the Reformation*, Baltimore, London 1995 (vor allem Kapitel VI).

[44] *TQ Ostschweiz*, S. 237.

[45] Zum Folgenden vgl. die zeitgenössische Schilderung in Johannes Kessler, „ *Sabbata*" , St. Gallen 1902, S. 434-36.

[46] Artificium textorium didicit Georgio Moetteli texens (Aussage von Spicherman, dem Schwiegervater von Moetelli: *TQ Ostschweiz*, 582). Da Jörg Maler die Grundlagen des Webens bereits in Baden gelernt hatte (s. o. Text zu Anm. 33), konnte er seine Kenntnisse jetzt weiterbilden.

von den neuen Arbeitsplätzen entfernt lag. Wer sie überschritten hatte, befand sich außerhalb des Machtbereichs der Stadt und des Klosters.

Die folgenreichste Begegnung hier war sicherlich die mit Pilgram Marpeckh. Wiederum stammt unsere Kenntnis darüber aus einem der Verhöre fünfzehn Jahre später in Augsburg. Gefragt, woher er Pilgram Marpeckh, den „Brunnenmeister" von Augsburg, von dem man wußte, daß er den Täufern nahestand, kenne, antwortete Jörg Maler, er habe in St. Gallen gehört, daß der „Pilger" (d.h. Pilgram) ein köstliches Werk zur Walke dort errichtet habe. Deshalb habe er, Maler, als er nach Augsburg gekommen sei (1547/48), Marpeckh aufgesucht, um sich mit ihm zu besprechen.[47] Das klingt zunächst so, als ob Maler in St. Gallen von Marpeckh nur gehört habe, ihn gesehen und gesprochen jedoch erst etwa dreizehn Jahre später. Das ist, wenn auch nicht unmöglich, so doch unwahrscheinlich; denn in dieser Zeit hat es doch erhebliche Auseinandersetzungen um den täuferischen Glauben und die ihm gemäße Praxis gerade zwischen den Täufern in der Nordostschweiz und Marpeckh gegeben, so daß das Interesse an einer persönlichen Aussprache darüber stark gewesen sein muß. Marpeckh hatte bis 1544 allerdings einen uns unbekannten Aufenthaltsort, so daß eine sichere Einschätzung seiner Beweglichkeit nicht möglich ist.[48]

Einen leider nur flüchtigen Einblick in das Leben der kleinen Gruppe von Täufern in St. Gallen in der zweiten Hälfte der dreißiger Jahre erlaubt der bereits erwähnte Bericht von Johannes Rütiner über ein Gespräch mit dem ehemaligen Täufer Johannes Spichermann im April 1537.[49] Spichermann hatte Rütiner berichtet, die „Brüder", d.h. die Täufer in St. Gallen, hätten zwei Jahre lang nie mehr das Abendmahl gehalten, „weil bisweilen deswegen Aufruhr entstand, bisweilen der Teufel ein Feuer anzünde".[50] Den zeitlichen Daten nach bezieht sich diese Nachricht auf die Jahre 1535 bis 1537. Wenn als erster Grund „Aufruhr" genannt wird, dann spiegelt das die Furcht der Obrigkeit wieder, der Aufruhr der Täufer in Münster könne sich im Süden wiederholen. Die St. Galler Täufer hätten, um diesem Verdacht zu entgehen, auf die Abendmahlsfeiern verzichtet.

---

[47] Im Verhör Jörg Malers vor den bestellten Ratsmitgliedern in Augsburg am 28. April 1550 sagt Maler: „ Die ursach, das er den Pilger khenne, sei diß: Er hab bei Sand Gallen von jme gehort, wie er ain so khostlichs werckh zur walckh daselbst gemacht hab. Derhalb er, wie er hiher khumen, sich ettwo zu jme gethon." Schon in seiner ersten biographischen Skizze hat William Klassen diese Aussage in Verbindung gebracht mit den bei Kessler berichteten Baumaßnahmen eines Walkwerkes und mit der Vertreibung von Jörg Maler aus Augsburg im April 1535, von wo Maler sich direkt nach St.Gallen begeben hat (*Mennonite Encyclopedia* IV, S. 365). Vgl. dazu: William Klassen, *Covenant* (wie Anm. 16), S. 33.

[48] Über seine Reise nach Mähren und den Versuch, sich mit den Hutterern zu einigen, s. Stephen B. Boyd, *Pilgram Marpeck. His Life and Social Theology*, Mainz 1992, S. 102f.

[49] S. o. Anm. 7.

[50] Duobus annis numquam caenam dominicam habuerunt fratres, quia subinde seditiones hactenus, subinde Demon incendit...(*TQ Ostschweiz*, S. 581).

Als zweiten Grund für die Aufhebung der Abendmahlsfeiern führt Spichermann an, daß „bisweilen der Teufel [ein Feuer] anzündet, weil er denen, die
das Wort Gottes so rein ausüben, immer widersteht".[51] Damit ist eine Eigenheit der St. Galler Täufer angesprochen, die für die nächsten Jahre den
Hauptpunkt der innertäuferischen Auseinandersetzungen ausmachte, die
Gesetzlichkeit nämlich, mit der man in St. Gallen und Appenzell versuchte,
dem Evangelium treu zu sein. An der Abendmahlsfrage entschied sich
gleich nach der Tauffrage, wie man sich die Art christlicher Gemeinschaft
vorstellte. Sollte das Abendmahl vor allem die Freudenfeier derer sein, die
durch das Evangelium und die Vergebung im Kreis der Mitchristen die
Freiheit der Kinder Gottes zum Dienst an diesem Evangelium erlebten?
Oder war es primär die Gelegenheit, die echten von den unechten Christen
zu scheiden und durch solche Trennung die „reine Ausübung" des Wortes
Gottes zu gewährleisten? Vielleicht sollte das Aussetzen der Abendmahlsfeiern bei den St. Galler Täufern die Gemeinde auch in dieser Hinsicht vor
Schlimmerem bewahren.

Als neueste Nachricht erzählt Spichermann dem Johannes Rütiner freilich, die Brüder hätten—und damit sind eben die Täufer von St. Gallen gemeint—am jüngsten Osterfest, also am 1. April 1537, „zum ersten Mal wieder Älteste gewählt, um die Almosen auszuteilen und das Wort zu verkündi-
gen".[52] Unter den sonst nicht namentlich hervorgehobenen „Ältesten" werden zwei genannt: Ein „Michael, der vier Jahre in Bern gefangen war" und
den ich nicht eindeutig identifizieren kann,[53] „und Maler von Augsburg, ein
sehr gut aussehender Mann mit krausem Haar".[54] Es ist kein Zweifel, dies ist
Jörg Probst Rotenfelder, genannt Maler von Augsburg.

Es ist allerdings zu klären, in welchem Umfang Jörg Maler damit als
„Ältester" betrachtet wurde bzw. sich selber als ein solcher einstufen ließ.
Zunächst scheinen nach dem Bericht Spichermanns zwei Aufgaben mit dem
Ältestenamt verbunden gewesen zu sein, die Austeilung der Almosen und
die Wortverkündigung, d.h. die Predigt. Darüber hinaus könnten aber auch
das Vorlesen aus der Bibel, das Ermahnen, die Kirchenzucht, das Feiern des

---

[51] ...quia tam pure exercentes verbum Dei semper resistit (*Ebd.*, korrigiert nach Rüsch, *Rütiner*,
wie Anm. 7).

[52] Phase proxima primum iterum seniores eligerunt pro eleemosinis dispartiendis et verbo admi-
nistrando (*Ebd.*).

[53] Inter quos est Michael, qui Bernae 4 annis captus fuit ... (*Ebd.*). - Möglicherweise handelt es
sich um Michael Ott, einen Schneider aus Stans im Inntal, der sowohl auf der Disputation in Zofin-
gen 1532 wie auch auf der in Bern 1538 zugegen war (John Yoder, *Täufertum und Reformation in
der Schweiz. I. Die Gespräche zwischen Täufern und Reformatoren 1523-1538*, Karlsruhe 1962,
S. 141 u. 144). Es läßt sich jedoch nicht nachweisen, daß er vier Jahre im Berner Gefängnis gelegen
hat. - Dieser Vorbehalt würde auch gelten, wenn man an den Täufer Michael Maurer denkt, der zu
den verfolgten Brüdern in Chur gehörte, an die Leupolt Scharnschlager 1544 einen Brief zum Trost
in der Verfolgung schrieb (*Kunstbuch* Nr. 30).

[54] ... et Pictor Augustanus, pulcherimus vir, crispo crine (*TQ Ostschweiz*, S. 581).

Abendmahls und das Taufen zu seinen Vollmachten gehört haben. Tatsächlich aber hat Jörg Maler seine Aufgaben viel bescheidener gesehen. Daß er getauft, also „wieder"-getauft habe, hat er immer wieder bestritten.[55] Nur einmal habe er sich unter ganz besonderen Umständen—weil nämlich keine „khirchendiener" zugegen gewesen seien—dazu drängen lassen und in St. Gallen zwei Frauen getauft.[56] Er habe es auf Geheiß der andern Mitbrüder tun müssen und habe es nicht gern getan.[57] Die Taufe der beiden Frauen war also eine Ausnahme gewesen, die er eigentlich nicht als seine Aufgabe ansehen wollte.

Aber war er nicht doch als berufener Prediger tätig gewesen? Diese Frage wurde in den Verhören des Jahres 1550 in Augsburg mehrere Mal an ihn gestellt, und zwar im Hinblick auf seine Zeit in Augsburg 1532/33 und 1535 wie auch auf seinen Aufenthalt in St.Gallen und Appenzell und schließlich auch noch im Hinblick auf seinen jüngsten Aufenthalt in Augsburg, der seine jetzige Gefangennahme zur Folge gehabt hatte. In allen Fällen verneinte er, gepredigt zu haben.[58] Jedoch führte er dabei folgende Unterscheidung ein: Wenn er zu jemandem gekommen sei, der ihn „erforscht" habe, „mit dem habe er vom Glauben aus der Schrift geredet" - und führte als Beispiele seine Schwäger in Augsburg mit deren Hausvolk wie auch das „Hausgesinde" Pilgram Marpeckhs in dessen Wohnung an. Versammlungen oder Zusammenkünfte habe er nicht veranstaltet. Es ist dieselbe Unterscheidung, die wir bereits aus den Jahren 1533-1535 kennen: Maler hält ein Zusammentreffen von zwei, vier oder acht Personen noch nicht für eine „Gemein", sondern nur für ein Gespräch „vom Glauben aus der Schrift" und damit für erlaubt.[59]

Und wie stand es mit Jörg Malers Amt als „Leser" in der Gemeinde? Aus der Mitte der vierziger Jahre gibt es im Appenzeller Kundschaftenbuch eine Anzeige, Jörg Maler von Teufen halte Lesungen ab im Hause von Hans Locher am Bischoffberg; man rechne mit gut an die 30 Personen.[60] Daran ist bemerkenswert, daß nicht von Predigten die Rede ist, sondern vom Lesen. Das war schon seit zwei Jahrzehnten der terminus technicus für das Vorle-

---

[55] Bereits am 5. März 1533 in Augsburg (*Urgichten*): „ Er hab den handel bej ainem jar lanng getribenn, aber selbs nie tauft." So noch am 23. April 1550 in Augsburg (*Urgichten*, Zusatzfrage Nr. 4 des ersten Verhörs): Er hab nit getaufft. Selbst am 28. April 1550 (*Urgichten*, Frage 12 und 13. des zweiten Verhörs) versichert er zweimal: Er habe auch hie (in Augsburg) nie jemanden getaufft.

[56] *Ebd.* (28. April 1550).

[57] Zweite Frage des dritten Verhörs (5. Mai 1550). Daß hier als Ort der Taufe Appenzell statt St.Gallen genannt wird, könnte eine Korrektur durch den Protokollanten sein. Es würde bedeuten, daß das Ereignis in Jörg Malers Appenzeller Zeit (1539-1547) fiel.

[58] „ Er hab vor noch hernach nie hernach nie gepredigt" (*Urgicht* Augsburg, 28. April 1550).

[59] S.o. Anm. 25.

[60] *TQ Ostschweiz*, S. 229: „ namlich das Jorg Maler vonn Thüffen inen lessy inn Hanß Lochers huß." Entfernung von Teufen ca. 20 km gen Nordwesten.

sen aus der Bibel. Das Vorgelesene aber wurde besprochen: „Und es kann einer nach dem andern—je nachdem, welchen es gegeben ist, wie Paulus lehrt (1. Kor. 14)—reden und seine Gaben darlegen zur Besserung der Glieder, damit unsere Gemeinde nicht gleich sei den Falschberühmten (d.h. den offiziellen Predigern), da nur einer und sonst keiner reden darf." So ist es im zweiten Artikel der „Gemeinsamen Ordnung der Glieder Christi, in sieben Artikeln gestellt" beschrieben, die gemäß der Tradition von Malers KUNSTBUCH auf Leupolt Scharnschlager zurückgeht.[61] Wenn also Jörg Maler unter den Appenzeller Täufern eine besondere Stellung einnahm, war diese nicht nur durch seine Fähigkeit gegeben, andern vorzulesen oder das Vorzulesende auszuwählen, sondern auch durch die Bereitschaft, mit den Hörenden das Urteil über das Gehörte zu teilen. Das Verstehen des Textes sollte Sache der versammelten Gemeinde sein. Das war etwas ganz anderes als die Verkündigung des Wortes Gottes durch den berufenen Prediger. Es wird verständlich, warum Maler den Titel eines Predigers ablehnte oder auch nur bestritt, „gepredigt" zu haben.

Doch muß ich nun eine Thematik aufgreifen, die dem bisherigen Bild zu widersprechen scheint. Die Entdeckung des KUNSTBUCHES hat Auseinandersetzungen ans Licht gebracht, die nicht ohne Rest erklärt werden können. Ich meine die Auseinandersetzungen zwischen Pilgram Marpeckh und den Schweizer Brüdern. Jörg Maler hat dabei seine eigene Rolle gespielt, weil er zeitweise zwischen den Fronten stand, dann aber die Konsequenzen zog und nach Augsburg überwechselte.[62]

Wie erwähnt, ist es nicht unwahrscheinlich, daß sich Pilgram Marpeckh und Jörg Maler zum ersten Mal getroffen haben, als Marpeckh 1535/36 zu Wasserbauarbeiten nach St. Gallen kam.[63] Damals könnte er auch schon etwas vom traurigen Zustand der dortigen Täufergemeinde erfahren haben, die, wie bereits Rütiner uns berichtet hat, gerade zu dieser Zeit keine Ältesten mehr hatte und auch kein Abendmahl mehr feierte.[64] Durch die Wahl von Jörg Maler und jenem uns sonst unbekannten Michael am Osterfest 1537 ist das wohl nur teilweise behoben worden - und wie es in den andern Täufergruppen im Appenzellischen war, wissen wir nicht. Uns fehlen unpar-

[61] Fast, *Linker Flügel* (wie Anm. 25), S. 132.

[62] Literatur zum Thema Marpeckh/Maler und St.Gallen/Appenzell: William Klassen, *Covenant and Community. The Life, Writings and Hermeneutics of Pilgram Marpeck*, Grand Rapids, Mich. 1968, S. 53f; *The Writings of Pilgram Marpeck*. Translated and edited by William Klassen and Walter Klaassen, Kitchener, Ont. and Scottdale, Pa. 1978; Bernhard Thiessen, *Die Liebe und ihre Funktion in der christlichen Existenz: Pilgram Marpecks Briefe an die Gemeinden in und um St.Gallen und Appenzell*, Kirchengeschichtliches Hauptseminar bei Prof. Dr. C. Augustijn, SS 1982, Universität Tübingen, S. 8-14, 16-18, 43-49; Boyd, *Marpeck* (wie Anm. 48) S. 107f., 109-115, 155.

[63] S.o. Text bei Anm. 47.

[64] S.o. Anm. 50 und 52.

teiische Quellen. Deshalb sind wir auf die Briefe Pilgram Marpeckhs ange-
wiesen, die wir erst aus den vierziger Jahren haben.

Danach sieht Marpeckh die Ursache für die Differenzen erstens in der
Exkommunikationspraxis der Appenzeller und zweitens in ihrem Mangel an
geeigneten Gemeindevorstehern. Was er über die „so schnellen, leichtfertigen Gerichte und Urteile wegen einer jeden geringen Ursache" gehört hat,
kann er nicht mit „Christus und seiner apostolischen Kirche" in Einklang
bringen.[65] Er hält es für einen Abfall von der Freiheit, die den Christen
durch ihren Herrn geschenkt ist. Gerade daran aber scheinen die Appenzeller Anstoß genommen zu haben: Marpeckh „strecke die Freiheit Christi zu
weit" und brauche sie „zu einem Deckmantel des Bösen".[66]

Andererseits gab es auch personelle Gründe für den Zwiespalt zwischen
Marpeckh und den Appenzellern. Es waren nicht genügend Täufer, die leitende Funktionen in der Gemeinde übernehmen konnten. Den „sehr wenigen Vorstehern" fehlte die einheitliche Anerkennung der Gemeinde. Die
Kirchenzucht war auch auf sie angewandt worden: „Sind sie nicht zweimal
von euch und euren Versammlungen, so sind sie doch einmal ausgeschlossen." Da müsse entweder an den Gemeinden oder an den Vorstehern etwas
nicht in Ordnung sein.[67]

Ein Jörg Maler mußte sich durch solche Kritik hart getroffen fühlen.
Denn da war auch er mitgemeint. Einer der Briefe Marpeckhs war sogar an
ihn selber und den Täufer Uli Scherer adressiert.[68] Wir können froh sein,
daß er uns diese Briefe durch seine Abschriften selbst erhalten hat. Allerdings auch, daß er dabei seine kritischen Kommentare dazu an den Rand
schrieb:

---

[65] *Kunstbuch*, fol 61vf.
[66] *Ebd.* 33v u. 44r.
[67] *Ebd.* 62v.
[68] *Ebd.* Nr. 8 (fol 63r-66v).

Text Marpeckh KB 7

Das gericht ist
den h*[eilige]*n gotes
durch den h[eilige]n
geist zerichten be-
volchen, wie der herr
sagt (Joh 20*[22ff]*):
„Nempt hin den
h*[eilige]*n geist!
Wem ir die sundt
behalten, dem sein
sy behalten, unnd
wem ir sy vergeben,
dem send sy verge-
ben." Dann der
h*[eili]*g geist gotes
ist der schlussel des
himels, durch
wölchen die sundt
behaltenn oder ver-
geben werden inn
gemeinschaft der
h*[eilige]*n.
Wölche anderst
handlen, send valsch
hirten, lugner und
taglöner, deren die
schaf nicht eigen
sind.

Marginalglosse
Malers
glos:
Es wil ein jede
gmein dise macht
haben und fuern;
ruemen sich des
schlussels, das ist
des h*[eilige]*n
geists, furnemlich
Huterisch,
Schweitzerisch,
Bilgerisch etc. und
keine hat mit der
andern frid inn
got, richt je eine
die ander und fä-
len doch all im
gricht. *[fol 42v]*

glos:
Des man andern
verwisen hat, thut
man ietz selbst.
Röm 2*[3]*:Denkst
du aber, o
Mensch, der du
richtest die, so
solches tun, und
tust auch dasselbe,
daß du dem Urteil
Gottes entrinnen
werdest? (fol 51r)

Das   alles
macht   mir
mein   hertz
etwas   ab-
scheuch von
euch, das ich
mich   inn
meiner gwis-
sen nit sicher
wisst, teil und
gmein   mit
solchen
schnellen
grichten und
urtlen zu ha-
ben.

glos:
Es ist andern im
gegenteil ouch al-
so.

Das sind nur drei Beispiele, alles Randbemerkungen zu dem ersten langen Schreiben Marpeckhs über den Zwiespalt zwischen den Täufern in der Nordostschweiz und denen des engeren Marpeckhkreises. Es ist auch zu beachten, daß die Randbemerkungen wahrscheinlich erst beim Abschreiben ins Kunstbuch 1561 entstanden sind. Das macht sie zu einer Quelle eher für die spätere Zeit als für die vierziger Jahre. Dennoch illustrieren sie, zu welchen Spannungen es kommen konnte und offensichtlich tatsächlich auch in den vierziger Jahren gekommen ist.[69]

Nach der anderen Seite hin, im Verhältnis zu den Täufern in der Nordostschweiz, ergaben sich für Jörg Maler ebenfalls Spannungen. Größtenteils sind sie dem Einfluß Marpeckhs auf Maler zuzuschreiben. Wir können das aber nicht im einzelnen verfolgen, sondern nehmen es zur Kenntnis aus den Protokollen, die im Frühling 1550 bei den Verhören Malers in Augsburg erstellt wurden. Vor allem im zweiten Verhör, am 28. April, unterbreitete er den Vertretern des Rates eine Reihe „neuer" Gesichtspunkte:

- Zum Eidschwören: Während die Brüder in der Schweiz fordern, man dürfe überhaupt nicht schwören, meint er, ein Christ kann und soll schwören, wenn die Not der Brüder und die Liebe zur Erhaltung von Gerechtigkeit oder der Wahrheit das erfordern.

---

[69] Ins Jahr 1547 ist „Eine Rechenschaft des Glaubens samt andern Zeugnissen aus Heiliger Schrift", von Jörg verfaßt, datiert (*Kunstbuch*, Nr. 25, fol 228r-235v). Sie ist gänzlich frei von Polemik gegenüber Marpeckh oder andern Täufergruppen und entwickelt ihre Gedanken assoziativ von einem neutestamentlichen Thema zum andern. Sie scheint völlig unberührt zu sein von irgendwelchen Streitigkeiten unter den Täufern selber, auch von den im folgenden geschilderten.

- Zum Tragen des Schwertes: Während die Brüder verlangen, daß man kein Schwert weder trägt noch braucht, hält er es nicht für Sünde, das Schwert zu tragen. Wer es aber mißbraucht, sündigt.
- Zur Ehe mit einer Ungläubigen oder einer andersgläubigen Frau: Eine solche Ehe ist für ihn nicht verboten.
- Zur Ausübung eines Handwerks: Bei den Brüdern darf keiner „gefärbte oder freche Ware" herstellen. Für ihn ist das nicht verboten. Deshalb hat er sich von ihnen getrennt und ist für sich allein.
- Zum Strafen und Schlagen der Ehefrau: Bei den Brüdern darf keiner die Ehefrau schlagen, gleich was sie tut. Dagegen ist nach Paulus die Frau dem Mann untertan. Er darf sie strafen wie ein Vater ein Kind.
- Zur Eheschließung vor der Obrigkeit: Unter den Brüdern umstritten ist, ob man die Ehe vor der Obrigkeit oder der Kirche schließen soll; es genügt, wenn es unter Brüdern bekannt ist. Er ist der Meinung, es soll vor der Obrigkeit geschehen.

Als ob das alles noch nicht genug gewesen wäre, um ihm seinen Aufenthalt unter den Täufern in Appenzell zu vergällen, änderte sich für Jörg Maler und die Täufer durch den fatalen Ausgang des Schmalkaldischen Krieges 1548 die politische Lage auch in der Nordostschweiz entscheidend. Drohungen von Seiten des Kaisers und der altgläubigen Seite versetzten die Appenzeller in helle Aufregung. Sie rüsteten sich für die Abwehr des Angriffs kaiserlicher Truppen und riefen die ganze männliche Bevölkerung zu den Waffen. Die Täufer zogen mit ihrer Wehrlosigkeit den Groll der Mehrheit auf sich.

Damit aber war für Maler—offensichtlich trotz seiner geänderten Haltung zum Waffentragen—in Appenzell kein Bleiben mehr. Er mußte sich eine neue Wirkungsstätte suchen. Daß seine Gedanken sich in Richtung Augsburg bewegten, ist nachvollziehbar. Es waren dreizehn Jahre vergangen, seit man ihn dort ausgewiesen hatte. Die Ursachen, um deretwillen das geschehen war, lagen schon „so lange Jahre zurück" und—so hoffte er vielleicht—„sei man in dieser Hinsicht auch etwas gütiger geworden".[70]

Jörg Malers Rückkehr nach Augsburg
und seine beiden Gefängnisjahre 1548-1552

In Wirklichkeit freilich sollten diese Jahre für Jörg Maler eine harte Prüfung werden. Schon die Übersiedlung gestaltete sich als Katastrophe. Wir können

---

[70] „... weil die sachen seines hinaußkhumens so lannge jar angestanden ... und man dißhalben ettwaß guetiger worden sei." (Zweites Verhör Jörg Malers, 28. April 1550, Frage 9, Stadtarchiv Augsburg, *Urgichten*).

das aus seinen Angaben über die Zeitspanne schließen, in der er unterwegs war. Im ersten Augsburger Verhör heißt es zunächst nur, er sei wieder nach Augsburg gekommen, als die kaiserliche Majestät dort den Reichstag hielt.[71] Karl V. residierte vom 23. Juli 1547 bis zum 13. August 1548 in Augsburg, d.h. ein Jahr und drei Wochen lang.[72] Wann in diesem Zeitraum unternahm Maler seine Reise?

Auskunft gibt das zweite Verhör Malers 1550 in Augsburg: Als er sich in Appenzell dem Aufgebot, sich mit Harnisch und Wehr zu rüsten, nicht nachkommen und auch nicht „zum Kriegen helfen wollte, sei er hinweggeschafft worden".[73] Im ersten Verhör hatte es noch harmloser geklungen: Er sei auch angesprochen worden, sich zu bewaffnen, habe sich aber entschuldigt und gesagt, er wolle niemandem Leid zufügen und nicht gegen jemanden kriegen. Da habe man ihm wegzuziehen geboten. Darauf sei er wieder nach Augsburg gekommen und seinem Handwerk nachgegangen.

Tatsächlich aber saß er, nachdem er „hinweggeschafft worden" war, fest und wußte nicht, wohin.[74] Ob er sich hier bereits durch einen Sturz die Fußverletzung zuzog, die ihm jahrelang zu schaffen machte? Jedenfalls schickte er seine Frau voraus nach Augsburg, um zu erfahren, ob es opportun sei, wenn er wieder in die Stadt käme. Einer der Bürgermeister riet zu warten, bis der Reichstag vorbei sei; der Rat wisse selbst nicht, wie der Kaiser in Glaubenssachen verfahren werde. Dies alles aber geschah „um die zeit, als man den Vogelsberger gericht habe". Der Söldneroberst Sebastian Vogelsberger war am 7. Februar 1548 auf dem Fischmarkt von Augsburg mit dem Schwert gerichtet worden.[75] Der Reichstag schloß am 30. Juni 1948. Bis zum Abzug des Kaisers sollte es freilich noch August werden.

In der Zwischenzeit, am 4. April, erschien in Appenzell das Täufermandat, mit dem die Art, wie man Jörg Maler behandelt hatte, nachträglich eine gesetzliche Grundlage bekam.[76] Es ist möglich, daß die dem Mandat folgenden Verhaftungen oder Verhaftungsversuche, die in den Täuferakten noch vorhanden sind, direkt oder indirekt Konsequenzen dieses Mandats sind.[77]

Jörg Maler selber aber hatte derweil Zeit, sich an seine Fußverletzung zu gewöhnen.[78] Am 3. August, zehn Tage bevor der Kaiser Augsburg verließ, wurde in Augsburg überraschend der Rat gegen einen neuen ausgetauscht.[79]

---

[71] Erstes Verhör Jörg Malers, 23. April 1550, Frage 1, *Ebd.* Vgl. *TQ Ostschweiz*, Nr. 322.

[72] Roth, *Bd. 4,* (wie Anm. 28), S. 42 und 178.

[73] *Urgicht* vom 28. April 1550, Frage 9. Vgl. *TQ Ostschweiz*, Nr. 323.

[74] *Ebd.*

[75] Roth, *Bd.4* (wie Anm. 28), S. 56f.

[76] *TQ Ostschweiz*, Nr. 313, bes. Punkt 3.

[77] *Ebd.* Nr. 315-319.

[78] *Urgicht* vom 28. April 1550, Frage 10: „ Als er aber am weg von Schweitz hiher zogen, sei er gefallen und ain fueß schadhafft worden ..."

[79] *Ebd.* Frage 9: „ Als aber bald darnach der alt rath abgesetzt und ain neuer geordnet worden, habe er sich in gutes zuversicht ... hereinbegeben." Vgl. Roth, *Bd.4* (wie Anm. 28), S. 190f.

Als Maler davon (und auch wohl vom Abzug des Kaisers) hörte, entschloß
er sich aufzubrechen. Man legte ihn auf einen Wagen und fuhr ihn nach
Augsburg. Er kehrte provisorisch bei einem seiner Schwäger ein, bei Peter
Gerber, und blieb, bis er sich einigermaßen erholt hatte.[80] Als er jedoch
„alsbald" wieder zur Arbeit ging (nicht als Maler, sondern als Weber), war
er noch für eine ganze Weile durch sein Fußleiden behindert.[81]

Über die etwas mehr als anderthalb Jahre, die Maler als freier Bürger von
Augsburg bis zu seiner Inhaftierung im April 1550 verbringen konnte, ist
wenig zu berichten, obgleich der Rat ihn in den Verhören von 1550 eindringlich danach ausfragte. Er habe für sich ab und zu „ein geistlich Lied
gesungen"; oder er habe mit seinem Hauswirt, dem Moringer (vgl. Anm.
103) „zusammen auß dem evangelio geredet". Auch sein Schwager, „so
doch ein Weltmann", besuchte ihn und dann hätten sie auch „miteinander
aus der Schrift geredet". Für sich habe er nur die Bibel und die
„Nachahmung Christi gelesen",[82] also Bücher, die man auf der Straße kau-
fen könne. Auch als „Gartenbruder" wollte er sich nicht mehr bezeichnen
lassen, weil er nicht in die Gärten gehe. Außer mit seinen Schwägern habe
er mit dem „Brunnenmeister", d. h. Pilgram Marpeckh., und seinem Hausgesinde (seinem Weib und der Magd), „von jetzigen Zeitläufden und auch
aus der Schrift geredet". Marpeckh hatte ihn besucht, ihn aber auch „etliche
Mal zu Gast gehabt".

Es mag verwundern, daß Jörg Maler nach seiner Rückkehr nach Augsburg überhaupt so ungeschoren dort leben konnte. Es könnte seinen Grund
darin haben, daß das „Augsburger Interim", mit dem der Reichstag endete,
die Katholiken und die Evangelischen in einer so spannungsreichen Beziehung zueinander zurückgelassen hatte, daß sie zu beschäftigt waren, sich
auch noch um die Täufer zu kümmern. Als aber am 17. März 1550 ein neuer Reichstag ausgeschrieben wurde, der am 25. Juni in Augsburg beginnen

---

[80] „ ... das man ine uff ain wagen hiher füren muessen. Do hab er bei seinem schweger, dem
Gerber, einkhert und daselbst gelegen, biß er hail worden."
[81] Malers Rückkehr nach Augsburg ist auch in den Steuerbüchern belegt. Der Eintrag erfolgte
durchweg im letzten Viertel des Jahres, bei Jörg Maler zum ersten Mal 1549. Daß er 1548 noch
nicht im Steuerbuch steht, ist ein Anzeichen dafür, daß er noch bei seinem Schwager gepflegt wurde.
1549 liest man unter Ausserhalb S.Gallen auf fol 18b: Jörg (gestrichen: Maler; dahinter:) Bropst: dt
30 d 6 c. Das ist der Minimum-Steuersatz pro Jahr. Im nächsten Jahr, 1550, wiederholt sich das auf
fol 20b, nur daß sich der Schreiber nicht mit dem Namen korrigiert, sondern gleich Brobst, Jerg
schreibt. Es bleibt auch bei der Wohngegend außerhalb des St.Galler Tores. 1551 aber findet sich an
derselben Stelle in der Reihenfolge der Eintragungen auf fol 17d, nämlich unter ausserhalb S.Gallen
tor (d.h. wie im vorangehenden Jahr) hinter dem Namen Hans Mering der Name Anna Bröbstin dt
30 d 6 c. Das ist ein Niederschlag davon, daß Jörg Maler inzwischen im Gefängnis sitzt und seine
Frau statt seiner die Steuern zahlt.
[82] Die „ Nachfolge Christi" des Thomas a Kempis (1380-1471).

sollte,[83] schien es günstig zu sein, wenn man sich vorher durch einen Prozeß gegen Wiedertäufer als rechtgläubig erwiesen hatte.[84]

Der durch die Vertreter des Rates geführte Prozeß begann am 23. April 1550 und richtete sich gegen Jörg Maler und Jörg Seifrid. Jörg Seifrid war ein unselbständiger Schuster, der sich schon 1545 zu den Täufern bekannt, aber schon damals widerrufen hatte. Er konnte nicht lesen und widerrief in der Weise eines formellen Widerrufes am 29. April 1550. Ein Jahr später wurde er des Rückfalls verdächtigt und sollte peinlich befragt werden.[85] Jörg Maler erwies sich dagegen bei jeder Frage als einer, der vorsichtig abwägt, entschieden bei seiner Meinung bleibt, fest entschlossen ist, die von ihm erkannte Wahrheit nicht zu verraten, und bereit ist, bei Androhung von Folter nicht zu wanken. Allerdings schonte man ihn auch wegen seiner Fußverletzung.[86]

In der Zeit vom 23. April bis zum 5. Mai gab es drei große Verhöre. Als es dann am 6. Mai zum Urteilsspruch kam, lautete dieser: „Georg Brobst Rotenfelder Maler soll inn fronvest ligend bleiben." Damit war er für unbestimmte Zeit aus dem Weg geschafft. Anna, seine Frau, muß das mit Schrecken wahrgenommen haben. Denn sie stellte am 29. Mai 1550 den Antrag, ihrem Mann zur Seite stehen zu dürfen und ihn zu pflegen. Er wurde abgeschlagen: Ein ehrsamer Rat habe ihres Mannes halb mit Wartung und Kur vorgesorgt.[87]

Jörg Maler hat zwei Jahre im Gefängnis gelegen. Amtlich haben wir aus dieser Zeit nur eine Nachricht über ihn: Nach anderthalb Jahren, am 24. Oktober 1551, entscheidet ein Ratsdekret: „Der Gartenbruder Georg Brobst soll in Eisen liegend bleiben, bis er widerruft".[88] Ein zweites Dokument über seine Gefängniszeit hat Maler selber hinterlassen. Es ist der Bericht im

---

[83] Roth, *Bd. 4* (wie Anm. 28), S. 241ff und 293.

[84] Die Evangelischen Prediger kannten ihre Täufer teils schon seit vielen Jahren. Unter den Altgläubigen war führend Johann Faber von Heilbronn, der 1550 zwei Schriften gegen die Täufer veröffentlichte: Von dem Ayd schwören. Auch von der Widertauffer Marter, vnd wo her entspringt, das sie also frölich vnnd getröst die peyn des tods leyden. Vnd von der gemainschafft der Widertauffer, Alexander und Samuel Weissenhorn, [Augspurg], 1550. - ders., *Christenliche vndterweisung an die Widertauffer von dem Tauff der Jungen Kindlein. Vnd von der Gaistlichen vnnd weltlichen Oberkait, an die Widertauffer*, Ingolstadt, Alexander und Samuel Weissenhorn, 1550.

[85] Roth, *Bd. 4* (wie Anm. 28), S. 614 und S. 640, Anm. 6.

[86] „ Als er gebunden, ausgestelt und ernstlich uff die marter betroet worden, ainen lauttern grund der versamblung und seins widertoffens halb alhie anzuzaigen, so hat er sich doch zum allerhöchsten seiner unschuld in disen und den andern punten anzaigt und gesagt, das er weiters und annders mit khainer warhait anzaigen khonne, dann wie er gethon habe, welle auch darob leiden und dulden, weß ime ufferlegt werde.- Dieweil er dann an ainem fueß, den neulicher zeit vasst gar ab gewest, noch nit wol gesund und auch sonst ainen hefftigen mangl etc im leib hab, wie dem eisenmaister und dem zuchtiger wissent, so haben ine die herrn dissmal unauffgezogen gelassen." (Schluß der dritten *Urgicht*).

[87] Stadtarchiv Augsburg, *Ratsprotokoll* 24, fol 53a.

[88] *Ebd.* , *Ratsprotokoll* 25, II fol 26a.

KUNSTBUCH, in dem Maler rückblickend die Argumente dreier Prädikan-
ten und eines Predigermönches, die ihn im Gefängnis besuchten, zur
Rechtfertigung der Kindertaufe referiert.[89] Die Begegnung mit den drei
Prädikanten—es waren Johann Held, Pfarrer an St.Anna, Johann Flinner,
Pfarrer an der Kirche zum Heiligen Kreuz, und Johann Meckart, Pfarrer bei
St.Georg—muß vor dem 26. August 1551 stattgefunden haben; denn an diesem Tag wurden alle drei aus Augsburg verbannt. Wer der Predigermönch
war, ist nicht berichtet. Es ist jedoch wahrscheinlich, daß der Ratsbeschluß
vom 24. Oktober 1551 eine—durch den Machtwechsel am 26. August ver-
spätete—Folge dieser Gespräche mit Maler war. Dann wäre der Predigermönch nach dem plötzlichen Ausscheiden der drei Prädikanten an deren
Stelle getreten.[90] Nun hat bereits vor über achtzig Jahren Friedrich Roth diesen Predigermönch mit dem Domprediger von Augsburg, dem Dompropst
Johannes Faber identifiziert.[91] Er war tatsächlich der berufene Mann auf der
Seite der Katholiken, um einen Täufer, und sei er noch so gebildet, für den
alten Glauben zurückzugewinnen.[92] Aber auch ihm gelang es nicht, Maler
zu bekehren.

Als nach insgesamt zwei Jahren Jörg Maler zum ersten Mal wieder vor
die Ratskommission geladen wurde, waren es auch diesmal politische Ereignisse, die dazu geführt hatten. Anfang April 1552 erschien vor der Stadt
Augsburg das Heer des niederdeutschen Fürstenbundes und zwang die Stadt,
die Unterdrückung der evangelischen Predigt in Augsburg wieder rückgängig zu machen. Lutheraner und Katholiken sollten gleichberechtigt ihrem
Glauben nachgehen können. Also kehrten die meisten der vertriebenen Pfarrer und Helfer zurück.[93] Es dauerte zwar noch eine Weile, bis jeder sein Amt
antreten konnte. Aber schon vorher entschied man, den immer noch im Gefängnis liegenden Täufer loszuwerden. Die evangelische Geistlichkeit hatte
selbst erlebt, wie es ist, wenn man um des Glaubens willen verfolgt wird. Sie
hatte sich durch ein Büchlein des inzwischen in Bern wirkenden Wolfgang

---

[89] *Kunstbuch* Nr. 15a (fol 164b).

[90] Roth, *Bd. 4* (wie Anm. 28), S. 616, spricht davon, daß Maler „ sich bei einem neuen Besuch
der Prediger im Oktober 1551 wieder 'verstockt' gezeigt hatte" und bestätigt damit den Zusammenhang von Predigerbesuch und Ratsurteil, obgleich er weiß, daß die Prediger nach dem 26. August
nicht mehr in Augsburg waren. - Im übrigen bleibt offen, ob die drei Prädikanten, als sie noch in
Augsburg waren, gemeinsam bei Maler im Kerker erschienen oder ob sie das Gespräch einzeln
führten. Die theologischen Argumente, die Maler referiert, waren bei jedem unterschiedlich. - Die
Prädikanten, die alle drei 1552 nach Augsburg zurückkehrten, konnten erst im Juni ihre neuen
Pfarrstellen antreten (Roth, Bd. 4, S. 468), haben also mit Maler von Amts wegen nichts mehr zu
tun gehabt.

[91] Roth, *Bd. 4* (wie Anm. 28), S. 399 u. 411, Anm. 20.

[92] Vgl. Anm. 84.

[93] Roth, *Bd. 4* (wie Anm. 28), Kapitel 10.

Musculus unterrichten lassen, „wie weit ein Christ schuldig sei, Gewalt zu leiden".[94] Da schlug wohl manchem das eigene Gewissen.

Als der Rat am 23. April 1552 den Beschluß faßte, mit Maler zu sprechen, stand bereits fest, daß dieser nicht mehr zurück ins Gefängnis gelegt werden sollte. Man hoffte zwar, er werde „von seiner verführerischen Sekte abstehen"; aber wenn nicht, „solle ihm die Stadt verbeten werden".[95] Bei der ersten Sitzung der Ratsvertretung mit ihm am 25. April erweiterte man das Angebot sogar: Er könne seiner Gesinnung nach täuferisch bleiben, dürfe aber niemandem etwas davon sagen; so dürfe er ebenfalls in der Stadt bleiben. Würde er aber doch von seinem Glauben reden, werde er „am Leibe gestraft werden".[96]

Noch am selben Tag wurde eine zweite Sitzung anberaumt, auf der Maler seine Antwort gab: Er könne das Begehren des Rates nicht annehmen. Er dürfe sich nicht an Menschen halten, wisse nicht, was Gott ihm schicken werde. Sonst aber, was das Zeitliche und den Gehorsam gegenüber der Obrigkeit betreffe, wolle er keinen Anlaß zur Klage geben und sich unsträflich halten. Was aber Gott und den Glauben anlange, wolle er ungebunden sein und nichts zusagen oder versprechen. Er werde leiden und erdulden, was ihm der Rat auferlege.[97]

Man brauchte aufgrund so klarer Aussagen fast keine Bestätigung durch das Ratsurteil mehr, das Maler am nächsten Tag mitgeteilt wurde. Es lautete: „Ist Georg Brobst Gartenbruders Bekenntnis und Urgicht verlesen worden, und dieweil er von seinem Irrtum nicht abstehen, sondern darauf verharren will, so ist beschlossen, daß ihm die Stadt soll verboten werden mit dem ausdrücklichen Anzeigen, wo er darüber hereinkommt, daß man ihm eine Leibesstrafe auferlegen werde."[98]

Damit war Jörg Maler aus seiner Gefangenschaft entlassen, obgleich er nicht von seiner Glaubensüberzeugung zurückgetreten war. Er hätte sogar—das war ihm jedenfalls während der Verhandlungen angeboten worden—weiter in Augsburg leben dürfen. Da er aber auch nicht versprechen wollte, seine täuferischen Überzeugungen für sich zu behalten, mußte er Augsburg den Rücken kehren und durfte nicht zurückkommen.

---

[94] *Ebd.*, S. 410, Anm. 18.
[95] *Ratsprotokoll* 26 I, fol 49b (23. April 1552).
[96] *Urgichten* 1552; liegt in der folgenden Nr. (25. April 1552).
[97] *Urgichten* 1552 (25. April 1552).
[98] *Ratsprotokoll* 26 I, fol 50a (26. April 1552). Die Wendung „ Bekenntnis und Urgicht" ist als Hendiadyoin aufzufassen (Jacob und Wilhelm Grimm, *Deutsches Wörterbuch*, München 1984, Bd. 24, Sp. 2425). Es handelt sich nicht um zwei unterschiedliche Dokumente.

Unterwegs als Bote der Marpeckhgemeinden

Die nächste Nachricht über Jörg Maler nach seiner Entlassung aus dem Gefängnis in Augsburg meldet ihn uns aus St. Gallen. Er war also dorthin gezogen, wo er sich noch gut auskannte und wo man ihn vielleicht auch gern
empfing. Hans Valck und Hans Gutenson wohnten an der Sägemühle östlich
von St.Gallen außerhalb der Stadtmauer.[99] Hier hatte er schon in den dreißiger Jahren gewohnt, kannte noch manchen Einheimischen und konnte leicht
auch alte Beziehungen zu Täufern in Appenzell aufleben lassen.

Der Brief, aus dem wir vom Aufenthalt Malers in St.Gallen erfahren, war
von ihm selbst am 15. Oktober 1552 an Ulrich Ageman, „Pfleger bei den
armen Leuten", in Konstanz gerichtet, und versuchte, diesen fürs Christentum" zu gewinnen, stellte aber zugleich ein Rundschreiben dar, das alle
„Wahreifrigen, Begierigen nach der vernünftigen und unverfälschten Milch"
erreichen sollte. Ulrich Ageman in Konstanz hatte schon „vor langen Jahren" mit den Täufern Berührung gehabt, sie beherbergt und war geneigt gewesen, sich ihnen anzuschließen. Wenn Maler jetzt versuchte, ihn zum
letzten Schritt zu bewegen, dann war das freilich in der Lage, in der Konstanz sich 1552 befand, eine erhebliche Zumutung. Unter den oberdeutschen
Reichsstädten hatte der Ausgang des Schmalkaldischen Krieges Konstanz
am härtesten getroffen. Die Rekatholisierung duldete keine Spur evangelischen Glaubens mehr. Das offene Bekenntnis eines Täufers hätte härteste
Konsequenzen nach sich gezogen. Hätte Maler nicht selber gerade erst eine
zweijährige Haft hinter sich gehabt, müßte man sich fragen, ob er wußte,
was er andern zumutete. Von einer Reaktion Agemans ist nichts bekannt.[100]

Zwei Monate später war Maler wieder in der Nähe von Augsburg. In die
Stadt selber durfte er ja nicht. Aber es gab genug Treffpunkte außerhalb der
Stadtmauern. Ich möchte annehmen, daß er sich auch mit seiner Frau traf,
die noch in der Stadt wohnte und sich von Näharbeiten ernährte.[101] Sicher
aber berichtete er auch Marpeckh über seinen Aufenthalt in St. Gallen. Vor
allem aber übernahm er von Marpeckh den Auftrag, zusammen mit Jacob
Schultz Schuhmacher einen Brief zu den mährischen Marpeckh-Gemeinden
zu bringen.[102] Die Gemeinschaft der Liebe Christi sei eine Gemeinschaft der
sich gegenseitig Dienenden, nicht der Herrschenden. Dafür sei der Sohn des

---

[99] Vgl. *TQ Ostschweiz*, S. 487f.

[100] *Ebd.* Nr. 592. Aus einem Eintrag im Steuerbuch von Konstanz von 1550 geht hervor, daß „
Urich Aigenman" zu den Bürgern zählt, „ so nit in der statt sitzen" (*Die Steuerbücher der Stadt
Konstanz*, III: 1540-1620 [Konstanzer Geschichts- und Rechtsquellen, Bd. 16], bearbeitet von Peter
Rüstet, Konstanz 1966, S. 88). Auch Ageman gehörte also zu denen, die außerhalb geschlossener
Städte wohnten und deshalb leicht zugänglich für Täufer waren.

[101] Auch für das Jahr 1552 bestätigt der Steuereintrag die Anwesenheit von Anna Bröbstin in
Augsburg, und zwar Ende des Jahres (fol. 17a; vgl. Anm. 81).

[102] *Kunstbuch* Nr. 16.

Vaters, Jesus Christus, das Vorbild. So seien die Gläubigen aus freiwilligem Geist Christi zum Dienst an allen Menschen berufen.

Auf den 19. März 1553 ist die Antwort datiert, welche die versammelten Diener der fünf Gemeinden mit Jörg Maler an Marpeckh zurück und darüber hinaus an alle Gemeinden der Marpeckh-Bruderschaft schickten. Ihr Dank galt nicht nur der empfangenen Briefsendung, sondern auch der Mühe und Arbeit, die er mit ihnen „eine lange Zeit" gehabt habe. Aber nicht nur Marpeckh fühlt man sich verbunden, sondern auch Scharnschlager und Bosch, die damals in Graubünden und Württemberg wohnten. Ein solcher Dankesbrief sollte nicht nur eine einzelne Gemeinde, sondern die ganze Bruderschaft erreichen - Arbeit genug für den Gemeindeboten Jörg Maler.

Noch aus demselben Jahr (4. Juli 1553) ist uns im KUNSTBUCH ein Brief von Sigmund Bosch aus Friesenheim bei Straßburg erhalten, der nicht nur den großen Kreis der Marpeckhgemeinden, sondern ganz speziell auch Jörg Maler anspricht und ihm dankt für sein „Vermahnen". In diesem Fall war es nicht Maler, der den Brief expedierte, sondern Veit Maurer, der auch an anderer Stelle der Korrespondenz des Marpeckhkreises auftaucht.[103] Welcher Art das „Vermahnen" war, ob ein kurzer Brief, eine längere Epistel (etwa der Brief Malers an Agemann) oder nur eine anonyme Exhortatio wie das aus mystischer Tradition stammende Stück „Von der wahren Geduld" (KUNSTBUCH Nr. 17a), ist nicht zu sagen.

Als letztes Dokument dieser ersten zwei Jahre nach seiner dritten Augsburger Gefängniszeit hat Maler eine Auslegung des Apostolischen Glaubensbekenntnisses „auf Grund Heiliger Schrift" geschrieben.[104] Er war in den langen Verhören immer wieder nach seinem Glauben gefragt worden.[105] Sogar nach seiner Stellung zu Arius hatte man sich bei ihm erkundigt, um seine Rechtgläubigkeit zu prüfen.[106] Wenn er sich dann auf das Apostolicum berief, war das zwar richtig. Aber was meinte er im einzelnen? Hier legte er es in einer sehr persönlichen Art dar, ohne sich auf dogmatisch diffizile Fragen einzulassen.

Danach hören wir jahrelang nichts mehr von ihm, und tatsächlich war für uns bisher die sieben Jahre später entstandene Abschrift der Stücke seines KUNSTBUCHES vom 4. März bis 26. September 1561 sein nächstes und letztes Lebenszeichen.[107] Doch habe ich noch eine ganz unscheinbare Notiz in den Augsburger Ratsbüchern gefunden, die für das Verständnis der

---

[103] Vgl. den Brief Marpeckhs an Magdalena von Pappenheim (*Kunstbuch* Nr. 38, fol. 316v).

[104] *Kunstbuch* Nr. 40: Ein bekanntnus des gloubens nach vermög h[eilige]r gschrift zamengstelt. Vgl. Anm. 98.

[105] Z. B. erstes Verhör in Augsburg am 23. April 1550, Frage 16.

[106] *Ebd.* Frage 20.

[107] *Kunstbuch*, fol XIIv u. IVr.

Lebensumstände Malers, seines Denkens und seiner Arbeit am
KUNSTBUCH von beträchtlicher Bedeutung ist.

Rückzug

Die Notiz formuliert einen Ratsbeschluß, der am 18. April 1559 gefaßt worden ist.[108] Sie lautet: „Georg Brobst gartenbruder soll daust gelassen werdenn." Das heißt: „Der Gartenbruder Georg Brobst soll draußen gelassen
werden." Der Ausdruck „Gartenbruder" war in Augsburg seit Jahrzehnten
terminus technicus für „Täufer". Das Wort „daust" heißt nicht „hinaus",
sondern „da draußen".[109] Es geht also nicht um eine Ausweisung, sondern
um eine Abweisung. Maler hatte offensichtlich den Rat von Augsburg gebeten, das Aufenthaltsverbot, das seit dem 26. April 1552 für ihn galt, aufzu-
heben. Es wurde ihm verweigert. Er mußte außerhalb der Stadt bleiben.

Das wäre an sich nichts Besonderes, wenn es nicht in Verbindung gebracht werden müßte mit einem Dokument, das ich bisher noch nicht erwähnt habe. Ich meine Jörg Malers Stellungnahme zu fünf Artikeln. Es
handelt sich dabei um ein von Jörg Maler eigenhändig geschriebenes
Schriftstück,[110] in dem er zu folgenden Punkten Stellung nimmt:

-vom äußerlichen mündlichen Wort,

-von der Kindertaufe,

-von Substanz und Wesen des Abendmahls,

-von der weltlichen Obrigkeit und

-vom Eidschwören.

Die Angabe der Abfassungszeit fehlt. William Klassen hat als erster versucht, sie zu bestimmen. Da das Dokument Züge eines Widerrufs enthält,
brachte er es in Verbindung mit dem Widerruf, den Maler 1533 leistete. Er
wußte aber noch nicht, wann genau und unter welchen Umständen der Widerruf geleistet wurde, nämlich, wie schon festgestellt, am 29. April, und der
Wortlaut stammte nicht von Maler selbst, sondern vom Prediger Wolfhart,
der seinerzeit den Widerruf vorlas und beeiden ließ,[111] Malers Fünfpunkte-
Dokument existierte also damals noch gar nicht und wurde auch nicht im
November 1533 Grund für die Ausweisung oder im April 1535 für die Aus-
peitschung.

---

[108] Stadtarchiv Augsburg, *Ratsnotizen 1559*, fol 28b.
[109] Grimm, *Wörterbuch* (wie Anm. 125), Bd. 2 , Sp. 856f.
[110] Stadtarchiv Augsburg, *Wiedertäufer u. Religionsakten*, Fasz. 5.
[111] *Mennonite Encyclopedia* IV S. 364 (s.o. Anm. 31 und 42).

Eine andere Datierung hat Friedwart Uhland in seiner Dissertation über „Täufertum und Obrigkeit in Augsburg im 16. Jahrhundert"[112] versucht. Er vermutete, das Bekenntnis müsse in der Gefängniszeit Malers 1550/52 geschrieben sein, brachte aber keinerlei Argumente dafür vor.

Ich selber sehe in dem, was William Klassen als Malers „Widerruf" bezeichnet hat,[113] einerseits einen Rückblick auf seine „entledigung", d.h. Freilassung im April 1552 aus der Sicht von 1559. Andererseits beobachte ich, wie Maler 1559 Frieden schließt mit den andern Glaubensrichtungen - unter Beibehaltung des Glaubens an die eigene, täuferische Auslegung des Evangeliums, wie er sie versteht. Im Alter schwenkt er ein in die Richtung, die ihm selbst durch Hans Denck vorgezeichnet erschien. Die Zitate aus dessen „Widerruf" in seiner Stellungnahme zu den fünf Punkten bestätigen das.[114] Es spricht daraus der Geist, der ihn bei der Vorbereitung und Durchführung der Sammlung des KUNSTBUCHES, das so viele unterschiedliche Geister in sich vereinigt, bestimmt hat.[115]

Über das Ende Jörg Malers wissen wir nichts. Die einzige Nachricht über die Zeit nach der Beendigung der Abschrift am 26. September 1561 (so auf dem Titelblatt) lautet: „Nach dem hab ich es tragen dhar, wo es dann hingehöret hat."[116] Wir wissen aber weder den Ort, wo die Abschrift entstanden ist, noch wohin er sie getragen haben könnte. Es ist aber anzunehmen, daß er das Buch in die Schweiz trug und dort auch seinen Lebensabend verbrachte, denn es war später im Besitz einer Familie, deren Vater wohl Jacob und dessen erste beiden Frauen Barbely hießen. Die Chronik dieser Familie, die im Anhang des Kunstbuches auf S. 353v/354r und im Innendeckel des Einbandes eingetragen ist, beginnt mit dem 12. Juli 1579. Das muß nicht das Datum sein, seit dem das Buch bereits im Besitz dieses Jacob war. Die anschließenden, späteren Einträge könnten teilweise zugleich mit dem ersten Eintrag geschrieben sein. Deshalb sind daraus auch nur vage Schluß-

---

[112] Dissertation, Eberhard-Karls-Universität, Tübingen 1971, gedruckt 1972, S. 264. Wiedergabe des Textes S. 289-292.

[113] S.o. Anm. 9.

[114] Folgende Sätze Jörg Malers stammen fast wörtlich aus dem „Widerruf" von Hans Denck, 1527 (Schriften, 2.Teil, hg.v. Walter Fellmann, Gütersloh 1956, S. 104-110: „Erkenn ouch jetzunder wol, das es keinem gloubigen schadet, das er jnn der kintheit getouft ist, Und got fragt ouch nach keinem andern touff, so er nur den jnnhalt des toufs haltet" (Fellmann 2: S. 109,18-20). „Und bekenn es hie freywillig, das ich vil mit unferstand geeyfert hab. Darum ouch etlich wider mich geeyfert haben, die sonst nymer wider mich gstannden wern. Got waists, ich will hie nyembt bschuldigen noch entschuldigen" (Fellmann 2: S. 105, 6-10). „Was ich getan hab, das ist geschehen. Was ich aber hinfuran thun wyrd, soll jnn gotwill jederman on schaden und nachteil sein" (Fellmann 2: S. 109, 26f.).

[115] Hiermit knüpfe ich an die zu Fußnote 3 gehörige Beobachtung von Werner Packull an, muß aber zugeben, daß ich die Abwesenheit von Schriften Dencks im „Kunstbuch" damit nicht erklären kann.

[116] Kunstbuch, fol IVr.

folgerungen über das Ende von Maler zu ziehen. Kurz: Es bleibt dabei, daß
wir über das Ende Jörg Malers nichts wissen.

Vom heimlichen Bibelkreisleiter
zum Sammler von Erbauungsliteratur

Jörg Maler ist in der Täuferbewegung ein Mann der zweiten Generation gewesen, obgleich er noch vor dem Beginn der Reformation geboren wurde. Er
geriet in die Auseinandersetzungen um die Art der Reformation in Augsburg, als „die Zeit der [nicht-institutionellen] Bewegungen" vorüber war.[117]
Was in den Territorien und Freien Reichsstädten nach dem Reichstag von
1530 noch in Gang gesetzt werden konnte, wurde von den jeweiligen
Machthabern bzw. Institutionen geregelt. „Nur noch vereinzelt brachen neue
Bewegungen auf, vor allem im Täufertum, aber ohne durchschlagende Kraft
und ohne Erfolg," schreibt Goertz.

Wir haben das am Beispiel Jörg Malers in Augsburg beobachten können.
Während die Täuferbewegung dort in der zweiten Hälfte der zwanziger Jahre wie ein Sturmwind die Gemüter aufwühlte und die öffentliche Ordnung
bedrohte, war es in den Dreißigern ein kleiner Bibellesekreis, der alles tat,
um anonym und unscheinbar zu bleiben. Jörg Maler avancierte, weil er lesen
konnte, sofort zu einer der wichtigsten Personen in der Minigruppe. Aus den
Akten wissen wir, daß zur selben Zeit noch viele andere Täufer durch Augsburg kamen. Aber man hatte kaum Kontakt mit ihnen. Man wollte unauffällig bleiben. Nach kaum einem Jahr flog der Kreis durch die Verhaftung
fast aller Personen auf. Die Vorstellung, man könne nach einem Proforma-
Widerruf wieder anfangen, war eine Selbsttäuschung.[118]

In der entlegenen Hügel- und Berglandschaft von St. Gallen und Appenzell konnte sich Maler an die 14 Jahre lang halten. Die Täufergruppen
wohnten verstreut. Es gab kein intensives Gemeindeleben. Wenn man hier
oder da zusammenkam, konnte es eine Versammlung von 30 Personen werden. In der Lebensführung hatte man strenge Maßstäbe - wenigstens scheute
man sich nicht, andere Gemeindemitglieder an solchen Maßstäben zu mes-
sen. Daß man sich dadurch von der übrigen Bevölkerung abhob, war ein
Konstitutivum, und wenn man sich andererseits von Marpeckh angegriffen
fühlte, mußte es Auseinandersetzungen geben. Maler, der Marpeckh näher

---

[117] Vgl. über die in Anm. 1 genannte Literatur hinaus: Hans-Jürgen Goertz, *Eine 'bewegte' Epoche. Zur Heterogenität reformatorischer Bewegungen*, in: *Reformiertes Erbe. Festschrift für
Gottfried W. Locher zu seinem 80. Geburtstag*, Bd. 2 [identisch mit Zwingliana 1993, Bd. 2],
hg.v. Heiko A. Oberman u. a., Zürich 1993, S. 103-125, hier: S. 125; derselbe Aufsatz, erweiterte
Fassung, in: *Wegscheiden der Reformation. Alternatives Denken vom 16. bis zum 18. Jahrhundert*, hg.v. Günter Vogler, Weimar 1994, S. 23-56, hier: S. 55.
[118] S.o. Text zu Anm. 28f.

stand als die andern—er war sein Ansprechpartner hier—, geriet in eine
Klemme. Er muß sich schließlich, obwohl er noch dort wohnte, ganz von
den Appenzeller Täufern zurückgezogen haben. Es war für ihn kein Widerspruch, den Wehrdienst in Appenzell zu verweigern, aber doch ein Schwert
zu tragen, wenn er es nur nicht mißbrauchen mußte. Und mit seiner Di-
stanzierung von den andern fünf Prinzipien der Appenzeller Täufer
(Eidverweigerung, Ehe nur mit einer Frau gleichen Glaubens, Ablehnung
modischer Kleidung, keine Züchtigung der Ehefrau, Eheschließung allein in
der Gemeinde) zeigt sich bei ihm eine Anpassungsbereitschaft, die man seiner verzweifelten Lage zuschreiben möchte, in der er sich trotz seiner Ge-
brechlichkeit vor seinen Richtern behaupten mußte. In dieser Situation war
von ihm wenig mehr zu erwarten. Die anderthalb Jahre, die er nach der
Rückkehr in seine Heimatstadt genesender Weise verbrachte, waren eine
Atempause.

Die geschichtlichen Ereignisse (eine Phase der fortschreitenden allgemeinen Konfessionalisierung) holten ihn 1550 wieder ein. Nach zwei Jahren
Gefängnis, in denen er seine Vorbehalte gegenüber einer geistigen Verein-
nahmung von evangelischer und katholischer Seite durchhielt, durfte er im
Auftrag der Marpeckh-Bruderschaft die Gemeinden bereisen und mit geistlichem Trost versorgen. Die Existenz dieser Bruderschaft bildete allerdings
keine Infragestellung der etablierten Konfessionen mehr. Auch mit seinen
mentalen Vorbehalten war Maler bereit, sich einzugliedern in das Neben-
einander der Konfessionen. Gesellschaftlich konnte und wollte er nichts
mehr „bewegen". Stattdessen sammelte er, wohl in den Jahren 1555 bis
1560, die Briefe und Schriften, die für sein Leben von Bedeutung gewesen
waren, die einen im Zentrum, die andern am Rande. Sie waren Erbauungsli-
teratur geworden. Im Jahre 1561 faßte er sie zusammen zum KUNSTBUCH.

V.

KONTROVERSE INTERPRETATIONEN

KAISER KARL V. - AHNHERR DER EUROPÄISCHEN UNION? ÜBERLEGUNGEN ZUM VERHÄLTNIS VON GESCHICHTE UND TRADITION

Rainer Wohlfeil (Hamburg)

1.

Anläßlich der deutschen Gedenkfeier zum 400. Todesjahr Kaiser Karls V. hielt Peter Rassow 1958 einen Festvortrag in Köln über „Das Bild Karls V. im Wandel der Jahrhunderte" und meinte in kritischer Wendung gegen historische Legendenbildung, „der historische Karl V. eignet sich nicht zur Galionsfigur für das Schiff der Europabewegung."[1] Als ein Beispiel dafür, wie im Kaiser des 16. Jahrhunderts (1500-1558) eine Symbolfigur für die Europa-Idee des 20. Jahrhunderts gesehen wurde, hatte er auf das Buch von D.B.W. Lewis „Emperor of the West" aus dem Jahr 1932 verwiesen.[2] Im Kontext der politischen Bestrebungen und des Europamemorandums, das Aristide Briand 1930 verfaßt hatte, um die „Vereinigten Staaten Europas" schaffen zu helfen, hatte Karl V. sich als Leitfigur empfohlen, weil von ihm eine sakrale Kaiseridee verfochten worden sei, die unauflösbar mit der Einheit der überlieferten römisch-katholischen Christenheit verknüpft war. Wie für Karl V. war auch für Lewis die zentrale Annahme von der christlichen Eintracht in einem Glaubensbekenntnis Voraussetzung für einen europäischen Zusammenschluß. Lewis war davon überzeugt, daß Europa dann zu seiner Einheit zurückfinden werde, wenn alle Christen, die in Religionsge-

---

[1] Peter Rassow, *Das Bild Karls V. im Wandel der Jahrhunderte*, in: Peter Rassow und Fritz Schalk (Hrsg.), *Karl V. Der Kaiser und seine Zeit* (=Kölner Colloquium 26.-29. November 1958), Köln, Graz 1960, S. 1-17, hier S.15.

[2] Dominic Bevan Wyndham Lewis, *Emperor of the West. A study of the emperor Charles the Fifth*, London 1932. Übersetzung ins Französische unter dem Titel: *Charles Quint, Empereur d'Occident 1500-1558*, Paris 1932. Vgl. dazu Rassow, *Bild* (wie Anm. 1), S. 15 mit Anm. 18 = Rezension von 1932. Daß etwas später Ernst Krenek (1900-1901) sich über sein musikalisches Bühnenwerk „Karl V." mit dem Faschismus geistig auseinanderzusetzen bestrebt war, kann als Beispiel einer anderweitigen Nutzung dieser historischen Persönlichkeit aus einer vergangenen Wirklichkeit für gegenwartsbezogene Zwecke hier nur erwähnt werden; dazu vgl. die Besprechung der Aufführung dieser Oper 1978 in Darmstadt: Hans-Klaus Jungheinrich in *Frankfurter Rundschau* Nr. 243 vom 31. Oktober 1978, S. 7.

meinschaften außerhalb der römischen Kirche lebten, zum katholischen Bekenntnis zurückkehrten.

Im Zusammenhang mit seiner Betrachtung hätte Rassow als profunder Kenner der Geschichte des Kaisers[3] auch die Biographie „Karl V. Ahnherr Europas" von Gertrude von Schwarzenfeld[4] heranziehen können. Erschienen 1954, entsprach der Buchtitel der Warnung Rassows vor falschen Galionsfiguren. Die Autorin vertrat die Auffassung:

> „Und es ist wohl auch kein Zufall, daß die Gestalt des letzten großen Kaisers des Abendlandes heute neue Würdigung erfährt: seine Persönlichkeit rückt uns nahe, weil heute die universale Idee in uns wiedererwacht; sein Scheitern ergreift uns, weil wir fühlen, daß er für ein Grundprinzip Europas kämpfte. Seine lebenslange Bemühung, das Umfassende und Allgemeine über das Selbstinteresse der Teile zu stellen, gewinnt für uns neue Bedeutsamkeit, gilt es doch heute Europa als Ganzheit zusammenzufassen und es erneut an die alten, die gemeinsamen, die christlichen Werte zu binden."[5]

Die Zeitgebundenheit der Verfasserin ist unübersehbar, aber die Bezeichnung ihres „Helden" als „Ahnherr Europas" dürfte mehr dem werbungsbezogenen Verlangen des Verlages als ihrer Intention entsprochen haben, denn eine derartige, unmittelbar gegenwartsorientierte Einordnung Karls V. findet sich nicht in ihrer Biographie. Die Verfasserin folgert in ihrem „Schlußwort" nur, Karls Mißlingen ermahne uns, „die Suche nach dem gemeinsamen Wort wiederaufzunehmen, es fordert uns auf, die Mühe um ein geeintes Europa weiterzuführen, es erinnert uns an die versunkene erasmische Mitte, die wieder ans Licht zu heben ist, damit Europa die Mittlerstellung verwirkliche, zu der es berufen ist".[6] Gegenwartsbezüge brachte sie also nur zurückhaltend ein.

Die Biographin beschwor also nicht die Einheit im römisch-katholischen Glauben, sondern nur die alten christlichen Werte als gemeinsames Gut. Sie

---

[3] Peter Rassow, *Die Kaiser-Idee Karls V., dargestellt an der Politik der Jahre 1528-1540*, Berlin 1932 (=Historische Studien Ebering, H. 217), ND Vaduz 1965; ders., *Die politische Welt Karls V.*, München 1942, 2. Aufl. 1946; ders., *Karl V. Der letzte Kaiser des Mittelalters*, Göttingen 1957, 2. Aufl. 1963 (=Persönlichkeit und Geschichte, Bd. 1).

[4] Gertrude von Schwarzenfeld, *Karl V. Ahnherr Europas*, Hamburg 1954. Übersetzung ins Niederländische unter dem Titel: *Karl V, vader van Europa*, s'Gravenhage 1957. Lt. *Kürschners Deutscher Literatur-Kalender* 1988, Jg. 60, Berlin 1988, S. 9 unter Pseudonym 'Alencar', auch übersetzt ins Englische und Spanische. Verfasserin weiterer historischer Essays, z. B. über Kaiser Rudolf II.

[5] Schwarzenfeld, *Ahnherr* (wie Anm. 4), S. 5. Vgl. dazu ähnliche, im Wissen um die Verantwortung des Historikers fast gleichzeitig vorgetragene Überlegungen bei Carl J. Burckhardt, *Gedanken über Karl V.*, München 1954, S. 38f.: „... nach namenlosen Leiden der Generation und inmitten von nie dagewesenen Bedrohungen eine Hoffnung auf jene alte Schicksalsgemeinschaft entstanden, die es erlaubt, das uns so fremd gewordene Bestreben jener fernen kaiserlichen Gestalt wieder in neuer Weise zu erkennen." Karl V. habe nicht „die Vorherrschaft, sondern ihr Gegenteil, die Gemeinschaft der europäischen Nationen" zum politischen Ziel gehabt (S. 29).

[6] Schwarzenfeld, *Ahnherr* (wie Anm. 4), S. 345.

verband zugleich die Hoffnung auf ein „Europa als Ganzheit" mit der universalen Idee, knüpfte diese aber nicht an die Vorstellung eines geeinten Europas in einer weltweiten Ordnung, wie sie sich in den Vereinten Nationen hätte anstreben lassen, sondern orientierte sich an den politischen Leitvorstellungen eines Kaisers aus dem 16. Jahrhundert.

Im zweiten Teil meiner Überlegungen überprüfe ich, ob der universalen Idee und damit den Leitvorstellungen Karls V. eine Bedeutung für die Gegenwart zukommt. Zunächst ist nur festzuhalten, daß Rassow die Biographie von Schwarzenfeld nicht erwähnt hat. Hierfür lassen sich vielerlei Gründe vermuten. Größte Wahrscheinlichkeit birgt die Annahme, er habe das nicht streng geschichtswissenschaftliche Werk gar nicht zur Kenntnis genommen. Als Verfasser einer Untersuchung über die Kaiseridee Karls V. hätte er anderenfalls auch auf dieses Buch eingehen müssen. Reagiert hätte er mit Sicherheit, wenn ausgewiesene Historiker seiner Generation seine Warnung übergangen hätten. Das Werk des Vicomte Charles Terlinden (1878-1972) hätte seinen scharfen Widerspruch herausgefordert.

Aus der Feder dieses Professors für Staatsrecht und für Geschichte an der Universität Löwen erschien 1965 in Brügge die Biographie „Carolus Quintus/Charles Quint/Empereur des Deux Mondes", die auch ins Niederländische und Spanische übersetzt und 1978 in deutscher Sprache unter dem Titel „Carolus Quintus. Kaiser Karl V. Vorläufer der europäischen Idee" mit einem Geleitwort von Otto von Habsburg vorgelegt wurde.[7]

Terlinden sah seine Aufgabe darin, „in einer Zeit, in der sich Europa unter dem Einfluß politischer und auch wirtschaftlicher Faktoren auf dem Wege zur Bildung einer harmonischen Gemeinschaft befindet ... die große Persönlichkeit eines illustren Vorläufers der europäischen Idee wachzurufen", einen „illustren Vorläufer eines geeinten Europa vorzustellen".[8] Für ihn war Karl V. nicht nur einer „der größten Herrscher aller Zeiten",[9] sondern auch „ein großer Europäer ... Europäer und gleichzeitig universaler Herrscher durch die Weite und Vielfalt seiner Besitzungen, ebenso wie durch seine kaiserliche Auffassung der Einheit der alten Welt"; der „versuchte, das Heilige Reich Karls des Großen in seinem vollen Glanz wiederherzustellen".[10] Karls „Ideal ... war der Aufbau der Einheit Europas auf der Grundlage eines Bündnisses der christlichen Staaten zur Verteidigung der Zivilisation gegen die Gefahren aus dem Osten. In jener Zeit war diese Bedrohung ebenso ernst wie heute, in der an die Stelle der Türken die Sowjet-Union getreten ist".[11] Stärker kann ein Historiker wohl kaum die Zeit-

---

[7] Vicomte Charles Terlinden, *CAROLVS QVINTVS. Kaiser Karl V. Vorläufer der europäischen Idee*. Mit einem Geleitwort von Otto von Habsburg, Zürich 1978.

[8] Terlinden, *Karl V.* (wie Anm. 7), S. 11 u. S. 15.

[9] Terlinden, *Karl V.* (wie Anm. 7), S. 15.

[10] Terlinden, *Karl V.* (wie Anm. 7), S. 11.

[11] Terlinden, *Karl V.* (wie Anm. 7), S. 13.

gebundenheit seiner Aussagen bekunden - ein wohl unbewußtes Bekenntnis, denn der Autor erhebt zumindest indirekt den Anspruch, „das Werk der Wiedergutmachung" gegenüber Karl V. verfaßt zu haben.[12] Der Kaiser, der von der „Bildung einer europäischen Union" träumte,[13] strebte nach Terlinden an, ein „Programm der Einigung Europas" zu verwirklichen, doch sein Tod und „das Scheitern seiner Politik an Schwierigkeiten, so vielfältig, komplex und umfangreich, daß menschliches Bemühen an ihnen zerbrechen mußte, sollten die Verwirklichung der Idee eines geeinten Europas, dessen weitsichtiger Vorläufer er war, um vierhundert Jahre verzögern".[14] Es war eine Konzeption, die Terlinden seinem „Helden" schon zu Beginn seiner Herrschaft als eigen zuschreibt[15] - eine Idee, die sich beispielsweise grundsätzlich von der im Kontext des Vertrages von Noyon (1516) während des zweiten Jahrzehnts des 16. Jahrhunderts vertretenen Hoffnung unterscheidet, daß durch ein Gleichgewicht der Mächte Europa zu einer friedlichen Einheit finden könne.[16]

Eine Auseinandersetzung mit der inhaltlichen Vorstellung, die Terlinden mit dem Begriff „Europa" verbindet, soll zu Beginn des zweiten Teils versucht werden. Gertrude von Schwarzenfeld hatte vom „Abendland" gesprochen, ohne ihr Begriffsverständnis näher zu erläutern. Hinter der Bezeichnung verbarg sich „eine mythische und religiös-politische Konzeption",[17] die in jenem Jahrzehnt nach dem Zweiten Weltkrieg durch „ideologisierende Vorstellungen von Geist und Kultur" geprägt und im Sinne vornehmlich am Hergebrachten festhaltender, teilweise sogar restaurativer Tendenzen aufgenommen wurde. Besonders im Zeichen des Ost-West-Gegensatzes diente sie als Kampfkategorie gegen das „Sowjetsystem" im Osten Europas. Der Begriff findet sich zwar nicht direkt bei Terlinden, durchdringt jedoch unterschwellig als konservative politisch-ideologische Leitvorstellung im katholischen Verständnis[18] die Konzeption seines Werkes und ebenso das Geleit-

---

[12] Terlinden, *Karl V.* (wie Anm. 7), S. 14: „Obwohl in letzter Zeit Historiker von Bedeutung, wie K. Brandi, J. Babellon, Royall Tyler und andere, begonnen haben, ihm Gerechtigkeit widerfahren zu lassen, ist das Werk der Wiedergutmachung noch nicht vollendet."

[13] Terlinden, *Karl V.* (wie Anm. 7), S. 156.

[14] Terlinden, *Karl V.* (wie Anm. 7), S. 14 u. S. 271.

[15] Terlinden, *Karl V.* (wie Anm. 7), S. 79: „So begann (=1521) eine ganze Reihe von Kriegen, die den Gedanken eines geeinten Europa während vieler Jahrhunderte verzögerten."

[16] Ein Ausdruck dieser Hoffnung ist das Gemälde der Bruderschaft du Puy Notre-Dame, 1518, von einem Maler der Schule von Amiens, eine Allegorie des Vertrages von Noyon, heute im Musée de Picardie, Amiens, reproduziert von Terlinden, *Karl V.* (wie Anm. 7), S. 12, Abb. 3 mit S. 275, Nr. 3.

[17] Friedrich Heer, Essay in: *Meyers Enzyklopädisches Lexikon*, Bd. 1, Mannheim 1971, S. 57-64, hier S.64. Zum katholischen Verständnis s. Alois Dempf, *Abendland*, in: *Staatslexikon*, hg. von der Görres-Gesellschaft, Bd. 1, Freiburg i.Br. 6. Aufl. 1957, Sp. 3-8.

[18] Terlindens Unverständnis für das reformatorische Anliegen im 16. Jahrhundert und daraus auch für die Gegenwart zeigt sich zum Beispiel nicht nur darin, daß er die Reformation als „Pseudoreform" qualifiziert (a.a.O., S. 143 u. S. 152), sondern auch in seinen problematischen, un-

wort Otto von Habsburgs, dem Präsidenten der Internationalen Paneuropäischen Union.

Terlinden hat die Persönlichkeit Karls V. im Sinne einer Leitbildfunktion gedeutet und für die Gegenwart instrumentalisiert. Auf die Problematik seines Verfahrens soll im dritten Teil der Überlegungen eingegangen werden. Zuvor ist noch in gebotener Kürze darauf hinzuweisen, daß auch das *Bildnis* des Kaisers im Dienste der Propaganda für die Idee eines geeinten Europas eingesetzt worden ist, und zwar als Medium sowohl seitens gesellschaftlich-politischer Organisationen als auch besonders im staatlichen Interesse verschiedener Länder.

Als die Paneuropa-Union anläßlich der Tagung des Europäischen Rates in Paris am 19./20. Oktober 1972 zur Erinnerung ihres fünfzigjährigen Bestehens und zugleich zum Gedenken an die Gründung der Europäischen Gemeinschaft für Kohle und Stahl (die Montanunion) zwanzig Jahre zuvor sowie zur Feier des Vertrages über die Norderweiterung der Europäischen Gemeinschaft zum 1. Januar 1973 private Medaillen mit Wertangaben in der Europawährung (ECU) ausgab, befand sich Karl V. auf einer Silbermedaille zu 2 ECU, eingereiht zwischen Karl dem Großen und Napoléon Bonaparte, ebenfalls in Silber, gefolgt von Goldmedaillen mit den Bildnissen von Richard Graf Coudenhove-Kalergi, Jean Monnet und Paul Henri Spaak, Winston Churchill und Edward Heath, Konrad Adenauer, Alcide de Gasperi und Robert Schumann.[19] Als Vorlage dürfte eine Zeichnung des Kaisers im Alter von 31 Jahren gedient haben, veröffentlicht bei Terlinden.[20] Spanien nutzte 1989 bei zwei Werten der ersten Ausgabe seiner anlaufenden alljährlichen Medaillen der staatlichen Münze auf gesetzlicher Grundlage mit Wertangaben in ECU für die Bildseite das Gemälde von Tizian, das den Kaiser zu Pferd als Sieger auf dem Schlachtfeld bei Mühlberg zeigt, und verwandte für einen dritten Wert das Säulenemblem Karls V. und seine Devise „PLVS VLTRA".[21] Münzen als gesetzliches Zahlungsmittel mit einem Bildnis Karls V. wurden in Belgien und in Österreich in Umlauf gebracht. Belgien brachte zwischen 1987 und 1990 aus Anlaß des 30. Jahrestages der Römischen Verträge drei Gedenkprägungen heraus, eine in Silber und zwei weitere in Gold. Die Bildseite wurde in Anlehnung an einen

---

zutreffenden Aussagen zu Luther und zum Bauernkrieg von 1525 (S. 133f.). Vgl. auch die einschlägigen Bemerkungen in der Rezension von Horst Rabe, in: *Historisches Jahrbuch*, Jg. 102, 1982, S. 245ff.

[19] Gerhard Schön, *ECU-Katalog. Münzen und Medaillen*, Augsburg 1993, S. 54ff.

[20] Terlinden, *Karl V.* (wie Anm. 7), Abb. 4, S. 17.

[21] Schön, *ECU-Katalog* (wie Anm. 19), S. 43f.: 5 ECU (Silber); 100 ECU (Gold); 10 ECU (Gold); das Gemälde findet sich abgebildet u.a. bei Terlinden, *Karl V.* (wie Anm. 7), Abb. 120, S. 209.

Guldiner zwischen 1540 und 1548 aus der Münzstätte Brügge[22] gestaltet. In den Dienst der europäischen Idee bezog Belgien später auch den römischen Kaiser Diokletian, Kaiser Karl den Großen und Kaiserin Maria Theresia ein.[23] Die österreichische 100-Schilling Silbermünze von 1992 feiert den Kaiser zwar im Rahmen einer Millenium-Serie als eine der „Größen der 1000jährigen Geschichte" des Staates,[24] zugleich aber wird seine Darstellung in einer Prunkrüstung[25] als Symbol für seine „Verteidigung der europäischen Einheit und des christlichen Abendlandes" verstanden.[26] Diese Interpretation des kaiserlichen Wirkens steht hier zur Diskussion, nicht dagegen der Sachverhalt, daß der eigentliche Begründer des neuzeitlichen Österreichs, Ferdinand I., sich die Wertseite der Münze mit Karls Sohn Philipp II. von Spanien teilen muß.

Generell folgt Karl V. als Münzbild an zweiter Stelle hinter Karl dem Großen[27] auf der Liste jener historischen Persönlichkeiten, die in enge Verbindung zur werdenden europäischen Gemeinschaft gebracht wurden. Daß sich Belgien in herausragender Weise auf den Kaiser des 16. Jahrhunderts bezog, erklärt sich einerseits aus der Bedeutung seiner heutigen Regionen als Kernländer der burgundischen Niederlande während Karls Regierungszeit, kann aber zusätzlich auch durch Terlindens Werk angeregt worden sein, der ja Belgier war. Seine Biographie trug in Belgien vielleicht ebenfalls zur Prägung der drei ECU-Münzen mit zwei verschiedenen Darstellungen Karls des Großen bei,[28] erwähnt doch Terlinden eine Rückbesinnung auf den Kaiser des 8./9. Jahrhunderts[29] im Jahre 1519: Mercurino Arborio di Gattinara (1465-1530), Großkanzler Karls V., hatte sich in einer Denkschrift auf Karl den Großen bezogen, als am kaiserlichen Hof die Kunde von der Frankfurter Wahl Karls zum römischen König eintraf; dem Kaiser selbst scheint dieser Bezug auf Karl den Großen niemals in den Sinn gekommen

---

[22] Schön, *ECU-Katalog* (wie Anm. 19), S. 16f.: 5 ECU (Silber), gewichtsmäßig in Anlehnung an die Silberguldenprägung von 1540; 50 ECU (Gold); 10 ECU (Gold).

[23] Schön, *ECU-Katalog* (wie Anm. 19), S. 17-20.

[24] *Faltblatt zur Ausgabe*, hg. von der Münze Österreich.

[25] In Anlehnung an einen Kupferstich von Lucas Vorsterman (1595-1675). Die Vorlage wurde vom Graveur in der Weise abgeändert, daß dem Kaiser anstatt seines Schwertes eine Landkarte in die rechte Hand gegeben wurde-zu begreifen als Symbol seines Weltreiches. Zu diesem Bildnis vgl. kritisch Rainer Wohlfeil, *Vom 'burgundischen Ritter' zum 'Ahnherrn Österreichs', Beitrag zum Symposion 'Bildnis und Image. Das Porträt zwischen Intention und Rezeption'*, Hamburg 1995.

[26] *Schreiben* Münze Österreich an Verfasser, Marketing/km-DW154/Gae vom 13. Dezember 1994.

[27] Münzen mit seinem Bildnis als gesetzliche Zahlungsmittel wurden in Andorra, Belgien und Frankreich ausgegeben.

[28] Schön, *ECU-Katalog* (wie Anm. 19), S. 18 (50 ECU in Gold), S. 20 (5 ECU in Silber; 50 ECU in Gold).

[29] Siehe o. Anm. 10.

zu sein.[30] Vom fränkisch-karolinischen Reich als „Heiligem Reich" sprechen weder Karl noch Gattinara.[31] Karl dem Großen als anderem Ahnherrn kann hier nicht weiter nachgespürt werden.

2.

Die These von einer Ahnherrnqualität Karls V. wirft die Frage auf, ob es historische Sachverhalte gibt, durch die eine Leitbildfunktion jenes Kaisers für die Gegenwart wissenschaftlich begründet werden kann. Zu bedenken ist in diesem Zusammenhang, daß Leitbilder in erster Linie Kategorien der Tradition sind. Zwischen Tradition und Geschichte besteht eine Spannung. Eine derartige Unstimmigkeit offenbaren das Werk Terlindens ebenso wie die Münzbilder. Das Verhältnis zwischen Geschichte und Tradition wird abschließend diskutiert werden. Zuvor soll aber auf die Frage nach den geschichtlichen Grundlagen des beanspruchten Vorbildcharakters Karls V. für die Gegenwart eine Antwort gesucht werden. Waren im Europa des 16. Jahrhunderts—so lautet ein ganz knapp abzuhandelndes erstes Problem—jene strukturellen Gegebenheiten und mentalen Voraussetzungen gegeben, die eine europäische Einigung im Sinne einer Gemeinschaft gleichberechtigter Staaten zugelassen hätten, und was besagt zweitens die These von der universalen Idee des Kaisers? Birgt sie die ihr von Schwarzenfeld und Terlinden zugeschriebene „europäische Konzeption"?

Terlinden vermittelt keine Vorstellung, wie jene europäische Union zusammengesetzt sein sollte, die der Traum Karls V. gewesen sei.[32] Auch läßt der Autor nicht erkennen, welche Vorstellung von einer europäischen Gemeinschaft er selbst um 1965 vertrat. Aus ihr hätten sich Rückschlüsse ziehen lassen können. Sein Begriffsinhalt ist nicht mit dem „Europa der Sechs", der Europäischen Wirtschaftsgemeinschaft, zu identifizieren, denn ihr gehörten beispielsweise Spanien und Österreich—Kernländer des habsburgischen Weltreiches—erst seit 1986 bzw. 1995 an. Daß sich die EWG erweitern werde, konnte damals wegen der 1960 in Kraft getretenen Europäischen Freihandelszone nur erhofft werden. Mit Großbritannien, Irland, Dänemark und Griechenland schlossen sich 1973 bzw. 1981 Staaten der Europäischen Gemeinschaft an, von deren Einbindung in eine europäische

---

[30] So auch Ferdinand Seibt, *Karl V. Der Kaiser und die Reformation*, Berlin 1990, hier Taschenbuchausgabe München 1992, S. 53. Seibt formuliert: „Vermutlich war ihm die Tradition seines Urahnen zu wenig; sein Kaiserbegriff umspannte die ganze Welt, nicht nur das alte Europa, sondern auch die Neue Welt."

[31] *Denkschrift* Gattinaras an Karl V., Barcelona, 12. Juli 1519, in: Alfred Kohler (Hg.), *Quellen zur Geschichte Karls V.*, Darmstadt 1990, Nr. 8, S. 59. Zur Formel 'Heiliges Römisches Reich' vgl. Adalbert Erler, in: *Handwörterbuch zur deutschen Rechtsgeschichte*, Bd. 2, Berlin 1978, Sp. 45-48.

[32] Terlinden, *Karl V.* (wie Anm. 7), S. 156.

Union vielleicht Terlinden, jedoch kaum Karl V. geträumt haben könnte,
ebenso wenig von der späteren Ausdehnung der EG auf Schweden und
Finnland. In die Traumkonzeption des Kaisers hätte sich Polen-Litauen
besser eingepaßt als jene Staaten, deren Völker zu seiner Zeit unter der
Herrschaft der osmanischen Türken lebten, oder gar die heutige Türkei
selbst - alles Bewerber um eine Aufnahme in die Europäische Union. Teile
des damaligen türkischen Reiches hätte Karl zwar in seinen Traum von einer Union einschließen können, wenn er sie mit den in der Titulatio seiner
Urkunden[33] aufgeführten Herrschaftsansprüchen verbunden hätte - etwa das
Königreich Jerusalem und die Herzogtümer Athen und Neopatria. Aber ein
Rückgriff auf die Titulatur hätte auch die Einbeziehung der amerikanischen
Kolonien der Krone Kastiliens eingeschlossen. Insgesamt läßt sich demnach
die Titulatur, unabhängig vom tatsächlichen Gehalt der angeführten Rechts-
komplexe,[34] nicht zur Traumdeutung heranziehen.

In der Titulatur wurden auch die verlorengegangenen altburgundischen
Länder reklamiert, aber kein Anspruch auf Frankreich angemeldet. Das
französische Königreich war jedoch jener Staat, der als Macht ausgeschaltet
werden mußte—wie Gattinara es gefordert hatte[35]—, sollte eine christliche
Weltmonarchie errichtet werden. Sie stellte jene Ordnung dar, die der Großkanzler seinem Kaiser zu verwirklichen antrug. Es wäre eine Monarchie
gewesen, deren natürlicher Mittelpunkt das habsburgische Machtsystem
hätte bilden sollen. Den christlichen Völkern römisch-katholischen Glaubens versprach sie den allgemeinen Frieden und dem so befriedeten Europa
Schutz unter der Oberherrschaft Karls V. Offen blieb in den Denkschriften
Gattinaras, wo die Grenzen dieses Europas liegen, d. h. welche Länder es
einschließen sollte. Diese kaiserliche Ordnung hätte zwar den einzelnen
Völkern ihre Staaten in territorialer Unabhängigkeit belassen, aber sie hät-
ten sich der rechtlichen und moralischen, sakral begründeten Oberhoheit des
Kaisers und damit eines einzelnen freiwillig unterwerfen und sich seiner
Führung zu gemeinsamen Unternehmungen unterstellen müssen. Das war

---

[33] Abgedruckt von Karl Zeumer, *Quellensammlung zur Geschichte der Deutschen Reichsverfassung in Mittelalter und Neuzeit*, Tübingen 2. Aufl. 1913, S. 330, Nr. 187: Karl V. Landfriede-
1548, Juni 30.
[34] Eine genaue Analyse der Titulatur liegt nicht vor. Dazu Werner Näf, *Strukturprobleme des
Reiches Karls V.*, in: Rassow/Schalk, *Karl V.* (wie Anm. 1), S. 167-172, hier S. 167: „Die Titulatur
deutet sehr Verschiedenartiges an: reale Hoheitsrechte in formierten Staaten und bloße Reminiszen-
zen, staatlich unfaßbar, politisch inhaltsleer,-eine Musterkarte dessen, was Krone und Fürstenhut im
damaligen entwicklungsgeschichtlichen Zeitalter zu umfassen, zu decken oder zu maskieren ver-
mochten. Mit anderen Worten: Die Stellung des Landesherrn war von Land zu Land verschieden."
[35] Fritz Walser, *Die spanischen Zentralbehörden und der Staatsrat Karls V. Grundlagen und
Aufbau bis zum Tode Gattinaras*. Bearbeitet, ergänzt und hg. von Rainer Wohlfeil, Göttingen 1959
(=Abhandlungen der Akademie der Wissenschaften in Göttingen. Philologisch-Historische Klasse,
Dritte Folge, Nr. 43), S. 172f.

die Konzeption einer Universalmonarchie und nicht die einer wie auch immer gearteten Union gleichberechtigter europäischer Staaten.

Die Idee einer Universalmonarchie hat sich politisch nicht verwirklichen lassen. Sie war auch gar nicht realisierbar, da der Kaiser aus strukturbedingten Gründen schon darauf verzichten mußte, sein Reich—d. h. die Summe seiner einzelnen Länder mit ihren unterschiedlichen Festigkeits- und Selbständigkeitsverhältnisssen im Rahmen einer Personalunion—in ein formiertes gesamtstaatliches Gebilde mit entsprechenden Institutionen umzubauen. Gattinaras Gutachten von 1519, wie sich die Einheit des Gesamtreiches bewerkstelligen ließe, blieb ein Traum des Großkanzlers.[36] Um ihn realisieren zu können, wäre eine gewisse Übereinstimmung der monarchischen Stellung und Rechte in den verschiedenen Ländern Voraussetzung gewesen. Sie bestand nicht, denn zu unterschiedlich waren die verfassungsrechtlichen Positionen, die sich aus den geschichtlichen Verhältnissen ergaben - beispielsweise des kastilischen Königs und des Kaisers des Heiligen Römischen Reiches. Eine gewisse einzelstaatliche Zentralisierung ließ sich in den Burgundischen Niederlanden und in Ansätzen auch im Bereich der Krone Kastiliens durchsetzen; sie wurde in den Ländern der Krone Aragons und in den italienischen Besitzungen nicht versucht, und in Deutschland ist der Kaiser mit seinem Bundesplan gescheitert.[37] Daß seine Verfassungsreformbestrebungen von 1547/48 „gesamteuropäische Tendenzen" erkennen lassen,[38] ist eine These, die sich anhand der Quellen nicht verifizieren läßt. Insgesamt war schon die strukturelle Basis des dynastisch begründeten Weltreiches heikel, gewährte nur bedingten verfassungsgemäßen Spielraum und begrenzte die Freiheit kaiserlicher Entscheidungsgewalt. Aus diesem Sachverhalt folgt, daß einer Ausdehnung der Herrschaft Karls V. auf Länder außerhalb seines habsburgischen Reiches Hindernisse entgegengestanden hätten, die mit friedlichen Mitteln nicht zu beseitigen gewesen wären. Daß sie mit Gewalt hätten dauerhaft überwunden werden können, erscheint unwahrscheinlich - abgesehen davon, daß eine derartige Politik dem Kaiser fremd war. Es gab im 16. Jahrhundert keinen Weg zu einer Staatengemeinschaft, die auch nur annähernd mit der gegenwärtigen Europäischen Union vergleichbar gewesen wäre.

Sie lag aber auch als geistige Vision außerhalb zeitgenössischer Vorstellungen - sieht man ab von einsamen Denkern. Schon innerhalb des eigenen Reiches wurde Karls Kaisertum keineswegs einhellig begrüßt. Außerdem

---

[36] Brandi, *Karl V.* (wie Anm. 48), S. 93f.

[37] Horst Rabe, *Reichsbund und Interim. Die Verfassungs- und Religionspolitik Karls V. und der Reichstag von Augsburg 1547/48*, Köln, Wien 1971. Volker Press, *Die Bundespläne Kaiser Karls V. und die Reichsverfassung*, in: Heinrich Lutz/Elisabeth Luckner (Hrsg.), *Das römisch-deutsche Reich im politischen System Karls V.*, München-Wien 1982 (=Schriften des Historischen Kollegs. Kolloquien 1), S. 55-106.

[38] Terlinden, *Karl V.* (wie Anm. 7), S. 80.

deckten sich Ausgangslage und Bewertung am Ende seiner Herrschaftszeit nicht. Als geborenen Fürsten erkannten ihn nur die burgundischen Niederländer uneingeschränkt an. Sie standen hinter ihrem Landeskind bis zu seiner Abdankung, auch wenn sich die ursprüngliche vorbehaltlose Zustimmung zu seiner Politik abschwächte und die Kritik an den Forderungen zunahm, die Karl als Kaiser infolge seiner Kriege mit Frankreich an die Provinzen stellte.

In Spanien schlug dem jungen Habsburger während seines ersten Aufenthaltes keine helle Begeisterung entgegen. Voller Stolz auf ihre Erfolge im Kampf gegen die Mauren (Eroberung Granadas 1492), über die Entdekkung „Westindiens" und seine beginnende Kolonisation identifizierten sich die Kastilier mit der Vorstellung einer von jedweder fremden Gewalt unabhängigen „Nation", die ihnen über die katholischen Könige und deren politisches Werk vermittelt worden war. Daher wehrten sie sich in den ersten Regierungsjahren Karls dagegen, daß ihr kastilisches Königtum einem fremden Kaisertum nachgeordnet zu werden drohte und daß ganz allgemein ausländische Institutionen an die Stelle der überlieferten eigenen zu treten schienen.[39] Sie erkannten zwar den jungen Habsburger als ihren König an, jedoch nicht als „Karl V.", sondern als „Carlos I.". Nach Menéndez Pidal[40] habe sich der junge König mit einem Herrschaftsverständnis identifiziert, das geprägt war durch das Vorbild seiner spanischen Großeltern und das die Aufgaben und Pflichten seines Kaisertums aus der nationalen Tradition einer kastilischen „Idea imperial" herleitete. Auf Kastilien bezogen, akzeptierte diese Überlieferung weder eine Ein- oder gar Unterordnung in das Sacrum Romanum Imperium noch eine universalistische Politik in dessen Kontext. Seiner geschickten Verhaltensweise verdankte es dann Karl in der zweiten Hälfte seiner Herrschaftszeit, daß sich Kastilien mit seinem Kaisertum nicht nur versöhnte, sondern sich auch mit dessen Anforderungen so stark identifizierte, daß beispielsweise die Bekämpfung des deutschen Protestantismus ebenso wie schon zuvor der Kampf gegen den Islam als eigene, „nationale" Aufgabe begriffen wurde. Nunmehr waren kaiserliche Siege wie Mühlberg auch spanische Siege - ein Sieg, der Karl V. zugleich den Deutschen vollends entfremdete.

Mit Karl als Landesherrn wurden seine italienischen Untertanen mehrheitlich erst konfrontiert, als er während des siegreichen Tunisfeldzuges über die afrikanischen Korsaren 1535 süditalienischen Boden betrat. Unter

---

[39] Horst Pietschmann, *El problema del 'nacionalismo' en Espana en la Edad Moderna. La resistencia de Castilla contra el emperador Carlos V.*, in: Hispania, Bd. 52/180, 1992, S. 83-106. Rainer Wohlfeil, *Kriegsheld oder Friedensfürst? Eine Studie zum Bildprogramm des Palastes Karls V. in der Alhambra zu Granada*, in: *Recht und Reich im Zeitalter der Reformation*. Festschrift für Horst Rabe, unter Mitarbeit von Bettina Braun und Heide Stratenwerth hg. von Christine Roll, Frankfurt am Main 1995, S. 57-96.

[40] Siehe Anm. 46.

diesen Bedingungen schlug ihm eine Welle aufrichtiger Begeisterung entgegen. Sie ebbte bis zum Ende der Regierungszeit wieder ab, man arrangierte sich aber mit der spanischen Fremdherrschaft. Als solche wurden der Kaiser und seine Vertreter durchgängig eingestuft.

Entgegengesetzt zur Entwicklung in Spanien entfaltete sich das Verhältnis der Deutschen zu ihrem Kaiser. Ursprünglich als das „edle deutsche Blut" bezeichnet und auch von breiten Schichten des Volkes voller Freude begrüßt, wandelte sich die Haltung. Zugleich nahm die antispanische Stimmung zu, bis Karl in seinem letzten Regierungsjahrzehnt von der weitaus überwiegenden Mehrheit der Deutschen, vor allem von den Evangelischen, gehaßt und von den Katholiken höchstens geachtet wurde.[41] Zugleich offenbarte Karls Scheitern in Deutschland, daß es ihm im Heiligen Römischen Reich nicht gelungen war, kaiserlich-deutsches und königlich-kastilisches Herkommen in eine übergreifende Herrschaftsauffassung zu integrieren.[42] Die Mentalitäten waren zu wesensverschieden und ließen eine gemeinsame Einheit schon deshalb nicht zu. Was aber im habsburgischen Reich nicht zu verwirklichen war, hätte sich auf europäischer Ebene erst recht als ein chancenloses Unterfangen erwiesen. Man bedenke nur, daß die antihabsburgische Politik der französischen Könige Franz I. und Heinrich II. von ihren Untertanen fast einhellig mitgetragen wurde, sowohl in den Monaten höchster Gefahr für die Unversehrtheit der Monarchie (1525/26) als auch beim ersten Waffengang unter dem neuen Herrscher. Europa war im Bannkreis aufsteigender Nationalstaaten gedanklich-geistig noch nicht für eine Union zu gewinnen.

Im Zentrum der Thesen, die Karl V. als Ahnherrn beschwören, steht dessen übergreifende ideologisch-politische Herrschaftskonzeption - die universale Idee. Wodurch zeichnet sie sich aus, und ist sie heute als Leitbild für die Einheit Europas nutzbringend zu befragen? Eine Antwort auf diese Frage setzt voraus, daß der politische Leitbegriff der frühen Neuzeit, die Kategorie *Monarchia Universalis*, geklärt ist. Dieser Aufgabe hat sich Franz Bosbach gewidmet. Seine Aussage lautet:

> „Die Universalmonarchie in der Zeit Karls V. war für ihre Befürworter wie für ihre Gegner eine theoretische Konzeption von Herrschaft, die in Überordnung über alle Herrscher allgemein interessierende und über den einzelnen Herrschaftsbereich hinausreichende Aufgaben erfüllte. Diese Aufgaben wur-

---

[41] Wolfgang Petter, *Probleme der deutsch-spanischen Begegnung in den Anfängen Karls V.*, in: *Gesammelte Aufsätze zur Kulturgeschichte Spaniens*, Bd. 26, Münster i. W. 1971 (=Spanische Forschungen der Görresgesellschaft, Reihe 1), S. 89-150. G. L. Pinette, *Die Spanier und Spanien im Urteil des deutschen Volkes zur Zeit der Reformation*, in: *Archiv für Reformationsgeschichte* 48, 1957, S. 182-191.

[42] Lehmann, *Universales Kaisertum* (wie Anm. 63), S. 83.

den mit denen des Kaisers der Christenheit identifiziert, die Universalmonarchie war hierin zunächst ganz an die Person des Kaisers gebunden."[43]
Wie dieses Konzept von Karl V. ausgeführt wurde und von welcher herrschaftsleitenden Idee sein Handeln und Wirken bestimmt wurden, ist ein Gegenstand geschichtswissenschaftlicher Kontroversen. Die einschlägigen Aussagen zum Problemfeld von Staatsauffassung und Reichsvorstellung lassen sich unter dem Begriff „Herrschafts-" oder geläufiger „Kaiseridee" auf einen Nenner bringen. Die „modernen" Erörterungen begannen im dritten und vierten Jahrzehnt dieses Jahrhunderts in Gestalt eines vornehmlich geistesgeschichtlichen Erklärungsansatzes - eine Diskussion, die andauert und bis heute nicht abgeschlossen ist.[44] Wortführer in einer grundlegenden Phase waren Karl Brandi, Peter Rassow und Ramón Menéndez Pidal. Außerdem kann Hugo Hantsch dieser Gruppe zugeordnet werden. Ihre unterschiedlichen Thesen unterstreichen zugleich das Analyseergebnis von Heinrich Lutz (1922-1986), daß zwei historiographische Interpretationslinien zur Geschichte des Kaisers vorliegen, eine mitteleuropäische und eine südeuropäische.[45]

Unter südeuropäischem Aspekt hat sich vor allem Menéndez Pidal mit der Kaiseridee Karls V. befaßt.[46] Nach seiner Deutung wurzelten Karls Verständnis und Vorstellungen vom Kaisertum in der kastilisch-spanischen Überlieferung einer originären „Idea imperial", waren bestimmt durch das Vorbild seiner spanischen Großeltern, des katholischen Königspaars Ferdinand und Isabella, und wurden umgesetzt in eine Politik, die ausgerichtet

---

[43] Franz Bosbach, *Monarchia Universalis. Ein politischer Leitbegriff der frühen Neuzeit*, Göttingen 1988 (= Schriftenreihe der Historischen Kommission bei der Bayerischen Akademie der Wissenschaften, Bd. 32), S. 63.

[44] Zusammenfassender Überblick über die Kaiser-Idee-Diskussion bei Henri Lapeyre, *Charles Quint*, Paris 2. Aufl. 1973, S. 15ff., knapp angerissen bei Alfred Kohler, *Karl V.*, in: *Neue Deutsche Biographie*, Bd. 11, Berlin 1977, S. 191-211, bes. S. 191f., und bei Heinrich Lutz, *Reformation und Gegenreformation*, München 3. Aufl. 1991 (=Oldenbourg Grundriß der Geschichte, Bd. 10), S. 145-149.

[45] Heinrich Lutz, *Karl V.-Biographische Probleme*, in: *Biographie und Geschichtswissenschaft. Aufsätze zur Theorie und Praxis biographischer Arbeit*, hg. von Grete Klingenstein u.a., Wien 1979 (=Wiener Beiträge zur Geschichte der Neuzeit, Bd. 6), S. 151-182, wiederabgedruckt in: ders., *Politik, Kultur und Religion im Werdeprozeß der frühen Neuzeit. Aufsätze und Vorträge*, hg. von Moritz Csáky u.a., Klagenfurt 1982, S. 123-145, hier S. 126f., zur 'Kaiseridee' S. 127ff.

[46] Ramón Menéndez Pidal, *Idea imperial de Carlos V*, Madrid 1940 (=Colección Austral, Bd. 172, mit zahlreichen Neuauflagen), S. 7-35, zuvor Vortrag *'La idea imperial de Carlos V'*, veröffentlicht in der *Revista Cubana*, Jg. 1937, S. 5-31, und als Privatdruck in La Habana 1938; ders., *Formación del fundamental pensamiento político de Carlos V*, in: *Charles-Quint et son temps*. Paris 30 Septembre-3 Octobre 1958, Paris 1959, S. 1-8 (=Colloques internationaux du Centre National de la recherche scientifique, Sciences humaines); ders., in: *Karl V.* (wie Anm. 1), S. 144-166; ders., *Un imperio de paz cristiana*, in: Manuel Fernández Álvarez, *La Espana del emperador Carlos V (1500-1558; 1517-1556)*, Madrid 1966 (=Historia de Espana, dirigida por Ramón Menéndez Pidal, Bd. 18), hier als Einleitung, S. IX-LXXII.

war vor allem auf Italien und Nordafrika, folgend der aragonesischen Überlieferung des Großvaters.[47] Zuvor hatte Brandi im Rahmen eines mitteleuropäischen, universal ausgerichteten Interpretationsansatzes die politischen Leitvorstellungen Karls V.
aus dem dynastischen Gedanken resultieren sehen, „der in ihm stärker als
irgendwo in der Weltgeschichte lebendig und wirksam geworden ist, ihm
selbst als Mensch und Herrscher die tiefsten sittlichen Antriebe gab".[48] Der
Kaiser habe

> „aus der Summe der von ihm ererbten Herrschaftstitel einen neuen europäi
> schen und in gewissem Sinne überseeischen Imperialismus, ein Weltreich
> (gebildet), das zum ersten Male nicht auf Eroberung, noch weniger auf einer
> zusammenhängenden Ländermasse aufgebaut war, sondern auf der dy
> nastischen Idee und der Einheit des Glaubens".[49] Er führte „seine Reiche aus
> den veralteten Staatsformen des aufgelösten Ritter- und Städtestaates (sic!)
> mit ihren Privilegien, lokalen Fehden und Machtverschiebungen zu einer hö
> heren Stufe der Staatsidee... Die letzte Wirkung der dynastischen Welt
> machtspolitik Karls lag deshalb überraschend genug doch wieder in der Rich
> tung der beherrschenden Idee des Jahrhunderts aufsteigender moderner euro
> päischer Staaten".[50]

Verbunden habe sich dieser auf die habsburgische Dynastie ausgerichtete
Leitgedanke mit universalistisch-römischen Herrschaftsvorstellungen. In
Brandi sieht Alfred Kohler den „Vertreter einer dynastisch gebundenen und
insofern statischen Konzeption", der Karls Herrschaftsauffassung „im Sinne
einer harmonisierenden dynastisch-europäischen Sichtweise" gedeutet und
dabei die dynastische Idee überschätzt hat.[51]

Eingebunden in diese dynastische Reichsidee ist der Kaiser—gemäß
Brandi—in seinem Handeln und Wirken letztlich nicht dem antifranzösischen Weltreichskonzept Gattinaras von einem „Dominium mundi" gefolgt, das, der ghibellinischen Gedankenwelt und römisch-rechtlichem Denken verpflichtet, sich nach Lutz in der einfachen Formulierung fassen läßt,
„Karl ist zur Weltherrschaft berufen".[52] Gattinara begriff also anders als sein

---

[47] Dazu kritisch u.a., und ders., Las 'Alegorias de la Paz' de la fachada occidental del palacio
de Carlos V, in: Cuadernos de la Alhambra, Granada 1995; Wohlfeil, Kriegsheld (wie Anm. 39).

[48] Karl Brandi, Kaiser Karl V. Werden und Schicksal einer Persönlichkeit und eines Weltreiches, 2 Bde., Bd. 1, München 1937 mit zahlreichen Neuauflagen, Bd. 2, Quellen und Erörterungen, München 1941, 2. Aufl. München u. Darmstadt 1967, hier Bd. 1, 5. Aufl. Darmstadt 1959, S.
13. Erstmalige Entwicklung seiner Interpretation unter dem Titel Karl V., in: Preußische Jahrbücher, Bd. 214, 1928, S. 23-31, zuletzt ders., Der Weltreichgedanke Karls V., in: Ibero
Amerikanisches Archiv, Bd. 13, 1940, S. 259-269.

[49] Brandi, Karl V., Bd. 1 (wie Anm. 48), S. 11.

[50] Brandi, Karl V., Bd. 1 (wie Anm. 48), S. 12.

[51] Kohler, Karl V. (wie Anm. 44), S. 191.

[52] Heinrich Lutz, Der politische und religiöse Aufbruch Europas im 16. Jahrhundert. Das
Zeitalter Karls V. (1519-1556), in: Propyläen Weltgeschichte, hg. von Golo Mann u.a., Bd. 7,
Berlin 1964, S. 30. Zur Diskussion um die politischen Vorstellungen Gattinaras s. Walser-Wohlfeil,

Fürst das Kaisertum „als Anspruchstitel und als Mittel für Karl V. zum Erreichen der universalen Herrschaftsposition".[53]

Als politisches Leitbild Karls V. hat Rassow die These von einem sakralen mittelalterlichen Kaisertum vertreten, dessen Aufgabe darin bestand, die Christenheit zu führen. Höher bewertet als der dynastische Faktor, sei dieser Kaiser- und Reichsidee nach Brandi die Funktion einer Klammer für „das *Reich* Karls V." zugekommen, „das im Erbgang ihm zugefallene Konglomerat von Staaten und Herrschaften in Burgund und Spanien und in Österreich, hinübergreifend nach Italien, Afrika und den neuen Reichen jenseits des Ozeans. Die *Reichsidee* aber war die mittelalterliche Idee des Kaisertums, die dem Papsttum zugeordnete Führungsaufgabe in der Christenheit".[54] Ihre Aufgabe lautete: „Friede und Einheit in der Christenheit, Sicherung der Christenheit gegen Feinde im Innern, gegen die Ketzerei, und gegen die Feinde nach außen, gegen die Ungläubigen, das türkische Reich".[55] Diese Kaiseridee war schon in seinen frühen Jahren „das Leitbild seines Handelns".[56]

Die Interpretationen von Menéndez Pidal, Brandi und Rassow hat Lutz als eine „Verklärung und Überhöhung von Karls Politik" bezeichnet,[57] die auch manchem anderen Beitrag zum Gedenkjahr 1958 eigen sei. In einer Zusammenstellung derartiger Veröffentlichungen[58] fehlt allerdings Hantsch.[59] In seinem Wiener Festvortrag[60] „Die Kaiseridee Karls V." von 1958 schrieb Hantsch Karl eine Auffassung vom Kaisertum zu, die ihn weit

---

Spanische Zentralbehörden (wie Anm. 35), bes. S. 171-174; Heinrich Lutz, *Christianitas afflicta. Europa, das Reich und die päpstliche Politik im Niedergang der Hegemonie Kaiser Karls V. (1552-1556)*, Göttingen 1964, S. 23ff.; John M. Headley, *The Emperor and his Chancellor. A Study of the Imperial Chancellery under Gattinara*, Cambridge 1983; ders., *Germany, the Empire and Monarchia in the Thought and Policy of Gattinara*, in: Lutz, *Römisch-deutsches Reich* (wie Anm 37), S. 15-33; zuletzt Ursula Czernin, *Gattinara und die Italienpolitik Karls V. Grundlagen, Entwicklung und Scheitern eines politischen Programmes*, Frankfurt/M. 1993 (=Europäische Hochschulschriften, Reihe 3, Bd. 559).

[53] Bosbach, *Monarchia Universalis* (wie Anm. 43), S. 54.

[54] Rassow, *Reich und Reichsidee*, in: ders., *Politische Welt* (wie Anm. 3), S. 39.

[55] Rassow, *Der letzte Kaiser* (wie Anm. 3), S. 7.

[56] *Ebd.*, S. 15. Dazu s. Kohler, *Karl V.* (wie Anm. 44), S. 192, einschränkend: „Ein starkes, aber durchaus variables Spannungsverhältnis zwischen dynastischer Idee und Kaiseridee läßt sich zweifellos konstatieren."

[57] Lutz, *Biographische Probleme* (wie Anm. 45), S. 128.

[58] Lutz, *Christianitas afflicta* (wie Anm. 52), S. 22, Fußnote 14.

[59] Pater, O.S.B., seit 1946 o.ö. Universitätsprofessor Wien, Direktor des Instituts für Geschichte der Österreichischen Akademie der Wissenschaften usw. Sein Nachfolger auf dem Lehrstuhl für Neuere Geschichte an der Universität Wien wurde 1966 Heinrich Lutz.

[60] Gehalten an der Universität Wien und in der Wiener Katholischen Akademie, zunächst veröffentlicht in der Zeitschrift *Alte und moderne Kunst*, Jg. 3, 1958. H. 11, S. 8ff., und als Broschüre (Privatdruck) in dem Grazer Verlag Styria 1958 (22 Seiten), hier nach dem Abdruck in: *Spanien und Österreich. Nachklang zum 400. Gedenkjahr des Todes Kaiser Karls V. (+1558)*, hg. vom Präsidium der Wiener Katholischen Akademie, Wien 1960 (=Religion-Wissenschaft-Kultur-Vierteljahrsschrift der Wiener Katholischen Akademie, Jg. 11, 1960, Folge III/IV), S. 197-202.

über Gattinaras machtpolitische Gedanken erhoben habe. Macht sei vom Kaiser begriffen worden als „Auftrag im Dienste Gottes, zur höheren Ehre Gottes", sich selbst verstehend als „Erhalter einer gottgewollten Ordnung und Einheit". Durchdrungen vom „Bewußtsein von der heiligen Würde des Kaisertums", erhob es sich „über die Grenzen von Ländern und Völkern" im Dienste des christlichen Abendlandes. Alle Vorbilder und Lehren, denen Historiker mehr oder minder großen Einfluß auf seine Auffassung vom Kaisertum zugeschrieben haben, seien nicht „so tief in seine Seele (eingedrungen) wie die Stimme Gottes, die ihm den Weg vorzeichnet". Diese Kaiseridee „reicht ins Metaphysische und abstrahiert vielfach von der Relativität konkreter Erscheinungen". War eine noch stärkere „Verklärung und Überhöhung" im Kontext visionärer Vorstellungen vom Abendland möglich?

Zu den weiteren Historikern—und nur eine Auswahl an Autoren kann hier kurz vorgestellt werden—, die Karls Leitvorstellungen auf den Begriff zu bringen bemüht waren, zählt Erich Hassinger mit seiner These, daß der Herrscher „sein *Kaisertum als universale christliche Mission* verstand".[61] Für Hans-Joachim König war die Grundidee, die Karls Handeln prägte, die Vorstellung von der „politischen und kirchlichen Einheit der Christenheit, deren Ausdruck das Imperium Romanum war".[62] Hartmut Lehmann analysierte die kaiserliche Politik unter der Fragestellung, ob anstelle von universalem Kaisertum oder dynastischer Weltmacht von einem Imperialismus Karls zu sprechen wäre[63] - ein Ansatz, der nicht zutreffe. Schon 1966 hatte jedoch Fernand Braudel davor gewarnt, den Kaiser in ein Konzept einzubinden, auf das er ein für allemal festgelegt gewesen sei, wie denn überhaupt die „Kontroverse ..., wie nun die imperialen Pläne Karls V. mit letzter Genauigkeit zu definieren seien, ... etwas Vergebliches" habe.[64] Tatsächlich ist nicht immer ausreichend reflektiert worden, daß zwischen Kaiseridee und politischer Praxis zu unterscheiden ist. Jüngst sprach Ferdinand Seibt vom Kaisertum als einem „Ordnungsbild niemals genau definierter kaiserlicher Schutzherrschaft über die Christenheit".[65] Weltherrschaft sei „zuallererst ein

---

[61] Erich Hassinger, *Das Werden des neuzeitlichen Europa 1300-1600*, Braunschweig 2. Aufl. 1966, S. 132.

[62] Hans-Joachim König, *Monarchia Mundi und Res Publica Christiana. Die Bedeutung des mittelalterlichen Imperium Romanum für die politische Ideenwelt Kaiser Karls V. und seiner Zeit*, dargestellt an ausgewählten Beispielen, Phil. Diss. Hamburg 1969, S. 191.

[63] Hartmut Lehmann, *Universales Kaisertum, dynastische Weltmacht oder Imperialismus. Zur Beurteilung der Politik Karls V.*, in: *Beiträge zur neueren Geschichte Österreichs*, hg. von Heinrich Fichtenau u.a., Wien-Köln-Graz 1974, S. 71-83.

[64] Fernand Braudel, *Carlo V*, Milano 1966, jetzt in deutscher Fassung zuletzt: *Karl V. Die Notwendigkeit des Zufalls*, Frankfurt/Main-Leipzig 1992, S. 13; hier auch S. 13-18 eine knappe kritische Diskussion zentraler Thesen.

[65] Ferdinand Seibt, *Karl V. Der Kaiser und die Reformation*, Berlin 1990, hier Taschenbuchausgabe München 1992, S. 130.

Ordnungsproblem" gewesen.[66] Die Kaiseridee sei kein „abstraktes Gedankenwerk, sondern seine eigene und natürlich im Laufe seines Lebens auch veränderte Selbstdarstellung" gewesen, „orientiert an seinem Ritterideal und dort auch bis zuletzt festgehalten".[67] Seiner Auffassung gemäß ist „Weltmonarchie" „nicht dem Mittelalter, sondern besonderen Umständen zuzuordnen, und Karls Weltmonarchie war, nach der Landkarte, nach seinem Wahlspruch, nach Wappen und Symbolen ... aus seinem eigenen herrscherlichen Hochgefühl erwachsen. Herrschertitel und Hofallegorie kamen ihm dabei zu Hilfe. Aber der kaiserliche 'Herkules' tritt nicht auf als Heilsbringer in einer 'mittelalterlichen' Weltenallegorie".[68] Auch habe sich der Kaiser nicht zu Gattinaras Ansicht geäußert, Karl sei zur Weltmonarchie berufen.[69] Dennoch umspannte sein Kaiserbegriff die „ganze Welt",[70] sein Kaisertum war gekennzeichnet durch eine „personalisierte Herrschaftsauffassung".[71] Nach Seibt habe Karl am Ende seines Lebens den „Aberwitz der Universalmonarchie" durchschaut und daher abgedankt.[72]

Eine neue Stufe der Diskussion im Sinne einer übergreifenden Betrachtungsweise hatte zuvor Lutz betreten. Für „ausgedient" bewertete er die bislang gängige „schlichte" Gegenüberstellung von Karls mittelalterlich geprägtem Universalismus und modernem Nationalstaat.[73] Schon 1964 hatte er zu erörtern angeregt, ob die historiographisch vorherrschende Gegenüberstellung von „mittelalterlichem Kaisertum" in der Person Karls V. und modernem Nationalstaat in der Form Frankreichs beibehalten werden könne.[74] Begegnet wären sich vielmehr zwei politische Systeme mit einer Reihe von gemeinsamen strukturellen Voraussetzungen, in denen sich jeweils Altes und Neues vermischt hatten: „mittelalterliches Erbe an Eigenstaatlichkeit und neuerwachter Universalismus"[75]. Lutz war es nicht vergönnt, mit seinem überzeugenden Interpretationsmuster von einer „modernisierenden Dynamik des habsburgisch-französischen Konflikts" die Problematik von Kaiseridee und Universalmonarchie Karls V. auf einer neuen Diskussionsebene aufzuarbeiten.[76] Seinem angerissenen Interpretationsmuster zufolge müßten

---

[66] *Ebd.*, S. 179.

[67] *Ebd.*, S. 246, Fußnote 132.

[68] *Ebd.*, S. 133f. Zum Bezug auf Herkules s. zuletzt Wohlfeil, *Kriegsheld* (wie Anm. 39).

[69] *Ebd.*, S. 57.

[70] *Ebd.*, S. 53.

[71] *Ebd.*, S. 150.

[72] *Ebd.*, Vorblatt zur Titelei.

[73] Lutz, *Biographische Probleme* (wie Anm. 45), S. 129; ders., *Reformation* (wie Anm. 44), S. 148.

[74] Lutz, *Christianitas afflicta* (wie Anm. 52), S. 23.

[75] Lutz, *Christianitas afflicta* (wie Anm. 52), S. 22.

[76] Zum Lebenswerk von Lutz s. neben wichtigen Nachrufen in *Historische Zeitschrift*, Bd. 244, 1987, S. 487-493 (Karl Otmar Freiherr von Aretin), *Österreichische Akademie der Wissenschaften, Almanach für das Jahr 1987*, Jg. 137, Wien 1987, S. 325-337 (Günther Hamann), *Bayerische Akademie der Wissenschaften*, Jahrbuch 1986, München 1987, S. 279-281 (Eberhard Weis) und

„nicht nur die relative Vergleichbarkeit der beiden Konfliktpartner deutlich"
herausgearbeitet, „sondern auch die jeweils spezifische Mischung traditio-
neller und moderner Elemente im Selbstverständnis und im politischen System der beiden Seiten und das allgemeine Vorangetriebenwerden der politischen „Modernisierung" Europas durch den Dauerkonflikt" [77] analysiert und
historisch erklärt werden. Den Ansatzpunkt hierzu sah Lutz in dem besonderen, bei Brandi bereits vorgegebenen Bezug zwischen „Person und Sache". Die Frage nach der Kaiseridee ordnete er somit ein in die übergreifende Problematik einer Typologie des Herrschaftssystems Karls V. zwischen Mittelalter und Neuzeit. [78] In Gattinaras universalem Programm analysierte Lutz nicht irgendeine Neuformierung mittelalterlichen Gedanken-
gutes, sondern „ein neuartiges rationales Einheitsprogramm", das „den absoluten Weltherrschaftsanspruch des Kaisers dem spätmittelalterlichen Staa-
tenpluralismus" entgegensetzte. [79] Karl V. hatte selbst den Weg zur *Monarchia Universalis* eingeschlagen, scheiterte aber, als er ihn beschritt.

Die Lehre von der *Monarchia Universalis* war zu Lebzeiten Karls V. le-
bendige Theorie, bestimmt vor allem durch Rezeption und Weiterführung
mittelalterlicher Denktraditionen über die Universalmächte Papst und Kaiser. [80] Sie beeinflußte das politische Denken und Handeln, hatte sie doch unter diesem Kaiser einen hohen Grad an Anschaulichkeit erfahren. Die Propaganda Karls V. verband die greifbar scheinende Universalmonarchie mit
seinem konkreten Kaisertum, erhöhte und vollendete es in dem Anspruch,
über die rechtlich begründete, unmittelbare Weisungsbefugnis gegenüber
allen Fürsten zu verfügen und diese mit Machtmitteln politisch durchsetzen
zu dürfen. Als Konzeption blieb die überlieferte Lehre von der Universalmonarchie solange in der Vorstellungswelt der Zeitgenossen fest verwurzelt,
wie die Gesamtheit christlicher Herrschaften als ein Corpus gesehen wurde,
dessen Häupter Papst und Kaiser waren. Sie ist damit für die Gegenwart
ebenso wenig instrumentalisierbar wie eine dynastisch begründete, eine sakral verwurzelte oder eine gottbezogen-metaphysisch verortbare universale
Ordnungsvorstellung für eine menschliche Gemeinschaft oder ein persona-
lisiertes Herrschaftsverständnis.

Historisches Jahrbuch 108, 1988, S. 515-518 (Eberhard Weis) sowie dem Artikel von Eberhard
Weis in der *Neuen Deutschen Biographie*, Bd. 15, Berlin, 1987, S. 567f. vor allem Alfred Kohler
u. Gerald Stourzh (Hrsg.), *Die Einheit der Neuzeit. Zum historischen Werk von Heinrich Lutz*,
München 1989 (=Wiener Beiträge zur Geschichte der Neuzeit, Bd. 15, 1988), hier bes. der Beitrag
von Alfred Kohler, *Das 16. Jahrhundert im Werk von Heinrich Lutz. Europa und das Reich in der
frühen Neuzeit*, S. 97-107; hier auch eine Bibliographie der Arbeiten: *Schriftenverzeichnis* S. 239-
253.

[77] Lutz, *Reformation* (wie Anm. 44), S. 148.

[78] Lutz, *Biographische Probleme* (wie Anm. 45), S. 156ff.

[79] Lutz, *Biographische Probleme* (wie Anm. 45), S. 129.

[80] Bosbach, *Monarchia Universalis* (wie Anm. 43), S. 34-63.

3.

Einheit in einem Glauben und in einer Kirche erschienen Lewis und Terlinden auch im 20. Jahrhundert[81] als zentrale Voraussetzungen für eine politische Einheit Europas. Lewis hatte die Idee einer Rückkehr aller Europäer zur Christenheit des römisch-katholischen Bekenntnisses als Voraussetzung für die Einigung Europas propagiert und im Vorkämpfer für die sakral begründete Einheitsidee, in Karl V. ein Leitbild für den Protagonisten einer europäischen Einigung angeboten. Seiner These hatte Rassow entgegnet:

> „Wir ... müssen als Historiker sagen: Wenn es diese 'Christenheit', die es zu Karls Zeiten noch gab, heute nicht mehr gibt, wem ist dann damit gedient, Karl V. zur Symbol-Figur der heutigen für uns so dringend notwendigen Europa-Bestrebungen zu machen? Ein säkularisierter Karl ist eben kein historischer Karl mehr. E i n e Erwägung sollte die Verbreiter solcher historischer Nebelbilder von dieser irreführenden Analogie abschrecken: Karl ist nun doch mit seiner Politik, die die Christenheit umfaßte, gescheitert! Wer will eine gescheiterte Persönlichkeit als ideellen Führer anerkennen?"[82]

Aber gab es, so ist Rassow ergänzend zu fragen, zu Karls Lebzeiten überhaupt noch die *eine* Christenheit? Sie, die sich gerade während der Herrschaftszeit des Kaisers gespalten hatte, wiederzuvereinigen, war doch eines seiner zentralen Ziele gewesen - eine Aufgabe, die er ebenso wenig hatte bewältigen können wie seinen Versuch, die europäische Staatengemeinschaft seiner Zeit in einem universalen Herrschaftssystem unter seiner Führung zusammenzuschließen. Europa im 20. Jahrhundert auf der christlichen Grundlage eines Glaubens zu vereinigen, war schon um 1930 eine Utopie angesichts europäischer Gesellschaften, die zwar in großen Teilen noch von christlichen Vorstellungen und Werten geprägt waren, aber in ihren Entscheidungen grundsätzlich nach anderen Kategorien handelten. Es gab nicht mehr jene christlich bestimmte Lebenswelt, in der Karl V. tätig geworden war.

Die Einheit im Glauben als Leitgedanken für die Europäische Union einzubringen, war und bleibt ein wirklichkeitsfremder Vorschlag. Karl V. ist aber nicht nur im Versuch, die Einheit der Christenheit wiederherzustellen, gescheitert, sondern hat auch keine Konzeption hinterlassen, die für die gegenwärtige Einigung Europas Anregungen birgt. Der Buchtitel von Schwarzenfelds Biographie vermochte im ersten Jahrzehnt nach dem Zweiten Weltkrieg zwar die teilweise enthusiastische Hoffnung vieler Deutscher auf ein vereintes Europa und ihre Suche nach historischen Leitbildern zu reflektieren, die Autorin hatte sich jedoch nicht dazu verstiegen, eine solche

---

[81] Terlinden, *Karl V.* (wie Anm. 7), S. 92: „...die religiöse Einheit, die unerlässliche Vorbedingung für die Einheit Europas..."
[82] Rassow, *Karl V.* (wie Anm. 1), S. 15.

Funktion Karl V. unmittelbar zuzuschreiben. Mit der Erinnerung an den Kaiser des 16. Jahrhunderts wurde nur eine bedeutende Persönlichkeit der Vergangenheit beschworen, um den Lesern Hoffnung und Mut für eine zukunftsorientierte Bewältigung der Gegenwart unter einer politischen Perspektive zu vermitteln, die sich für Europa schon einmal eröffnet zu haben schien - ein historisch noch legitimes Verfahren. Daß hierbei Europa mit dem „Abendland"gleichgesetzt wurde, ergab sich für Schwarzenfeld und andere, vor allem konservativ geprägte Autoren aus ihrer Einbindung in die Periode des *Kalten Krieges* und deren Nachwirkung. Wenn jedoch Terlinden seinem „gebildeten Publikum"[83] die Herrschaftszeit Karls V. als „eine der glorreichsten Regierungen der Geschichte"[84] offeriert, deren politisches Ziel „die Schaffung eines geeinten Europa"[85] war, dem Kaiser ein Handeln „getreu seiner europäischen Konzeption"[86] zuschreibt und von einem „Programm der Einigung Europas"[87] spricht, geht er über Aussagen hinaus, die sich als historisch legitim bewerten lassen und nur noch als zeitgebunden erklärt werden können. Zugleich bleibt Terlinden seinen Lesern die inhaltlich konkrete Beschreibung oder gar Analyse eines derartigen Entwurfes schuldig, es sei denn, man sieht sie in dem ein einziges Mal eingebrachten Begriff „Bündnis".[88] Geschichtswissenschaftlich ist die Frage offen, ob es überhaupt einen „Großen Plan" gab, um eine Universalmonarchie zu erreichen.[89] Wenig deutet auf die Annahme hin, daß er entwickelt worden ist. Eine Universalmonarchie ließ sich anstreben, ohne daß ihre Gestaltung zuvor projektiert worden war. Karl V. und seinen Beratern ging es gegebenenfalls um die *Monarchia Universalis* in Form von Vorherrschaft des Kaisers in Europa, nicht um einen Zusammenschluß gleichberechtigter europäischer Staaten durch „Bildung einer europäischen Union". Der Traum Karls[90] enthüllt sich als ein Traum Terlindens.

Die Analyse der strukturellen und mentalen Voraussetzungen im 16. Jahrhundert sowie besonders der Kaiseridee hat ergeben, daß der Karl V. zugeschriebene Plan einer Einigung Europas in Form eines freiwillligen Zusammenschlusses der Staaten zu einer Gemeinschaft außerhalb der politischen Möglichkeiten und Intentionen des 16. Jahrhunderts lag. Diese Erkenntnis wirft die Frage auf, wie und warum Terlinden zu derartigen Thesen gelangen konnte. Um sie zu beantworten, ist von seinem leitenden Erkenntnisinteresse auszugehen. Nach eigener Aussage wollte er Karl V. end-

---

[83] Terlinden, *Karl V.* (wie Anm. 7), S. 15.
[84] Terlinden, *Karl V.* (wie Anm. 7), S. 47.
[85] Terlinden, *Karl V.* (wie Anm. 7), S. 119.
[86] Terlinden, *Karl V.* (wie Anm. 7), S. 103.
[87] Terlinden, *Karl V.* (wie Anm. 7), S. 14.
[88] Terlinden, *Karl V.* (wie Anm. 7), S. 13.
[89] Lutz, *Reformation* (wie Anm. 44), S. 52.
[90] Terlinden, *Karl V.* (wie Anm. 7), S. 156.

lich Gerechtigkeit widerfahren lassen[91] und offenbar zugleich den Wurzeln des europäischen Einigungsstrebens nachspüren. Diese Aufgabenstellung ist geschichtswissenschaftlich legitim. In Angriff genommen hat er sie unter den Bedingungen seiner Sozialisation und Lebensgestaltung als überzeugter Europäer belgischer Nationalität, als Persönlichkeit, die im Bannkreis des Hauses Habsburg stand,[92] und als ein Mensch, der offensichtlich dem römisch-katholischen Bekenntnis fest verbunden war.[93]

Vorgelegt hat Terlinden eine Biographie, die Liebe zum Detail verrät - ein kaiserliches Leben dargestellt in der bunten Vielfalt interessanter Einzelheiten, beschreibend und deutend unter dem Aspekt eines Belgiers, der stolz ist auf das Landeskind Karl und der in den burgundischen Besitzungen jenes Kaisers „eines der ersten Länder der Welt (sieht), das durch seine geographische Lage befähigt war, eine besondere Rolle in einem geeinten Europa zu spielen".[94] Mit heißer, von Liebe zur Sache zeugender, aber oft zu flüchtig genutzter Feder[95] abgefaßt, stilisiert Terlinden seinen Landsmann zu einem europäischen Helden, dessen politischem Wollen legendenhafte Züge eigen sind. Karl V. wird von ihm stärker als bei den anderen Autoren verklärt und überhöht gezeichnet. Bewußt sagenhafte Geschichte erzählen zu wollen, dürfte Terlinden ferngelegen haben, aber auch unbeabsichtigter „historischer Legendenbildung ist ... mit Entschiedenheit zu widerstehen".[96] Legenden bergen zwar kaum Gefahren für den historisch Versierten, wird er sich doch mit ihnen kritisch auseinandersetzen. Andere Leser können jedoch der Faszination der interessant abgefaßten Lebensbeschreibung erliegen und durch sie ein Bild von einer vergangenen historischen Wirklichkeit rezipieren, das traditionsbildend wirkt, weil es scheinbare Bezüge zur Gegenwart enthält. Legenden sind meist die Grundlage von Tradition; zwischen Tradition und Legende besteht aber nicht nur ein Wechselverhältnis, sondern Le-

---

[91] Siehe o. Anm. 12.

[92] Ritter des Ordens vom Goldenen Vlies, zugleich Autor des Buches *'Der Orden vom Goldeen Vlies'*, Wien-München 1970.

[93] Gratial- und Devotionsritter des Souveränen Malteser-Ordens.

[94] Terlinden, *Karl V.* (wie Anm. 7), S. 188.

[95] Eine kritische Auseinandersetzung mit dem Werk stellt sich nicht als die eigentliche Aufgabe. Die deutschsprachige Ausgabe, technisch hervorragend gestaltet und mit 157 Abbildungen, darunter zahlreichen farbigen, sowie zwei Beilagen sehr gut ausgestattet, hat in der deutschen Fachliteratur kaum Widerhall gefunden. Aus den wenigen Rezensionen ist die „tiefgreifende Bedenken" vortragende, und dies nicht nur wegen der zahlreichen Einzelirrtümer und Verkürzungen, sondern vor allem wegen „fataler Schwächen der historischen Analyse" mit ihren „schlimmen Simplifikationen und Fehleinschätzungen" sehr kritische Besprechung von Horst Rabe, in: *Historisches Jahrbuch* (wie Anm. 18), S. 245ff., besonders zu erwähnen. Ihr kann uneingeschränkt beigepflichtet werden. Die methodischen Fehler des Autors mindern entscheidend den geschichtswissenschaftlichen Wert - ein fachwissenschaftlich äußerst bedenklicher Sachverhalt, weil das Werk für seine Zielgruppe, „den nicht spezialisierten Leser" (a.a.O., S. 15), der voll der Autorität eines vielfach ausgezeichneten Autors—Dr. jur., Dr. rer.pol., Dr. phil.; Ritter der Ehrenlegion und Träger weiterer hohen Auszeichnungen (s. Vorblatt der Biographie)—vertraut, meinungsbildend wirken kann.

[96] Rabe, *Historisches Jahrbuch* (wie Anm. 18), S. 247.

gendenbildung ist eine Voraussetzung, um Tradition für ideologische Zwekke zu vereinnahmen. Der Gefahr, eine derartige Legende zu schaffen, ist Terlinden infolge seines Engagements für Europa und ein belgisches Landeskind erlegen. Zielsetzung, Gestaltung und Inhalt seines Buches lassen darauf schließen, daß er ebenso wie diejenigen, die die Münzbilder zu verantworten haben, sich über Karl V. zur werdenden europäischen Gemeinschaft bekennen und auf ihre Wurzeln verweisen wollten. In dieser Absicht haben sie die Erkenntnisgrenzen der Geschichtswissenschaft aus dem Blickfeld verloren und sind zu Aussagen gelangt, auf denen eine problematische Tradition vom Leitbild bis zur Ahnherrschaft aufgebaut werden kann.

Jede menschliche Vereinigung bildet über kurz oder lang Tradition, und auch der Historiker steht bewußt oder unreflektiert in Traditionen. Über Tradition selbst ist nicht zu streiten, jedoch über ihre Inhalte können die Meinungen heftig aufeinanderprallen. Niemand kann der Europäischen Union oder den aktiven Verfechtern der europäischen Einigungsbewegung verübeln, wenn sie sich traditionell auf Vorläufer besinnen. Es geht nicht um den Inhalt der Tradition, sondern um ihr Verhältnis zur Geschichte. Dieser Sachverhalt sei auf eine kurze, aber harte Formel gebracht: Tradition heißt Manipulieren der Vergangenheit, dazu aber darf sich die Historie nicht einspannen lassen. Nichts gegen Manipulation, denn sie kann einem guten Zweck dienen. Vielleicht braucht eine Gemeinschaft ihre Helden. Nur sollte der Historiker sie nicht aussuchen, denn bei derartigen Überlegungen wird eine Tatsache leicht übersehen: Tradition ist Gegenwart. Die Menschen leben heute in der Tradition und suchen das Neue durch Rückgriffe auf die Vergangenheit zu bestätigen. Dabei ist es durchaus möglich, einerseits heutige Leitgedanken oder auch andererseits gegenwärtig fragwürdig erscheinende Ideologien mit ähnlichen oder gleichen einstmals tragfähigen zu legitimieren.[97] Ebenso kann etwas Antiquiertes heute durchaus opportun erscheinen. Wie dem auch sei, es ist das Heute.

Der Historiker sollte keinem Menschen einer vergangenen historischen Wirklichkeit dadurch historische „Gerechtigkeit" widerfahren lassen wollen, daß er ihn für seine Gegenwart instrumentalisiert, und sei es auch im Sinne eines positiv besetzten Leitbildes. Unabhängig davon, ob sich jene Persönlichkeit ihrem Wesen und historischen Wirken nach für eine derartige Funktionszuweisung überhaupt eignet, ist Zurückhaltung geboten. Der Historiker bleibt der Vergangenheit verpflichtet, er hat aus der kühlen Distanz des Wissenschaftlers zu rechtfertigen oder zu kritisieren, aber er hat sie nicht der Gegenwart unmittelbar dienstbar zu machen. Es ist hier nicht der

---

[97] Beispielhaft verwiesen sei auf die moderne Nutzung des Begriffes 'Abendland', auf die Traditionsdiskussion in der Bundeswehr oder neuerdings auf den einsetzenden nostalgischen Gebrauch der Erinnerung an die DDR.

Platz, sich über den Nutzen der Historie zu äußern. In bezug auf die Tradition läßt sich jedoch—wenn auch etwas pointiert—behaupten, es ist die Aufgabe des Historikers, ihr dauernd zu widersprechen. Bei einer Zusammenarbeit von Geschichtswissenschaft und Tradition wird die Tradition nur ihrer ehrlichen Naivität beraubt, die Historie dagegen pervertiert.

ERNST BLOCH UND THOMAS MÜNTZER.
HISTORIE UND GEGENWART IN DER
MÜNTZER-INTERPRETATION EINES PHILOSOPHEN

Günter Vogler (Berlin)

„Nichts ist menschlicher als zu überschreiten, was ist", lautet eine an der Zukunftsdimension menschlichen Seins orientierte Sentenz des Philosophen Ernst Bloch.[1] Abgewandelt interpretiert, legt sie auch die Frage nahe, ob ein Philosoph nicht Grenzen überschreitet, wenn er sich einer historischen Gestalt wie Thomas Müntzer annimmt und diese einer Neubewertung unterwirft. Bloch veröffentlichte über ihn 1921 eine Schrift,[2] mit der Geschichte und Theologie in den Blick genommen, die traditionellen Sichtweisen über Müntzer kritisch geprüft und Gesellschaft und Religion am Anfang des 16. Jahrhunderts in Beziehung zueinander gesetzt wurden. Nach „Geist der Utopie" von 1918 war dies die zweite größere Publikation Blochs:

> „Der Einsatz ist bezeichnend. Nicht einer der großen Philosophen ist es, bei dem Bloch nach dem Seinen schürft, nicht eine der traditionellen Lehren der Philosophiegeschichte, Platon oder Aristoteles, Augustinus oder Thomas, Kant oder Hegel. Bei dem Verkannten, Vergessenen fühlt er sich zu Hause, hier ist ein Boden, noch nicht ausgelaugt von zahllosen Ernten, jungfräulich sozusagen, aus dem man Säfte und Kräfte ziehen kann."[3]

Will man das Ergebnis in einem Satz vorwegnehmen, so besagt es: Müntzer, bei dem theologisches Denken zu revolutionärem Handeln führte, also

---

[1] Ernst Bloch, *Literarische Aufsätze* (Werkausgabe Bd. 9), Frankfurt/Main 1985, S. 391. „Denken ist Überschreiten" ist auch ein Motto, das am Anfang von Ernst Bloch, *Atheismus im Christentum. Zur Religion des Exodus und des Reichs* (Werkausgabe Bd. 14), Frankfurt/Main 1989, S. 15, steht.

[2] Ernst Bloch, *Thomas Münzer als Theologe der Revolution*, München 1921. Danach wurde die Schrift erst wieder 1960 vom Aufbau-Verlag Berlin und 1962 bei Suhrkamp in Frankfurt/Main (Werkausgabe Bd. 2) aufgelegt. Als Taschenbuchausgabe erschien der Band hier und 1989 bei Reclam in Leipzig. Eine französische Übersetzung kam 1964 in Paris heraus. Aus einem Brief Blochs an Theodor W. Adorno vom 18. September 1937 geht hervor, der von Wieland Herzfelde gegründete und in der Emigration in Prag weitergeführte Malik-Verlag wolle eine Gesamtausgabe von Blochs Schriften herausbringen (Ernst Bloch, *Briefe 1903-1975*, hg. von Karola Bloch u.a., Frankfurt/Main 1985, Bd. 2, S. 438). Doch das Projekt wurde nicht verwirklicht. Später taucht der Gedanke einer Gesamtausgabe in einem Brief Blochs an Peter Huchel vom 27. September 1949 wieder auf (*Ebd.*, S. 850f.). In beiden Fällen wäre die Schrift über Müntzer in die Werkausgabe eingegangen.

[3] Hans Heinz Holz, *Logos spermatikos. Ernst Blochs Philosophie der unfertigen Welt*, Darmstadt, Neuwied 1975, S. 177.

Theologie und Revolution sich vereinigten, war „Theologe der Revolution". Werden damit aber geistiger Standort und gesellschaftliche Relevanz des reformatorischen Propheten für seine Zeit zutreffend beschrieben? Da Blochs Schrift zum Zeitpunkt ihrer Veröffentlichung und auch später für Andersdenkende eine Herausforderung darstellte und seitdem ihren Platz in der Müntzerrezeption hat, verdient sie mehr Aufmerksamkeit, als dies bisher üblich war. Um Antworten auf sich stellende Fragen zu geben, müßten viele Aspekte behandelt werden, was in einem kurzen Beitrag nicht möglich ist. Hier soll deshalb hauptsächlich ergründet werden, welche Intentionen Bloch leiteten und zu welcher Sicht Müntzers sie ihn führten. Dieser Beitrag fragt deshalb nach dem Entstehungszusammenhang von Ernst Blochs Müntzerschrift (1.), nach den Grundlagen seines Müntzerbildes (2.), nach der Interpretation der Beziehung von Theologie und Revolution (3.), nach den zeitgeschichtlichen Bezügen und den ersten Reaktionen (4.) und nach dem Platz von Blochs Sicht in der Geschichte der Müntzerrezeption (5.).

1.

Verfolgt man die Literatur, die Blochs philosophisches Werk wissenschaftlich erschließt, dann fällt auf, daß die meisten seiner Schriften von „Geist der Utopie" über „Erbschaft dieser Zeit" bis zu „Das Prinzip Hoffnung", „Naturrecht und menschliche Würde", „Atheismus im Christentum" und „Experimentum mundi" eine mehr oder weniger eingehende Erschließung und Interpretation erfahren haben, das Müntzerbuch dagegen eher eine periphere Rolle spielt. Es wird in philosophischen, auch theologischen und historischen Publikationen erwähnt, aber keine Werkinterpretation wie in anderen Fällen angestrebt. Nach der Erstveröffentlichung von 1921 und den Neuausgaben von 1960 bzw. 1962 erschienen zwar jeweils mehrere Rezensionen, aber eine eingehendere Analyse setzte spät ein und erfolgte bis heute nicht in der wünschenswerten Intensität. Bei der Durchsicht der Literatur verfestigt sich der Eindruck, daß nur wenige mit der Müntzerforschung befaßte Historiker oder Theologen die Schrift in vollem Umfang gründlich gelesen und analysiert haben.[4] Auch hier kann die wissenschaftlich-kritische

---

[4] Sowohl die Ausgabe von 1921 wie auch die von 1960 bzw. 1962 wurden wiederholt rezensiert. Darüber hinaus ging es jedoch nur in wenigen Beiträgen um eine eingehende Analyse dieser Schrift. Als hervorhebenswerte Beispiele vgl. Holz, *Logos spermatikos* (wie Anm. 3), S. 177-179; Frédéric Hartweg, *Thomas Müntzer. Théologien de la révolution,* in: *Utopie - Marxisme selon Ernst Bloch,* hg. von Gérard Raulet, Paris 1976, S. 205-221; Arno Münster, *Utopie, Messianismus und Apokalypse im Frühwerk von Ernst Bloch,* Frankfurt/Main 1982, S. 198-221; Ekkehard Starke: *Ernst Blochs Müntzer-Interpretation und ihre Bedeutung für die Theologie der Gegenwart,* in: *Ernst Blochs Vermittlungen zur Theologie,* hg. von Hermann Deuser u. Peter Steinacker, München/Mainz 1983, S. 61-113. Allerdings bleibt auch in diesen Fällen anzumerken, daß die Autoren mit Müntzer und der Geschichte des 16. Jahrhunderts nicht immer hinreichend vertraut sind. Dies

Auseinandersetzung nur bedingt erfolgen[5], weil für eine umfassende Interpretation weiteres Material zu erschließen wäre und die Wirkungsgeschichte genauer erkundet werden müßte.

Die Entstehungsgeschichte des Blochschen Müntzerbuches läßt sich bisher nach den editierten Quellen nur annäherungsweise beschreiben. Nach Arno Münster „dürfte" Bloch die „unmittelbare Anregung" aus der Lektüre von Friedrich Engels, Wilhelm Zimmermann, Ernst Troeltsch und Karl Kautsky erhalten haben.[6] Mit dieser Feststellung wird allerdings nichts darüber ausgesagt, wann das geschah und was Bloch dazu veranlaßt haben könnte.

Im Frühjahr 1917 war Bloch als kriegsuntauglicher Kriegsgegner in die Schweiz emigriert, legitimiert durch einen Auftrag des „Archivs für Sozialwissenschaft", in Bern eine Untersuchung über „Politische Programme und Utopien in der Schweiz" zu erarbeiten. In diese Zeit fällt der erste Hinweis auf Thomas Müntzer. Hugo Ball berichtet zum 18. November 1917, Bloch habe ihn veranlaßt, Morus und Campanella zu lesen, „während er seinerseits Münzer[7] studiert und den Eisenmenger."[8] Warum er Ball zu dieser Lektüre anregte, wird nicht weiter erläutert, könnte aber mit den Projekten zusammenhängen, die Bloch in einigen Briefen erwähnt. Am 16. Mai 1918 schreibt er aus Thun an Johann Wilhelm Muehlon, er wolle eine „Quellensammlung von polemischen, kritischen, schöpferischen Äußerungen Deutscher von Münzer bis Lassalle und noch weiter gegen das preußisch-österreichische System, tiefer noch gegen denjenigen Teil der deutschen Mentalität zusammenstellen,... der jetzt und immer wieder die Versöhnung mit der Welt hindert."[9] Kurze Zeit später, am 4. Juli 1918, spricht Bloch in einem weiteren Brief an Muehlon von der Vorbereitung einer Broschüre, einer „Sammlung der kräftigsten, inhaltsvollsten Äußerungen deutscher Politiker, Dichter und Philosophen für die Freiheit, gegen das Gewalt-

---

gilt besonders für den Aufsatz von Laennec Hurbon, *Der Thomas-Münzer-Ton im 'Prinzip Hoffnung'*, in: *Materialien zu Ernst Blochs 'Prinzip Hoffnung'*, hg. u. eingel. von Burghart Schmidt, Frankfurt/Main 1978, S. 133-147. Da er Müntzer nicht kennt, kann er nur Blochs Gedanken wiedergeben.

[5] Ausgeklammert bleiben bei den folgenden Betrachtungen die Teile, die sich mit Luther, aber auch mit Calvin und den Nachwirkungen bis zu Lessing, Gottfried Keller und Schelling beschäftigen, weil sie einer eigenen Behandlung bedürfen.

[6] Münster, *Utopie* (wie Anm. 4), S. 202.

[7] Der Wechsel in der Namensschreibung „Müntzer" und „Münzer" ergibt sich aus der Tatsache, daß sich seit langem die Schreibung „tz" als sachgemäß durchgesetzt hat, aber Bloch und manche anderen Autoren an der „z"-Schreibung festhielten, so daß in Zitaten diese Schreibweise erscheint.

[8] Hugo Ball, *Die Flucht aus der Zeit*, Luzern 1946, S. 201f. Der hier erwähnte Johann Andreas Eisenmenger (1654-1704) hatte orientalische Sprachen studiert und war seit 1700 Professor in Heidelberg. Er trug aus etwa 200 Schriften Urteile von Juden über die christliche Lehre zusammen, die abschreckend wirken sollten. Der Druck wurde zwar von Kaiser Leopold I. zunächst untersagt, aber 1711 erschien die antijüdische Schrift in Königsberg.

[9] Bloch, *Briefe* (wie Anm. 2), Bd. 1, S. 217.

prinzip: von den Bauernkriegen bis auf den Liberalismus und Sozialismus kurz vor dem Krieg."Diese Broschüre sollte den Titel „Almanach der deutschen Demokratie" erhalten.[10] Die „Quellensammlung" und die „Broschüre" —zwei Schriften oder nur ein und dasselbe Werk—sind nicht abgeschlossen worden.[11] Aber in der Arbeit daran liegen möglicherweise die Wurzeln von Blochs Hinwendung zu Müntzer.

Wann sich bei Bloch die Absicht verfestigte, über den Mann des 16. Jahrhunderts eine monographische Untersuchung zu erarbeiten, ist aus dem zugänglichen Material nicht genauer zu ermitteln. Am 20. Mai 1926 schreibt Bloch an Siegfried Kracauer: „Das Buch war mitten in den Bewegungen von 1918 konzipiert, ist mitten in Bedrängnissen und Bewegungen der Identifizierung entstanden, die eine, wie stets, unzureichende Privatperson auf die Sache selbst hingeordnet haben müssen."[12] Im „Gedenkbuch" für seine erste Frau, die Bildhauerin Else Bloch-v.Stritzky, verweist Bloch darauf, die Arbeit am Müntzerbuch sei das letzte gewesen, was Else noch miterlebte. Da sie am 2. Januar 1921 verstarb, dürfte die Hauptarbeit—nach der Rückkehr aus der Schweiz 1919 nach München—in das Jahr 1920 gefallen sein. Nach ihrem Tod hat er dann den Text noch in die Endfassung gebracht. Im „Gedenkbuch" informiert Bloch: „Montag nacht, den 2. Mai [19]21, 12.30 h schloß ich den Münzer ab, dergestalt wenigstens, daß nur noch Durchsicht und nicht allzu stark Veränderung erfordernde Nachträge übrig bleiben. Ich rief es Else zu. Es war die Arbeit, die sie zuletzt noch begleiten konnte, die mir ihre, die ihr meine Probleme gab."[13] Zum 16. Juni notiert er dann, er habe die letzten Teile des Manuskripts durchgesehen - am Vorabend des Hochzeitstages: „Ich freue mich, daß der Münzer gerade zu diesem Tag endgültig fertig geworden ist, durchgesehen, durchredigiert."[14] Am 17. Juni trug er das Manuskript morgens in den Verlag von Kurt Wolff in München.[15]

---

[10] Ebd., S. 226. Das hier genannte „Gewaltprinzip" hat ein Pendant in der Müntzerschrift, wo ein Abschnitt „Über das Gewaltrecht des Guten" handelt (Ernst Bloch, Thomas Münzer als Theologe der Revolution, Frankfurt/Main 1985, S. 112-116).

[11] Bloch, Briefe (wie Anm. 2), Bd. 1, S. 219 Anm. 5 und S. 227 Anm. 2 und 3.

[12] Ebd., S. 270. Im „Gedenkbuch" informiert Bloch, er habe in Bern „einige Aufsätze (Konzept zur Güte der Seele, zum Hiobproblem, zum Münzer)" geschrieben, auch von einem Konzept zu einer Ketzergeschichte ist die Rede. Vgl. Ernst Bloch, Tendenz-Latenz-Utopie, Frankfurt/Main 1978, S. 21. Ein Müntzer-Aufsatz liegt jedoch gedruckt nicht vor, so daß es sich um Vorarbeiten gehandelt haben dürfte.

[13] Ebd., S. 41.

[14] Ebd., S. 44.

[15] Ebd. Einen Abschnitt veröffentlichte Bloch 1920: Blick in den Chiliasmus des Bauernkrieges und Wiedertäufertums. In: Genius, Jg. 2, 1920, S. 143ff. (Wiederabdruck: Klaus Ebert, Thomas Müntzer im Urteil der Geschichte. Von Martin Luther bis Ernst Bloch, Wuppertal 1990, S. 264-270). Diesen Titel trägt auch ein Abschnitt in Blochs Müntzerbuch. Da beide Texte nicht völlig identisch sind, könnte ein Vergleich erweisen, wie Bloch seine Texte weiter bearbeitete.

Erinnern wir uns der Aussage Blochs, er habe das Müntzerbuch „mitten in den Bewegungen von 1918 konzipiert", so werden wir auf mehrere Umstände verwiesen, die den Hintergrund für die Arbeit an dem Manuskript bilden und ihn beeinflußten.

Erstens beschäftigte Bloch sich mit Müntzer nach den beiden russischen Revolutionen von 1917 und der deutschen Novemberrevolution von 1918. Nach dem Urteil Oskar Negts war das „Maß aller seiner politischen Messungen ... das epochale Ereignis der Oktoberrevolution und ihr moralisch-emanzipatorischer Inhalt."[16] Angesichts dieser Zeitsituation interessierte Bloch eine historische Gestalt, die vier Jahrhunderte zuvor in einer Phase revolutionären Aufbruchs historisches Geschehen beeinflußte und aktiv handelnd zu gestalten bemüht war.

Zweitens verlangten die bitteren Erfahrungen des Ersten Weltkrieges, die Untergangsstimmung und Sinnentleerung des Lebens, nach geistigen Anstößen, um neue Wege in die Zukunft zu suchen. Hans Heinz Holz hebt als bestimmende Einflüsse für die Ausbildung von Blochs Philosophie in dieser Phase hervor:

> „... die letzten Auswirkungen aufgeklärter Bürgerlichkeit vor 1914; die ersten Wirkungen der Erschütterung des Denkens, das von Nietzsche ausging; die Unruhe des expressionistischen Jahrzehnts; der Weltkrieg und die revolutionären Umwälzungen in seinem Gefolge. Absage an jede bloß spirituelle Jenseitsideologie, konkrete Zukunftserwartungen *hic et nunc*, das Bewußtsein an einem welthistorischen Einschnitt zu stehen, konfrontierten den Erben der Gnosis und Mystik mit jener Realität, in der sich philosophische Antizipation und politische Entscheidung zu einer untrennbaren Einheit verbanden."[17]

Drittens führt diese Arbeitsphase Blochs in den ganz persönlichen Bereich, in dem Leiden und Sterben seiner Frau die Arbeit am Manuskript begleiteten und der Autor im Gedenken an die mit ihr gemeinsam gelebte Zeit das Werk vollendete.[18]

Burghart Schmidt hat in einem Vortrag zum Tod des Philosophen daran erinnert, Bloch habe sich „seit dem Beginn der deutschen Weltbrände aus Großmachtträumen ständig auf dem Auszug" befunden, und er konkretisiert diese Feststellung für die hier interessierende Zeit: „Im Ersten Weltkrieg das Schweizer Exil, zurückgekehrt in die deutsche Revolution, die so schnell ausgetreten wurde. Schon 'Thomas Münzer als Theologe der Revolution', 1921, wurde zum vorläufigen Nachruf auf die untergegangenen Hoffnungen,

---

[16] Oskar Negt, *Ernst Bloch - der deutsche Philosoph der Oktoberrevolution*. In: *Ernst Blochs Wirkung. Ein Arbeitsbuch zum 90. Geburtstag*, Frankfurt/Main 1975, S. 144.

[17] Holz, Logos spermatikos (wie Anm. 3), S. 214.

[18] Silvia Markun, *Ernst Bloch in Selbstzeugnissen und Bilddokumenten*, Reinbek b. Hamburg 1977, S. 33f. „Fast ein Jahr hat es gedauert, bis Bloch sich wieder aufzuschließen begann, und die abschließende Arbeit an 'Thomas Münzer' mag sein Purgatorium gewesen sein" (*Ebd.*, S. 34).

mit der Gewißheit eines Neuaufbruchs darin."[19] Um Gegenwärtiges gehe es
in der Schrift über Müntzer, um das „Vokabular der Revolution", ist bei
Holz zu lesen.[20] Um deren Sinngehalt zu enthüllen, sind einige weitere Zu-
sammenhänge zu berücksichtigen.

Erstens hatte Bloch bereits 1907—als Zweiundzwanzigjähriger—ein
Manuskript „Über die Kategorie des Noch-Nicht-Seins" erarbeitet und damit
die entscheidende Kategorie seines Philosophierens gefunden, die seitdem
seine philosophische Arbeit bestimmte.[21] „Das ist die Geburtsstunde des Systems, das sich von nun an, in siebzig Jahren, Schritt um Schritt, Ring um
Ring sich fügend, entfalten wird."[22] Diese Ontologie des Noch-Nicht-Seins
zielt auf „den letzten Grund, in dem das 'Noch-Nicht-Bewußte', voraus
gebildet in Moral, Kunst, Religion, Wissenschaft, vermittelbar wird mit den
materiellen Bedingungen eines 'Noch-Nicht-Gewordenen', darum vermittelbar, weil der letzte ontologische Grund der Weltentwicklung noch nicht
ergründet ist, sondern sich als Aufgabe der menschlichen Praxis stellt."[23]

Zweitens wird mit der schon 1917 abgeschlossenen, aber erst nach dem
Kriegsende 1918 erschienenen Schrift „Geist der Utopie" der utopischen
Dimension für Gegenwart und Zukunft eine neue Richtung gewiesen. In einem Interview im Jahr 1970 gibt Bloch darüber Auskunft: „In meinem Buch
'Geist der Utopie' wollte ich zeigen, daß das Wort 'Utopie', weit davon entfernt, ein ausgestoßener Begriff zu sein, vielmehr die philosophische Kategorie unseres Jahrhunderts ist."[24] Das Buch, das Bloch später einmal als seine „Räuber" bezeichnete[25], war „ein Manifest gegen die Leere, die Ungläu-
bigkeit und Hohlheit dieser Zeit; es ist die beschwörende Proklamation eines
neuen, reichen, frommen Lebens"[26], die Utopie-Idee „die verborgene Mitte
dieses brodelnden Strudels von Gedanken, Empfindungen, Erlebnissen".[27]
Bloch interpretierte Utopie nicht mehr in der Nachfolge von Thomas Morus
als das Land Nirgendwo, sondern rückte das „Noch-Nicht" als Nahziel in
den Blick und sprach von der „konkreten Utopie".[28]

---

[19] Burghart Schmidt, *Zum Tod des Philosophen Ernst Bloch*, in: „*Denken heißt Überschreiten". In memoriam Ernst Bloch 1885-1977*, hg. von Karola Bloch und Albert Reif, Köln 1978, S.
32.

[20] Holz, *Logos spermatikos* (wie Anm. 3), S. 178.

[21] Ernst Bloch, *Zur Ontologie des Noch-Nicht-Seins*, in: Ders., *Tübinger Einleitung in die
Philosophie* (Werkausgabe Bd. 13), Frankfurt/Main 1985, S. 212-242.

[22] Markun, *Ernst Bloch* (wie Anm. 18), S. 19.

[23] Schmidt, *Zum Tod* (wie Anm. 19), S. 36.

[24] *Ernst Bloch in Frankreich. Ein Interview*, in: *Ernst Blochs Wirkung* (wie Anm. 16), S. 231.

[25] Bloch, *Briefe* (wie Anm. 2), Bd. 2, S. 859.

[26] Jörg Drews, *Expressionismus in der Philosophie*, in: *Ernst Blochs Wirkung* (wie Anm. 16),
S. 25.

[27] Holz, *Logos spermatikos* (wie Anm. 3), S. 54.

[28] Das Thema „konkrete Utopie" durchzieht das ganze weitere Werk Blochs. Vgl. *Ernst Bloch,
Abschied von der Utopie? Vorträge*, hg. von Hanna Gekle, Frankfurt/Main 1980.

Drittens war Bloch mit dem Expressionismus konfrontiert worden, der Inhalt und Sprache seiner frühen Werke beeinflußte. Im zitierten Interview verweist er darauf: „Ich bin vom Expressionismus sehr stark beeinflußt gewesen und mein Buch 'Thomas Münzer als Theologe der Revolution' ist schwer zu verstehen, wenn man es nicht in dieser Atmosphäre ansiedelt."[29] In anderem Zusammenhang beschreibt er das Phänomen so: „Eine ganz andere Welt, keine mehr der beruhigten Ordnung, sondern Expedition in ein Unbekanntes, mit gebrochener Gegenständlichkeit, mit verneinter Gegenständlichkeit, Suche nach Chiffren, nach etwas, das es noch gar nicht in der vorhandenen Welt gibt."[30] Der Expressionismus war nicht nur zeitgeschichtlicher Hintergrund seines Werks, vielmehr lebte Bloch mit und in ihm.

Mit Ontologie des Noch-Nicht-Seins, konkreter Utopie und expressionistischer Sicht sind konstitutive Faktoren für Blochs Philosophie-, Geschichts- und Zeitverständnis benannt, die auch für sein Müntzerbild grundlegend sind. In Blochs philosophischen Gedanken spiegelt sich zudem jene Unruhe und Aufgewühltheit wider, die in Krieg und Revolution ihren Ursprung hatte. Da in dieser Situation in intellektuellen Kreisen auch auf religiösen Traditionen fußende Gesellschaftsbilder diskutiert und hinsichtlich ihrer Tragfähigkeit für die Gestaltung der Zukunft befragt wurden,[31] geschah es nicht zufällig, daß sich der Philosoph Bloch in einer als Epochenwende verstandenen Zeit Thomas Müntzer zuwandte, einer Gestalt, die in einer Umbruchzeit ans Licht trat und auf der Bühne der Reformation agierte, einem Prediger, der sich strikt an dem im Alten und Neuen Testament bekundeten Willen Gottes orientierte, aber auch einen „redenden", also sich stets erneut offenbarenden Gott kannte, einem Mahner, der die Menschen von Gott abgefallen sah und sie in dessen Ordnung zurückführen wollte, einem Propheten, der seiner Zeit und seinen Glaubensgenossen unerbittlich ins Gewissen redete, sich von ihrer falschen Lebensweise zu lösen und den von ihm vorgezeichneten Weg einer Reformation zu gehen.

Sich Müntzer zuzuwenden, war für Bloch eine schwierige Aufgabe, denn Profanes und Theologisches mußten zusammengeführt, gegeneinander abgewogen und in ihren Wechselbeziehungen aufgeklärt werden. Nach „Geist der Utopie" war dies für Bloch aber wohl eine reizvolle Herausforderung, und sein Verdienst ist es ohne Zweifel, Müntzer als Theologen ernstgenommen zu haben. Der Verketzerte wurde rehabilitiert und zum Kettenglied in

---

[29] *Ernst Bloch in Frankreich* (wie Anm. 24), S. 231. Zum Expressionismus und Blochs Stellung zu ihm vgl. Holz, *Logos spermatikos* (wie Anm. 3), S. 52-66; Münster, *Utopie* (wie Anm. 4), S. 181-197.

[30] Ernst Bloch, *Geladener Hohlraum*, in: Ders., *Tendenz-Latenz-Utopie* (wie Anm. 12), S. 375.

[31] Vgl. Klaus Vondung, *Die Apokalypse in Deutschland*, München 1988, S. 225ff.

der Revolutionsgeschichte, die prägende Gestalt einer deutschen Revolution im 16. Jahrhundert.

2.

Ernst Bloch beginnt sein Müntzerbuch mit einer kurzen Übersicht über die seiner Darstellung zugrundeliegenden Quellen und die Literatur. Natürlich war es ein Wagnis, einen biographischen Abriß und eine die Lebensleistung Müntzers deutende Darstellung zu einem Zeitpunkt zu erarbeiten, zu dem dessen Schriften nur in einigen wenigen Neudrucken verfügbar waren und eine geschlossene Edition der Korrespondenz noch völlig fehlte. Deshalb vermerkt Bloch zurecht: „Wie unnütz wird sonst überall das Gras von den Gräbern der Vergangenheit abgeweidet, - aber die Gesamtausgabe der wichtigeren Münzerbriefe, seiner Aufrufe und Originalschriften, ja des gesichteten Täufer-Schrifttums überhaupt, bleibt ein seit Jahrhunderten fortbestehendes erstaunliches Desiderat."[32] So konnte er sich in der Erstauflage von 1921 nur auf die damals vorliegenden Drucke einzelner Schriften und Briefe oder ihre Wiedergabe in älteren Werken stützen.[33] Außerdem verweist Bloch auf die Publikationen von Philipp Melanchthon, Sebastian Franck und Gottfried Arnold, von Georg Theodor Strobel, Carl Eduard Förstemann und Johann Karl Seidemann, von Wilhelm Zimmermann, Friedrich Engels und Karl Kautsky, von Otto Merx, Reinhard Jordan und Ernst Troeltsch.[34] Daß Bloch mit dieser Literatur nicht zufrieden war, ist durchaus verständlich: „Allzu sorgsam forschte man bisher diesem Manne nicht nach. Längere Strecken von Münzers Leben liegen im Dunkel, vielerlei, darunter wichtiges Tun und Sich-Verabreden, bleibt unaufgeklärt."[35]

Als das Müntzerbuch 1960 in Berlin wieder aufgelegt wurde, verwies Bloch in einer kurzen Nachbemerkung darauf, der Abdruck enthalte „einige rein faktische Berichtigungen gemäß der seitherigen Münzerforschung. Dazu finden sich mehrere Streichungen und textliche (nicht inhaltliche) Neufassungen oder Präzisierungen", die er in den zwanziger Jahren für eine Neuauflage vorbereitet habe. „Sonst kommt das Buch (um den Abschnitt IV,

---

[32] Bloch, *Münzer* (wie Anm. 10), S. 13.

[33] Er benutzt beispielsweise die *„Ausgedrückte Entblößung"* in der Ausgabe von Reinhard Jordan, Mühlhausen 1908, und die *„Hochverursachte Schutzrede"* nach dem Neudruck von Ludwig Enders, Halle 1893. Vgl. Bloch, *Münzer* (wie Anm. 10), S. 13.

[34] Vgl. die einzelnen Titel im Literaturverzeichnis bei Max Steinmetz, *Das Müntzerbild von Martin Luther bis Friedrich Engels*, Berlin 1971. Nicht benutzt hat Bloch die Arbeit von Paul Wappler, *Thomas Müntzer in Zwickau und die 'Zwickauer Propheten'*, Zwickau 1908 (Neudruck Gütersloh 1966).

[35] Bloch, *Münzer* (wie Anm. 10), S. 11.

4 ergänzt[36]) unverändert zum Abdruck, ein Jugendwerk mit bedeutendem Gegenstand."[37]

In dieser Neuauflage hat Bloch die bibliographischen Angaben um einige Titel ergänzt.[38] Die seit der Erstausgabe zu verzeichnenden Fortschritte der Müntzerforschung bis 1960 sind damit allerdings unvollständig ausgewiesen.[39] Mehr noch: Bloch hat offensichtlich keinen Anlaß gesehen, die neuere Forschung zu verarbeiten und sich daraus ergebende notwendige Korrekturen vorzunehmen.[40] Zwar fehlte immer noch eine Gesamtausgabe der Schriften und Briefe sowie anderer Zeugnisse Müntzers,[41] aber immerhin lagen nunmehr der Briefwechsel geschlossen ediert und wichtige Schriften in verbesserten Ausgaben vor, so daß eine wesentlich günstigere Quellengrundlage gegeben war. Bloch hat sich also bei der Durchsicht des Werks, das er erneut veröffentlichen wollte, mehr als wünschenswert zurückgehalten. Konfrontiert mit der Müntzerforschung, erweist sich die Neuauflage von 1960 als kein Fortschritt. Sie präsentiert sich eher als ein Zeitdokument, „ein Jugendwerk mit bedeutendem Gegenstand".[42]

Ein längeres Kapitel behandelt „Das Leben Thomas Münzers". Die hier gebotenen Auskünfte folgen weithin—nicht unkritisch—der von ihm eingesehenen Literatur. Es ist nicht zu erwarten, daß Bloch eigene Bemühungen unternahm, um Müntzers Biographie zu erforschen, sagt er doch, seine Arbeit sei „wesentlich geschichts- und religionsphilosophisch gehalten."[43] Angesichts der Abhängigkeit von der älteren Literatur werden—bei aller kritischen Haltung—manche Fehler und Fehlinterpretationen übernommen, und

---

[36] Es handelt sich um den Abschnitt „Weiterung: Deutscher Quietismus und der Lutherherr" (*Ebd.*, S. 175-181).

[37] *Ebd.*, S. 230.

[38] Vgl. *Thomas Müntzers Briefwechsel*, hg. von Heinrich Böhmer u. Paul Kirn, Leipzig 1931; *Thomas Müntzer. Sein Leben und seine Schriften*, hg. u. eingel. von Otto H. Brandt, Jena 1933; *Thomas Müntzer, Politische Schriften*, hg. von Carl Hinrichs, Halle 1950; M. M. Smirin, *Die Volksreformation des Thomas Münzer und der große Bauernkrieg*, Berlin 1952, 2. Aufl., Berlin 1956; Alfred Meusel, *Thomas Müntzer und seine Zeit*, Berlin 1952.

[39] So fehlen zum Beispiel von der bis 1960 erschienenen Literatur Heinrich Böhmer, *Studien zu Thomas Müntzer*, Leipzig 1922; Annemarie Lohmann, *Zur geistigen Entwicklung Thomas Müntzers*, Leipzig 1931; Carl Hinrichs, *Luther und Müntzer. Ihre Auseinandersetzung über Obrigkeit und Widerstandsrecht*, Berlin 1952 (2. Auflage 1962); Gerhard Zschäbitz, *Zur mitteldeutschen Wiedertäuferbewegung nach dem großen Bauernkrieg*, Berlin 1958; Walter Elliger, *Thomas Müntzer*, Berlin-Friedenau 1960.

[40] Vgl. zum Beispiel die Rezension von Georg Baring in: *Zeitschrift für Kirchengeschichte*, Bd. 74, 1963, S. 393-398. „Leider ist von ‚faktischen Berichtigungen gemäß der seitherigen Münzerforschung' im III. Kapitel ‚Das Leben Thomas Münzers' nichts, aber auch gar nichts zu finden" (*Ebd.*, S. 395).

[41] Erst 1968 erschien eine Gesamtausgabe. Vgl. Thomas Müntzer, *Schriften und Briefe*. Unter Mitarb. von Paul Kirn hg. von Günther Franz, Gütersloh 1968.

[42] Bloch, *Münzer* (wie Anm. 10), S. 230.

[43] *Ebd.*, S. 14.

wo die Literatur keine Auskunft vermittelt, werden Lücken gelegentlich mit
zweifelhaften Ausmalungen gefüllt.

Das demonstriert auf drastische Weise der biographische Einstieg, der
den älteren Darstellungen folgt:

> „Es war trübe um ihn von vorn an. Fast verlassen wuchs der junge düstere
> Mensch auf. Münzer wurde als einziger Sohn kleiner Leute um 1490 in Stol-
> berg geboren. Seinen Vater hat er früh verloren, seine Mutter wurde übel be-
> handelt, man suchte sie, als angeblich mittellos, aus der Stadt zu weisen. Der
> Vater soll, ein Opfer gräflicher Willkür, am Galgen geendet haben."[44]

Hier ist jedes zweite Wort falsch oder nicht zu belegen. Da über die familiä-
ren Verhältnisse Müntzers bis heute keine sicheren Erkenntnisse gewonnen
werden konnten, sind definitive Aussagen über die Situation des jungen
Mannes nicht möglich. Was über seine Eltern gesagt wird, ist Legende: die
Mutter war nicht ganz mittellos und der Vater starb nicht am Galgen, sondern eines natürlichen Todes. Die übernommenen oder hinzugedachten
Fehldeutungen bilden allerdings die Plattform für Blochs weitere Argumentation: „So erfuhr schon der Knabe alle Bitternisse der Schande und des Un-
rechts."[45] Damit scheint für Müntzer bereits in jungen Jahren der Weg vorgezeichnet zu sein, der aus dem Prediger einen Revolutionär werden läßt.

Sind biographische Fakten besser dokumentiert, werden auch Blochs
Aussagen verläßlicher. Ohne diese Stationen im einzelnen hier weiter zu
verfolgen, sei noch einmal betont: Bloch war von den Vorleistungen der bisherigen Forschung abhängig, aber die Neuauflage von 1960 hätte es durchaus geboten, manche sachlichen Fehler zu korrigieren.[46] Der Gedanke liegt
zwar nahe, daß die Einbeziehung der Müntzerinterpretation „in den philosophischen Kontext der *Intention* Blochs gerechter wird, als eine penible
Untersuchung der historischen 'Richtigkeit' seiner Darstellung"[47], aber es
sollte auch bedacht werden, daß das Faktische die Voraussetzung für die Interpretation bildet. Wird es verzerrt, hat das Folgen.

Deshalb erscheint auch Blochs Umgang mit den Quellen bedenklich. Er
zitiert wiederholt—und manchmal extensiv—Texte Müntzers. Da Nachweise nicht erfolgen, ist es eine schwierige und mühselige Arbeit, den jeweiligen Text zu identifizieren. Das ist aber nicht das eigentliche Problem, sondern die Identität dieser Texte selbst. Zwar erweisen sich viele der zitierten
Müntzertexte als korrekt, aber es werden wiederholt auch Kürzungen vorge-

---

[44] *Ebd.*, S. 17.

[45] *Ebd.*

[46] Hier sollen nur zwei gravierende Beispiele genannt werden. Es gibt keinen Beleg für die Feststellung: „Den großen deutschen Aufstand wollte Münzer von Allstedt aus in Gang bringen" (*Ebd.*,
S. 35). Auch die unter Berufung auf Engels getroffene Aussage ist nicht haltbar, Müntzer habe den
bäuerlichen Aufstand von Thüringen aus in andere Regionen getragen, und zwar „in fester Verabre-
dung und Verbindung beschleunigt, ja organisiert" (*Ebd.* S. 50).

[47] Starke, *Blochs Müntzer-Interpretation* (wie Anm. 4), S. 65.

nommen, ohne die Auslassungen zu kennzeichnen. Auch werden die Schriftverweise Müntzers häufig weggelassen.[48] Dies zu übersehen, verbietet sich, da Bloch ja gerade auf die theologischen Intentionen Müntzers hinzielt.

Solche notwendigen kritischen Bemerkungen zu den biographischen Aussagen und zum Umgang mit den Quellen können allerdings nicht das alleinige Maß für die Beurteilung von Blochs Schrift sein. Er selbst bezeichnet es als Absicht der „Blätter":

> „Sie mischen in die heutigen, in die kommenden Tage frühes Bewegen, halb vergessene, nur noch abgemattet bewußte Gedanken ein. Gewiß doch und verständlich ist die vorliegende Arbeit, unerachtet ihres empirischen Unterbaus, wesentlich geschichts- und religionsphilosophisch gehalten. Diesem entsprechend, daß nicht nur unser Leben, sondern alles von ihm Ergriffene fortarbeitet und derart nicht in seiner Zeit oder überhaupt innergeschichtlich beschlossen bleibt, sondern als Figur des Zeugnisses weiterwirkt, in ein übergeschichtliches Feld."[49]

Bevor auf die traditionsgeschichtlichen und zeithistorischen Bezüge und Implikationen einzugehen ist, soll noch auf die Sprache der Blochschen Müntzerschrift hingewiesen werden. Erinnert sei daran, daß der Autor selbst auf den starken Einfluß des Expressionismus verwies. Hans-Jürgen Goertz urteilt:

> „Das ist nicht die Sprache der Historiker, hier spricht ein Philosoph, der emphatisch und hymnisch, in expressionistischem Rausch gelegentlich, mit den zerschlagenen Hoffnungen nach der gescheiterten Novemberrevolution auf seine Weise fertig zu werden versucht und sich um einen Mann bemüht, der sich der Bewegung seiner Zeit an die Spitze gestellt und gezeigt hat, wie weit die Tat führen kann, die sich vom 'Traum des Unbedingten' inspirieren läßt."[50]

Die sprachliche Gestalt, in der Bloch Müntzer darbietet und seine Einsichten einkleidet, kommt dem Leser nicht gerade entgegen[51], hilft aber zu erklären, worauf die Wirkung des Werks beruhte. Wolfgang Abendroth hebt hervor, Blochs „Geist der Utopie" hätte damals „in den Teilen der kritischen

---

[48] Ein krasses Beispiel stellt die inhaltliche Wiedergabe von Müntzers Schrift „*Ausgedrückte Entblößung des falschen Glaubens der ungetreuen Welt*" dar. Was Bloch auf knapp zwei Seiten an Zitaten zusammenfaßt (Bloch, Münzer[wie Anm. 10], S. 40 bis 42), vermittelt den Eindruck eines fortlaufenden Textes. Ein Vergleich mit dem Original zeigt, daß es sich um den größeren Teil der Schrift Müntzers handelt (Müntzer, Schriften und Briefe [wie Anm. 41], S. 268-300), wobei Auslassungen nicht immer kenntlich gemacht, manchmal auch Satzanfänge verändert und Schriftbelege oftmals nicht mitgedruckt werden.

[49] Bloch, *Münzer* (wie Anm. 10), S. 14.

[50] Hans-Jürgen Goertz, *Das Bild Thomas Müntzers in Ost und West*, Hannover 1988, S. 21.

[51] Holz, *Logos spermatikos* (wie Anm. 3), stellt generell fest: „Sprache und Darstellungsweise seiner Werke berauschen, das gehört zu ihrem ästhetischen Habitus; intendiert ist aber ein nüchterner Rausch, in den uns das Mitdenken versetzen soll; die Vernunft soll darin ihren Möglichkeitsraum erfahren und durchmessen" (S. 26).

jungen Intelligenz nicht so viele an die Seite der revolutionären Arbeiterbe-
wegung führen können, wenn er nicht in Sprache (und teilweise auch in Inhalt) soviel 'Jugendstil', sein 'Thomas Münzer' nicht so große Gruppen der
bürgerlichen Jugendbewegung mitreißen können, wenn er nicht so viel Expressionismus enthalten (und dadurch 'aufgehoben') hätte."[52]

3.

Bloch räumt der Darstellung und Analyse von Müntzers Theologie viel
Raum ein. Das ist angesichts seines Themas nicht anders zu erwarten und
bildet die Voraussetzung, um über das Verhältnis von Theologie und Revolution und die Nachwirkung Müntzers reflektieren zu können.

Bloch stellt sich in die sozialistische Traditionslinie der Müntzerrezeption,[53] ablesbar unter anderem daran, daß er sich gelegentlich auf Friedrich
Engels[54] und häufiger noch auf Karl Kautsky beruft.[55] Für die Repräsentanten dieser Traditionslinie war charakteristisch, daß sie zwar das revolutionäre Handeln Müntzers hervorhoben, aber auch einem mehr rationalistischen
als religiösen Verständnis Müntzers Vorschub leisteten oder in seiner
Theologie nur den Deckmantel für säkulär-politische Absichten erkennen
wollten. Im Vergleich dazu bedeutet Blochs Hinwendung zu Müntzer als
Theologen einen großen Schritt nach vorn:

> „So ausführlich und so tiefschürfend hat sich vor ihm kein Marxist auf die
> Gedanken dieses Theologen eingelassen...Niemandem ist es damals gelungen,
> die mystischen und apokalyptischen Gedanken, die sich in den Schriften
> Müntzers finden, so eng miteinander zu verbinden, auf die revolutionäre Si-
> tuation so genau zu beziehen und als Bewegung zur Tat zu begreifen, wie es
> Ernst Bloch gelungen war. Seine Argumente halten oft einer strengen Textin-
> terpretation nicht stand, sie entspringen gelegentlich eher philosophischer In-
> tuition als der Akribie des deutenden Historikers, modernisieren die religiösen
> Vorstellungen auch auf unzulässige Weise, reduzieren die Theonomie gar auf
> die Autonomie des Menschen, aber sie geben doch die Richtung an, in der
> nach Verständnis für diese singuläre Gestalt des Bauernkrieges gesucht wer-
> den muß."[56]

---

[52] Wolfgang Abendroth, *Kein Nekrolog für Ernst Bloch*, in: *„Denken heißt Überschreiten"*
(wie Anm. 19), S. 115.

[53] Zu den verschiedenen Rezeptionslinien vgl. Reinhard Junghans, *Thomas-Müntzer-Rezeption
während des „Dritten Reiches". Eine Fallstudie zur populär(wissenschaftlich)en und wissenschaftlichen Geschichtsschreibung*, Frankfurt/Main 1990, S. 173ff.

[54] Auf Übereinstimmungen mit Friedrich Engels verweist zum Beispiel Münster, *Utopie* (wie
Anm. 4), S. 204f.

[55] Friedrich Engels, *Der deutsche Bauernkrieg*, in: Karl Marx/Friedrich Engels, Werke, Bd. 7,
Berlin 1960, S. 327-413; Karl Kautsky, *Vorläufer des neueren Sozialismus. Zweiter Band: Der
Kommunismus in der deutschen Reformation*, Berlin 1947.

[56] Goertz, *Das Bild Thomas Müntzers* (wie Anm. 50), S. 21f.

Unter der Überschrift „Richtung der Münzerschen Predigt und Theologie" verfolgt Bloch die hauptsächlichen Linien in ihrer logischen Folge und Konsequenz. Welche „Richtung" er darin vorgezeichnet sieht, geben die Titel einzelner Abschnitte zu erkennen: „Der entlastete Mensch", „Über das Gewaltrecht des Guten", „Der absolute Mensch oder die Wege des Durchbruchs".[57] Diese anthropologische Orientierung stützt sich nicht auf Formulierungen Müntzers, sie ist dem Anliegen Blochs angemessen. Die Begrifflichkeit Müntzers tritt aber in Erscheinung, wenn Bloch den theologisch-seelsorgerischen Intentionen folgt und Angst, Entgröbung, lange Weile, tiefsten Unglauben, inneres Wort und Ankunft des Glaubens als Kettenglieder eines Weges ausweist, der aus falscher Glaubensgewißheit zu einem wahren Glaubensverständnis in der Nachfolge Christi führen soll. Im übrigen wird so auch auf die mystische Tradition verwiesen, in der Müntzer stand und die er in einem radikalen Verständnis verarbeitete.[58]

Spätestens seit dem Ende seines Wirkens in Zwickau sind bei Müntzer apokalyptische Einflüsse festzustellen. Bloch hat diese endzeitliche Komponente bei Müntzer auf seine Weise registriert: „Dieser Glaubenswelt raucht rein das Morgenrot der Apokalypse entgegen, und genau an der Apokalypse gewinnt sie ihr letztes Maß, das metapolitische, ja metareligiöse Prinzip aller Revolution: den Anbruch der Freiheit der Kinder Gottes."[59] Die Bloch interessierende Transformation theologischen Denkens in revolutionäres Handeln vollzog sich bei Müntzer im Zeichen der Endzeit, die nicht als fernes Geschehen ausgelegt, sondern als etwas jetzt zu Erwartendes verstanden wurde.

So entschlüsselt Bloch das Glaubensverständnis Müntzers im Hinblick auf den Freiheitsgedanken: „Dazu treibt Münzer revolutionäre Politik, gespeist von der Mystik als ihrem absoluten Telos: äußere Freiheit schafft Raum zur Entgröbung, innere Freiheit aber schafft Raum für Gott."[60] Das Reich der Freiheit aber—bei Bloch oftmals auf den Terminus Reich verkürzt—zielt auf den nicht mehr entfremdeten Menschen. Der „Gedanke vom Reich geht identisch, wenn auch stetig brennender in der Menschengeschichte um und sucht, wer ihn verschlinge."[61] Für Bloch ist er auch noch

---

[57] Vgl. Bloch, *Münzer* (wie Anm. 10), S. 111-116, 182-210.
[58] Vgl. Hans-Jürgen Goertz, *Der Mystiker mit dem Hammer. Die theologische Begründung der Revolution bei Thomas Müntzer*, in: *Thomas Müntzer*, hg. von Abraham Friesen u. Hans-Jürgen Goertz, Darmstadt 1978, S. 403ff.; Münster, *Utopie* (wie Anm. 4), S. 122-134; Gerhard Marcel Martin, *Erbe der Mystik im Werk von Ernst Bloch*, in: *Ernst Blochs Vermittlungen zur Theologie* (wie Anm. 4), S. 114-127.
[59] Bloch, *Münzer* (wie Anm. 10), S. 210.
[60] *Ebd.*, S. 188.
[61] *Ebd.*, S. 104.

zu seiner Zeit unerfüllt,[62] und deshalb kulminiert sein Nachdenken darüber in dem Appell, „jetzt" müsse „Reichszeit" werden.[63]

Das Anliegen Blochs, an der Gestalt Müntzers zu verfolgen, wie Tradition in die eigene Zeit hineinwirkt, hatte den Hintergrund, daß apokalyptisches Denken im Angesicht des Ersten Weltkrieges und seiner Folgen präsent war.[64] Insofern war es durchaus verständlich, daß der Philosoph den Bogen zurück zu Müntzer spannte. Nun drängt aber Bloch alle derartigen Gedanken bei Müntzer auf das Thema des Chiliasmus hin. Die Zeit—und zwar die Müntzers—habe „ihren chiliastischen Ausbruch erfahren, fremd, entfremdend, aufscheuchend, ein Schrecken vor Gericht und Nacht, ein einziges Gebet um Morgenröte. Dieses aber setzte jeglichen bloß irdischen Reform- und Revolutionswillen schließlich herab zur bloßen kurzen Bereitung auf das ewige Reich, damit Christus die Welt, kommt er zurück, zu richten und heimzuholen, im insgesamt apostolischen Zeitalter antreffe."[65] Dahinter steht Blochs Absicht, den Bauernkrieg als chiliastisches Ereignis zu interpretieren[66], was so nicht zutrifft, und Müntzer als Chiliasten auszuweisen, der eine chiliastische Revolution verkörpert.[67]

Bloch begreift Müntzers Zeit als eine solche, in die der Chiliasmus einbricht und zu Entscheidungen drängt. Im strengen Sinne zielt Chiliasmus gemäß Off. 20,1ff. auf das Tausendjährige Reich, das Christus am Ende der Zeiten errichten wird.[68] Angekündigt wird dieser Umbruch durch Zeichen, der Antichrist tritt auf, auch nehmen Ungerechtigkeit und Gewalt überhand. Sie werden durch das göttliche Strafgericht und schließlich die Errichtung des Neuen Jerusalem überwunden. „In diesem tausendjährigen Reich regiert Christus mit den schon auferstandenen Märtyrern. Die allgemeine Auferstehung als Einleitung zum jüngsten Gericht und zum ewigen Gottesreich erfolgt erst nach dem Ende des Zwischenreiches, wobei der Spekulation kaum Grenzen gesetzt waren."[69]

---

[62] *Ebd.*, S. 110.

[63] *Ebd.*, S. 229.

[64] Vgl. Vondung, *Apokalypse* (wie Anm. 31), S. 189ff.

[65] Bloch, *Münzer* (wie Anm. 10), S. 62f.

[66] Ein längerer Abschnitt trägt die Überschrift „Blick in den Chiliasmus von Bauernkrieg und Wiedertäufertum" (*Ebd.*, S. 51-64). Es ist zwar zutreffend, wenn Bloch festhält, die rein ökonomische Betrachtung reiche nicht aus, „um allein nur den Eintritt eines historischen Ereignisses von der Wucht des Bauernkriegs vollkommen, restlos konditional oder kausal zu erklären" (*Ebd.*, S. 55), aber es ist schlicht falsch, den Bauernkrieg mit chiliastischen Erwartungen in Zusammenhang zu bringen. Für manche täuferischen Gruppen trifft das zu, aber die treten erst nach dem Bauernkrieg in Erscheinung.

[67] Das läßt sich aus den Zusammenhängen erschließen, in denen Müntzer und der Chiliasmus in Beziehung gesetzt werden. Vgl. zum Beispiel Bloch, *Münzer* (wie Anm. 10), S. 83, 182, 229.

[68] Vgl. Chiliasmus, in: *Theologische Realenzyklopädie*, Bd. VII, Berlin/New York 1981, S. 723-745; Vondung, *Apokalypse* (wie Anm. 31), S. 32ff.

[69] Max Steinmetz, *Thomas Müntzers Weg nach Allstedt. Eine Studie zu seiner Frühentwicklung*, Berlin 1988, S. 173.

Für Bloch steht Müntzer in dieser Tradition: Werde die Lehre Müntzers geordnet, könnten die Prinzipien erkannt werden, „mittels derer Münzer nicht
nur als Kämpfer, sondern als Exeget des chiliastischen Geistes spricht und
erscheint."[70] Als solchen sieht er Müntzer beispielsweise, als er sich Ende
April 1525 mit einem Appell an die Mitglieder des Allstedter Bundes wen-
det[71] und sie auffordert, die Berggesellen anzusprechen, die— nach Blochs
Interpretation—„allein noch sichere Hoffnung chiliastischer Revolution".[72]
Generell läuft Blochs Sicht auf die Gegenüberstellung hinaus, Luther habe
die „bäuerlich-proletarisch-chiliastische Revolution" verraten,[73] Müntzer
dagegen in seiner Revolutionsidee „Proletariat und Chiliasmus verbunden,
zu korrespondierenden Karyatiden des kommunistischen Reichs gestellt".[74]
Müntzer war also nach Bloch Exeget und Exponent dieser chiliastischen
Revolution.

Solche Feststellungen sind allerdings nicht unproblematisch. Das hängt
vor allem mit der von Bloch verwendeten Begrifflichkeit zusammen, die
niemals präzise definiert wird.

Erstens wird der Revolutionsbegriff meist nicht konkret eingegrenzt,
sondern eher der Eindruck erweckt, als handle es sich um eine magnetische
Anziehungskraft ausübende allgemeine Formel.[75] Nach Rudi Dutschke treten bei Bloch stets zwei Revolutionstypen auf: die politisch-ökonomische
und die religiös-metaphysische Umwälzung. „Doch was ist diese zweite?
Überschreitet sie nicht die materielle Geschichtskonzeption, steht sie nicht
im Verdacht des 'Idealismus'? Oder meint Bloch damit die 'Revolution in
der Revolution', die Kulturrevolution als unerläßliches Pendant der poli-
tisch-ökonomischen Umwälzung?"[76] In unserem Zusammenhang liegt der
Eindruck nahe, für Bloch fülle der Chiliasmus den Revolutionsbegriff inhaltlich auf. Dies bedeutet aber lediglich, daß mit den chiliastischen Erwartungen ein revolutionärer Umbruch erhofft wird[77], ein Umsturz ganz un-
bestimmter Art.

---

[70] Bloch, *Münzer* (wie Anm. 10), S. 182.
[71] Müntzer, *Schriften und Briefe* (wie Anm. 41), S. 454-456.
[72] Bloch, *Münzer* (wie Anm. 10), S. 67.
[73] *Ebd.*, S. 36
[74] *Ebd.*, S. 100f.
[75] Vgl. die variantenreiche Terminologie: „christliche Revolution" (*Ebd.*, S. 34), „deutsche Revolution" (S. 37), „große deutsche Revolution" (S. 50), „kommunistisch-christliche Revolution" (S.
54), „spiritualste Revolution" (S. 61), „chiliastische Revolution" (S. 67 u. 83), „soziale Revolution"
(S. 176). Müntzer bezeichnet er als „aktiven Theologen der Revolution" (S. 21), es ist von Müntzers
„geistlichem Revolutionswillen" die Rede (S. 209), und auch von der „letzten irdischen Revolution"
(S. 110).
[76] Rudi Dutschke, *Im gleichen Gang und Feldzugsplan*, in: *Materialien* (wie Anm. 4), S. 215.
[77] Solche Interpretationen sind allerdings nur möglich, wenn der Chiliasmus eine weite und seinen eigentlichen Inhalt auflösende Interpretation erfährt.

Zweitens ist weiter zu prüfen, ob Müntzer überhaupt der chiliastischen Bewegung zugeordnet werden kann. Seine schriftliche Hinterlassenschaft bietet
dafür keine Anhaltspunkte. Es scheint deshalb etwas konstruiert, wenn
Reinhard Schwarz urteilt:

> „Müntzer ist ein Chiliast 'höherer Ordnung'. Das weitgehende Fehlen von
> konkreten chiliastischen Vorstellungen, Ausmalungen oder gar Berechnungen
> resultiert aus einer vollständigen Verschmelzung von Apokalyptik und Mystik,
> von chiliastischem Zeitbewußtsein und spiritualistischem Geistbewußtsein.
> Seit 1521 zeigt sich bei Müntzer ein Chiliasmus eigener Art, der jedoch bei
> näherem Zusehen mehr Elemente der chiliastischen Tradition bewahrt hat, als
> gewöhnlich angenommen wird."[78]

Zutreffend dürfte das zurückhaltende Urteil sein: „Seine apokalyptische
Predigt verwies nachdrücklich auf das kommende Gericht über die Bösen.
Mit ihm werde ein irdisches Gottesreich anheben; ob dieses jedoch chilia-
stisch gedacht ist oder ob damit das ewige Reich Gottes beginnt, bleibt bei
Müntzer unklar."[79]

Drittens hat Müntzer sich nicht vordergründig am Proletariat orientiert,
wie Bloch es voraussetzt. Wenn Bloch auf das Bergproletariat, die Weberge-
sellen und Tuchknappen[80] als soziale Basis von Müntzers Aktionen verweist, so hebt er—im Anschluß an ältere Auffassungen—einseitig eine eher
periphere Komponente hervor. Denn eine prononcierte Hinwendung zu bestimmten sozialen Schichten und deren spezifischen Problemen ist nicht zu
ermitteln.[81] Blochs Feststellung, nicht ungefährlich seien „in Münzers Revolutionsidee Proletariat und Chiliasmus verbunden" gewesen,[82] ist folglich
nicht zu belegen, und soweit Indizien zur Verfügung stehen, sprechen sie
gegen diese Interpretation, da Müntzer sich keineswegs an bestimmte soziale Schichten wandte, sondern an die Christenheit und schließlich an die
Auserwählten.[83]

Wenn es zutrifft, daß Müntzer dem chiliastischen Denken nicht so nahe
stand, wie es Bloch unterstellt, und das proletarische Element für ihn nicht
eine solche Bedeutung hatte, wie Bloch den Eindruck erweckt, dann steht

---

[78] Reinhard Schwarz, *Neun Thesen zu Müntzers Chiliasmus*, in: *Bauernkriegs-Studien*, hg. von
Bernd Moeller, Gütersloh 1975, S. 99.

[79] *Chiliasmus* (wie Anm. 68), S. 738. Vgl. Günther List, *Chiliastische Utopie und Radikale
Reformation. Die Erneuerung der Idee vom Tausendjährigen Reich im 16. Jahrhundert*, Mün-
chen 1973, S. 132: „Es ist alles in allem höchst unwahrscheinlich, daß Müntzer ein chiliastisches
Zwischenreich im Auge gehabt hat."

[80] Bloch, *Münzer* (wie Anm. 10), S. 110.

[81] Vgl. Günter Vogler, *Thomas Müntzers Sicht der Gesellschaft seiner Zeit*, in: *Zeitschrift für
Geschichtswissenschaft*, Jg. 38, 1990, S. 218ff.; ders. *Thomas Müntzer und die Städte*, in: *Reformation und Revolution*, hg. von Rainer Postel/Franklin Kopitzsch, Stuttgart 1989, S. 138ff.

[82] Bloch, *Münzer* (wie Anm. 10), S. 100.

[83] Es ist deshalb nicht überzeugend, wenn Holz, *Logos spermatikos* (wie Anm. 3) konstatiert:
„Wer Thomas Müntzer zum Schutzpatron gewählt hat, steht auf der Seite des Proletariats" (S. 132).

seine Argumentation, Müntzer (und den Bauernkrieg) als chiliastisches Ereignis zu deuten, auf schwankendem Boden. Unbestritten ist, daß Müntzer in der Endphase seines Wirkens in hohem Maße im Zeichen einer apokalyptischen Erwartungshaltung handelte. Daraus läßt sich jedoch weder auf eine eindeutig chiliastische Orientierung noch auf die Unterstützung durch proletarische Schichten schließen. Will man schließlich am Revolutionsbegriff festhalten, um Müntzers Handeln auszuloten, dann sind die Endzeiterwartungen und die dem letzten Geschehen vorausgehenden Ereignisse wie die Reinigung der Christenheit und die Scheidung der Auserwählten von den Gottlosen der Inhalt dieses Prozesses. Zu bedenken bleibt, wie eine solche „Revolution" benannt werden kann.

4.

Wir haben eingangs nach der Motivation gefragt, warum Ernst Bloch sich Thomas Müntzer zuwandte. Darauf ist nun im Zusammenhang mit seiner Müntzerschrift noch einmal zurückzukommen. Welche Hinweise bietet in dieser Hinsicht der Text?

In der Nachbemerkung zur Neuausgabe von 1960 hat Bloch den Standort der Müntzerschrift im Rahmen seines Gesamtwerks genauer bestimmt: „Es ist eine Coda zu dem 1918, dann wieder 1923 erschienenen 'Geist der Utopie'. Seine revolutionäre Romantik findet Maß und Bestimmung in dem Buch 'Das Prinzip Hoffnung'."[84] Bloch setzte sich in „Geist der Utopie" kritisch mit philosophischen Traditionen und Theoremen auseinander, und er reagierte auf das Unbehagen an der eigenen Zeit mit der Hoffnung auf eine bessere Welt.

Manche Rezensenten von „Geist der Utopie" haben deshalb emphatisch den neuen Denkansatz betont. Der Literaturhistoriker Friedrich Burschell, einst jüngerer Schulkamerad Blochs in Ludwigshafen, urteilt in „Die neue Rundschau" 1918, es sei eine zeitlang vergessen worden, was Philosophie im Grunde sei. Nun aber habe Bloch eine Wende eingeleitet: „Der tiefe Mensch ist es, der gefordert wird, die warme gotische Stube seines Innern, in der Gott sich sammelt und vorbereitet. Wir stehen am Beginn. Es ist die philosophische Stunde katexochen: es ist die Stunde, wo es sich entscheidet, ob die Menschen würdig sind, in die Zeit des kommenden Reiches einzutreten."[85]

---

[84] Bloch, *Münzer* (wie Anm. 10), S. 230.
[85] Wiederabdruck: Friedrich Burschell, *Der Geist der Utopie*, in: *Ernst Bloch zu ehren. Beiträge zu seinem Werk*, hg. von Siegfried Unseld, Frankfurt/Main 1965, S. 378.

Margarete Susman, der Bloch später sein Müntzerbuch widmete,[86] schreibt
in ihrer Rezension in der „Zeitschrift für Bücherfreunde" 1919:

> „Aus der furchtbaren Nacht und Einöde, dem trostlosen Nein unserer Welt
> steigt jäh eine Flammengarbe von Bejahung und Zukunft empor. Die Beja-
> hung gilt nicht dem Seienden, weder als Natur noch als Kosmos noch als Gott,
> —sie gilt allein der durch uns zu schaffenden Zukunft. Zukunft—das ist das
> einzige Leben unserer Zeit, die keine Gegenwart hat. Es ist auch der innerste
> Sinn der Revolution. Dies im Krieg geschriebene Buch ist Geist von ihrem
> Geist, Glauben von ihrem Glauben, Hoffnung von ihrer Hoffnung. Aber indem
> es uns durch alle irdische Revolution hindurchführt, weist es empor und hin-
> über zur letzten, ewigen Revolution: zur alles Sein sprengenden apokalypti-
> schen Tat der Seele."[87]

Angesichts solcher Feststellungen verkürzt sich die Distanz, die der heutige
Leser zunächst empfindet, wenn er „Geist der Utopie" und „Thomas Münzer
als Theologe der Revolution" in Beziehung zu setzen sucht. Philosophische
Ansätze, die in „Geist der Utopie" noch überwiegend auf „Gegenstände" bezogen werden, konkretisiert Bloch nun exemplarisch durch die Hinwendung
zu einer Persönlichkeit der deutschen Geschichte. Angesichts der geistigen
Orientierungslosigkeit einerseits, der revolutionären Aufbruchsstimmung
andererseits offenbaren sich Bloch in Münzer Einsichten und Erwartungen
für die eigene Zeit: „Münzer verwandte Tage sind wieder gekommen, und
sie werden nicht mehr ruhen, bis ihre Tat getan ist."[88] Bloch faszinierte offensichtlich Müntzers endzeitorientiertes Denken, und er interpretierte seine
eigene Zeit in diesem Geist - „die Sprengung des Klassen- und Machtprin-
zips, die letzte irdische Revolution steht in Geburt."[89]

Bloch schlägt immer wieder Brücken zwischen Müntzer und seiner Zeit
und unterstreicht damit, wie sehr es ihm um diese zeitgeschichtliche Dimension geht:

> „Derart also vereinigten sich endlich Marxismus und Traum des Unbedingten
> im gleichen Gang und Feldzugsplan; als Kraft der Fahrt und Ende aller Um-
> welt, in der der Mensch ein gedrücktes, ein verächtliches, ein verschollenes
> Wesen war; als Umbau des Sterns Erde und Berufung, Schöpfung und Er-
> zwingung des Reichs; Münzer mit allen Chiliasten bleibt Rufer auf dieser
> stürmischen Pilgerfahrt."[90]

Diese Sentenz reflektiert den kritisch-emphatischen Appell des jungen Karl
Marx in dem Beitrag „Zur Kritik der Hegelschen Rechtsphilosophie" von

---

[86] Vgl. Bloch, *Münzer* (wie Anm. 10), S. 5. Über ihre Begegnungen mit Ernst Bloch vgl. Margarete Susman, *Ich habe viele Leben gelebt*. Erinnerungen, 2. Aufl., Stuttgart 1964, S. 79-81, 86-89.
Vgl. auch Bloch, *Briefe* (wie Anm. 2), Bd. 1, S. 32 Anm. 2, S. 218 Anm. 2.

[87] Wiederabdruck: Margarete Susman, *Geist der Utopie* (wie Anm. 85), S. 392.

[88] Bloch, *Münzer* (wie Anm. 10), S. 109.

[89] *Ebd.*, S. 110.

[90] *Ebd.*, S. 229.

1844.[91] Es ist im übrigen ein Zeugnis für die Kontinuität in Blochs Denken - er übernahm diese Passage variiert in sein Werk „Atheismus im Christentum" von 1968.[92] In welcher Weise wird also der Brückenschlag von Müntzer in die Jetztzeit konkret vollzogen?

Erstens: Bloch wußte um die russischen Revolutionen von 1917, die neue Hoffnungshorizonte öffneten, und die deutsche Novemberrevolution von 1918, deren Ausgang an das Schicksal Müntzers zu erinnern vermochte. „Erinnerung deutscher Revolutionsgeschichte soll die gescheiterte Revolution lehren, so die Wegabsicht von Blochs Thomas Münzer, daß die revolutionäre Bewegung wiederkommt, erfahren gemacht durch die Niederlage."[93] Im Scheitern Müntzers sah Bloch ein Zeichen der Hoffnung. Strahlend erscheine Thomas Müntzer, verkündet der Philosoph, „Liebknecht mannigfach verwandt, als unerbittlicher Organisator deutlich genug, um selbst Lenin und seinem Geschlecht nicht fernzustehen."[94] In den Revolutionen sieht Bloch ein Licht für die Völker, „das das Geheimnis des Ketzertums endlich zur wirksamsten Publizität, zum Pol und Hegemonikon der Gesellschaft erhebt. Noch unerhört wartet die unterirdische Geschichte der Revolution, bereits begonnen im aufrechten Gang".[95] Die Erwartungen sind stark an religiösen Erlösungslehren orientiert - „eine messianische Gesinnung bereitet sich neu heraufzuziehen".[96]

Zweitens: Bloch sieht in Müntzer eine beispielhafte Gestalt der deutschen Geschichte. Er präsentiert ihn als Exempel mutigen, konsequenten, revolutionären Tuns. Das erinnert an die Argumentation von Friedrich Engels in „Der deutsche Bauernkrieg" von 1850, nach der gescheiterten Revolution von 1848/49 „die ungefügen, aber kräftigen und zähen Gestalten des großen Bauernkriegs dem deutschen Volke wieder vorzuführen."[97] Bloch argumentiert im Vorspruch „Wie zu lesen sei", es sei dies kein Blick zurück: „Sondern uns selber mischen wir lebendig ein. Und auch die anderen kehren darin verwandelt wieder, die Toten kommen wieder, ihr Tun will mit uns nochmals werden. Münzer brach am jähesten ab und hat doch das Weiteste gewollt."[98]

---

[91] Bloch greift hier auf den von Karl Marx formulierten „kategorischen Imperativ" zurück, „alle Verhältnisse umzuwerfen, in denen der Mensch ein erniedrigtes, ein geknechtetes, ein verlassenes, ein verächtliches Wesen ist, Verhältnisse, die man nicht besser schildern kann als durch den Ausruf eines Franzosen bei einer projektierten Hundesteuer: Arme Hunde! Man will euch wie Menschen behandeln!" (Karl Marx, *Zur Kritik der Hegelschen Rechtsphilosophie*, in: *Deutsch-französische Jahrbücher*, hg. von Arnold Ruge u. Karl Marx 1844, Leipzig 1981, S. 158).

[92] Bloch, *Atheismus im Christentum* (wie Anm. 1), S. 354.

[93] Burghart Schmidt, *Ernst Bloch*, Stuttgart 1985, S. 21.

[94] Bloch, *Münzer* (wie Anm. 10), S. 110.

[95] *Ebd.*, S. 228.

[96] *Ebd.*

[97] Engels, *Der deutsche Bauernkrieg* (wie Anm. 55), S. 329.

[98] Bloch, *Münzer* (wie Anm. 10), S. 9.

Drittens: Müntzer wird in diesem Geist zur Sache der Erberezeption, die
Bloch hier zwar nicht explizit thematisiert, die aber präsent ist. Auch in dieser Hinsicht steht er in der Linie sozialistischer Rezeption, wenn er dem
Thema bald auch in Auseinandersetzung mit der faschistischen Ideologie
neue Akzente verleiht.[99] Die bei Kautsky im besonderen zu beobachtende
Verflachung des Müntzerbildes, in dem die religiösen Intentionen des Predigers nur noch als Beiwerk erscheinen, hat Bloch überwunden und der sozialistischen Traditionslinie der Müntzerrezeption neue Impulse verliehen.[100] Das war eine Herausforderung für alle, die andere Standpunkte vertraten.

Viertens: Diese Wendung hin zu dem Theologen Müntzer war Voraussetzung, um das Verhältnis von Theologie und Revolution produktiv zu erschließen. Wenn Blochs einseitige Betonung des Chiliastischen bei Müntzer
auch nicht zu überzeugen vermag, gelang es ihm doch, angesichts der geistigen Krise und des Verlangens nach neuen Gesellschaftsbildern, Angebote
zu unterbreiten, die aus den ketzerischen Traditionen und dem hoffnungs-
orientierten religiösen Denken der Vergangenheit gespeist wurden. Das
führt aber auch dazu, daß die Angebote rational nicht immer schlüssig
nachzuvollziehen sind. Das prophetische Gebaren Müntzers in seinem letzten Lebens- und Wirkensstadium leistete dem Vorschub, und es fand in
Bloch nicht nur einen Interpreten, sondern auch einen Nachfolger - schon
1918 heißt es in einem Brief: 'Ich bin leider nicht Jesus, sondern Jesajas we-
sensgemäß zugeboren".[101]

Neben den immanenten Aktualisierungen interessiert natürlich auch die
Wirkungsgeschichte von Blochs Müntzerschrift. Sie wurde bisher nicht
umfassend erschlossen, so daß hier nur einige fragmentarische Beobachtun-
gen angeschlossen werden sollen. Zweifellos war Blochs Buch eine Herausforderung, und dies namentlich für die protestantische Kirchengeschichts-
schreibung, weil sich der Autor in der Konfrontation Luther vs. Müntzer für
letzteren entschied. Erste Reaktionen erfolgten im Zeichen der sogenannten
Lutherrenaissance, deren Vertreter das ganze Instrumentarium wissenschaftlicher Akribie aufboten, „wenn es galt, einer Abwertung Martin Lu-

---

[99] Vgl. Ernst Bloch, *Erbschaft dieser Zeit*. Erweiterte Ausgabe (Werkausgabe Bd. 4), Frank-
furt/Main 1985. „Bloch hat sein Werk immer wieder mit Erbschaften aufgefüllt...Immer bewußter
hat Bloch sodann aber in das Gebiet der Religionen hinübergegriffen. Der Leitgedanke ist dabei
wohl der, daß die Religionen sich als tiefster Platzhalter der Hoffnung erwiesen haben....“ (Carl
Heinz Ratschow, *Ernst Bloch*, in: *Theologische Realenzyklopädie*, Bd. VI, Berlin/New York 1980,
S. 718).
[100] Junghans, *Thomas-Müntzer-Rezeption* (wie Anm. 53) bezeichnet Blochs Müntzerbuch als
„Sonderform der sozialistischen Müntzerinterpretation“ mit der Begründung: „Bloch stellte den religiösen Chiliasmus gleichwertig neben den politischen Sozialismus“ (S. 339f.). Da jedoch das sozialistische Müntzerbild verschiedene Nuancierungen aufweist, muß nicht unbedingt eine Sonderform vorliegen.
[101] Bloch, *Briefe* (wie Anm. 2), Bd. 1, S. 236.

thers in Publizistik und gelehrter Darstellung entgegenzutreten. Müntzer ist das jedoch nicht schlecht bekommen. Sein Wirken und Denken sind ernster genommen worden als vorher, deutlicher sind die Struktur seiner Theologie und die Fähigkeit zutagegetreten, seine Zeit mitzugestalten."[102]

Aus diesem Kreis trat als erster der Leipziger Kirchenhistoriker Heinrich Böhmer hervor, der sich durch Blochs nicht immer ganz unproblematische Darstellung von Müntzers Biographie („Es war trübe um ihn von vorn an") herausgefordert sah, eigene biographische Studien vorzulegen. Obwohl seine Sicht widersprüchlich war, brachte seine quellennahe Arbeit die Müntzerforschung ein gutes Stück voran.[103] Kurze Zeit später—im Februar und März 1923—veröffentlichte Böhmer in der „Allgemeinen evangelisch-lutherischen Kirchenzeitung" einen Aufsatz zum Thema „Thomas Müntzer und das jüngste Deutschland", in dem er nicht nur seine Forschungsergebnisse zusammenfaßte, sondern auch heftig auf Blochs Schrift und einige weitere Veröffentlichungen—im besonderen von Hugo Ball und Ludwig von Gerdtell—reagierte:

> „So bemühen sich jetzt Bolschewisten, Religiös-Soziale, Religiöse Anarchisten und andere Urchristen, die sich sonst wenig mögen, einträchtiglich, das deutsche Volk zu belehren, daß es ganze vierhundert Jahre hindurch irre gegangen sei und noch in Versailles dafür habe büßen müssen, und zwar mit Recht, da es seinen größten Propheten, Thomas Müntzer, einst von sich gestoßen habe."[104]

Auch kritisch, aber mit einem gewissen Verständnis, rezensierte Ernst Strunz in „Das literarische Echo" 1923 Blochs Buch: „Es liegt im Zuge unserer Zeit, ihrer enthusiastischen und politischen Bewegungen, einen Mann wie Thomas Münzer der Gegenwart in Erinnerung zu bringen und ihn als Verwirklicher des Traumes der menschlichen Seele, den überzeugten Verkünder des Rechtes des Individuums und den Gegner alles religiösen und dogmatischen Historismus hinzustellen."[105]Religiös habe ihn das Buch nicht überzeugen können, aber er betont Blochs Absicht, mit Hilfe der Gestalt Müntzers „den deutschen Kommunismus religiös zu interpretieren und Gottesreich und kommunistische Gesellschaftsordnung in Einklang zu bringen."[106]

Am bemerkenswertesten war wohl die Kontroverse, die Siegfried Kracauer mit seiner Rezension in der „Frankfurter Zeitung" vom 27. August 1922 auslöste. Kracauer, mit Bloch seit dessen Berliner Zeit bekannt, hielt

---

[102] Goertz, *Das Bild Thomas Müntzers* (wie Anm. 50), S. 26.

[103] Heinrich Böhmer, *Studien zu Thomas Müntzer*, Leipzig 1922.

[104] Ders., *Thomas Müntzer und das jüngste Deutschland*, in: ders., *Gesammelte Aufsätze*, Gotha 1927, S. 194.

[105] Wiederabdruck: Franz Strunz, *Über Ernst Blochs 'Thomas Münzer'*. In: *Ernst Blochs Wirkung* (wie Anm. 16), S. 31.

[106] *Ebd.*

diesem vor, er—"der Kommunist und Chiliast Bloch"—wolle „in der Gestalt Münzers Selbstbegegnung feiern."[107] So werde Müntzer hier zur Mas-
ke, Geschichte zum Vorwand, das Buch sei mehr Manifest als Geschichts-
werk, nichts als eine leere Botschaft, verführerisches Prophetentum eines
Romantikers, „dessen unbeschwerte Dämonie substanzhaltige Leidenschaft
wahrlich nicht zu ersetzen vermag."[108] Und schließlich: „So dankbar man
Bloch dafür sein muß, daß er die Aufmerksamkeit ihm zulenkt, es bedürfte
eines anderen Anrufers, damit der große Rebell wieder von den Toten auf-
erstünde."[109]

Bloch wollte in der „Frankfurter Zeitung" eine Gegendarstellung veröffentlichen, worauf die Redaktion sich jedoch nicht einließ. An Kracauer
schrieb er am 1. September 1922 vorwurfsvoll, ihm fehle die Wahlverwandt-
schaft, und er sei nicht ins Zentrum der Sache gedrungen, „und so kann weder das Positive noch auch das Negative bei so großer Dishomogenität des
Rezensenten getroffen werden."[110]

Dies sind nur einige Streiflichter zur Wirkungsgeschichte von Blochs
Müntzerschrift. Doch in den wenigen Beispielen zeichnet sich schon ein
Spektrum unterschiedlicher Reaktionen ab. Sie reichen von vehementer
Ablehnung, und dies im besonderen angesichts der zeitgeschichtlichen Im-
plikationen, über substantiell-kritische Auseinandersetzungen, namentlich
über die religionsphilosophischen Folgerungen, bis zur Anerkennung des
Verdienstes, eine bedeutende historische Persönlichkeit dem Vergessen ent-
rissen zu haben. Die Müntzerforschung im eigentlichen Sinne hat—mit
Ausnahme von Heinrich Böhmer—damals und später wenig Kenntnis von
Blochs Werk genommen.

Angesichts der Neuausgabe von 1962 schreibt der mit der Ketzergeschichte vertraute Züricher Kirchenhistoriker Walter Nigg in der „Neuen
Zürcher Zeitung" am 25. Juni 1962:

> „In den aufgewühlten Jahren nach dem Ersten Weltkrieg erschien von Ernst
> Bloch ein Buch, das Thomas Münzer als 'Theologen der Revolution' zeichne-
> te. Es kam der chaotischen Erschütterung jener Zeit entgegen. Zu einem Zeit-
> punkt, da man Gustav Landauers 'Aufruf zum Sozialismus' wie eine Predigt
> las und im Unterschied zu der skeptischen Resignation nach dem Zweiten
> Weltkrieg von einer neuen Welt sprach, war auch Münzers Gestalt unheimlich

---

[107] Wiederabdruck: Siegfried Kracauer, *Prophetentum*, in: ders., *Der verbotene Blick. Beob-
achtungen, Analysen, Kritiken*, Leipzig 1992, S. 102.
[108] *Ebd.*, S. 109.
[109] *Ebd.*, S. 111.
[110] Bloch, *Briefe* (wie Anm. 2), Bd. 1, S. 265. Später glätteten sich die Wogen und Bloch zeigte
dann auch ein gewisses Verständnis für Kracauers Kritik. Vgl. *Ebd.*, S. 269f. Zum Verhältnis zwischen beiden generell *Ebd.*, S. 259ff.

gegenwärtig, denn sie erhob die ersehnte Reformation in den sozialen Raum hinein."[111]

Als Mangel bezeichnet er unter anderem, „daß Bloch Münzer zu sehr als Vorwegnahme des eigenen Ideals darstellt",[112] aber er hebt auch hervor: „Aus der unakademischen Einstellung ergab sich mit innerer Notwendigkeit ein neues Bild Münzers. Mit der Verdammung des irregeleiteten Schwärmers war es zu Ende."[113] Das trifft den Kern der Sache.

5.

Angesichts noch fehlender Untersuchungen zu verschiedenen Aspekten von Blochs Müntzerbuch kann ein Resümee noch keine abschließende Würdigung sein. Aber einige Konturen zeichnen sich ab, die durch weitere Forschungen geprüft und vertieft werden sollten.

Erstens: Ernst Bloch hat die sozialistische Rezeptionslinie der Müntzerdeutung weitergeführt. Insofern ist er nicht der erste, der die kreative Leistung Müntzers würdigte. Aber Bloch hat eine folgenreiche Wende eingeleitet, indem er die von Friedrich Engels zwar respektierte, aber nicht tiefer ausgeleuchtete und von Karl Kautsky negierte Theologie Müntzers ernst nahm und ins Zentrum rückte, um so das Wesen des radikalen Predigers aus dem 16. Jahrhundert möglichst adäquat zu erfassen. Das ist auch deshalb bemerkenswert, weil bis dahin selbst die theologisch-kirchengeschichtliche Forschung sich um den Theologen Müntzer und dessen Theologie nicht sonderlich bemüht hatte. Inwieweit Bloch die Müntzerforschung bereichert hat, muß indes erst noch differenzierter erschlossen werden.[114]

Zweitens: Im Hinblick auf Müntzers Biographie hat Bloch die Aussagen bereits vorhandener Darstellungen weitgehend übernommen und gelegentlich neue Irrtümer oder Fehldeutungen hinzugefügt.[115] Doch sein Interesse setzt an einem anderen Punkt an. Ihm ging es darum, die Beziehungen von Theologie und Gesellschaft am Beispiel Müntzers zu erhellen. Auf diese Weise wurde die Lebenswirklichkeit eines engagierten Predigers in konfliktreicher Zeit unter revolutionsgeschichtlicher Perspektive ausgeleuchtet. Man

---

[111] Wiederabdruck: Walter Nigg, *Thomas Müntzer*, in: *Ernst Blochs Wirkung* (wie Anm. 16), S. 32.

[112] *Ebd.*, S. 34.

[113] *Ebd.*, S. 33.

[114] Das Urteil von Münster, *Utopie* (wie Anm. 4), es handele sich um ein Werk, „das die Thomas-Münzer-Forschung in einzigartiger Weise bereichert und vertieft hat" (S. 200), ist natürlich maßlos übertrieben.

[115] Vgl. Ratschow, *Bloch* (wie Anm. 99) über „Das Prinzip Hoffnung": „Bloch kann die Religionen alle nach seinem Schema deklinieren und findet dabei gute Lichter an ihnen. Man vergißt bei dem glänzenden Feuerwerk fast, wie viele Oberflächlichkeiten, Fehler und Zurechtbiegungen auch hier das ganze möglich machen" (S. 718).

muß den Thesen Blochs nicht folgen, und kritische Einwände sind wiederholt vorgetragen worden. Sie wirkten jedoch entweder als Anregung oder als Provokation, und entsprechend fielen die Reaktionen aus.

Drittens: Blochs Hinwendung zu Müntzer erfolgte nicht vorrangig aus historischem Interesse: Antworten auf Fragen seiner Zeit zu suchen, stand für ihn im Mittelpunkt. Argumentative Hilfe fand Bloch im Protestcharakter religiöser Anschauungen. Max Weber hat spöttisch geurteilt, „das etwas geschwätzige sogenannte 'religiöse' Interesse unserer deutschen Intellektuellenschichten in der Gegenwart hängt intim mit politischen Enttäuschungen und dadurch bedingter politischer Desinteressiertheit zusammen."[116] Auffällig ist tatsächlich ein wachsendes religiöses Interessse. „Das in der Gegenwart mächtige Bedürfnis nach Religion, nach einem die Seele voll überwölbenden Glauben wird durch die ganze geschichtsphilosophische Lage unserer Zeit bedingt", schreibt Siegfried Kracauer 1921.[117] Die Hinwendung zu religiösen Traditionen sollte neue Zukunftsdimensionen aufzeigen. Bei Bloch führte es zu der Absicht, den marxistischen Theoremen durch die Integration des religiösen Hoffnungsdenkens neue Perspektiven zu eröffnen. Ob dies ein gangbarer Weg war, steht auf einem anderen Blatt.

Viertens: Über das Historische und Zeithistorische hinaus kommen in Blochs Müntzerbuch Themen zur Sprache, die künftig für sein Philosophieren konstitutiv waren. Wenn hier auch nicht verbal mit der Kategorie des Noch-Nicht gearbeitet wurde, so hat Bloch doch das Buch in diesem Verständnis geschrieben. Zur Leitidee wurde der Gedanke von Karl Marx aus „Ein Briefwechsel von 1843", „daß die Welt längst den Traum von einer Sache besitzt, von der sie nur das Bewußtsein besitzen muß, um sie wirklich zu besitzen. Es wird sich zeigen, daß es sich nicht um einen großen Gedankenstrich zwischen Vergangenheit und Zukunft handelt, sondern um die Vollziehung der Gedanken der Vergangenheit."[118] Bloch hat diese Sentenz in seinem Werk später immer wieder variiert.[119] Mittels dieser Brücke war es möglich, die „Sache" Müntzers in die eigene Zeit zu holen. Bloch hat Müntzer nicht in die Geschichte der Sozialutopien integriert,[120] aber in einem weiteren Sinne wird er in Beziehung zum Utopischen gesetzt, zeugt er vom

---

[116] Max Weber, *Wirtschaft und Gesellschaft*, 5. Aufl., Tübingen 1972, S. 307.

[117] Siegfried Kracauer, *Georg von Lukács' Romantheorie*, in: ders., *Der verbotene Blick* (wie Anm. 107), S. 82.

[118] *Ein Briefwechsel von 1843*, in: *Deutsch-französische Jahrbücher* (wie Anm. 91), S. 118.

[119] Walter Boehlich, *Die Farbe der Hoffnung ist rot*, in: „Denken heißt Überschreiten" (wie Anm. 19) schreibt, Bloch habe „fünfzig Jahre lang den einen Satz von Marx variiert, daß die Welt längst den Traum von einer Sache besitze, von der sie nur das Bewußtsein besitzen müsse, um sie wirklich zu besitzen" (S. 124).

[120] In dem die Sozialutopien behandelnden Kapitel in „Das Prinzip Hoffnung", das zuerst unter dem Titel „Freiheit und Ordnung" separat 1945 in New York veröffentlicht wurde, taucht der Name Müntzers nicht auf. Vgl. Ernst Bloch, *Das Prinzip Hoffnung* (Werkausgabe Bd. 5), Frankfurt/Main 1992, S. 547ff.

„Geist unverstellter Utopie".[121] Blochs großes Werk „Das Prinzip Hoffnung"
endet mit dem Wunsch nach „Heimat" - Ausdruck aufgehobener Entfremdung.[122] Doch schon im Müntzerbuch wird das „Suchen nach der verborge-
nen Heimat"[123] artikuliert. So finden sich in der Müntzerschrift mancherlei
Fäden, die später im Gesamtwerk Blochs verwoben werden.

Fünftens: Grenzüberschreitungen - das heißt in unserem Fall nicht nur,
daß ein Philosoph sich in Historisches einmischt und eine historische Gestalt
seinem geschichts- und religionsphilosophischen Interesse unterwirft; es
heißt auch, daß er mit seiner subjektiven Sicht Müntzers Werk problemati-
siert und den radikalen Prediger des 16. Jahrhunderts in seiner originären
Denkwelt zu verstehen versucht. Dabei bleiben mancherlei Modernisierun-
gen nicht aus - auffällig besonders in der Kennzeichnung Müntzers als
„klassenbewußter, revolutionärer, chiliastischer Kommunist".[124] Der Traktat
ist nicht frei von „revolutionärer Romantik",[125] wie Bloch später selbst konstatiert. Aber handelt es sich nur um ein Zeitdokument, ein Zeugnis des
Zeitgeists, eine Quelle für Zeitgeistforschung? Immerhin hat Bloch für die
bis heute anhaltende Diskussion den Anstoß gegeben: Müntzer - Theologe
oder Revolutionär? Bloch hat sich allerdings nicht für ein „oder" entschieden, sondern eher ein „und" angeraten.

---

[121] Bloch, Münzer (wie Anm. 10), S. 229. Vgl. Walter Markov, *Die Utopia des Citoyen*, in:
Festschrift Ernst Bloch zum 70. Geburtstag, hg. von Rugard Otto Gropp, Berlin 1955, S. 229ff.
[122] Vgl. Bloch, *Das Prinzip Hoffnung* (wie Anm. 120), S. 1628.
[123] Bloch, *Münzer* (wie Anm. 10), S. 14.
[124] *Ebd.*, S. 25.
[125] *Ebd.*, S. 230.

„LUTHER UND DIE SCHWÄRMER".
KARL HOLL UND DAS ABENTEUERLICHE LEBEN EINES TEXTES

James M. Stayer (Kingston/Ontario)

Am 17. März des Jahres 1922 schrieb Karl Holl[1] an seinen Verleger Paul Siebeck:

> „Mein 'Schwärmervortrag' in Wittenberg ist gewissermaßen jetzt in ein neues Zeichen getreten. Ich höre von Lietzmann, daß eben bei Diederichs ein Buch über Münzer erschienen ist, wo dieser für den Kommunismus ausgeschlachtet wird. Gerade ihn hatte auch ich in den Mittelpunkt gestellt. Es wäre deshalb wohl recht gut, wenn ich meinen Vortrag möglichst bald drucken lassen könnte. Aber in den 'Lutheraufsätzen' würde ich ihn auch nur höchst ungern vermissen. Er gehört dort so notwendig zur Abrundung des geschichtlichen Bildes hinein, daß er nicht fehlen darf."[2]

Offensichtlich wollte Holl den Einfluß des Buches von Ernst Bloch über „Thomas Münzer als Theologe der Revolution"[3] begrenzen, in dem Müntzer als Vorbote der Oktoberrevolution dargestellt wurde. Gleichzeitig wollte Holl diesen (und nur diesen) Aufsatz auch in die zweite Ausgabe seiner gesammelten Aufsätze über Luther aufnehmen, in jenes Werk, dessen erste Ausgabe Holl 1921 zum akademischen Durchbruch verholfen hatte. Hier sollte der neue Aufsatz nicht fehlen, da er ihn zur Abrundung des geschichtlichen Lutherbildes für unerläßlich hielt.

Aber „Luther und die Schwärmer" war nicht nur ein Aufsatz über Müntzer und Luther. Er war gleichzeitig ein deutlicher Kommentar zu Deutschland und seiner Niederlage im Weltkrieg gegen die konkurrierenden „nordischen Herrenvölker", zu denen Frankreich nach Holls Meinung

---

[1] Einige wichtige, allgemeine Abhandlungen über Holl: Johannes Wallmann, *Karl Holl und seine Schule*, in: *Zeitschrift für Theologie und Kirche* (fortan: ThK), Beiheft 4, Tübinger Theologie im 20. Jahrhundert, Tübingen 1978, S. 1-33. Heinrich Assel, *Der andere Aufbruch. Die Lutherrenaissance - Ursprünge, Aporien und Wege: Karl Holl, Emanuel Hirsch, Rudolf Hermann (1910-1935)*, Göttingen 1994, S. 59-163. Walter Bodenstein, *Die Theologie Karl Holls im Spiegel des antiken und reformatorischen Christentums*, Berlin 1968 (letzterer stark beeinflußt von seinem Lehrer Emanuel Hirsch, ein Umstand, der sich sowohl als Stärke als auch als Schwäche bemerkbar macht).

[2] Aus der Sammlung der Briefe Holls im Besitz von Prof. D. Dr. Robert Stupperich, Münster. Für die Gelegenheit zur Benutzung seiner Sammlung bin ich Herrn Prof. Stupperich zu Dank verpflichtet.

[3] Vgl. Holls Rezension zu Bloch, in: *Theologische Literaturzeitung* (fortan: ThLZ) 47 (1922), S. 401-403. (Blochs Verleger war nicht Diederichs, sondern Kurt Wolff).

selbstverständlich nicht gezählt werden durfte. In seinem Aufsatz stellte er
Deutschland als Bastion lutherischen Christentums jenen schwärmerischen
Verunstaltungen gegenüber, wie sie in England und Amerika triumphiert
hatten: Obwohl auf Thomas Müntzer konzentriert, handelte „Luther und die
Schwärmer" auch von George Fox, dem angeblichen Erben Müntzers. Und
schließlich wandte sich dieser Aufsatz auch gegen die Schwärmer an den
deutschen Universitäten. Heinrich Assel betonte erst kürzlich, wie Holl in
diesem Aufsatz seiner Mißachtung gegenüber jenen Theologen Ausdruck
verlieh, die sich den expansionistischen Kriegszielen des Kaiserreichs entgegengestellt hatten und sich nun um die Weimarer Verfassung scharten:

> „Hauptgegner werden nun die Kritiker der deutschen Kriegstheologie; zu-
> nächst Leonhard Ragaz, nach 1918 dann zunehmend Ernst Troeltsch und die
> frühe Dialektische Theologie um Karl Barth. Diese teils als prowestlich-
> demokratisch, teils als proöstlich-sozialistisch eingestuften Gegner werden
> insgesamt als Schwärmer tituliert und typisiert."[4]

Soweit zu Holls eigener Sichtweise und seinen Absichten. „Luther und die
Schwärmer" jedoch sollte seinen Verfasser in der Art klassischer Texte
überdauern und ein Eigenleben entwickeln. Die apologetische Täufer- und
Mennonitenforschung beispielsweise, die mit „Mennonite Quarterly Review"
unter Harold S. Bender zwischen 1927 und 1962 ihre Blüte erlebte, sah
„Luther und die Schwärmer" als das Musterbeispiel einer Geschichtsschreibung über Täufer und Nonkonformisten an, in der die Täufer unablässig
verleumdet und diffamiert wurden, ohne daß ihrer Position jemals Gehör geschenkt worden wäre. Vor einiger Zeit hat die Darstellung Holls, wie die
reine Lehre Luthers durch Revolutionäre, Sektierer und Spiritualisten ver-
unstaltet worden war, einige ähnlich ausgerichtete Veröffentlichungen inspiriert. Hans Hillerbrand und Steven Ozment zum Beispiel haben „Luther
und die Schwärmer" zum Banner einer lutherzentrischen Nachhut der Reformationsforschung umgewandelt.

Holls Darstellung von Thomas Müntzer enthielt bereits die wissenschaftliche Substanz von „Luther und die Schwärmer", ein Umstand, dessen sich
auch Holl selbst bewußt war. Da seine Müntzerinterpretation jedoch gleichzeitig als Hintergrund für die Lutherinterpretation diente, die in dem mehr
als 600 Seiten umfassenden Lutherband entworfen wurde, müssen beide im
Zusammenhang betrachtet werden.

Der deutsche Theologe Wolfgang Trillhaas sieht die Entwicklung der
evangelischen Theologie im zwanzigsten Jahrhundert durch wechselnde
Vorherrschaft von Kirchengeschichte, Dogmatik und Bibelforschung geprägt. Während Kirchengeschichte die theologische Disziplin noch bis zum
Ersten Weltkrieg dominierte, wurde sie in den Zwischenkriegsjahren von

---

[4] Assel, *Aufbruch* (wie Anm. 1), S. 126.

der Dogmatik überflügelt. Die Jahre nach dem Zweiten Weltkrieg sind schließlich vom Aufstieg der Bibelforschung zur dominanten Richtung innerhalb der Theologie geprägt. Trillhaas war der Ansicht, daß jede dieser Richtungen während der Periode ihrer Vorherrschaft in der Lage gewesen sei, den jeweils anderen ihre Prinzipien aufzuzwingen.[5] In diesem Sinne war Holl seiner Zeit voraus. Den ersten Abschnitt seiner Berufslaufbahn widmete er der ebenso komplizierten wie unscheinbaren Aufgabe, die Texte von zwei weniger bekannten griechischen Kirchenvätern, Johannes von Damaskus und Epiphanius von Salamis, herauszugeben. Im Jahre 1906 jedoch, dem Jahr seiner Berufung an die Universität Berlin, wandte sich Holl der systematischen Rechtfertigungstheologie zu. In seinen patristischen Studien hatte er als Historiker gewirkt und dem Sitz im Leben seiner Dokumente die notwendige Beachtung geschenkt, u. a. durch ausdrückliche Beschäftigung mit relevanten literarischen Strömungen, dogmatischen Entwicklungen, liturgischer und institutioneller Geschichte und Prosopographie.

Holls Aufsatz von 1906, „Die Rechtfertigungslehre im Licht der Geschichte des Protestantismus",[6] war im Vergleich dazu ein persönliches und dogmatisches Manifest, wenn er natürlich auch auf die protestantische Tradition Bezug nahm. Holls Absicht war es, die Rechtfertigungslehre gegen die Angriffe Paul de Lagardes sowie, in jüngerer Vergangenheit, Wilhelm Diltheys in Schutz zu nehmen: „Die einfache Gleichsetzung der protestantischen Rechtfertigungslehre mit der paulinischen und dieser wieder mit dem Evangelium Jesu ist zur Unmöglichkeit geworden",[7] wie behauptet wurde; dagegen vertrat Holl den entgegengesetzten Standpunkt:

> „Der Nerv der ganzen Anschauung ist der Gottesbegriff, mit dem Luther operiert: die Paradoxie des Gottes, der unbeugsam ernst in seiner sittlichen Forderung doch selbst dem Frevler Heil und Leben schafft. In der Kühnheit dieses Gottesgedankens greift Luther zurück auf Paulus und Jesus und die Übereinstimmung in diesem entscheidenden Punkt gibt uns das Recht, in der Reformation eine Erneuerung der urchristlichen Anschauung zu erblicken. Die Rechtfertigungslehre des Paulus ist nichts anderes als die dramatische Darstellung des inneren Konflikts, in den der genuin christliche Gottesbegriff den Menschen mit Notwendigkeit stürzen muß. Luther empfindet diesen Konflikt persönlicher, konkreter als Paulus und darum als permanenten."[8]

Neben der Permanenz des Rechtfertigungsprozesses und einer „Vertiefung des religiösen Individualismus . . . , der Luther von Paulus unterscheidet und

---

[5] Wolfgang Trillhaas, *Die Evangelische Theologie im 20. Jahrhundert*, in: *Bilanz der Theologie im 20. Jahrhundert*, hg. v. Herbert Vorgrimler und Robert van der Gucht, Freiburg i. Br. 1969, Bd. 2, S. 89-90.
[6] 1. Ausgabe, Tübingen 1906, als Vortrag gehalten auf der Versammlung der Freunde der Christlichen Welt am 17. Oktober 1905.
[7] *Ebd.*, S. 2.
[8] *Ebd.*, S. 10.

über ihn erhebt," besteht Holls größte Eigenheit im Verständnis der lutherischen Rechtfertigungslehre darin, daß der Rechtfertigungsprozeß nicht nur
Gottes Gnade herbeiführt, sondern ebenso der moralischen Erneuerung
dient:

> „Denn Gott nimmt den Menschen, den er in das Verhältnis zu sich herein-
> zieht, nicht an, um ihn zu lassen wie er ist, sondern um ihn umzuschaffen zu
> einem wirklichen Gerechten. . . . Insofern kann man sagen: wenn Gott den
> Sünder in dem Moment, in dem er nur Sünder ist, für gerecht erklärt, so anti-
> zipiert er das Resultat, zu dem er selbst den Menschen führen wird."[9]

Zweierlei bleibt noch über Holls Ansichten im Jahre 1906 zu erwähnen.
Zum ersten bestand Holl darauf, bei Luther einen robusten Monotheismus zu
konstatieren, der sowohl den nachfolgenden Generationen der lutherischen
Orthodoxie als auch dem Pietismus entgangen sei: „Die fanatische Polemik
gegen die reformierte Prädestinationslehre verführte die lutherischen Dog-
matiker zu immer stärkerer Abschwächung des Machtgedankens im Gottesbegriff."[10] Und: „Der Pietismus will die lutherische Rechtfertigungslehre erneuern, aber es fehlt ihm wie der Orthodoxie der lutherische Gottesbegriff.
Sein Gottesbegriff ist weichlich, quietistisch."[11] Zum zweiten bezieht sich
der Begriff des „Schwärmers" im Jahre 1906 nicht auf eine historische
Wirklichkeit, sondern wird als ein Mittel lutherischer Polemik betrachtet:
„die sogenannten Schwärmer".[12]

Im Gefolge dieser Gedanken, die er als systematischer Theologe verfolgte, wandte sich Holl ernsthaft dem Studium Luthers zu. Er begann 1910 mit
der Veröffentlichung eines Artikels über die Rechtfertigungslehre in Luthers
Römerbrief-Vorlesung von 1515/16. Dietrich Korsch hat diesen Vorgang
mit treffenden Worten nachgezeichnet: „Wir stehen damit vor dem Sachverhalt, daß Holls historische Einzelforschung über Luther der Entwicklung
seiner systematischen Grundlinien der Rechtfertigungslehre nachfolgt, daß
diese aber, umgekehrt, ihre Durchschlagskraft erst in der Vermittlung über
die geschichtliche Gestalt Luthers gewannen."[13] Diese Einsicht ist grundlegend für das Verständnis der Theologie Müntzers (und Luthers), wie sie in
„Luther und die Schwärmer" dargestellt wurde: die Geschichtswissenschaft
war sowohl verfügbar als auch willig in den Händen des systematischen
Theologen. In dieser Integration liegt die bleibende Wirkung Holls - eine
Wirkung, die in der Reformationsforschung noch bis weit über den Zweiten
Weltkrieg hinaus anhalten sollte.

---

[9] *Ebd.*, S. 9.
[10] *Ebd.*, S. 19.
[11] *Ebd.*, S. 25.
[12] *Ebd.*, S. 15.
[13] Dietrich Korsch, *Glaubensgewißheit und Selbstbewußtsein. Vier systematische Variationen
über Gesetz und Evangelium*, Tübingen 1989, S. 159, Anm. 55.

Bernhard Lohse nennt als Beginn der „ernsthaften Beschäftigung"   mit
Thomas Müntzer in neuerer Zeit die Veröffentlichung von Holls „Luther
und die Schwärmer".[14] Holls brillianter Schüler, Emanuel Hirsch, bemerkte
in ähnlicher Weise, daß „wir hier zum ersten Male eine wirkliche Darstellung von Münzers Frömmigkeit und Theologie erhalten".[15] In einer Bemer-
kung über seinen Aufsatz unterstrich Holl, daß dieser keine simple Polemik
gegen Müntzer darstelle: „Daß Münzer in der herrschenden Kirchengeschichte unterschätzt wird, daß er als Theologe und religiöser Mensch ernster genommen werden muß, ernster als alle die andern seiner Richtung,
darüber ist mir seit langem kein Zweifel . . ."[16]

Zu dieser Zeit war die systematische Sammlung von Quellen zum Leben
Müntzers durch Heinrich Böhmer noch nicht abgeschlossen und somit für
Holl noch nicht verfügbar. Um so größer müssen die Leistungen Holls bei
der Bearbeitung von Müntzers Schriften eingeschätzt werden: drei längere
Flugschriften von 1524, die „Fürstenpredigt", die „Außgedrückte Entblös-
sung" und die „Hochverursachte Schutzrede", sowie zwei kürzere aus dem
Jahre 1523, die „Protestation" und „Von dem gedichteten Glauben", sind
ebenso erfaßt wie das „Prager Manifest", die Aufzeichnungen seiner Verhöre im Mai 1525 und die liturgischen Veröffentlichungen aus Allstedt. Nur
die Briefe Müntzers waren Holl zu wenig vertraut. Er kannte nur jene Briefe, die durch Zufall schon früher veröffentlicht worden waren. Diese Lücke
in Holls Wissen war in mancher Hinsicht folgenreich, denn sie hatte ihn von
der Verpflichtung befreit, seine Neigung, Müntzers Denken zu systematisie-
ren, durch entgegenstehende biographische Einzelheiten zu zähmen. Darüber hinaus wurde Holl, da er die häufigen Selbstprädikationen in Münzers
Briefwechsel nicht kannte, zu einer Fehleinschätzung verleitet: zu der Annahme, daß Müntzer mit dem neuen Johannes und dem Elias der Letzten
Tage nicht auf sich selbst, sondern auf einen Propheten verwiesen habe, der
nach ihm käme:

> „Daß Münzer bei seinen politischen und sozialen Forderungen nicht allzutief
> auf das einzelne einging, hat freilich noch seinen besonderen Grund: er wartet
> auf den kommenden großen Propheten. Es mag ihm - wenn man an die nieder-
> ländischen Täufer und an die Münsterer denkt - als Bescheidenheit zugerech-
> net werden, daß er sich nicht selbst für diesen Propheten gehalten hat. Aber es
> steht ihm doch fest, daß in dieser letzten Zeit, am Ende des fünften Welt-
> reichs—Quintomonarchisten!—ein gnadenreicher Knecht Gottes im Geiste

---

[14] Bernhard Lohse, *Auf dem Wege zu einem neuen Müntzer-Bild*, in: *Luther* 41 (1970), S. 121.
[15] Emanuel Hirsch, Rez. zu Holl, Gesammelte Aufsätze zur Kirchengeschichte, Bd. 1. Luther
2/3 A., 1923, in: *ThLZ* 48 (1923), S. 428.
[16] Rez. zu Bloch in: *ThLZ* 47 (1922), S. 401.

Eliä fürtreten wird, der . . . die treffliche, unüberwindliche Reformation bringen soll."[17]

Hans-Jürgen Goertz würdigte „die systematische Kraft, die Holl eigen
war."[18] In der Tat sollte sich diese Kraft als herausragende Stärke erweisen -
und doch scheint sie allem Anschein nach gleichzeitig eine bleibende, un-
glückselige Erblast für die nachfolgende Müntzerforschung darzustellen.
Holls Interpretation wurde in zwei Richtungen fortgeführt, individuelle
Heilslehre einerseits und soziale Religiosität andererseits, wobei die letztere
sowohl das Kirchenverständnis als auch die politische Ethik umfaßt.

Da Müntzer fast ununterbrochenen in den Schriften von 1523 und 1524
gegen Luther polemisierte, nahm Holl an, daß die Beziehung zu Luther
nicht nur eine nebensächliche, sondern eine grundlegende Rolle spielte:

> „Auch Münzer hat, wie Karlstadt und die Späteren, den für das Werden seiner
> Eigenart entscheidenden Anstoß zunächst von Luther empfangen und Luthers
> Einfluß wirkt nicht nur in den Grundanschauungen, sondern auch in Einzelhei-
> ten dauernd bei ihm nach. Heilsgewißheit und allgemeines Priestertum sind
> für ihn bereits selbstverständliche Wahrheiten. Damit steht er gegenüber dem
> Mittelalter auf einem neuen, auf dem durch Luther geschaffenen Boden."[19]

Mit kräftigen Hieben ist Müntzer gegen Luther vorgegangen: Er habe den
Heiligen Geist zum Schweigen gebracht, indem er ihn der Bücherweisheit
der „Schriftgelehrten" unterwarf; er habe das Gesetz Gottes für abgeschafft
erklärt und stattdessen verbreitet, daß nur ein buchstabischer, ein unerfahre-
ner, ein gedichteter und gestohlener, ein Affenglaube die Erlösung bringen
könne; er predige nur den halben, einen honigsüßen Christus und unter-
schlüge den bitteren Christus; er sei ein Werkzeug und Schmeichler der
Fürsten geworden, die sich jener Furcht und Verehrung des Volkes bemäch-
tigt hätten, die allein Gott zustünde.[20] Auf der Grundlage dieser polemischen Äußerungen unternahm Holl es, theologische Urteile über die jeweiligen Lehren Müntzers und Luthers zu fällen.

Müntzers heilsindividualistischer Theologie wurde die größte Anerkennung zuteil: „Man kann es dieser Lehre jedenfalls nicht nachsagen, daß sie
das Erzeugnis eines verworrenen Kopfes wäre."[21] Holl wies darauf hin, daß
sie auf Anfechtungen aufbaute, jenen authentischen persönlichen religiösen
Erfahrungen der Teilnahme an den Leiden Christi. Es sei eine Theologie des
Kreuzes, die nur durch Gott selbst unmittelbar in den Menschen geschaffen

---

[17] Karl Holl, *Gesammelte Aufsätze zur Kirchengeschichte* Bd. 1. Luther 2. A. Tübingen 1923,
S. 420-467, S. 456 (im folgenden *LuS*)
[18] Hans-Jürgen Goertz, *Schwerpunkte der neueren Müntzerforschung*, in: *Thomas Müntzer.
Wege der Forschung*, Bd. CDXCI, hg. v. Abraham Friesen und Hans-Jürgen Goertz, Darmstadt
1978, S. 486.
[19] *LuS*, S. 425.
[20] *LuS*, S, 426-427, vgl. S. 455.
[21] *LuS*, S. 433.

werde.[22] Diese soteriologische Erfahrung ereigne sich im „Abgrund der Seele" und sei ein Aufwallen des „inneren Wortes". Das war Müntzers zentrales Konzept, das Holl in Kontrast zu Luthers „äußerem Wort" stellte:

> „Das Vernehmen dieses ureigenen Gottesworts ist die wahre Ankunft des Glaubens . . . Das Aufleuchten des Glaubens ist selbst schon der Tatbeweis dafür, daß der Heilige Geist dem Menschen verliehen, die 'Salbung' an ihm vollzogen, der 'Sohn Gottes' in ihm geboren, er selbst 'Gott geworden' ist—alle diese Ausdrücke behandelt Münzer als gleichwertig—; und das Bewußtsein solcher Begnadigung führt unmittelbar zu der weiteren Gewißheit, daß man zu den Auserwählten, zum 'reinen Weizen' gehört."[23]

Da der Glaube durch das innere Wort kommt, war die Bibel nicht unabdingbar für den Glauben. In der Tat war sie mehr ein Zeugnis vom Glauben anderer, wie Gott ja auch nicht aufgehört hat, sich den Seinen immer noch zu offenbaren, nachdem das biblische Zeitalter sein Ende gefunden hatte.[24] Gott konnte weiterhin „in Gesichten und Offenbarungen" zu seinem Volk sprechen und würde dies in Zukunft um so häufiger tun, da nun das Ende der Welt bevorstünde (eine Anschauung, so Holl, die Müntzer und Luther teilten, obwohl „man sieht, daß der Glaube an die nahe Endzeit auf ihn viel stärker wirkte als auf Luther"[25]). Holl gestand ein, daß Müntzer eine Religion der Unterdrückten geschaffen habe: „das rechte Evangelium für alle diejenigen, denen das Kreuz, das Gedrücktsein, tägliche Erfahrung war und die sich zugleich von einer, selbst bescheidenen Bildung ausgeschlossen sahen."[26]

Holl faßte Müntzers Heilstheologie folgendermaßen zusammen: Sie umfasse erstens eine eigentümliche Kreuzesmystik, zweitens ein Erwählungsbewußtsein und drittens die strenge Forderung der vollkommenen individuellen Selbständigkeit des religiösen Erlebnisses.[27] In allen drei Aspekten sei sie allerdings eine Verunstaltung der Lehre Luthers. Müntzers Insistieren auf der persönlichen Begegnung mit Gott habe die Heilige Schrift und Jesus, damit auch Gottes geschichtliche Offenbarung, von ihrem zentralen Platz in der christlichen Lehre verdrängt. Holl erklärte, Müntzers Heilsgewißheit läge eindeutig außerhalb der protestantischen Lehre: „es hat doch auch [Zwingli und Calvin] gegenüber noch seinen besonderen Klang, wenn Münzer sich selbst so rundweg als Auserwählter fühlt und von den Seinigen insgesamt als von den auserwählten Freunden Gottes spricht."[28] Es war eben diese mystische Heilslehre, die, verglichen mit Luther, Müntzers Makel

---

[22] *LuS*, S. 429.
[23] *LuS*, S. 431.
[24] *LuS*, S. 431-432.
[25] *LuS*, S. 432, Anm. 5; S. 451.
[26] LuS, S. 434-435.
[27] *LuS*, S. 433-434.
[28] *LuS*, S. 434.

ausmachte. Die „mystisch geartete Frömmigkeit", die Luther als „schwärmerisch" identifizierte, hatte stets an der Vorstellung des „inneren Wortes"
(Müntzer) oder des „inneren Lichtes" (George Fox) festgehalten: „dasjenige
Vermögen, das den Menschen unmittelbar mit Gott verbindet und ihm,
wenn er Gottes erharrt, die Kraft vermittelt, sich vom Niedrigen und Sinnli-
chen zu befreien." Luther andererseits wollte von der Idee einer inneren
göttlichen Quelle im Menschen nichts wissen, da dies eine Verharmlosung
menschlicher Sünde und Schuld bedeutet hätte.[29]

Letztlich war Holl aber darüber erhaben, in der „mystisch geartete[n]
Frömmigkeit" die Grenze zwischen Luther und seinen Gegnern gezogen zu
sehen. In dem, zum Zeitpunkt seines Todes im Jahre 1926 unvollendet gebliebenen, Aufsatz „Luther und der heilige Geist" rang Holl mit der Tatsache einer unleugbar in Luther erkennbaren „Christusmystik", die er jedoch
prompt zu verdrängen versuchte. Luther, so Holl, nenne durchaus eine sub-
ordinatianische Christologie sein eigen, und obwohl jener von Christi Prä-
senz im Gläubigen und von der Vereinigung des menschlichen Willens mit
Gott sprach, sei dies doch noch lange keine Vereinigung von Kreatur und
Schöpfer.[30] In dem Bemühen, jemanden von der Anklage der Mystik zu befreien, indem man Mystik als den Glauben an die totale Auflösung in Gott
definiert, liegt jedoch gleichzeitig die Gefahr, daß auf diese Weise jede Existenz einer Mystik in der christlichen (und womöglich auch der jüdischen
bzw. islamischen) Tradition verneint wird.[31] Polemik gegen eine im Gegensatz zum dogmatischen Glauben stehende Mystik hatte in den Zwischenkriegsjahren Hochkonjunktur, man denke nur an Emil Brunners *Die Mystik
und das Wort*[32], während die Reformationsforschung der Gegenwart durchaus die Einflüsse mittelalterlicher mystischer Traditionen auf Luther wahrnimmt.[33] Die Grenze zwischen Luther und den „Schwärmern" auf diese
Weise zu ziehen, war ein polemisches Schelmenstück. Holl stand fest in der
Tradition der Lutherinterpretation Adolf v. Harnacks und Albrecht Ritschls,
in der zwischen den traditionellen metaphysischen Überresten in Luthers
Theologie und den neuen vorwärtsblickenden Ideen, die Luther eingeführt
hatte, unterschieden wurde. Der finnische Theologe Risto Saarinen kommt
zu folgendem Schluß: „So ist es eine gemeinsame Voraussetzung aller bis

---

[29] *LuS*, S. 447.
[30] Risto Saarinen, *Gottes Wirken auf uns. Die transzendentale Deutung des Gegenwart-
Christi-Motivs in der Lutherforschung*, Stuttgart 1989, S. 92-99.
[31] Bernard McGinn, *The Foundations of Mysticism*, Bd. 1, New York 1991. Vgl. auch die besonders scharfsinnige Analyse anhand eines äußerst orthodoxen Mystizismus in D. Catherine
Brown, *Pastor and Laity in the Theology of Jean Gerson*, Cambridge 1987, S. 171-208.
[32] Vgl. den Kommentar zu Brunners Einfluß im Addendum to the Fourth Edition, in: Walther
von Loewenich, *Luther's Theology of the Cross*, Belfast 1979, S. 221-222.
[33] Karl-Heinz zur Mühlen, *Die Erforschung des 'jungen Luther' seit 1876*, in: *Luther-
Jahrbuch* 50 (1983), S. 79-83.

hierhin behandelten Lutherinterpreten [Holl und seiner Vorgänger], daß sie
Luthers *Unterschiede* zur dogmatischen Tradition mit 'dem Reformatorischen' identifizieren."[34] Wenn Holl auch Luthers Mystik anerkennen mußte,
schien ihm diese doch nicht besorgniserregend, weil nicht „reformatorisch".
Müntzers Mystik dagegen gab durchaus Grund zur Besorgnis, eben weil sie
„schwärmerisch" war, d. h. die zunehmende Verunstaltung der reformatorischen Theologie durch sektiererische Kräfte andeutete.

Im Aufbau von „Luther und die Schwärmer" folgte Holl nicht dem sich
anbietenden direkten Fortschreiten von Müntzers Theologie des individuellen Heils zu seiner Theologie des Sozialen. Vielmehr unterbrach er die
Entwicklung, indem er die ausführliche historische Untersuchung der Wirkung dieser Heilslehre unter den Täufern und Spiritualisten in Deutschland
und ihrer nachfolgenden Verpflanzung nach England einschob. Der Haupt-
gedanke war, daß Müntzers „mystisch geartete Frömmigkeit" in sukzessi-
ven Stadien verkümmerte, bis sie sich schließlich im Rationalismus der
Aufklärung ganz auflöste.[35]

Der zweite Abschnitt, in dem Holl sich mit Müntzer befaßte, fiel weit
hinter das im ersten Abschnitt erreichte Niveau zurück, u. a. weil die unge-
nügende Quellenlage eine exakte Behandlung der Sozial-Theologie nicht
zuließ. Die Vorstellung, daß Müntzer eine Freiwilligkeitskirche gestiftet habe, die mit ihrer Praxis der Mündigentaufe im Gegensatz zur Volkskirche
der Reformatoren stünde, entbehrte jeder Grundlage.[36] In diesem Punkt kam
Holls wissenschaftlicher Gegenspieler Ernst Troeltsch den Quellen sicherlich um einiges näher, als er Müntzers Kritik an der Kindertaufe mit der
Neigung zu einem spiritualistischen Antizeremonialismus erklärte. Eine solche, auf eine sichtbare Kirche der Erwählten abhebende Ekklesiologie war
jedoch unabdingbar für Holls Vorstellung von Müntzer als dem Anführer
einer Bewegung, die Karlstadt, die Täufer in der Schweiz und Süddeutsch-
land sowie Melchior Hoffman umfaßte.[37] Letztlich ist diese Vorstellung
nicht weit von der Darstellung entfernt, die Friedrich Engels in seinem Bau-
ernkriegsbuch von den Täufern als rastlosen, den Bauernkrieg in Süd-
deutschland vorbereitenden Agenten Müntzers gab.

Holl fand Müntzers politische Haltung im Widerstand gegen die regie-
renden Fürsten verankert: „Fürstengewalt ist an sich schon Tyrannei . . . der
Fürst beansprucht, daß er 'gefürchtet' werde. Aber in Wahrheit darf man
doch nur Gott fürchten."[38] Dennoch plante Müntzer nicht, den Staat an sich
abzuschaffen, sondern nur die Macht der Fürsten durch eine demokratische,

---

[34] Saarinen, *Wirken* (wie Anm. 30), S. 114.
[35] *LuS*, S. 435-445.
[36] *LuS*, S. 451-452.
[37] *LuS*, S. 457-458.
[38] *LuS*, S. 455.

auf die germanische Tradition aufbauende Machtausübung durch das gemeine Volk zu ersetzen.[39] Mit einem wachsamen Auge auf diejenigen, die
Müntzer als Vorreiter der Revolution ausschlachten wollten, erklärte Holl,
daß Müntzer, obwohl er die Gütergemeinschaft als „Wunschziel" anstrebte,
nur über ein ausgesprochen vages wirtschaftliches Programm verfügt habe.
Ebenso „lag es ihm auch vollständig fern, eine bestimmte soziale Schicht
zur Trägerin seiner Gedanken machen zu wollen . . . Er kann das Proletariat
in den Städten so gut aufrufen wie die Bergknappen oder die Bauern."[40]
Wann immer Anhaltspunkte gegen diese Verallgemeinerung sprachen, wie
zum Beispiel in Müntzers eindeutigem Aufruf in der *Fürstenpredigt*, die
Fürsten sollten die Führung im Kampf gegen die Feinde des Evangeliums
übernehmen, durchhieb Holl mit seinem Schwert der Systematik den gordi-
schen Knoten: Müntzer war durch seine Widersprüchlichkeit ipso facto des
Irrtums überführt.[41]

Holl verstand Müntzers Rechtfertigung des Aufstandes nur zu gut. Dieser
war nicht an sich mit der wirtschaftlichen und sozialen Unterdrückung des
gemeinen Volkes zu erklären. Wahrhaft gerechtfertigt wurde er durch religiöse Gründe:

> „Der harte Druck, der auf den armen Leuten lastet, verhindert sie, überhaupt
> an etwas anderes als an ihre Nahrung zu denken: sie können nicht lesen ler-
> nen, also auch nicht die Bibel lesen, nicht der Betrachtung sich widmen und
> deshalb nicht im Glauben sich vertiefen. Münzer vertritt demnach bereits den
> so neuzeitlich klingenden Gedanken: religiöse Reform ist ohne eine gleichzei-
> tige soziale Reform unmöglich."[42]

Natürlich wußte Luther es besser: das Wort werde es schon selber ausrich-
ten, während er mit Melanchthon und Amsdorf Bier trinke!

Holl fuhr mit einer Beschreibung des nach innen gerichteten Rückzugs
derjenigen Sekten fort, die in der Frage des Bauernkrieges nicht mit Müntzer gemeinsame Sache gemacht hatten: diese besäßen „der Welt gegenüber
die rein leidentlich ablehnende Haltung nach dem Grundsatz des Nichtwi-
derstehens gegenüber dem Übel: also keine Übernahme eines obrigkeitlichen
Amtes, kein Schwören, kein Prozeßführen, kein Waffentragen, keine Beteiligung am Krieg, kein Zinsnehmen . . ."[43] - eine ausschließlich negative
Version der Bergpredigt, ohne jeden Geist der Liebe. Im nächsten Stadium
ging dann sogar der begrenzte Gemeinschaftssinn der Sektierer verloren, um
durch den asozialen Individualismus eines Spiritualisten vom Schlage Se-

---

[39] *LuS*, S. 455-456.
[40] *LuS*, S. 453, 456.
[41] *LuS*, S. 465.
[42] *LuS*, S. 454.
[43] *LuS*, S. 458.

bastian Francks ersetzt zu werden.[44] Dies war die Art von Religiosität, die England und Amerika von den Schwärmern erbte. War es da ein Wunder, daß diese Staaten sich so lange der Einschränkung des kapitalistischen Individualismus durch eine Sozialgesetzgebung widersetzten?[45] Auf der Grundlage dieser umfassenden historischen Darlegung deutete Holl auf die fundamentale Spaltung, die nicht nur Müntzers Theologie, sondern auch der aller seiner Nachfolger eigen sei, da „die bei den Täufern sich darstellende Verbindung zwischen einer mystisch gearteten Frömmigkeit und dem sozialen Reformgedanken nicht im inneren Wesen dieser Frömmigkeit selbst begründet ist. Alle mystische Frömmigkeit ist von Haus aus selbstisch."[46]

Wahrscheinlich war es die Darstellung der theologischen Sozialethik Luthers am Ende dieses Aufsatzes, an der Holl sehr viel lag, war sie doch „so notwendig zur Abrundung des geschichtlichen Bildes" in seinem Lutherband. Im Gegensatz zur Tendenz der nicht-lutherischen Reformation war Luthers Verwendung der Bergpredigt vom Verständnis der Liebe geprägt „in dem hohen Sinn . . . als Willen zur Gemeinschaft selbst mit dem Feind."[47] Während der Kriegsjahre kam Holl denn auch zunehmend zu der Überzeugung, daß einzig die Erfahrung christlicher Gemeinschaft dem modernen Menschen die Augen für die Wahrheit der traditionellen lutherischen Rechtfertigungslehre öffnen könne.[48]

Wahre Christen, sichtbar für Gott allein, seien die Antriebskraft innerhalb der äußerlichen Volkskirche, die wiederum die Aufgabe habe, einen christlichen Gemeinschaftssinn im Volk zu verbreiten und auf diese Weise im Staat wirksam werden zu lassen:

> „War Gott mehr als nur das 'ganz Andere', war er Liebe, so hieß das, daß er Gemeinschaft wollte; Gemeinschaft mit sich, die aber die Gemeinschaft der Menschen untereinander als notwendige Folge in sich schloß. Diese Gemeinschaft sah und empfand Luther als eine Wirklichkeit, obwohl sie sich in einer unsichtbaren Kirche darstellte . . . Die Gemeinschaft der Liebe, die im Reich Gottes begründet wird, muß sich, das war auch seine Überzeugung, auswirken im ganzen Gesellschaftsleben."[49]

---

[44] *LuS*, S. 459.
[45] *LuS*, S. 461.
[46] *LuS*, S. 462.
[47] *LuS*, S. 458.
[48] Assel, *Aufbruch* (wie Anm. 1), S. 101-118, bes. S. 116: „Der Verlust seiner Gemeinschaftsform offenbart sich für Holl jetzt als der verborgene, eigentliche Grund für den Relevanzverlust des Rechtfertigungsglaubens. Die bloße Predigt der Rechtfertigung, der eine Sozialgestalt fehlt, hat in der Moderne keine Überzeugungskraft mehr . . . erst dann gewinnt das Wort von der Rechtfertigung wieder an Relevanz, wenn es an eine Gemeinschaftserfahrung anknüpfen kann. Die vorgängige Erfahrung geistlicher Gemeinschaft wird zur hermeneutischen Bedingung des Verstehens von Rechtfertigung."
[49] *LuS*, S. 464-465.

Anders als die Schwärmer, die den Staat entweder abschaffen oder zumindest ignorieren wollten, da dieser keinen moralischen Anspruch auf ihre Loyalität habe, begrüßte Luther den Staat als ein Gebilde, das mit seiner Theologie der Gemeinschaft in Einklang steht. So akzeptierte er auch, wiederum im Gegensatz zu den Schwärmern, einen auf Hierarchie und Ungleichheit basierenden Staat:

> „Denn er sah etwas von der natürlichen Ungleichheit der Menschen, die nicht bloß auf dem Unterschied der Verstandes-, sondern namentlich der Willens- und Charakterkräfte beruht . . . [daß] der Starke seine Kraft und seine Begabung dazu besitzt, um dem Schwachen zu helfen, wie umgekehrt auch der Schwache, indem er Gott für die auch ihm zu Segen gereichenden besonderen Gaben des andern dankt, doch als sich Einfügender wiederum seinen eigenen Wert empfindet. Damit wurde das, was die Menschen zu trennen schien, etwas Verbindendes und die Über- und Unterordnung ein Mittel, um beide Teile zu heben."[50]

Wie es Hierarchie und Ungleichheit zwischen Menschen gibt, so hat Gott auch eine entsprechende Hierarchie und Ungleichheit zwischen den Völkern geschaffen:

> „Auf solcher Grundlage ist unsere deutsche, die sogenannte organische Staatsauffassung und darüber hinaus unser Gedanke einer umfassenden Menschheitsgemeinschaft entstanden . . . wie innerhalb des Verhältnisses von Mensch zu Mensch gerade die Ungleichheit die Bedingung für eine tiefer gefaßte Verbindung wird, so sollte auch die Herausarbeitung des Eigentümlichen der einzelnen Völkerpersönlichkeiten die Grundlage für eine aus dieser Besonderung der Gaben erwachsende Völkergemeinschaft bilden. So verstanden schloß die Völkergemeinschaft auch den Krieg nicht aus. Hat jedes Volk seinen eigenen, den von Gott ihm verliehenen Beruf und wird es erst dadurch ein Volk, daß es diesen Beruf erkennt, so ergibt sich daraus Recht und Pflicht jedes Volks, sich für das ihm besonders Anvertraute zu wehren. Die Entscheidung des Kriegs stellt dann das Urteil—nicht notwendig das Endurteil—Gottes dar, der die Grenzen der Völker bestimmt und aus ihnen allen den großen Plan der Weltgeschichte gestaltet."[51]

Hier bestätigte Holl implizit seine Worte und Taten aus dem Ersten Weltkrieg: seine Forderung nach genügend Lebensraum zur Erfüllung von Deutschlands geschichtlichem Schicksal sowie seinen Beitritt zur Vaterlandspartei im Jahre 1917, einer Gruppierung, die sich expansionistischen Kriegszielen verschrieben hatte.[52]

> „Als die wahren Träger des Fortschritts, als die Männer von heute dürfen die Schwärmer nur . . . gelten . . , wenn man . . . die Anschauung teilt, daß die englisch-amerikanische Staats- und Gesellschaftsauffassung die unbedingt und allein richtige sei. Aber nicht die Schwärmer, die bloß aufrüttelten, sondern

---

[50] *LuS*, S. 465-466.
[51] *LuS*, S. 466.
[52] Assel, *Aufbruch* (wie Anm. 1), S. 112-127.

Luther hat die inhaltsreiche, die schöpferische religiöse Wahrheit vertreten. Und sein Staatsbegriff, der die Gemeinschaft im Volk betont, steht dem letzten Sinn des Christentums näher als der andere, dem die 'Freiheit' das ein und alles ist."[53]

So endet Holls „Luther und die Schwärmer" mit der Anrufung von Luthers Namen und „des letzten Sinnes des Christentums" gegen die Weimarer Republik, den Vertrag von Versailles und den Völkerbund.

Der letzte Abschnitt des Aufsatzes macht deutlich, daß Holl die theologische Berühmtheit und den neuen Lehrstuhlinhaber in Göttingen, Karl Barth, mehr zu den Schwärmern als zu den Erben Luthers zählte. Nach der Lektüre von Barths erster Ausgabe des Kommentars zum Römerbrief von 1919 schrieb Holl an Adolf Schlatter: „Für mein Gefühl ist das nichts anderes als Karlstadt."[54] In „Luther und die Schwärmer" wurde Barth denn auch für seine zerstörerische Haltung gegenüber Staat und Gesellschaft zur Ordnung gerufen:

„Denn es bleibt dann erst recht dabei, daß Gott der Welt und der Zeit gegenüber - der Welt und der Zeit gegenüber, die er doch selbst geschaffen hat und ununterbrochen schafft - nur der ewig Verneinende ist . . . Oder anders gesprochen: Gott ist dann nur noch ein Name für die ewige Unrast und das Zickzack in der geschichtlichen Bewegung."[55]

Für Holl, dessen eigene Auffassung von der Rolle Gottes in der Geschichte, wie wir sahen, mehr als nur eine Spur volkstümlichen Hegelianismus enthielt, war die Über-Transzendenz der frühen Dialektischen Theologie rundweg schwärmerisch.

Die Theologen um Karl Barth nahmen „Luther und die Schwärmer" wohl wahr, verübelten Holl aber diese Interpretation, die wir vor allem als die Grundlage der Holl-Troeltsch-Kontroverse betrachten müssen,[56] wenn auch Ernst Troeltsch bis zu seinem Tod im Jahre 1923 die Attacke nicht direkt pariert hat. Troeltsch sah seine Vorliebe für die anglo-amerikanische Religion, die er als ein Amalgam des Glaubens von calvinistischen Puritanern und separatistischen Sektierern auffaßte,[57] ebenso angegriffen wie seine methodologisches Neuland vermessende Studie „Die Soziallehren der christlichen Kirchen und Gruppen", in welcher er die Vorstellung von den drei soziologischen *Idealtypen* entwarf: der Kirchentyp, der Sektentyp und die Mystik (der spiritualistische Individualismus) seien in „gewissen Elementen des Neuen Testament begründete, selbständige Zweige der christli-

---

[53] *LuS*, S. 466-467.
[54] *Briefe Karl Holls an Adolf Schlatter 1897-1923*, hg. v. Robert Stupperich, in: *ZThK* 64 (1967), S. 231.
[55] *LuS*, S. 464.
[56] Eduard Thurneysen, zit. in Assel, *Aufbruch* (wie Anm. 1), S. 63, Anm. 12.
[57] Ernst Troeltsch, *Die Bedeutung des Protestantismus für die Entstehung der modernen Welt*, München, Berlin 1911.

chen Idee."[58] Holl hatte, wie wir sahen, ein erhebliches Interesse daran, die
Validität seiner persönlichen Luther-Interpretation aufrechtzuerhalten und
konnte schon darum dem in Troeltschs Büchern enthaltenen religiösen Re-
lativismus nichts abgewinnen. Darüber hinaus war ihm aber auch die Vorstellung der Religionssoziologie in ihrer Gesamtheit suspekt: „Der Versuch,
eine 'Religionssoziologie' über gewisse Selbstverständlichkeiten hinaus
durchzuführen, muß notwendigerweise daran scheitern, daß jede echte Religion die Standes- und Klassenunterschiede einebnet."[59]

Holl verübelte Troeltsch seine große Autorität unter Kollegen, wo er als
angeblich „unbefangener" Fachmann in Luther-Fragen sowie als Experte
über die Täufer galt.[60] Für ihn bestand kein Zweifel, daß Troeltsch sich auf
weiten Strecken seiner umfassenden Forschung auf Sekundärquellen verließ,
während ein wahrer Gelehrter wie er, Holl selbst, sich in Originale vertiefe.
Es gäbe „keine den Stoff wirklich erschöpfende Gesamtdarstellung der
Täuferbewegung", lediglich Studien über einzelne Anführer, in denen die
Bedeutung des jeweiligen Individuums gewöhnlich übertrieben dargestellt
werde, während „das Maß und die Art ihrer Abhängigkeit von Luther" vernachlässigt würden.[61] Insbesondere die Art und Weise, in der Troeltsch die
Täufer von Mystikern und Spiritualisten unterscheide, bringe alles durcheinander: „das Züricher Täufertum rückt an die Spitze, wie wenn es rein aus
sich selbst entstanden wäre, Münzer taucht hinterher unter den 'Mystikern
und Spiritualisten' auf." Die Herausarbeitung der „Typen"

> „... ist zwar begrifflich klar gedacht, entspricht aber nirgends der Wirklichkeit.
> Es gibt kein Täufertum, das sich nicht auf eine, wenn auch noch so einfache
> Mystik stützte. Überall bei den Täufern ist es doch der 'Geist' im Gegensatz
> zum bloß Angelernten und buchstäblich Verstandenen, auf den das Gewicht
> gelegt wird. Umgekehrt fühlen aber solche 'Spiritualisten', die wie Denck und
> Franck am Täuferturm irre geworden sind, sich trotzdem dieser Richtung in-
> nerlich am meisten verwandt. Indem Troeltsch den zunächst einheitlichen 'Ty-
> pus' sofort in eine Anzahl von solchen auflöst, zerstört er gerade das Bezeich-
> nende, das die Bewegung als Ganzes enthält. Denn dies liegt darin, daß hier
> scheinbar Entgegengesetztes: eine bis zum feinsten Spiritualismus sich stei-
> gernde Mystik und ein entschlossener Welterneuerungswille miteinander in
> Wechselwirkung treten, so daß die Mystik bald als Quelle der Kraft, bald als
> Zufluchtsstätte bei den Enttäuschten erscheint ..."[62]

---

[58] Ernst Troeltsch, *Die Soziallehren der christlichen Kirchen und Gruppen*, Tübingen 1912, S.
811.
[59] *LuS*, S. 435, Anm. 2.
[60] Unveröffentl. Brief an A. Jülicher, 1. April 1920 (Sammlung Stupperich): „Ich bin überall genötigt, gegen Troeltsch Stellung zu nehmen. Was der auf Grund ärmlicher Quellenkenntnis über
Luther zusammengedichtet hat, ist wirklich aufregend. Aber Aussicht gegen ihn aufzukommen, ist
nicht da. Er gilt nun einmal bei Profanhistorikern, Philosophen und Theologen als der gründlich
unterrichtete und allein unbefangene Mann."
[61] *LuS*, S. 424, Anm. 1.
[62] *Ebd.*

In dieser gewitzten Kritik aus sicherer empirischer Warte offenbart sich Holl am besten. Nichts von dem, was er hier zu sagen hatte, ist datiert, und vieles bestimmt auch heute noch die laufende akademische Auseinandersetzung über die radikalen Reformatoren.[63] Dementgegen steht die bereits getroffene Feststellung, daß Holls Behauptung, „eine, wenn auch noch so einfache Mystik" sei unter den Täufern allgemein verbreitet, von polemischen Motiven geleitet war. Wie dem auch sei, der Mystizismus der ersten Schweizer Täufer war bei weitem elementarer als Luthers Mystizismus, was Holls Gegenüberstellung der „mystisch gearteten Frömmigkeit der Schwärmer" mit Luthers wahrer Lehre hinfällig macht.

Holls eigene Darstellung der Täufer war mehr als problematisch. Er kritisierte Troeltsch, weil er Melchior Hoffman unerwähnt gelassen habe,[64] unterließ es aber selbst, auf den ebenso wichtigen Hans Hut zurückzugreifen, der einiges zur Untermauerung seiner Behauptungen über Müntzers Einfluß unter den Täufern hätte beitragen können. Ebenso werden Konrad Grebel, Felix Mantz, Michael Sattler, Balthasar Hubmaier oder Menno Simons von Holl nicht erwähnt. Zu den Werken, die er in „Luther und die Schwärmer" verarbeitete, gehörten neben Texten von Müntzer offensichtlich auch solche von Sebastian Franck, George Fox und einige von Karlstadt.[65] Dies bedeutete, daß Holls Eindruck von den Täufern in starkem Maße von Sebastian Franck beeinflußt ist, einen Autor, über den er zunächst abschätzig gesprochen hatte,[66] um dann prompt dessen abwertende Äußerungen über die Täufer zu wiederholen. Auf diesem wackligen Quellenfundament baute Holl sein Gesetz von der Entwicklung des Schwärmertums auf: „Diese drei Standpunkte: Münzer, die Leidentlichen, Seb. Franck haben sich in der Geschichte der schwärmerischen Bewegung immer wiederholt und abgelöst."[67] Mit anderen Worten, der Revolution folgt ein quietistischer, sektiererischer Rückzug, welcher sich wiederum in religiösen Individualismus auflöst. Emanuel Hirsch zeigte sich seinerzeit sehr beeindruckt von Holls Entdeckung der drei Phasen umfassenden Schwärmer-Entwicklung,[68] doch mittlerweile herrscht unter Experten praktisch Übereinstimmung darüber, daß Holls Konzept zu simpel angelegt ist, insbesondere angesichts seiner polemischen Absichten. Holl wäre besser beraten gewesen, die gute und durch-

---

[63] Eingeschlossen mein Aufsatz über *The Radical Reformation*, in: *Handbook of European History, 1400-1600*, hg. v. Thomas A. Brady, jr., Heiko A. Oberman u. James D. Tracy, Bd. 2, Leiden 1995, 249-282.

[64] *LuS*, S. 424, Anm. 1.

[65] *LuS*, S. 435-445, S. 458-460.

[66] *LuS*, S. 435f., Anm. 3, über „den heute stark überschätzten, weil offenbar nur wenig gelesenen Seb. Franck."

[67] *LuS*, S. 461.

[68] Emanuel Hirsch, Rez. zu Holl, Gesammelte Aufsätze, Bd. 1. Luther 2. A., in: *ThLZ* 48 (1923), S. 427: „Besonders geistvoll in diesen Ausführungen sind die Bemerkungen über die drei Stadien des schwärmerischen Gemeinschaftsgedankens."

aus verfügbare Sekundärliteratur zu Rate zu ziehen, um so die großen Lük-
ken zu schließen, die durch seine sporadische Sondierung der Originale
entstanden waren.

In der Zeit vor dem Ersten Weltkrieg stellte die polemisch gefärbte Untersuchung ein relativ neues Phänomen in der Reformationsforschung dar
und gehörte damit normalerweise nicht zum Repertoire eines sich als Wissenschaftler verstehenden Professors des Kulturprotestantismus. Holls po-
lemischer Versuch, Luther zu verteidigen, war in vielfacher Hinsicht eine
Reaktion auf die noch polemischeren Angriffe auf Luther von Seiten der
katholischen Gelehrten Heinrich Denifle und Hartmann Grisar, die wiederum selbst mit dieser Attacke von katholischer Forschungspraxis abwichen.
Eine der unglückseligsten Folgen von „Luther und die Schwärmer" war jedoch die unnötig defensive Haltung der amerikanischen Mennoniten, die im
Jahrzehnt nach 1920 ernsthafte und ehrgeizige Forschungen über die Täufer
der Reformationszeit auf den Weg brachten. Eigentlich hatten die bisherigen
Untersuchungen die Nonkonformisten der Reformationszeit teils in einem
objektiven und teils sogar vorteilhaften Licht gezeichnet. Man denke nur an
Carl Adolf Cornelius über die Täufer in Münster, Alfred Hegler über Sebastian Franck, Josef Maria Beck und Johann Loserth über die Hutterer und
Hubmaier, Walther Köhler über schweizerische Täufer oder an das Studium
der niederländischen Täufer-Mennoniten und ihrer sakramentarischen Vor-
väter durch Gelehrte in der mennonitischen Tradition wie J. G. De Hoop
Scheffer, Karel Vos und W. J. Kühler.[69] Holls „Luther und die Schwärmer"
war dagegen ein Rückschritt in die Polemik früherer Zeiten: noch im Jahre
1906 sprach Holl von den „sogenannten Schwärmern" - für die Mennoniten
ein glänzender Beweis für die Richtigkeit ihrer Überzeugung, daß die Forschung schon immer gegen die Mennoniten voreingenommen gewesen sei
und ihnen nie ein geneigtes Ohr geschenkt habe.[70] Dies sollte jedoch eine
sehr selektive Wahrnehmung der Forschung des Jahrhunderts darstellen, das
der Gründung der „Mennonite Quarterly Review" vorausgegangen war:

---

[69] Carl Adolf Cornelius, *Geschichte des Münsterischen Aufruhrs*, 2 Bde., Leipzig 1855/60; Alfred Hegler, *Beiträge zur Geschichte der Mystik in der Reformationszeit*, in: *Archiv für Reformationsgeschichte* (fortan: ARG), Ergänzungsbd. I, 1906; Josef Maria Beck, *Die Geschichtsbücher
der Wiedertäufer in Österreich-Ungarn*, Wien 1883; Johann Loserth, *Doctor Balthasar Hubmaier und die Anfänge der Wiedertaufe in Mähren*, Brünn 1893; Johann Loserth, *Der Commu-
nismus der mährischen Wiedertäufer im 16. und 17. Jahrhundert*, Wien 1895; Walther Köhler,
Die Zürcher Täufer, in: *Gedenkschrift zum 400jährigen Jubiläum der Mennoniten oder Taufgesinnten 1525-1925*, Ludwigshafen a. Rh. 1925, S. 48-64; J. G. De Hoop Scheffer, *Geschiedenis
der Kerkhervorming in Nederland van haar opstaan tot 1531*, Amsterdam 1873; Karel Vos, *Re-
volutionnaire Hervorming*, in: *De Gids* 84-4 (1920), S. 433-450. W. J. Kühler, *Het Anabaptisme
in Nederland*, in: *De Gids* 85-3 (1921), S. 249-278.
[70] Vgl. das einführende Kapitel in Franklin H. Littels *The Anabaptist View of the Church*, 2.
Aufl. (1958), jetzt: *The Origins of Sectarian Protestantism*, New York/London 1964, S. 143-148,
S. 207-210.

Schließlich hatte auch Troeltsch diese Tradition repräsentiert und die entsprechende Sekundärliteratur in seinen „Soziallehren" zum Vorteil der Mennoniten eingebracht. Holls „Luther und die Schwärmer" war dagegen ein Versuch, die damals vorherrschende wohlwollende Tradition der Forschung über die Nonkonformisten der deutschen Reformation durch eine neue Interpretation der Originalquellen in Frage zu stellen.

Relativ solide, wenn auch bei weitem nicht unangreifbar, fällt in „Luther und die Schwärmer" die Forschung über Thomas Müntzer aus. Für seine Dissertation „Innere und äußere Ordnung in der Theologie Thomas Müntzers"[71] scheint Hans-Jürgen Goertz Holls Folgerungen als begriffliche Ansatzpunkte in weiten Teilen übernommen zu haben, was sowohl für die von ihm angenommenen als auch für die abgelehnten Aspekte zutrifft. Die mystische Theologie Thomas Müntzers wird von Holl und Goertz in ungefähr gleicher Weise dargestellt: beiden eigen ist eine vergleichsweise starke Betonung von Müntzers mystischer Heilslehre, während seine Apokalyptik weniger Beachtung findet. Goertz unterscheidet zwischen Luthers „Theologie des Kreuzes" und Müntzers „Kreuzesmystik"[72] - und steht damit im Gegensatz zu Gordon Rupp, der in seinem zur gleichen Zeit veröffentlichten Buch in Müntzer (in noch stärkerem Maße als Luther) einen Theologen des Kreuzes sieht.[73] Worin Goertz mit Holl nicht übereinstimmt, das ist dessen (für polemische Absichten unabdingbare) Trennung zwischen Müntzers individueller Heilslehre und seiner Sozial-Theologie. Goertz drückt in seinem Buchtitel die Annahme aus, daß die mystische Heilslehre in Müntzers Theologie, die „innere Ordnung", das leitende Prinzip für die „äußere Ordnung" sei. In letzterer führt der Auserwählte den Willen Gottes aus, die Welt der Politik, Gesellschaft und Wirtschaft zu reinigen, gerade so wie Gott durch die Anfechtung den Abgrund der Seele seiner Geschöpfe von der Sorge um weltliche und egoistische Anliegen reinigt.[74] Des weiteren brachte Goertz gegen Holl vor, daß Müntzers Verbindung zu Luther weniger tiefgreifend gewesen sei, als Holl angenommen hatte, daß Müntzer im Grunde genommen der Vertreter einer popularisierten mystischen Tradition des Mittelalters gewesen sei, mit nicht unerheblichen Rückgriffen auf Johannes Tauler und die „Theologia Deutsch".[75]

---

[71] *Studies in the History of Christian Thought*, hg. v. Heiko A. Oberman, Bd. 2, Leiden 1967.

[72] *Ebd.*, 132: „Denn nur wo die Theologie aus der Begegnung mit dem Christus am Kreuz grundsätzlich entfaltet wird, ist es sinnvoll, von einer theologia cruxis zu sprechen, aber noch nicht wo die aus der Mystik abgeleitete Notwendigkeit des Leidens zur Überwindung der Sünde das Kreuz Christi nachträglich interpretiert."

[73] Gordon Rupp, *Patterns of Reformation*, London 1969, S. 328: „with even more propriety than in the case of Luther, [Müntzer's] might be called a 'Theology of the Cross'."

[74] Hans-Jürgen Goertz, *Innere und äussere Ordnung in der Theologie Thomas Müntzers*, Leiden 1967, S. 133-149.

[75] *Ebd.*, 149: „Er ist der Verwalter einer alten, nicht der Vorbote einer neuen Zeit." Goertz, *Schwerpunkte* (wie Anm. 18), S. 484: „Holl hat es unterlassen, die angeblichen Berührungspunkte

Die Begegnung von Hans-Jürgen Goertz mit „Luther und die Schwärmer"
war konstruktiv in vielerlei Hinsicht, doch es bleiben auch einige Schwächen zu vermerken. In der Tat ließen sich die meisten Reformationsforscher
überzeugen, daß sich die zwei Gesichter Müntzers, als Theologe und als
Anführer im Bauernkrieg, nicht als Gegensatz begreifen lassen und daß der
mystische Einschlag in Müntzers Heilslehre unverkennbar ist. Weniger
überzeugend ist hingegen das Bemühen, Müntzer als den von der Reformation nur oberflächlich beeinflußten Verfechter einer mittelalterlichen Theologie zu präsentieren. Ebenso unnötig ist es jedoch, und da hat Goertz recht,
ihn in Holls Art und Weise zum ungeratenen Schüler Luthers zu stempeln.
So haben Ulrich Bubenheimers Forschungen beispielsweise Beweise er-
bracht für eine stärkere Verbindung Müntzers zu Wittenberg
(wahrscheinlich über Karlstadt und Melanchthon) in den ersten Jahren der
Reformation, anders als bisher angenommen. Nach Bubenheimer sind die
Grundlagen für Müntzers eigentümliche Theologie lediglich etwas später,
im Verlaufe seiner Auseinandersetzung mit Egranus gelegt worden, in der
Zeit, als beide als Pastoren in Zwickau wirkten.[76] Der Vergleich zwischen
Holl und Goertz macht die Grenzen der systematischen Theologie als Werkzeug für die Reformationsforschung deutlich: mit zunehmendem Abstand
zur Methodik der systematischen Theologie konnte Goertz mehr und mehr
wichtige Korrekturen am Müntzer-Bild von „Luther und die Schwärmer"
vornehmen. So hat seine Erkenntnis, daß der Antiklerikalismus der eigentliche *Sitz im Leben* von Müntzers Lehre war, beispielsweise viel dazu beigetragen, Müntzers Auffassung von den „Gottlosen" besser zu verstehen. Während Holl jeden zu den „Gottlosen" zählte, der außerhalb der Gemeinschaft
der „Auserwählten" stand,[77] waren dies für Goertz ausschließlich diejenigen,
welche dem Modell des „schlechten [römisch-katholischen] Priesters" entsprachen: jene, die die Erlösung der „Auserwählten" verhinderten, in erster
Linie nach dem altgläubigen Klerus die „Schriftgelehrten" in Wittenberg, in
zweiter Linie alle Herrscher, die ihre schützende Hand über erstere hielten,
während sie den gemeinen Mann wegen seines Strebens nach dem Evangelium verfolgten.[78] Ohne Zweifel führt der Weg des Fortschritts in der Müntzer-Forschung weg von der theologisch-systematischen Interpretation seiner
Schriften und hin zum Bemühen um ein besseres Verständnis seiner konkreten Lebenssituation, als der Grundlage für neue und häufig überraschende
Einsichten in sein Denken.

---

zwischen Luther und Müntzer systematisch zu erfassen . . . Man wird zwischen einer äußeren, kir-
chenpolitischen und einer inneren, theologischen Abhängigkeit Müntzers von Luther unterscheiden
müssen."

[76] Ulrich Bubenheimer, *Thomas Müntzer. Herkunft und Bildung*, Leiden 1989.

[77] *LuS* (wie Anm. 17), S. 453.

[78] Hans-Jürgen Goertz, „*Lebendiges Wort" und „totes Ding": Zum Schriftverständnis Thomas Müntzers im Prager Manifest*, in: *ARG* 67 (1976), S. 153-178.

Werden die Nachwirkungen einer Polemik bewertet, ist jeder Autor gut beraten, sich selbst der Polemik zu enthalten. Dennoch muß es ausgesprochen werden, daß „Luther und die Schwärmer" bis zum heutigen Tage in einigen Winkeln der Reformationsforschung weiterlebt. Zwar wäre es ein Fehler, Hans Hillerbrands „A Fellowship of Discontent"[79] oder Steven Ozments „Mysticism and Dissent"[80] alle jene polemischen Absichten zu unterstellen, die „Luther und die Schwärmer" kennzeichneten—weder Hillerbrand noch Ozment können als deutschnational oder antidemokratisch bezeichnet werden—doch laden die Ähnlichkeiten in Aufbau und Absicht zwischen diesen Büchern und „Luther und die Schwärmer" zu einem Vergleich geradezu ein.

Obwohl „Luther und die Schwärmer" Holl offensichtlich mit Stolz erfüllte, war dieser Aufsatz im Endeffekt nicht dazu angetan, seinen Ruhm zu fördern. Mochte Holl ihn auch schätzen, mit „Luther und die Schwärmer" zeigte er sich nicht von seiner stärksten Seite - man wird unwillkürlich an zwei andere Polemiken erinnert, die über ihr Ziel hinausschoßen: Harold S. Benders „Die Zwickauer Propheten, Thomas Müntzer und die Täufer",[81] oder auch Luthers „De servo arbitrio". Der Übervater des Lutherzentrismus war im Grunde genommen selber kein Lutherzentrist. Genau wie sein akademischer Ziehvater, Adolf von Harnack, betrachtete Holl die den frühen Glaubensbekenntnissen eigene griechische Metaphysik als eine Wucherung auf dem Körper christlichen Denkens[82] - und stand damit im Gegensatz zu Luther, der sie fraglos übernommen hatte. Holl betrachtete seine Anwendung von Luthers Theologie der Gemeinschaft auf das Volk, einem Luther noch nicht verfügbaren Begriff, als eine Fortentwicklung dieser Theologie.[83] Desgleichen glaubte er, daß Calvins Theologie der doppelten Prädestination Probleme der Beziehung zwischen Gott und dem Menschen gelöst habe, mit

---

[79] Hans J. Hillerbrand, *A Fellowship of Discontent*, New York 1967: Hier steigt der Grad der theologischen Verunstaltung von Thomas Müntzer über Sebastian Franck und George Fox zu Thomas Chubb hin an, um schließlich in David Friedrich Strauß „dem agnostischen Ungläubigen" zu gipfeln. (Der junge Karl Holl zollte Strauß ungewöhnlichen Respekt.) Rez. v. James M. Stayer, *Catholic Historical Review* 56 (1970/71), S. 384-386.

[80] Steven E. Ozment, *Mysticism and Dissent. Religious Ideology and Social Protest in the Sixteenth Century*, New Haven/London 1973. Hier wird die inneren Verbindungen zwischen sozialem Protest, Mystik und Rationalismus in der Abfolge von Thomas Müntzer, Hans Hut, Hans Denck, Sebastian Franck, Sebastian Castellio und Valentin Weigel dargestellt. Vgl. Rez. v. James M. Stayer, in: *Mennonite Quarterly Review* 48 (1974), S. 114-115.

[81] Die Zwickauer Propheten, Thomas Müntzer und die Täufer, in: *Theologische Zeitschrift* 81 (1952), S. 262-278, beabsichtigt als endgültige und vollständige Ausrottung jeder Vorstellung von einer sächsischen Herkunft der Täufer.

[82] Adolf von Harnack, *Lehrbuch der Dogmengeschichte*, Bd. 3, Tübingen 1932, S. 813-814. Saarinen, *Wirken* (wie Anm. 30), S. 114, beschreibt eine „Voraussetzung bei Ritschl, (Wilhelm) Herrmann, und Holl": „Dieser Denkform zufolge muß in der Theologie unterschieden werden zwischen der 'alten' Metaphysik, die in einer unkritischen Weise das *An-sich-Sein* der Objektwelt zu betrachten meint, und der 'neuen' kritischen Erkenntnistheorie, die die *Wirkung* der an sich unerkennbaren Wirklichkeit *auf uns* zu ihrem Gegenstand hat."

[83] Assel, *Aufbruch* (wie Anm. 1), S. 132-133, S. 136.

denen Luther einst erfolglos rang.[84] Holl schrieb an den jungen Theologen
Paul Althaus:

> „Ich kann Ihnen nur raten, 'bleiben Sie bei Calvin' . . . Ich habe selbst daran
> gedacht, wenn ich einmal Ruhe vor allen meinen Feinden hätte, d. h. wenn
> ich alles mir Obliegende herausgegeben hätte, den Rest des Lebens Calvin zu
> widmen. Aber ich fürchte, es wird mir dazu nicht mehr reichen."[85]

---

[84] *Ebd.*, S. 138, S. 151.
[85] Unveröff. Brief, 2. März 1913 (Sammlung Stupperich).

AUSWAHLBIBLIOGRAPHIE
HANS-JÜRGEN GOERTZ

I. Bücher

Selbständige Publikationen

1.
Innere und äußere Ordnung in der Theologie Thomas Müntzers. E.J. Brill, Leiden 1967.

2.
Geist und Wirklichkeit. Eine Studie zur Pneumatologie Erich Schaeders. Vandenhoeck & Ruprecht, Göttingen 1980.

3.
Die Täufer. Geschichte und Deutung. C.H. Beck, München 1980, 2. erweiterte Auflage 1988 (identisch mit der Ausgabe in der Evangelischen Verlagsanstalt, Berlin 1988). Engl. Übersetzung: Routledge, London und New York 1996 (veränderte und erweiterte Fassung).

4.
Pfaffenhaß und groß Geschrei. Die reformatorischen Bewegungen in Deutschland 1517-1529. C.H. Beck, München 1987.

5.
Das Bild Thomas Müntzers in Ost und West. Niedersächsische Landeszentrale für Politische Bildung, Hannover 1988.

6.
Thomas Müntzer. Mystiker, Apokalyptiker, Revolutionär. C.H. Beck, München 1989. Engl. Übersetzung: Apocalyptic Mystic and Revolutionary. T&T Clark, Edinburgh 1993. Jap. Übersetzung: Kyo Bun Kwan Inc., Tokio 1995.

7.
Religiöse Bewegungen in der Frühen Neuzeit (Enzyklopädie deutscher Geschichte Bd. 20). Oldenbourg Verlag, München 1993.

8.
Menno Simons, 1496-1561. Eine biographische Skizze. Privatdruck der Mennonitengemeinde zu Hamburg und Altona. Hamburg 1995.

9.
Antiklerikalismus und Reformation. Sozialgeschichtliche Untersuchungen. Vandenhoeck & Ruprecht, Göttingen 1995.

10.
Umgang mit Geschichte. Eine Einführung in die Geschichtstheorie. Rowohlt, Reinbek bei Hamburg 1995.

Herausgeber-Schriften

11.
Die Mennoniten (Die Kirchen der Welt Bd. 8). Evangelisches Verlagswerk, Stuttgart 1971.

12.
Umstrittenes Täufertum 1525-1975. Neue Forschungen. Vandenhoeck & Ruprecht, Göttingen 1975, 2. durchgesehene Auflage 1977.

13.
Thomas Müntzer (Wege der Forschung CDXCI). Wissenschaftliche Buchgesellschaft, Darmstadt 1978 (gemeinsam herausgegeben mit Abraham Friesen).

14.
Radikale Reformatoren. 21 biographische Skizzen von Thomas Müntzer bis Paracelsus. C.H. Beck, München 1978. Engl. Übersetzung: Profiles of Radical Reformers., Herald Press, Scottdale (Pa.) 1982.

15.
Alles gehört allen. Das Experiment Gütergemeinschaft vom 16. Jahrhundert bis heute. C.H. Beck, München 1984.

16.
Grundkurs Geschichte (Rowohlts Enzyklopädie) (in Vorbereitung).

II. Ausgewählte Aufsätze

Zur Müntzer-Forschung

1.

Der Mystiker mit dem Hammer. Die theologische Begründung der Revolution bei Thomas Müntzer. In: Kerygma und Dogma, 20, 1974, S. 23-53 (Wiederabdruck in: Thomas Müntzer [wie I.13.], S. 403-444. Engl. The Mystic with the Hammer. Thomas Müntzer's Theological Basis for Revolution, in: Mennonite Quarterly Review 50, 1976, S. 83-113 (leicht verändert gegenüber dem deutschen Original).

2.

"Lebendiges Wort" und "totes Ding". Zum Schriftverständnis Thomas Müntzers im Prager Manifest. In: Archiv für Reformationsgeschichte 67, 1976, S. 153-178.

3.

Schwerpunkte der neueren Müntzerforschung. In: Thomas Müntzer [wie I.13.], S. 481-536.

4.

Thomas Müntzer. Revolutionär aus dem Geist der Mystik. In: Radikale Reformatoren (wie I.14.), S. 30-43.

5.

Thomas Müntzer. In: Martin Greschat (Hg.), Gestalten der Kirchengeschichte. Bd. V. Stuttgart 1981, S. 335-352 (gemeinsam mit Siegfried Bräuer).

6.

Zu Thomas Müntzers Geistverständnis. In: Siegfried Bräuer und Helmar Junghans (Hg.), Der Theologe Thomas Müntzer. Untersuchungen zu seiner Entwicklung und Lehre. Göttingen 1989, S. 84-99.

7.

Spiritualität und revolutionäres Engagement. Thomas Müntzer: Ein Revolutionär zwischen Mittelalter und Neuzeit. In: Thomas Müntzer. Ein streitbarer Theologe zwischen Mystik und Revolution (Herrenalber Protokolle 68) Herrenalb 1990, S. 42-54.

8.
Thomas Müntzer un revolutionario fra Medioevo ad Età Moderna. In:
Tommaso La Rocca (Hg.), Thomas Müntzer e la rivoluzione dell' uomo
comune. Turin 1990, S. 35-44.

9.
Thomas Müntzer: Revolutionary Between the Middle Ages and Modernity.
In: Mennonite Quarterly Review 64, 1990, S. 23-31.

10.
"Dran, dran, weyl ir tag habt". Apokalyptik bei Jacob Taubes und Thomas
Müntzer. In: Gedächtnisschrift für Jacob Taubes (im Druck).

Zur Täuferforschung

1.
Die ökumenische Einweisung der Täuferforschung. In: Neue Zeitschrift für
systematische Theologie und Religionsphilosophie 13, 1971, S. 363-372.

2.
Das doppelte Bekenntnis in der Taufe. In: Die Mennoniten (wie I.11.), S.
70-99.

3.
Die Taufe im Täufertum. Anmerkungen zur ersten Gesamtdarstellung. In:
Mennonitische Geschichtsblätter 27, 1970, S. 37-47.

4.
"Ideale Formen kränkeln". Ein beschouwing over de verhouding van ge-
schiedenis en theologie in de doperse geschiedschrijving. In: Doopsgezinde
Bijdragen, nieuwe reeks 4, 1978, S. 32-49. Engl.: History and Theology: A
Major Problem of Anabaptist Research Today. In: Mennonite Quarterly
Review 53, 1979, S. 177-188.

5.
Ketzer, Aufrührer und Märtyrer. Der Zweite Speyerer Reichstag und die
Täufer. In: Rainer Wohlfeil und Hans-Jürgen Goertz, Gewissensfreiheit als
Bedingung der Neuzeit (Bensheimer Hefte 54) Göttingen 1980, S. 25-46.

6.
Der fremde Menno Simons. Antiklerikale Argumentation im Werk eines melchioritischen Täufers. In: Irvin B. Horst (Hg.), The Dutch Dissenters. A Critical Companion in their History and Ideas. Leiden 1986, S. 160-176.

7.
Das Täufertum - ein Weg in die Moderne? In: Peter Blickle u.a. (Hg.), Zwingli und Europa. Referate des Internationalen Kongresses aus Anlaß des 500. Geburtstages von Huldrych Zwingli. Zürich 1985, S. 165-181.

8.
Zwischen Zwietracht und Eintracht. Zur Zweideutigkeit täuferischer und mennonitischer Bekenntnisse. In: Mennonitische Geschichtsblätter 43/44, 1986/87, S. 16-46.

9.
Aufständische Bauern und Täufer in der Schweiz. In: Peter Blickle (Hg.), Zugänge zur bäuerlichen Reformation (Bauer und Reformation Bd. 1). Zürich 1987, S. 267-289.

10.
Das Täufertum als religiöse und soziale Bewegung / L' anabattismo come movimento religiose e sociale. In: Christoph v. Hartungen und Günther Pallarer (Hg.): Die Täuferbewegung / L' Anabattismo. Zum 500. Todestag des Begründers der "Hutterer". Bozen 1986, S. 21-51.

11.
Täufer. In: Die Ketzer. Hg. von Adolf Holl, Hamburg 1994, S. 289-299.

12.
Die "gemeinen" Täufer. Einfache Brüder und selbstbewußte Schwestern. In: Querdenken. Dissens und Toleranz im Wandel der Geschichte. Festschrift für Hans R. Guggisberg zum 65. Geburtstag. Hg. von Michael Erbe u.a., Mannheim 1996, S. 289-303.

Zur Bauernkriegs- und Reformationsforschung

1.
Neue Forschungen zum Deutschen Bauernkrieg. Überblick und Analyse (gemeinsam mit Barbara Talkenberger und Gabriele Wohlauf). In: Men-

nonitische Geschichtsblätter 34, 1976, S. 24-64 (1. Teil: Überblick); 35, 1977, S. 35-64 (2. Teil: Übersicht und Analyse).

2.
Aufstand gegen den Priester. Antiklerikalismus und reformatorische Bewegungen. In: Peter Blickle (Hg.), Bauer, Reich und Reformation. Festschrift für Günther Franz zum 80. Geburtstag. Stuttgart 1982, S. 182-209.

3.
Antiklerikalismus und Reformation. Zur sozialgeschichtlichen Deutung des reformatorischen Durchbruchs bei Martin Luther. In: Leistung und Erbe. Hg. von Horst Bartel u.a., Berlin 1986, S. 182-187.

4.
Träume, Offenbarungen und Visionen in der Reformation, in: Rainer Postel und Franklin Kopitzsch (Hg.), Reformation und Revolution. Beiträge zum politischen Wandel und den sozialen Kräften am Beginn der Neuzeit. Festschrift für Rainer Wohlfeil zum 60. Geburtstag. Wiesbaden 1989, S. 179-192.

5.
Noch einmal: Reichstadt und Reformation. eine Auseinandersetzung mit Bernd Moeller. In: Zeitschrift für historische Forschung 2, 1989, S. 221-225.

6.
"Bannwerfer des Antichrist" und "Hetzhunde des Teufels". Die antiklerikale Spitze der Bildpropaganda in der Reformation. In: Archiv für Reformationsgeschichte 82, 1991, S. 5-38.

7.
"What a tangled and tenuous mess the clergy is!" Clerical Anticlericalism in the Reformation Period. In: Peter A. Dykema und Heiko A. Oberman (Hg.), Anticlericalism in Late Medieval and Early Modern Europe. Leiden 1993, S. 499-519.

8.
Eine "bewegte Epoche". Zur Heterogenität reformatorischer Bewegungen (Erweiterte Fassung). In: Günter Vogler (Hg.), Wegscheiden der Reformation. Alternatives Denken vom 16. bis zum 18. Jahrhundert. Weimar 1994, S. 23-56.

9.
Kleruskritik, Kirchenzucht und Sozialdisziplinierung in den täuferischen Bewegungen der Frühen Neuzeit. In: Heinz Schilling (Hg.), Kirchenzucht und Sozialdisziplinierung im frühneuzeitlichen Europa (Beiheft der Zeitschrift für historische Forschung 16), 1994, S. 183-198.

Ökumenisches/Konfessionskundliches

1.
Auf der Suche nach einem neuen Lebensstil. Eine Einführung in Sektion VI der Vollversammlung in Uppsala 1968. In: Ökumenische Rundschau 17, 1968, S. 263-275.

2.
Amt und Ordination in "Glaube und Kirchenverfassung". Ein Bericht mit Konsequenzen für die Arbeitsgemeinschaft Christlicher Kirchen in Deutschland. In: Una Sancta, 1973, S. 286-302.

3.
Nationale Erhebung und religiöser Niedergang. Mißglückte Aneignung des täuferischen Leitbildes im Dritten Reich. In: Mennonitische Geschichtsblätter 31, 1974, S. 61-90; veränderte Fassung in: Umstrittenes Täufertum 1525-1975 (wie I.12.), S. 259-289.

4.
Die kleinen Chancen der Freiheit. Überlegungen zur Reform der Freikirchen. In: Ökumenische Rundschau 31, 1982, S. 177-193.

5.
Geist und Leben. Überlegungen zur pneumatologischen Grundlegung der Theologie. In: Kerygma und Dogma 28, 1982, S. 278-305.

6.
The Confessional Heritage in the New Mold: What is Mennonite Self-Understanding Today? In: Calvin W. Redekop und Sam Steiner (Hg.), Mennonite Identity. Historical and Contemporary Perspectives. Landham und London 1988, S. 1-12 (dt. Das konfessionelle Erbe in neuer Gestalt. Die Frage nach dem mennonitischen Selbstverständnis heute. In: Mennonitische Geschichtsblätter 43/44, 1986/87, S. 157-170).

7.
From the Cloakroom to the Lecture Hall, in: Harry Loewen (Hg.), Why I am a Mennonite. Essays on Mennonite Identity. Kitchener, Ont., 1988, S. 106-115 (dt. Vom Mantelhaus zum Hörsaal. In: Harry Loewen (Hg.), Warum ich mennonitisch bin, Hamburg 1996, S. 69-80).

Lexikonartikel

1.
Art. Eigentum (Vom Mittelalter bis zur Gegenwart). In: Theologische Realenzyklopädie. Bd. IX. Berlin/New York 1982, S. 446-456.

2.
Art. Bauernkrieg. In: Taschenlexikon für Religion und Theologie. 4. Aufl., Göttingen 1983, S. 145-148.

3.
Art. Historische Friedenskirchen und Mennoniten. In: Ökumene-Lexikon. Frankfurt/M. 1983, Sp. 406 - 408; Sp. 790 - 793.

4.
Art. Kirchenzucht (Reformationszeit). In: Theologische Realenzyklopädie, Bd. XIX, Berlin/New York 1990, S. 176-183.

5.
Art. Menno Simons/Mennoniten. In: Theologische Realenzyklopädie, Bd. XXII, Berlin/New York 1992, S. 444 - 457.

6.
Art. Anticlericalism. In: The Oxford Encyclopedia of the Reformation, Bd. 1, New York 1996, S. 46-50.

III. Mitarbeit

1.
Neue Bibliographie zur Friedensforschung (Studien zur Friedensforschung Bd. 6). Stuttgart/München 1970; Bd. 12, 1973.

2.
Reform und Anerkennung kirchlicher Ämter. Ein Memorandum der Arbeitsgemeinschaft ökumenischer Universitätsinstitute. München/Mainz 1973.

3.
R. Boeckler (Hg.), Interkommunion - Konziliarität. Zwei Studien im Auftrag des Deutschen Ökumenischen Studienausschusses, Beiheft zur Ökumenischen Rundschau 25, 1974.

4.
Täuferaktenkommission des Vereins für Reformationsgeschichte

5.
Schriftleitung: Mennonitische Geschichtsblätter seit 1970.

6.
Herausgeberschaft: Sozialwissenschaftliche Studien, Leske und Budrich, Opladen (gemeinsam mit Günter Trautmann und Gerhard Kleining).

SACH-, PERSONEN- UND ORTSREGISTER

1. Sachregister

Das Sachregister soll einen möglichst differenzierten Zugriff erlauben, daher werden Überschneidungen und Wiederholungen bewußt in Kauf genommen. Allgemeine Begriffe, wie „Gesellschaft", werden nicht verzeichnet. Im übrigen orientiert sich das Sachregister an der Begrifflichkeit der einzelnen Autoren.

Zucht 35,
Zuchtorden 36
Zunft/Zünfte 27, 28, 29, 39, 57, 58,
68, 70, 76, 77, 80, 86, 101, 103, 104,
105, 108, 136, 188
Zunftbuch 188

Zunftehre 27
Zunftverfassung 86
Zutrinken 114, 119, 124
Zweifache Ehre 179, 181, 184, 185
Zwei-Reiche-Lehre 127, 129

2. Personenregister

3. Ortsregister